Psychologie in Bildung und Erziehung: Vom Wissen zum Handeln

Weitere Informationen zu dieser Reihe finden Sie unter
http://www.springer.com/series/10707

Die Akteure im Bildungssystem verfügen zusammen genommen über ein immenses Wissen. Das Wissen aus den unterschiedlichen Perspektiven wird aber nicht immer zusammengebracht: Praktiker/innen wenden ihr Wissen nicht immer lehrbuchmäßig an und Wissenschaftler/innen schaffen Erkenntnisse, die nicht immer praktisch umgesetzt werden können. Das erste Ziel dieser Schriftenreihe besteht darin, die Erkenntnisse aus der wissenschaftlichen Psychologie und Praxis zu mannigfaltigen und relevanten Aspekten des Bildungs- und Erziehungskontextes zusammenzutragen.

Allerdings reicht Wissen alleine nicht aus um dann auch in Handlung umgesetzt werden zu können. Die Diskrepanz zwischen Wissen und Handeln ist jedem bekannt, sowohl theoretisch als auch praktisch arbeitenden Menschen. Hier verfolgt die Schriftenreihe ein zweites Ziel: Das in einem Band zu einem Thema zusammengetragene Wissen aus Forschung und Praxis soll aus praxisorientierter Perspektive durch Praktiker/innen selber handlungsleitend reflektiert werden, so dass die Leser/innen die Erkenntnisse konkret umsetzen können.

Beide Ziele zusammengenommen regen an, das Forschungsfeld und Berufsfeld im Erziehungsund Bildungskontext aus neuen Perspektiven zu betrachten und mit neuen Ideen zu gestalten.

Herausgegeben von
Prof. Dr. Gisela Steins, Universität Duisburg-Essen, Deutschland

Wissenschaftlicher Beirat
Prof. Dr. Stefan Dutke, Westfälische Wilhelms-Universität Münster, Deutschland
Prof. emr. Dr. Maria Limbourg, Universität Duisburg-Essen, Deutschland
Prof. Dr. Marcus Roth, Universität Duisburg-Essen, Deutschland
Prof. Dr. Birgit Spinath, Ruprecht-Karls-Universität Heidelberg, Deutschland

Kristin Behnke

Umgang mit Feedback im Kontext Schule

Erkenntnisse aus Analysen der externen Evaluation und des Referendariats

 Springer

Kristin Behnke
Fakultät für Bildungswissenschaften
Universität Duisburg-Essen
Essen, Deutschland

Psychologie in Bildung und Erziehung: Vom Wissen zum Handeln
ISBN 978-3-658-10222-7   ISBN 978-3-658-10223-4   (eBook)
DOI 10.1007/978-3-658-10223-4

Die Deutsche Nationalbibliothek verzeichnet diese Publikation in der Deutschen National-
bibliografie; detaillierte bibliografische Daten sind im Internet über http://dnb.d-nb.de abrufbar.

Springer
© Springer Fachmedien Wiesbaden 2016

Lektorat: Eva Brechtel-Wahl

Gedruckt auf säurefreiem und chlorfrei gebleichtem Papier

Springer Fachmedien Wiesbaden GmbH ist Teil der Fachverlagsgruppe Springer Science+Business
Media (www.springer.com)

Vorwort

Was kann dieser Band leisten?

Der vorliegende Band richtet sich sowohl an Praktiker/-innen als auch an Theoretiker/-innen in vielerlei Bereichen des schulischen Kontextes. Sowohl angehende Lehrer/-innen und Studierende des Lehramtes als auch Fachleitungen und Schulleitungen können sich mithilfe des vorliegenden Bandes umfassend über das Thema Feedback informieren. Die Thematik des Umgangs von Individuen mit Feedback erstreckt sich jedoch über die Institution Schule weit hinaus und so können jegliche Personen aus dem Bildungsbereich die theoretischen wie praktischen Bezüge dieses Bandes nutzen.

Insgesamt kann dieser Band auf mehreren Ebenen interessant sein: Er zeigt den aktuellen Stand zur Feedbackforschung auf und erhebt aktuelle Ergebnisse in zwei Studien, die unter Einbezug von theoretischen Grundlagen diskutiert werden. Darüber hinaus werden abschließend relevante Hinweise und Handlungsempfehlungen aus sozial- und emotionspsychologischer Sicht dargestellt, die es durch die Übertragung von Kenntnissen aus der Psychologie auf die Bildungsrealität ermöglichen sollen, durch Fachwissen und Reflexion einen entspannten Umgang mit Feedback und Rückmeldungen zu erreichen – sich jedoch auch bewusst zu machen, welche Mechanismen eine Rolle spielen können, wenn man der Sender von Feedback ist und wie dieses Feedback gestaltet sein sollte, damit es möglichst angenommen wird und somit positive Veränderungen initiiert und Lerngelegenheiten wahrgenommen werden können.

Ein wichtiger Hinweis soll der Bearbeitung der Thematik vorausgehen: Im Folgenden ist grundsätzlich hilfreiches, konstruktives und realitätsangemessenes

Feedback gemeint, wenn der Einsatz dessen diskutiert wird. Dies geschieht ohne aus dem Bewusstsein zu verlieren, dass Feedback nicht immer derart gestaltet ist. Der Umgang mit Feedback, welches nicht hilfreich und der Realität angemessen ist, kann jedoch aus Gründen der Komplexitätsreduktion in diesem Band nicht ausführlich thematisiert werden, obwohl es ein relevantes und spannendes Thema innerhalb der Forschung zu Feedback darstellt. Nichtsdestotrotz wird an geeigneter Stelle auf die Schwierigkeiten und Problematiken hingewiesen, welche sich unter Umständen durch Feedback ergeben können.

Inhalt

Abbildungsverzeichnis

Tabellenverzeichnis

Einleitung 1

In immer wiederkehrenden gesellschaftlichen Bemühungen und Reform-bewegungen ist seit Beginn der Existenz der Institution Schule die Tendenz ersichtlich, diese zu verbessern und zu reformieren. Auch in den letzten Jahrzehnten ist in der deutschen Schullandschaft ein grundlegender und noch nicht abgeschlossener Wandel bemerkbar, welcher maßgeblich initiiert durch die PISA-Untersuchung im Jahre 2001 und die darauf folgenden Überlegungen zur Reformierung des Schul- und Bildungswesens einsetzte. Seit den zu Beginn des 21. Jahrhunderts durch Deutschland erzielten, vergleichsweise schlechten Ergebnissen in der PISA-Studie, haben die deutschen Bundesländer und zuständigen Bildungsministerien sich durch die Einführung verschiedener Maßnahmen, Richtlinien und Programme um eine Veränderung der Schul- und Lernkultur an deutschen Schulen bemüht.

1.1 Veränderungen innerhalb des Schulsystems

Einhergegangen mit den Bemühungen um die Verbesserung und Weiterentwicklung des deutschen Schulsystems sind Veränderungen auf vielen unterschiedlichen Ebenen: Zu beobachten ist einerseits, dass Ansätze zur Verbesserung des schuli-schen Bildungssystems vermehrt darauf abzielen, Ergebnisse vergleichbarer zu gestalten und datengestützt Resultate aus Schulen zu gewinnen und aufzubereiten. Auch wurden deutschlandweit mittlerweile externe Evaluationen eingeführt, wel-che den Status Quo der Schulen analysieren und mit ihnen auf Grund der

© Springer Fachmedien Wiesbaden 2016
K. Behnke, *Umgang mit Feedback im Kontext Schule*,
DOI 10.1007/978-3-658-10223-4_1

Ergebnisrückmeldungen Ziele für die Weiterarbeit vereinbaren (für einen Überblick vgl. Dedering und Müller 2011). Eine weitere, zumindest für das Bundesland Nordrhein-Westfalen (NRW) geltende, Neuerung ist die Verkürzung der zweiten Phase der Lehrer/-innenausbildung von 2 auf 1,5 Jahre ab dem Jahrgang 2011,[1] einhergehend mit Änderungen in den Ausbildungsrichtlinien sowie den Vorgaben für den Erwerb des zweiten Staatsexamens. Es erfolgte zudem die sukzessive Abschaffung des ersten Staatsexamens in der universitären Lehrer/-innen-ausbildungsphase und die Ersetzung desselbigen durch das Bachelor- und Mastersystem, um nur wenige ausgewählte Beispiele dieses sich im Wandel befindlichen Feldes zu benennen.

1.1.1 Kompetenzen für eine erfolgreiche Schul- und Unterrichtsgestaltung

Andererseits erfolgte in den meisten Bundesländern ein Umdenken hinsichtlich der in den Schulen vorherrschenden Lern- und Unterrichtspraxis. Schulisches Lernen wird nun vermehrt nicht mehr von den Inhalten her, sondern im Sinne des Kompetenzerwerbs von Lernenden gedacht. Diese Veränderung führte auch zu einer Verstärkung der Bemühungen, Schule und Unterricht so umzugestalten, dass alle Schüler/-innen auf dieser theoretisch-pädagogischen Grundlage optimal individuell angeleitet und unterstützt werden können.

Die Umsetzung einer für alle gewinnbringenden Differenzierung im Unterricht und der Einsatz von sowohl kooperativen als auch individualisieren-den Methoden erfordert ein hohes Maß an Organisations-, Selbstreflexions- und Selbstregulationskompetenz, einesteils auf Seiten der Schüler/-innen, andernteils aber auch auf Seiten der Lehrkräfte und aller weiteren an Schule beteiligten Personengruppen. Die Interaktionen verlaufen in den gewünschten und geforder-ten Unterrichtssettings nicht mehr primär linear, in dem Sinne, dass eine Gruppe als Ganzes ihre Aufmerksamkeit auf die frontal unterrichtende und hauptsächlich agierende Lehrkraft lenkt. Im Gegenteil, das Klassenzimmer der Gegenwart bezie-hungsweise Zukunft berücksichtigt idealerweise unterschiedliche Begabungen, inkludiert, stellt verschiedenste Ansätze und Materialien zur Erschließung

---

[1] Mittlerweile dauert der Vorbereitungsdienst in 6 Bundesländern (Rheinland-Pfalz, Hessen, Niedersachen, Baden-Württemberg, Nordrhein-Westfalen, Hamburg) 18 Monate, in Sachsen 12 Monate. In den übrigen Bundesländern beträgt die Dauer des Vorbereitungsdienstes 2 Jahre (Stand: Januar 2015).

eines Gegenstandes zur Verfügung und ermöglicht es den Schüler/-innen, Zielkompetenzen auf vielen verschiedenen, selbst gewählten Wegen zu erwerben.

1.1.2   Die Rolle von Schüler/-innen und Lehrkräften

Das oben gezeichnete Bild einer modernen Schule mit zeitgemäßen didaktisch-methodischen Ansätzen erfordert natürlich auch vielfältige Kompetenzen in der Planung, Durchführung und Gestaltung von Unterricht und Schule. Schüler/-innen, die selbstständig entscheiden, welche Arbeitswege sie wählen oder ob sie das Ziel der Unterrichtsreihe alleine, in Partner- oder Gruppenarbeit erreichen können und möchten, bedürfen dementsprechend einer deutlich höheren Kompetenz, sich selbst und ihre Handlungen zu überwachen, zu überprüfen und, wenn nötig, zu regulieren. Lehrer/-innen bedürfen kongruent zu den Anforderungen an die Schüler/-innen einer hohen Kompetenz in der Organisation und Steuerung von Lernarrangements, bei einem gleichzeitig herrschenden Bewusstsein, dass die anzuregenden Lernsettings häufig eher Moderator/-innen, Kurskorrektor/-innen und Beobachter/-innen, denn allein agierende Akteur/-innen benötigen. Bei den anzustrebenden Veränderungen in der Unterrichts- und Schulkultur kommt insbesondere der Fähigkeit eines Individuums, die eigenen Verhaltensweisen zu regulieren ein hoher Stellenwert zu.

1.1.3   „Neue" Kompetenz Selbstregulation?

Andererseits ist jedoch zu beachten und hervorzuheben, dass zwar die dargestellten Neuerungen dazu geführt haben, dass die Relevanz der Förderung von Selbstregulations- und Selbstreflexionskompetenzen von Individuen derzeit wieder vermehrt in den Fokus des bildungswissenschaftlichen Reformdiskurses und Interesses getreten ist, dass diese Kompetenzen jedoch unabhängig davon bereits seit jeher von hoher Relevanz im konstruktiven Miteinander mit Heranwachsenden waren und es auch, unabhängig vom bildungswissenschaftlichen Zeitgeist und Diskurs, nach wie vor bleiben werden. Zimmermann (2000) äußerte sich beispielsweise bereits vor der Einführung vieler der oben thematisierten Maßnahmen wie folgt zur Kompetenz der Selbstregulation: *„Perhaps our most important quality as humans is our capability to self-regulate."* (S. 13). Dabei wird deutlich, dass die Fähigkeit zur Selbstregulation zu einer der Kernkompetenzen unserer Zeit gehört und von jedem Individuum zur Gestaltung seines Lebens benötigt wird sowie dass den in der Schullandschaft derzeit als neuartig propagierten Einsichten und Methoden bereits seit geraumer Zeit in Disziplinen wie beispielsweise der Sozial- und Emotionspsychologie ein hoher Stellenwert eingeräumt wurde.

1.2 Feedback als eine zentrale Größe des Lernens

Eine zentrale Unterstützungshilfe bei der Regulation von sozialen Lernprozessen erfolgt über die bewusst gespiegelte Rückmeldung der Fremdwahrnehmung eines Handelns, Ergebnisses oder eines Produktes, auch bezeichnet als Feedback (Butler und Winne 1995). Feedback soll dazu dienen, einem lernenden Individuum Fortschritte zu verdeutlichen und positive Errungenschaften zu loben. Gleichzeitig dient es jedoch auch dem Ziel, Menschen zur Reflexion anzuregen, Lernfortschritte zu unterstützen und sie in weiterführende Richtungen denken zu lassen. Eine weitere positive Eigenschaft von Feedback ist, dass dieses dazu beiträgt, dass sich eine Person mitsamt einem in Frage stehenden Sachverhalt durch die Augen einer außenstehenden Person wahrnehmen kann und dementsprechend einen Abgleich zwischen Selbst- und Fremdperspektive erfährt. Feedback hat also großes Potential, positiv auf Lernprozesse einzuwirken.

1.2.1 Feedback: Ursprung und Gegenwart

Feedback ist dabei kein neues Konstrukt, sondern nimmt schon seit mehreren Jahrzehnten einen bedeutenden Platz in der Regulation der Lernprozesse von Individuen sowie in der Forschung ein. Bereits im Jahre 1946 begann der Forscher Lewin sich damit zu beschäftigen, inwiefern Feedback innerhalb von Gruppenprozessen zu weiterführenden Lerngelegenheiten und Verhaltensmodifikationen beitragen kann (vgl. hierzu auch McLeod und Kettner-Polley 2004; Ramage und Shipp 2006).

Auf Grund der oben geschilderten, veränderten Ansprüche an die Arbeit von Schulen sind nun das Erteilen und Erhalten von Feedback jedoch in hohem Maße wieder als bedeutsame Interaktionsprozesse für eine angestrebte „neue" Lernkultur in deutschen Schulen in den Fokus gerückt. Feedbackprozesse sind dabei, auf Grund des schon lange herrschenden Bewusstseins für ihre Relevanz, einerseits bereits auf vielen Ebenen gut erforscht, andererseits betonen Forscher/-innen wie Praktiker/-innen immer noch, dass Forschungsdesiderate im Feld des Feedbacks bestehen und vielerlei Probleme bei der praktischen Umsetzung von Feedback auftauchen (Bamberg 2010).

1.2.2 Fragen an den Einsatz von Feedback im schulischen Kontext

Dementsprechend stellen sich zum Einsatz dieses speziellen Selbstregulations- und Reflexionsinstrumentes natürlich eine Vielzahl von Fragen, beispielsweise: Gibt es verallgemeinerbare Kriterien für die gelungene Erteilung und Verarbeitung von Feedback, und lässt sich aus diesen ein theoretisches Konzept, das auch praktisch im Schulalltag umsetzbar ist, ableiten?

Die Forschung deutet darauf hin, dass es sowohl begünstigende als auch limitierende Aspekte gibt, die auf Feedback einwirken können. Auch kann Feedback positive oder gar keine Auswirkungen haben, jedoch auch negativ auf Individuen einwirken und dadurch Lernprozesse verhindern. Dementsprechend ist es von hoher Relevanz, sich darum zu bemühen, optimale Bedingungen für den positiven und konstruktiven Einsatz von Feedback in schulischen Lehr-Lern-Situationen zu schaffen.

Eine kleine Auswahl weiterer Fragen könnte lauten: Wie etablieren Lehrkräfte eine positive Feedbackkultur in ihrer Klasse oder an der Schule? Wie wird Feedback sowohl unter Schüler/-innen als auch unter Lehrer/-innen reflektiert? Wo lernen Lehrkräfte, implizit oder explizit, was es bedeutet, gutes Feedback zu erteilen? Können Lehrer/-innen automatisch Feedback erteilen und mit diesem umgehen? Wenn nicht, wie erwerben sie diese Kompetenz?

1.2.3 Feedback in der Schule = Feedback nur für Schüler/-innen?

Aus der bereits seit langem immer wieder geäußerten Notwendigkeit heraus, Feedback zur Förderung, Regulierung und Verbesserung des Lernprozesses von Schüler/-innen in schulischen Kontexten einzusetzen, ergeben sich weitere spannende Fragen, von denen nur einige obenstehend aufgeführt sind. Allein diese verdeutlichen jedoch bereits, wie komplex die Thematik Feedback ist und das selbst Jahrzehnte nach der Entdeckung des Potentials dieses Instruments noch viele offene Fragen bestehen. Deutlich wird hier auch, dass diese Fragen sich ausgehend von der Schüler/-innenebene ausweiten und auch andere in der Schule agierende Personengruppen in den Fokus rücken: So stehen nicht mehr nur die Fragen nach der Reaktion und dem Umgang von Schüler/-innen mit Feedback im Raum, sondern diese lassen sich auch dahingehend erweitern, zu untersuchen, wie beispielsweise Lehrer/-innen oder Schulleitungen sich zu Feedback positionieren. Denn es ist davon auszugehen, dass allgemein positive oder negative Einstellungen von

Lehrpersonen bezüglich des Sachverhaltes Feedback auch dazu führen können, dass sich dies in ihrem Feedbackverhalten gegenüber den Schüler/-innen bemerkbar macht und dass diese Einstellungen daher von hoher Relevanz sind.

Da jeder Mensch außerdem fortwährend, sowohl privat als auch beruflich, als Individuum handelt, das sich in Bezug zu einer Gruppe setzt, führt dies unweigerlich zu Rückmeldungen, nicht nur hinsichtlich des Lernens, sondern auch bezüglich der eigenen Denk- und Verhaltensweisen und des Handelns und der Entscheidungen, die getroffen werden. Viele dieser Rückmeldungen sind beispielsweise relevant dafür, um sich positiv in gesellschaftlichen Kontexten zu bewegen und zu verhalten und daher nicht nur auf die Institution Schule beschränkt. Wie die Forschung zeigt, gehen jedoch nicht alle Menschen konstruktiv mit Rückmeldungen um, sondern viele fühlen sich dadurch bedroht, abgeschreckt oder verärgert. Auch im beruflichen Bereich erfahren Individuen immer wieder Rückmeldungen – sei es von ihrem Vorgesetzen, von Arbeitskolleg/-innen oder Mitarbeiter/-innen. Diese können direkt oder indirekt erfolgen, sie können günstiges Feedback oder eher ungünstiges Feedback enthalten. Es ist auf der Grundlage von Forschungsergebnissen davon auszugehen, dass Individuen eher nach günstigen Rückmeldungen streben, um ihren Selbstwert nicht zu gefährden. Dementsprechend verlaufen die Reaktionen auf unterschiedliches Feedback auch sehr verschieden.

1.2.4   Umgang professioneller Feedbacksender mit Feedback

Ausgehend von diesen Überlegungen beleuchtet dieser Band das Thema des Umgangs mit Feedback aus einer bislang wenig beachteten Perspektive und widmet sich der Analyse des Umgangs von professionellen Feedbackgeber/-innen mit Rückmeldungen. Es handelt sich dabei insbesondere um Personen, die tagtäglich selbst in einem professionellen Kontext Feedback erteilen, insofern der Fokus dieser Untersuchung auf Referendar/-innen und Schulleitungen liegt. Es wird dabei betrachtet, wie sich Referendar/-innen und Schulleitungen zur Thematik Feedback positionieren, wie ihre Akzeptanz und ihr Umgang mit Feedbacksituationen ist, welche Kriterien für konstruktives Feedback genannt werden und welche Faktoren dazu führen, dass Feedback abgelehnt wird. Die Befragung dieser Personengruppen umfasst, beispielsweise hinsichtlich ihres Erfahrungsgrades innerhalb der Profession, zwei sehr unterschiedliche Positionen, die in der Schule eingenommen werden können – von der Lehrkraft in Ausbildung zur Schulleitung, die bereits über viel Erfahrung verfügt und innerhalb einer Schule die Führungsposition einnimmt. Interessant ist es außerdem, festzustellen, ob Personen, die im Rahmen ihrer beruflichen Handlungen ständig Feedback erteilen, auch einen positiven Umgang mit diesem an den Tag legen. Die zur Untersuchung ausgewählten Personengruppen eignen sich besonders zur Erforschung der fraglichen Zusammenhänge, da sie in hohem Maße Feedback zugleich erteilen und empfangen. Das anvisierte Untersuchungssetting ist zudem sehr spannend, da es entgegen vieler anderer Arbeitsbereiche bisher wenige Rückmeldungsebenen beispielsweise für Lehrer/-innen gab – das Bild des geschlossenen Klassenraumes, in dem jede/r Lehrer/-in seinen Unterricht ohne Beobachtung durchführt, ist vielen Personen noch aus eigenen Schulzeiten bekannt und auch im 21. Jahrhundert noch deutlich überrepräsentiert.

Dazu haben sich folgende sehr interessante Fragen gestellt: Wie gehen Personen, die selbst ständig bewerten, deren Beruf es ist, Rückmeldungen über Lernfortschritte und den Status Quo der Leistung von Schüler/-innen zu tätigen, selber mit Feedback um? Welche Faktoren auf der Ebene der Persönlichkeit begünstigen die Akzeptanz und den konstruktiven Umgang mit Feedback? Welche Rahmenbedingungen spielen darüber hinaus eine Rolle, damit Feedback aufgenommen, akzeptiert und im Sinne einer Professionalisierung in den weiteren Arbeitsablauf integriert werden kann? Auf der anderen Seite lohnt es sich ebenfalls, die Frage nach den negativen Auswirkungen von Feedback und dem Widerstand gegenüber Rückmeldungen zu stellen: Welche Faktoren auf der Ebene der Persönlichkeit lassen Widerstand, Ablehnung und Abwertung gegenüber Feedback entstehen? Und welche Rahmenbedingungen spielen bei der Ablehnung von Rückmeldungen eine Rolle?

1.2.5   Das Lohnenswerte an einer sozialpsychologischen Perspektive

Besonders deutlich wird bei der Beschäftigung mit der Thematik Feedback außerdem, dass es sich hierbei explizit um eine komplexe Interaktion zwischen zwei Individuen, zwischen einem Individuum und einer Gruppe oder zwischen verschiedenen Gruppen handelt. Das heißt, dass Feedback in dem Falle nicht nur als ein didaktisch-methodisches Instrument, sondern auch als ein Instrument betrachtet werden kann, das gewichtige soziale und psychologische Komponenten enthält. Der Umgang von Individuen mit Feedback, unter besonderer Berücksichtigung von Referendar/-innen und Schulleitungen, wird daher in der vorliegenden Arbeit aus einem sozialpsychologischen Blickwinkel beleuchtet und analysiert.

Die Sozialpsychologie betont vor allem, inwieweit soziale Aspekte sowohl die Person als auch die Umwelt beeinflussen. (…) Sozialpsychologen stellen dabei Fragen wie: Inwieweit beeinflusst die soziale Umwelt (also z. B. die Gruppengemeinschaft, andere Menschen) die einzelne Person bei ihrer Personenwahrnehmung, bei ihrer Motivation? Wie beeinflussen einzelne Menschen oder Gruppen von Menschen ihre soziale Umwelt? (Bierhoff und Frey 2011, S. 13).

Dabei kann eine sozialpsychologische Perspektive sowie ein derart gewählter Betrachtungsschwerpunkt in vielerlei Hinsicht Aufschlüsse über die hier aufgeworfene Fragestellung geben, da die Disziplin der Sozialpsychologie sich explizit mit dem Einfluss der sozialen Welt auf Individuen sowie umgekehrt von Menschen auf ihre Umwelt beschäftigt. Allport (1954) weist darauf hin, dass die Disziplin der Sozialpsychologie ebenfalls darum bemüht ist

das Denken, Fühlen und Verhalten von Individuen zu verstehen und zu erklären, so wie diese durch die tatsächliche, vorgestellte oder implizite Anwesenheit anderer menschlicher Wesen beeinflußt werden. (Allport 1954, zitiert nach: Keupp 1994, S. 9).

Dementsprechend scheint diese Perspektive ideal, um Feedbackinteraktionen in zwei besonderen Kontexten der schulischen Bildungsinstitution zu beleuchten sowie neue und weiterführende Erkenntnisse bezüglich dieser Thematik zu gewinnen.

1.3   Aufbau des Bandes

Dieser Band widmet der Darstellung des Umgangs von Akteur/-innen im Bildungsbereich mit Feedback. Dabei wird in den Kap. 2 und 3 zunächst der Stand der Forschung skizziert und aufgezeigt, inwieweit Feedbackprozesse außerhalb wie innerhalb der Schule bisher erforscht sind und welche Modelle und Theorien zur Interpretation und Weiterarbeit mit diesen Ergebnissen existieren. Im Fokus stehen dabei die Ausbildungssituation angehender Lehrer/-innen im Referendariat sowie eine relativ neue Feedbacksituation für Schulleiter/-innen, die externe Evaluation und Rückmeldung durch Schulinspektionen (Kap. 4).

Anschließend erfolgt in einem theoretischen Teil (Kap. 5) die Darstellung von und Verknüpfung des Themas Feedback mit theoretischen sozialpsychologischen Erklärungsansätzen. In diesem Teil werden zunächst die Theorie der psychologischen Reaktanz und die Theorie der kognitiven Dissonanz dargestellt. Anschließend wird auf Selbsttheorien sowie damit in Verbindung stehende Ansätze von Attributionstheorien eingegangen. Die genannten Theorien werden darauf untersucht und geprüft, inwiefern sie Ansätze zur Erklärung vom Umgang von Individuen mit Feedback bieten. Abgeschlossen wird der theoretische Teil durch die ausführliche Darstellung der Theorie und Praxis der rational-emotiven Verhaltenstherapie (Kap. 6).

Hinleitend zum empirischen Teil der Arbeit erfolgt auf der Basis des skizzierten Forschungsstandes sowie der dargestellten Theorien eine theoretische Einbettung sowie die Entwicklung der explorativen Fragestellung (Abschn. 7.1 und 7.2), welche durch die empirische Untersuchung der Gruppe der Referendar/-innen und Schulleitungen getestet werden soll.

Um einen besseren Überblick zu gewährleisten sowie beide Forschungsbereiche ausführlich betrachten zu können, werden die beiden in dieser Arbeit präsentierten Studien getrennt aufgeführt. So widmet sich Abschn. 7.3 zunächst im Rahmen einer quantitativen Untersuchung der Analyse des Umgangs von Referendar/-innen mit Feedback im Rahmen ihres Vorbereitungsdienstes an einem Zentrum für schulpraktische Lehrer/-innenausbildung.

In Abschn. 7.4 wird anschließend der Umgang von Schulleitungen mit Feedback aus der durch das Ministerium für Schule und Weiterbildung des Landes Nordrhein-Westfalens eingeführten externen Schulinspektion Qualitätsanalyse im Rahmen einer qualitativen Untersuchung analysiert. Die Darstellung der Ergebnisse sowie die Diskussion der sich aus ihnen ergebenden Implikationen erfolgt für die beiden Studien zunächst getrennt, um die jeweiligen Besonderheiten dieser Untersuchungen würdigen zu können.[2]

In Kap. 8 wird eine Synthese aus den Forschungsergebnissen beider Untersuchungen vorgenommen, welche dann explizit für die Formulierung allgemeiner Schlussfolgerungen genutzt wird. Auf der Basis dieser Ergebnisse wird versucht, die Frage zu beantworten, wie der Umgang mit und die Aufnahme und Verwertung von Feedback optimiert werden kann.

---

[2] Für eine komplette Darstellung aller Daten und Ergebnisse beider Studien vgl. Bitan (2014).

Feedback

2

2.1 Warum ist Feedback im Schulkontext relevant?

Das Thema Feedback und die Erteilung von Rückmeldungen sind mittlerweile gut erforscht.[1] Unter Berufung auf Bamberg (2010) kann konstatiert werden, dass insgesamt gesehen eine große Einmütigkeit hinsichtlich der Bewertung der Relevanz des Themas „Feedback" besteht:

> Nahezu unumstritten werden Notwendigkeit und Sinnhaftigkeit von Feedback betont. Demnach ist es kaum möglich, ohne Feedback etwas über sich selbst zu erfahren, die eigene Wirkung, Stärken und Schwächen zu erleben; Lernprozesse können ohne Feedback nicht gesteuert werden, Gruppenprozesse können nicht optimiert werden, gezielte Personal- und Organisationsentwicklung sind kaum möglich. Einigkeit herrscht darüber, dass Feedback in den unterschiedlichsten Lebenslagen von zentraler Bedeutung ist. So ist Feedback wichtig für die menschliche Entwicklung, für soziale Interaktionen und für institutionalisierte Lernprozesse. Feedback ist für Individuen ebenso von Relevanz wie für Dyaden, Gruppen und Organisationen. Feedback ist Teil unseres Alltagshandelns und wird in pädagogischen und sozialen Prozessen gezielt als Intervention eingesetzt. (Bamberg 2010, S. 1)

In dem obenstehenden Zitat wird deutlich, dass Feedback, wenn es realitätsangemessen und hilfreich ist, einhellig als eine grundlegende Komponente von Lern- und Entwicklungsprozessen betrachtet wird, sei es nun auf individueller oder auf

---

[1] Im weiteren Verlauf der Arbeit werden die Begriffe Feedback und Rückmeldung synonym verwendet.

© Springer Fachmedien Wiesbaden 2016
K. Behnke, *Umgang mit Feedback im Kontext Schule*,
DOI 10.1007/978-3-658-10223-4_2

institutioneller Ebene. Ohne entsprechendes Feedback ist es Individuen, ob allein, in Interaktionen oder im größeren Zusammenschluss innerhalb einer Gruppe nicht möglich, Handlungen adäquat zu reflektieren, zu steuern und diese gegebenenfalls anzupassen. Dementsprechend ist Feedback auch eine relevante Größe für jegliche Interaktion in der Schule, sei es auf der Ebene der Schüler/-innen, der Lehrkräfte und Schulleitungen oder weiterer Personengruppen.

Obwohl sich bereits grundlegend und intensiv mit dem Begriff und dem Konzept von Feedback auseinandergesetzt wurde und die Relevanz von Feedback, wie oben beschrieben, unbestritten ist, bleibt eine Reihe ungeklärter Fragen und Probleme im Zusammenhang mit Rückmeldungen weiterhin bestehen und bedarf dementsprechend der Klärung. Bamberg (2010) verweist dabei unter anderem auf die noch ungeklärte Frage des Umgangs mit und der Gefahren von negativem Feedback. Des Weiteren sind, besonders in Unternehmen oder Abhängigkeitsverhältnissen, bestimmte begleitend ablaufende Prozesse mit zu beachten und die Frage zu klären, ob und inwiefern Feedback nicht nur Rückmeldung an sich ist, sondern auch einen Motor für zu initiierende Veränderungen darstellen kann.

Im Verlauf dieses Bandes wird daher versucht, einige der noch offenen Fragen hinsichtlich der Wirkmechanismen von Feedback in der Schule aufzulösen.

2.2 Was ist über Feedback bekannt und was kann Feedback leisten?

In pädagogischen Tätigkeitsfeldern, insbesondere in der Schule, ist es auf Grund der möglichen positiven und negativen Auswirkungen von Feedback von hoher Relevanz, sich grundlegend mit diesem Sachverhalt auseinanderzusetzen. Doch wie viele Seminare werden an der Universität zum Thema Feedback angeboten? Wo besteht im Referendariat explizit die Möglichkeit, das Erteilen von Feedback kriteriengeleitet zu üben? Welche Rückmeldungen erhalten Lehrkräfte nach ihrer Ausbildung im Berufsalltag und welche Feedbackmöglichkeiten stehen Schulleitungen zur Verfügung?

Das Thema Feedback ist viel komplexer als es auf den ersten Blick erscheinen mag, weshalb an dieser Stelle grundlegend darauf geblickt werden soll, was über Feedback bekannt ist und was es überhaupt leisten kann.

Fengler (2010) definiert die dem Begriff des Feedbacks zu Grunde liegenden Ursprünge folgendermaßen:

> Der Begriff Feedback stammt aus der Kybernetik, der Lehre von den Regelungsprozessen. Er bezeichnet ursprünglich die Rückmeldung oder

Rückkoppelung von Informationen. Im Alltag wird Feedback oft synonym mit kybernetisch, vernetzt, systemisch, interdependent und Ähnlichem benutzt. (Fengler 2010, S. 6)

Dabei bezieht sich Fengler (2010) zunächst auf Rückmeldungsprozesse im technischen und im biologischen Bereich, indem er das Zusammenspiel von einzelnen Maschinenteilen und Regelkreisen im lebendigen Organismus beschreibt. Zwar grenzt er dabei die Rückmeldungen in Interaktionen zwischen Individuen klar von den oben angesprochenen technischen Regelkreisen ab, da sich das oben präsentierte Verständnis von Feedback nicht vollends auf diese übertragen lässt, definiert jedoch auch Gemeinsamkeiten. *„Als gemeinsame Bedeutung halten wir zunächst den Vorgang der Rückbindung zwischen zwei oder mehreren Personen oder anderen Systemen bzw. Subsystemen sowie die Kreisförmigkeit des Prozesses fest."* (Fengler 2010, S. 6).

Fengler (2010) datiert die Entstehung und die Idee des Feedbacks auf ein Seminar von Lewin im Jahre 1946, in welchem, eher zufällig, festgestellt wurde, dass die Rückmeldung des wahrgenommenen Verhaltens an Individuen eine interessante Methode darstellt, die innerhalb von Gruppenprozessen zu weiterführenden Einsichten und Lerngelegenheiten beiträgt (vgl. hierzu auch McLeod und Kettner-Polley 2004; Ramage und Shipp 2006). Die heutige Entwicklung des Feedbackkonzeptes unterscheidet sich jedoch immer stärker von ihrer im Labor entwickelten Ausgangsform.

> Das Feedback kann heute demgemäß als gemeinsame Verständigungsleistung von zwei oder mehreren Personen verstanden werden. Der Sender beobachtet das Verhalten des Empfängers und beschreibt es ihm, verbunden mit der eigenen gefühlsmäßigen Resonanz darauf. Er macht ihm vielleicht einen Vorschlag, sein Verhalten zu korrigieren oder neu einzustellen (Verhaltensbeobachtung und Verhaltensbeschreibung, Gefühlsresonanz und Selbstmitteilung, Handlungsimpuls). (Fengler 2010, S. 8)

Dabei stehen bei Feedbackprozessen insbesondere ein Austausch und eine Übereinstimmungsfindung zwischen mindestens zwei Individuen im Fokus.

So wird Feedback als eine Folge dreier Schritte verstanden:

1. Die Darstellung der Wahrnehmung des Verhaltens eines Individuums,
2. die Beschreibung der Reaktion auf diese Wahrnehmung durch den Feedbacksender sowie
3. darauf folgende Hinweise beziehungsweise Aufforderungen zur Modifikation des Verhaltens an den Feedbackempfänger.

Kongruent mit der oben dargestellten Definition von Feedback als eines Akts der Verständigung stellt Fengler (2010) weiterhin dessen Vorzüge und positiven Auswirkungen heraus und weist dabei insbesondere auf die Subjektivität von Feedback hin, was als explizit positiv und bedeutsam für Feedback in die Beschreibung mit eingeht. Es wird an dieser Stelle auch die besondere Schwierigkeit des Erteilens von Feedback deutlich gemacht, denn es begeben sich sowohl der empfangende als auch der erteilende Part im Feedbackprozess in eine ungeschützte Position, da beide sich öffnen und etwas von sich preisgeben.

Feedback erfüllt, beispielsweise in Bezug auf die Alltagskommunikation, viele wichtige Aufgaben, welche sich jedoch ebenfalls auf Situationen im Arbeits- beziehungsweise Schul-und Ausbildungsbereich beziehen lassen. Insgesamt kön- nen unter Bezugnahme auf London (1997) dreizehn Wirkungsbereiche von Feedback aufgelistet werden. Die genannten Aspekte (vgl. Tab. 2.1) können in drei Hauptbereiche unterteilt werden: Zum einen die Ermunterung und Motivation sowie zum anderen die Selbstüberprüfung und die Selbststeuerung und letztlich eine persönliche wie auch aufgabenbezogene Entwicklungskompetenz.

Auf der Grundlage dieser Aufstellung von Feedbackfunktionen lassen sich einige grundlegende Arbeitsfelder und Möglichkeiten des Feedbacks ableiten. Feedback kann dementsprechend sowohl motivieren (vgl. Punkte 3, 6, 10) als auch Verhalten verändern und dieses steuern (vgl. Punkte 1, 2, 4, 7, 8, 12, 13) sowie zu

Tab. 2.1 Funktionen des Feedbacks (vgl. Fengler 2010, S. 10)

Das Feedback übernimmt in der Alltagskommunikation und in der Psychotherapie viele Funktionen:

1. Feedback steuert Verhalten.
2. Feedback hilft, zielgerichtet zu arbeiten.
3. Positives Feedback ermutigt.
4. Feedback hilft bei der Fehlersuche.
5. Feedback fördert persönliche Lernprozesse.
6. Feedback hebt die Motivation.
7. Feedback hilft bei der Selbsteinschätzung.
8. Feedback ermöglicht, sich hilfreiches Feedback zu beschaffen.
9. Feedback führt zu einem Zuwachs an Einfluss sowohl beim Empfänger wie beim Geber von Rückmeldungen.
10. Feedback bewirkt eine engere Verbindung mit der Aufgabe.
11. Feedback hilft bei der Identifikation mit der Arbeitsumgebung und der Planung der beruflichen Entwicklung.
12. In Verhandlungen hilft Feedback bei der Einschätzung von Angeboten.
13. Feedback hilft, die Qualität von Entscheidungen zutreffend zu bewerten und zu beurteilen. (London, 1997, S.14 f., Übersetzung durch den Autor)

einem Zuwachs an aufgabenbezogener Leistungs- und Lösungskompetenz und persönlicher Entwicklungsbereitschaft beitragen (vgl. Punkte 2, 4, 5, 7, 8, 9). Die genannten Aspekte verdeutlichen, dass Individuen wiederkehrendes, konstruktives Feedback benötigen, um Aufgaben erfolgreich lösen zu können.

In Ergänzung zu den genannten Funktionen des Feedbacks, können weitere wichtige Kriterien für das Erteilen guten Feedbacks aufgestellt werden, denn nicht jedes Feedback wirkt sich automatisch positiv auf den Empfänger und die Steigerung seiner Leistung in einem bestimmten Bereich aus. Die acht Aspekte, welche von Fengler (2010) unter Bezugnahme auf Antons (1998) dargestellt werden, beschreiben, an welchem Punkt eines Kontinuums gutes Feedback jeweils angesiedelt ist. Dabei wird eine Orientierung hin zu den Qualitäten *„beschreibend"*, *„konkret"*, *„einladend"*, *„verhaltensbezogen"*, *„erbeten"*, *„sofort und situativ"*, *„klar und pointiert"* sowie *„durch Dritte überprüfbar"* als Rahmenbedingung für gutes Feedback beschrieben (vgl. Tab. 2.2).

Aus den aufgeführten Kriterien lassen sich grundsätzliche Aspekte herausfiltern. Dementsprechend kommt es beim Geben von Feedback darauf an, *was* (vgl. die Kriterien beschreibend, konkret, überprüfbar) *einem Gegenüber in welcher Haltung* (vgl. die Kriterien einladend, erbeten, klar) *bezogen auf welche Aspekte* (vgl. das Kriterium verhaltensbezogen) *wann* (vgl. die Kriterien sofort und situativ) *zurückgemeldet* wird.

Viele weitere Forscher/-innen und Praktiker/-innen gehen davon aus, dass konstruktives und realitätsangemessenes Feedback in vielfältigen Bildungskontexten erfolgreich genutzt werden kann, um Fähigkeiten und Fertigkeiten zu verbessern. Auch in Kontexten des Coachings wird Feedback zum Zwecke der Kompetenzerweiterung eingesetzt. Jedoch wird immer häufiger darauf hingewiesen, dass die Ergebnisse der Feedbackforschung mehrdeutig sind und mittlerweile auch deutlich geworden ist, dass Feedback nur unter bestimmten Voraussetzungen

Tab. 2.2 Kriterien für gutes Feedback (vgl. Antons 1998 zitiert nach: Fengler 2010, S. 11)

- eher beschreibend als bewertend und interpretierend,
- eher konkret als allgemein,
- eher einladend als zurechtweisend,
- eher verhaltensbezogen als charakterbezogen,
- eher erbeten als aufgezwungen,
- eher sofort und situativ als verzögert und rekonstruierend,
- eher klar und pointiert als verschwommen und vage,
- eher durch Dritte überprüfbar als auf dyadische Situationen beschränkt.

positive Effekte hat. Eine Frage besteht beispielsweise hinsichtlich der Rolle, die Feedback beim Kompetenzerwerb von Individuen einnimmt (vgl. hierzu bspw. De Villiers 2013): Trägt das Empfangen von Feedback tatsächlich dazu bei, dass Individuen besser in dem werden, was sie tun?

Basierend auf einem Vorschlag von De Villiers (2013) lassen sich, ergänzend zu den Vorschlägen von Fengler (2010), insgesamt 7 Prinzipien identifizieren, welche zusammengenommen zu effektivem Feedback und somit auch einer Unterstützung der Kompetenzentwicklung von Individuen führen. Dementsprechend sollte Feedback *situational* sein, insofern es auf die jeweilige Aufgabe bezogen sein und Lerninformationen enthalten sollte. Des Weiteren sollte der *produktive Umgang* mit dem Feedback ermöglicht werden. Dies bedeutet, dass der Umfang des Feedbacks nicht zu hoch sein darf; das Vorwissen des Empfängers sollte beachtet werden, ebenso sollte Verarbeitungs- und Implementierungszeit bestehen, um die neuen Informationen aufzunehmen, mit ihnen zu arbeiten und diese in veränderte Verhaltensweisen zu überführen. Eine weitere Komponente gelungenen Feedbacks betrifft die Tatsache, dass Feedback *spezifisch* sein sollte, was unter anderem bedeutet, dass die Komplexität der Rückmeldung auf den Lernenden und seine Bedürfnisse abgestimmt ist (vgl. auch Shute 2008). Ein weiteres Merkmal gelungenen Feedbacks ist, dass es *bedeutungsvoll* für den Lernenden sein soll. Hier argumentiert De Villiers (2013) in Übereinstimmung mit Hattie und Timperley (2007), dass Feedback auf mehreren Ebenen relevant sein sollte, beispielsweise hinsichtlich der Aufgabe und ihrer Bearbeitung sowie bezüglich der Selbstregulationskompetenzen des Individuums. Außerdem sollten auch *motivierende und positiv bestärkende* Appelle hinsichtlich der Lösung einer Aufgabe mit aufgenommen werden.

Hinsichtlich der Frage des Zeitpunktes, wann Feedback gegeben werden sollte, existieren bislang derart divergierende Forschungsergebnisse, dass zusammenfassend lediglich angeführt werden kann, dass dem Empfänger bewusst sein sollte, *zu welchem Zeitpunkt* das Feedback erfolgt. Auch der sechste Aspekt, der sich darauf konzentriert, dass Feedback relevant sein sollte, deutet darauf hin, dass konkreter Bezug zum Lernenden und der Aufgabe hergestellt werden und dementsprechend auch durch das Feedback auf die zu erreichenden Ziele hin gearbeitet werden sollte. Das siebte Merkmal guten Feedbacks ist die *Verlässlichkeit*. So sollte dem Empfänger/ der Empfängerin des Feedbacks bewusst sein, wann die Rückmeldung erfolgt, dass diese glaubwürdig ist und unparteiisch sowie vorurteilslos gegeben wird, dass das Feedback objektiv erfolgt und sich an bestimmte Standards und Kriterien hält (De Villiers 2013).

Feedback kann als ein integraler Bestandteil jeglicher Intervention zur Erhöhung von Kompetenzen, nicht nur bei Schüler/-innen, sondern auch auf der Ebene von bereits ausgebildeten Lehr- und Führungskräften, betrachtet werden. Viele Forscher/-innen verweisen in diesem Gebiet auf die Nützlichkeit von Kriterienkatalogen oder Checklisten, an denen sich Feedback erteilende Personen orientieren können. Feedback kann zu besserem Lernen und der Steigerung von Kompetenzen beitragen, wenn es auf eine förderliche, realitätsangemessene und hilfreiche Weise erteilt wird.

In diesem Band wird dabei durch den Fokus der sozialpsychologischen Ebene insbesondere die Ebene der Interaktion fokussiert, die sich zwischen Sender und Empfänger von Feedback abspielt. Dementsprechend betrachtet das nächste Kapitel die grundlegende Frage, was darüber bekannt ist, wie Individuen überhaupt mit insbesondere dem Empfangen, jedoch auch dem Senden, von Feedback umgehen.

Wie gehen Individuen mit Feedback um?

In diesem Kapitel wird unter verschiedenen Perspektiven beleuchtet, welche Erkenntnisse bereits hinsichtlich der Frage existieren, wie Menschen mit Feedback umgehen. Die Befunde hinsichtlich des Umgangs von Individuen mit Feedback werden dabei aus drei spezifischen Blickwinkeln beleuchtet.

3.1 Sozialpsychologische Perspektiven

3.1.1 Zusammenhänge von Feedback und Selbstwert

Eine relevante Frage ist, wie das Empfangen von Feedback mit dem Selbstwert von Individuen zusammenhängt. Kann Feedback tatsächlich dazu beitragen, den Selbstwert von Individuen zu steigern oder ihn zu senken? Welche spezifischen sozialpsychologischen Prozesse spielen in diesem Kontext eine Rolle?

Crocker (1993) führte dazu eine aufschlussreiche Untersuchung durch, die zeigt, wie Feedbackprozesse in Zusammenhang mit dem Selbstwertgefühl von Individuen stehen und wie diese davon beeinflusst werden. Der Forscher fand, dass Individuen nach erhaltenem Feedback Maßnahmen anwenden, um das eigene Selbstwertgefühl zu steigern. Auch wurde deutlich, dass Individuen dazu tendieren, nach dem Erhalt von negativem Feedback eine weniger großzügige und gutmütige Erinnerung an andere Menschen zu haben (Crocker 1993). Diese Ergebnisse sind insofern interessant, als dass selbstwertsteigernden Tendenzen bei Individuen in schulischen Kontexten Beachtung geschenkt werden und damit sensibel umgegangen werden sollte, um sicherzustellen, dass das gegebene

© Springer Fachmedien Wiesbaden 2016
K. Behnke, *Umgang mit Feedback im Kontext Schule*,
DOI 10.1007/978-3-658-10223-4_3

Feedback auch tatsächlich angenommen und nicht aus Gründen des Selbstwertschutzes abgelehnt wird.

Kernis und Sun (1994) untersuchten in einer Studie den Effekt von Narzissmus auf den Umgang mit Feedback. Sie kamen dabei zu dem Ergebnis, dass narzisstisch veranlagte Individuen auf negatives Feedback mit der Abwertung der verwendeten Messmethode und der durchführenden Personen reagierten, während sie die Bewertung bei positivem Feedback umgekehrt vornahmen, beispielsweise beurteilten sie die Durchführenden als sehr kompetent und sympathisch und die Messmethoden als reliabel (Kernis und Sun 1994). Diese Untersuchung könnte erste Hinweise darauf geben, dass negatives Feedback auch von Individuen ohne narzisstische Veranlagung abgewertet, wohingegen positives Feedback aufgewertet wird. Die Ergebnisse deuten außerdem darauf hin, dass Personen, die sich selber als besonders kompetent empfinden und eine sehr positive Einschätzung von sich selbst als Person haben, mit höherer Wahrscheinlichkeit mit Ablehnung auf negatives Feedback reagieren. Positives Feedback sowie die Feedback erteilende Person und Institution werden dagegen eher aufgewertet.

3.1.1.1 Chancen und Risiken der Feedbackarbeit hinsichtlich des Selbstwertes

Semmer und Jacobshagen (2010) widmen sich der Frage, wie Feedback vom Empfänger aufgenommen und verarbeitet wird und wie es sich auf den Selbstwert des Empfängers auswirkt. Sie definieren Feedback als *„(...) eine Information über das Verhältnis von Ist- und Sollwert (...)."* (S. 40). Dabei wird Feedback als äußerst relevant für das Lernen und eine angemessene sowie zufriedenstellende Gestaltung des Lebens verstanden. Jedoch beinhaltet Feedback zwar einerseits positive Aspekte und ist aus dem Leben von Individuen kaum wegzudenken, es können jedoch auf der anderen Seite eine Vielzahl von Problemen bei der Feedbackarbeit auftreten. Probleme mit Feedback und potentielle Schwierigkeiten können dabei auf drei Ebenen verortet werden, nämlich der kognitiven, der motivationalen und der affektiven Ebene.

1. *Kognitive Ebene:* Zunächst einmal ist es relevant, dass Menschen das erhaltene Feedback auf einer kognitiven Ebene grundlegend registrieren, beginnen, damit zu arbeiten und ihre Schlüsse aus dem erhaltenen Feedback zu ziehen und diese Schlüsse letztlich dann auch in Verhalten umzusetzen. Auf dieser Ebene sind bereits einige Prozesse angesiedelt, die stocken und dementsprechend Schwierigkeiten im Umgang mit dem erhaltenen Feedback bereiten können.
2. *Motivationale Ebene:* Die zweite Ebene, bei der potentiell Schwierigkeiten im Umgang mit Feedback auftreten könnten, ist die Ebene der Motivation. Hier

spielt insbesondere eine Rolle als wie wahrscheinlich es empfunden wird, die im Feedback explizierten Ziele auch verwirklichen zu können. „*Die Wahrnehmung, dass man sich nicht an sein Ziel annähert, oder so langsam, dass die Zielerreichung unmöglich scheint, wirkt demotivierend, während herausfordernde, aber machbar erscheinende Ziele motivierend wirken.*" (Semmer und Jacobshagen 2010, S. 40)

3. *Emotionale Ebene:* Eine dritte Ebene der Schwierigkeiten, die sich aus Feedback ergeben können liegt auf der emotionalen Ebene, da Feedback sowohl positive als auch negative Emotionen auslösen kann.

Feedback wird im Normalfall über eine Handlung oder ein Produkt, generelle Handlungstendenzen, Leistungen oder über Personen gegeben. Als besonders kritischer Bereich gilt Feedback, welches negativ ist und gleichzeitig auf die feedbackempfangende Person selbst ausgerichtet erscheint (Semmer und Jacobshagen 2010). Dieser Umstand beruht darauf, dass Individuen bestrebt sind, ihren Selbstwert unter anderem dadurch zu erhalten, dass sie ein möglichst positives Bild von sich selbst kreieren (vgl. hierzu auch u. a. Dauenheimer et al. 2002; Dufner et al. 2012; Festinger 1957; Kruger und Dunning 1999; Sedikides und Gregg 2007, 2008; Tesser und Campbell 1982). Diese Tatsache hat dementsprechend in vielen Bereichen deutliche Auswirkungen auf den Umgang mit positivem und negativem Feedback und gestaltet auch die Reaktionen von Individuen hiermit. Zu Schwierigkeiten beim Annehmen von Feedback auf der Empfängerseite können ebenfalls verschiedene Persönlichkeitsmerkmale führen. Auch die sogenannte Zielorientierung des Empfängers spielt eine Rolle. Grundsätzlich ist es wichtig zu betonen, dass eine Atmosphäre der Wertschätzung als Grundlage der Akzeptanz von Feedback jeglicher Art als besonders relevant bewertet werden muss. Hinweise für gutes Feedback wurden oben bereits in der Tabelle aufgezählt (vgl. Fengler 2010) und es besteht aktuell hinsichtlich der meisten Punkte ein allgemeiner Konsens in der Forschung. Trotzdem existieren darüber hinaus einige kritische Punkte, welche besonders unter Betrachtung der Selbstwert-Perspektive beleuchtet werden können.

3.1.2 Die Rolle des Feedbacksenders

Nicht nur ist es für Schüler/-innen, Referendar/-innen oder weitere Personengruppen im schulischen Bereich herausfordernd, Feedback zu empfangen. Kritische Felder der Feedbackarbeit betreffen explizit auch die Rolle des Senders von Feedback, hierzu zählen unter anderem die Begründung von Feedback und die übermäßige

Fokussierung auf negatives Feedback. Hinsichtlich des ersten Bereichs besteht die Gefahr, dass Sender zu viele Begründungen heranziehen, die verdeutlichen, was die potentiellen Auswirkungen der kritisierten Handlung oder Leistung sind. Diese können sich letztendlich selbstwertschwächend auswirken und dazu führen, dass das Feedback deutlich negativer beurteilt wird. Negatives Feedback sollte daher lediglich so ausführlich erklärt werden, dass der Empfangende in der Lage ist, es zu verstehen. Dieser Bereich ist besonders kritisch, da es lediglich ein schmaler Grat zwischen der Übertreibung der Erklärungen und der guten und gründlichen Begründung ist (Semmer und Jacobshagen 2010; vgl. hierzu auch Fengler 2010).

Der zweite oben genannte Bereich, die Fokussierung des Senders auf negatives Feedback, kann ebenfalls negative Auswirkungen auf den Selbstwert des Empfängers haben. Um der Fokussierung auf negatives Feedback vorzubeugen ist eine Mischung aus Feedback mit positiven und negativen Aspekten empfehlenswert. Grundlegend gilt es, insbesondere aus der Perspektive der Feedback erteilenden Person, zu beachten, dass negatives Feedback unter Umständen implizit sehr viel mehr über den Empfänger und Sender von Feedback, deren Verhältnis und den zur Debatte stehenden Sachverhalt aussagen kann, als in den meisten Fällen tatsächlich intendiert ist. Das untenstehende Zitat exemplifiziert die Spannbreite der in negativem Feedback möglicherweise enthaltenen Implikationen und die Relevanz von schulischen Feedbackprozessen auf einer Interaktionsebene.

Der entscheidende Punkt bei negativem Feedback ist nicht, ob man einen Fehler begangen hat. Der entscheidende Punkt liegt in den Implikationen für das eigene Selbst: Was sagt der Fehler über die eigenen Kompetenzen, die eigene Integrität, die eigene Zuverlässigkeit usw. aus? Und was sagt er über die Wertschätzung durch andere aus? (…) Daneben ist der Kontext dieses Feedbacks zu berücksichtigen: Welche Botschaften werden, neben dem eigentlichen negativen Feedback, noch vermittelt? Zwei Aspekte scheinen uns hier wesentlich: Zum ersten ist es wichtig, dass neben dem negativen Feedback mögliche positive Aspekte nicht aus dem Blickfeld geraten. Zum zweiten ist es wichtig, über das gerade anstehende Thema hinaus Stärken der betroffenen Person zu würdigen, was auf vielfältige Art geschehen kann. (Semmer und Jacobshagen 2010, S. 44)

Um den Selbstwert eines Feedbackempfangenden nicht anzugreifen, empfiehlt sich eine Veränderung beziehungsweise Modifikation der Feedbackregeln insofern, als dass *„gute, aber nicht übertrieben ausführliche Begründungen, ein Minimum an internaler Attribution und die Einbettung in Positives (…)"* (Semmer und Jacobshagen 2010, S. 45) als weitere Richtlinien hinzugezogen werden sollten.

Bei wiederholt auftauchenden Missachtungen von Regeln, beispielsweise im Klassenraum, oder dem Fall, dass keinerlei Verbesserungen in bereits thematisierten Situationen auftreten, kann eine Pauschalisierung bei der Rückmeldung zwar

nicht vermieden werden; sie sollte jedoch so wenig wie möglich vertieft werden.
Ich-Botschaften sind in vielen dieser Situationen ein wichtiges Instrument, beispielsweise auch, wenn man zu Beginn nur erste Eindrücke von einem/r Schüler/-in
gewonnen hat und darauf hinweisen möchte, ohne diese jedoch bereits anhand von
konkreten Beispielen begründen zu können (Semmer und Jacobshagen 2010).

Lehrer/-innen, Schulleitungen oder Ausbilder/-innen im Referendariat sowie
im Rahmen des Peer-Feedbacks auch andere Schüler/-innen, die Feedback erteilen, gemeinhin als Sender bekannt, können auch durch das Verbalisieren inadäqua-
ten Feedbacks, beispielsweise aus Gründen mangelnder Sozialkompetenz oder
nicht erfolgter Perspektivenübernahme, Probleme erzeugen. Auch falsche
Zuschreibungen von Erfolg und Misserfolg sowie mangelnde Selbstkontrolle können Gründe für nicht reüssierendes Feedback seitens des Senders sein. Es existiert
aber auch die gegenläufige Tendenz, das Aussprechen negativen Feedbacks eher zu
vermeiden, was zu übertrieben positiven Bewertungen oder heftigeren Reaktionen
nach einer gewissen Zeit des sich Anstauens führen kann. Schulische Führungskräfte
sowie Lehrkräfte oder Ausbilder/-innen sollten sich darüber bewusst sein, dass jegliche Handlung und Interaktion ihrerseits im schulischen Kontext als Feedback
interpretiert werden kann, dies betrifft beispielsweise auch die Art und Weise der
Kontaktaufnahme, ein unterschiedlich vertrauter Umgang mit einzelnen Kolleg/-
innen oder Schüler/-innen sowie die Dauer und Häufigkeit des Umgangs (Semmer
und Jacobshagen 2010).

3.1.3 Feedback, Selbstwirksamkeit und Attributionen

Feedback weist ebenfalls einen Zusammenhang zwischen der Erwartung, ein
Verhalten korrekt und zufriedenstellend ausführen zu können, genannt
Selbstwirksamkeit, und der Suche nach den Ursachen für die eigenen Leistungen
auf. Die Ursachen für eine gelungene Klassenarbeit können Schüler/-innen beispielsweise bei ihrer eigenen Vorbereitung (internale Attribution) oder den
Erklärungen des Unterrichtsstoffes durch die Lehrkraft (externale Attribution)
suchen (vgl. weiterführend hierzu bspw. Steins 2014).

Alden (1986) konnte zeigen, dass Feedback, das konsistent zu den Erwartungen
eines Individuums ist, weniger auf externale Ursachen attribuiert wird, als Feedback,
welches inkonsistent mit den eigenen Erwartungen ist. Hat ein Individuum eine hohe
Selbstwirksamkeit in einem bestimmten Bereich, so wird negatives Feedback wahr-
scheinlicher als inkonsistent mit der eigenen Wahrnehmung empfunden, external
attribuiert und als nicht zutreffend abgewiesen. Dieses Forschungsergebnis bietet
insofern wertvolle Informationen für Individuen, als dass jeder Mensch in seinem

Leben Feedback erhält und seine dementsprechende Reaktion anhand dieses Wissens über Selbstwirksamkeitserwartungen, Attributionen und Reaktionen auf Feedback auf einer Metaebene reflektieren kann. Auf der anderen Seite ist die Kenntnis dieses Befundes wichtig für diejenigen, die beruflich viel Feedback mit dem Ziel erteilen, dass dieses als Lernmöglichkeit betrachtet und angenommen wird. In diesem Falle dürfte es, beispielsweise als Ausbilder/-in von Referendar/-innen, sinnvoll sein, die Selbstwirksamkeitserwartungen derjenigen zu kennen, denen man Feedback erteilt, um eventuell stattfindende externale Attributionen abzumildern, damit das gegebene Feedback auch tatsächlich beim Empfänger ankommt.

Eine weitere Schwierigkeit von Individuen beim Empfangen von Feedback stellt andererseits die internale Attribution dar. Es ist davon auszugehen, dass internale Attributionen bei schlechter Leistung eine Bedrohung des Selbstwertes einer Person darstellen, auf welche diese höchstwahrscheinlich mit Widerstand reagiert. Auf der anderen Seite zeigen Ergebnisse aus der Forschung, dass eine Attribution auf externale Gründe sehr viel seltener zu einer Verhaltensänderung führt, da ausschließlich die Umstände für die Situation verantwortlich gemacht werden. Die Aufnahme und Akzeptanz sowie Umsetzung von Rückmeldungen erscheint jedoch insbesondere bei in der Schule tätigen Personengruppen wie Referendar/-innen, Lehrer/-innen oder Schulleitungen essentiell, da deren (un-)professionelle Haltungen sich direkt auf die Gestaltung der Schule und des Unterrichts und somit insbesondere auf die Schüler/-innenschaft auswirken. Doch auch für Schüler/-innen ist es relevant, dass diese lernen, Feedback anzunehmen und damit konstruktiv zu arbeiten. Dies gilt sowohl für ihre Schulzeit als auch für die Vorbereitung auf eine Ausbildung oder ein Studium sowie auf ihr berufliches Leben.

Auf der Grundlage dieser sozialpsychologischen Erkenntnisse ist die Vermutung aufzustellen, dass eine Kombination, welche beide Attributionsrichtungen, die internale wie die externale, berücksichtigt, im Bereich des Erteilens von Feedback erfolgversprechend wirken könnte. Es besteht die Möglichkeit, eine internale Attribution durch Gründe aus dem externen Bereich abzuschwächen und somit auf der einen Seite einem Individuum die Möglichkeit zur Weiterentwicklung durch Feedback, welches auf internale Attribution gerichtet ist, zu ermöglichen und auf der anderen Seite den Selbstwert des Individuums nicht derart anzugreifen, dass es mit Reaktanz und Ablehnung reagiert und sich der Lerngelegenheit komplett verschließt (Semmer und Jacobshagen 2010).

3.1.4   Feedback, Leistung und Motivation

Welche Erkenntnisse existieren bereits zu den Auswirkungen von Feedback auf die Leistung und Motivation von Menschen? Gesetzt den Fall, dass hier positive

Zusammenhänge herausgestellt werden könnten, würde sich das Wissen aus diesem Bereich insbesondere für Lehrer/-innen, Ausbilder/-innen und Schulleitungen als relevant herausstellen, um Schüler/-innen, Referendar/-innen oder Schulkollegien zu positiveren Leistungen zu motivieren. Die Erhaltung des Leistungswillens und der Motivation relevanter Personengruppen im schulischen Kontext stellt eine wichtige Rahmenbedingung für die Herstellung positiver Bildungssettings und Interaktionen dar und repräsentiert dementsprechend wertvolles Grundwissen für alle an der Gestaltung des schulischen Bereiches mitwirkenden Individuen.

Ashford und Cummings (1983) bestätigen, dass Feedback positive Auswirkungen auf die Leistung und die Motivation von Individuen haben kann. Dies wird direkt auf die Möglichkeiten übertragen, welche Ausbilder/-innen und Führungskräften in der Arbeitswelt durch das Instrument und die Ressource Feedback zur Verfügung stehen. Diese werden insbesondere durch die Verwendung des Instruments Feedback in die Lage versetzt, ihre Auszubildenden und Mitarbeiter/-innen anzuleiten, zu begleiten und zu motivieren. Feedback kann jedoch nicht nur für Organisationen und Führungskräfte einseitig sinnvoll und nützlich sein, sondern stellt auch für das Individuum eine erhebliche Einflussquelle und Ressource dar, insofern eigenes Verhalten und dessen Wahrnehmung und Beurteilung durch relevante Personen über den Einsatz von Feedback nachvollzogen und überprüft werden kann.

Feedback kann dementsprechend sowohl eine Signalfunktion erfüllen als auch Unsicherheiten reduzieren. Des Weiteren unterstützt Feedback Individuen in der persönlichen Kompetenzentwicklung und trägt dazu bei, eine adäquate Selbst- und Fremdeinschätzungsfähigkeit zu entwickeln. Neben all den bisher genannten positiven Effekten von Feedback existiert die grundsätzlich bei Individuen vorzufindende Tendenz, auf der einen Seite eine akkurate Selbsteinschätzung zu erlangen und auf der anderen Seite den Selbstwert schützen zu wollen, was einerseits in einer Vermeidung von Feedback und andererseits in einer Verminderung der Informationssuche münden kann. Forschungsergebnisse legen nahe, dass insbesondere Individuen, die schlechte Leistungen zeigen, versuchen Feedback zu vermeiden (Ashford und Cummings 1983). Das Ergebnis, dass die Motivation, aktiv Feedback einzufordern, bei Individuen unterschiedlich stark, unter anderem in Abhängigkeit von der gezeigten Leistung ausgeprägt vorkommen kann, liefert wertvolle Hinweise für den schulischen Kontext. Zusammenfassend kann an dieser Stelle festgehalten werden, dass Feedback eine grundlegende Motivationsquelle darstellen kann. Der konstruktive Einsatz von hilfreichem und realitätsangemessenem Feedback kann sich dementsprechend sowohl leistungs- als auch motivationssteigernd auswirken, wenn dieses konstruktiv und fachgerecht eingesetzt wird.

Ein interessanter Zusammenhang ist hier außerdem deutlich geworden: Eine Reihe von Faktoren ist dafür verantwortlich, ob ein Individuum überhaupt eine Rückmeldung erhalten möchte. Dabei ist unter Umständen davon auszugehen, dass insbesondere Individuen, die eine schlechtere Leistung erbringen, eher weniger Feedback einfordern werden, um ihren Selbstwert aufrecht zu erhalten beziehungsweise ihre positive Selbstwahrnehmung nicht zu gefährden.

3.2   Perspektiven aus dem Berufsleben

Bisher wurden ausgewählte Phänomene und Auswirkungen von Feedback aus einer sozialpsychologischen Perspektive skizziert. Nachfolgend wird, da die Schule eine pädagogische Organisation darstellt, darauf eingegangen, welche Spezifika von Feedback in Organisationen zum Tragen kommen.

3.2.1   Haltungen von Vorgesetzten gegenüber Feedback

Schüler/-innen und insbesondere Referendar/-innen erleben häufig eine hohe Anzahl von Rückmeldungen. Doch wie sieht es diesbezüglich beispielsweise mit Fach- oder Schulleitungen sowie weiteren Vorgesetzten aus?

Eine interessante Untersuchung ermöglicht Erkenntnisse hinsichtlich der Frage, wie sich Vorgesetzte grundsätzlich zum Thema Feedback positionieren. Untersucht wurden die Verhaltensweisen und Haltungen von Vorgesetzten in höheren Positionen des Transportwesens gegenüber Feedback. Nachdem diese wenige Zeit nach ihrer Neueinstellung an einem Assessment Center zum Zwecke der Fortbildung und Weiterentwicklung teilgenommen hatten, wurde ihnen angeboten, dass sie sich diesbezüglich Feedback über ein Telefonat mit einem Coach geben lassen könnten. Die Ergebnisse zeigten, dass diejenigen Personen, die schlecht abgeschnitten hatten, mit geringerer Wahrscheinlichkeit das Feedbackgespräch initiierten. Dies galt vor allem für diejenigen, die in interpersonellen Bereichen schlecht abgeschnitten hatten (Abraham et al. 2006). Ähnliche Ergebnisse wurden bereits von Ashford und Cummings (1983) aufgeführt, und auch weitere Forschungsergebnisse konnten zeigen, dass Individuen dazu tendieren werden, Feedback zu vermeiden oder weniger aktiv zu suchen, wenn sie davon ausgehen, dass sie in einer Aufgabe schlecht abgeschnitten haben. Dieses Verhalten von Individuen scheint nach dem derzeitigen Forschungsstand, unabhängig von der Position aufzutreten, in welcher diese sich befinden, sei es nun bei Schüler/-innen, Lehrer/-innen, Schul- oder Fachleitungen.

3.2.2 Feedback von Mitarbeiter/-innen an ihre Vorgesetzten

Mittlerweile ist es fast überall ein grundlegender Bestandteil einer modernen Unternehmensführung, Feedback von allen beziehungsweise den meisten Beteiligten eines Unternehmens oder einer Organisation einzuholen. Interessant ist in diesem Kontext das Feedback, welches untergeordnete Angestellte geben und welche Gesichtspunkte sie veranlassen, sich in ihrem Feedback von Ehrlichkeit leiten zu lassen. Dabei zeigen die Ergebnisse einer Untersuchung, dass bestimmte Prozesse das Feedback von Untergebenen an ihre Vorgesetzten durchaus verändern und verfälschen können. Unter anderem spielen dabei Faktoren wie Zynismus, ein Wissen über die Mechanismen des Feedbacks an Vorgesetzte (genannt *upward feedback*), Angst vor nachfolgenden Maßnahmen oder Vergeltung, soziale Erwünschtheit und erwartete Belohnungen und Vorzüge eine Rolle (Smith und Fortunato 2008). Es ist daher relevant, dass einige wichtige Grundlagen gegeben sind, damit eine funktionierende Feedbackkultur innerhalb einer Organisation geschaffen werden kann. Dazu gehören Vertrauen und die Etablierung einer grundsätzlich positiven Atmosphäre. Außerdem gehört zu einer funktionierenden Feedbackkultur die Möglichkeit, die Leistungen des/der Vorgesetzten in ausreichendem Maße zu beobachten und den Prozess des Feedback-Erteilens als positiv zu empfinden sowie keine Angst zu haben, auf Grund der Äußerung von Feedback negative Sanktionen zu erfahren.

3.2.3 Führungskräfte als Sender von Feedback

Welche Erkenntnisse existieren zum Verhalten von Führungskräften in Feedbacksituationen? Und welche Faktoren sind für die Wirksamkeit von Feedback, erteilt durch Schulleitungen oder andere Führungskräfte, besonders günstig? Norris-Watts und Levy (2004) betonen die Bedeutung von Feedback für die Leistungen eines Individuums einerseits, jedoch auch für ganze Organisationen, wie die Schule, andererseits. Feedback wirkt jedoch nicht immer gleich effektiv. Die Ergebnisse einer Untersuchung zeigen, dass die Wahrnehmung des von einem Vorgesetzten erhaltenen Feedbacks positiv mit dem Grad an Engagement und Leistungsbereitschaft für den Arbeitsplatz korreliert. Es ist dementsprechend für Schulleitungen, Fachleitungen oder andere Vorgesetzte relevant, die Wahrnehmung des von ihnen erteilten Feedbacks zu kennen, da dies nicht nur zu einer höheren Leistungsbereitschaft, sondern auch zu vielfältigen, den/ die Arbeitgeber/-in unterstützenden Aktivitäten führen kann (Norris-Watts und Levy 2004).

In einer Interviewstudie arbeiteten Rohde et al. (2011) Verhaltensweisen auf der Führungsebene heraus, die förderlich für die Karriere sowie die Entwicklung weiterführender Kompetenzen von Mitarbeiter/-innen sind. Während dabei vor allem das Bearbeiten von bedeutungsvollen Aufgaben an erster Stelle genannt wurde, steht das Feedback von Führungskräften direkt an der zweiten Stelle.

Des Weiteren ist für Führungskräfte wichtig zu wissen, dass Mitarbeiter sich vor allem glaubwürdiges Feedback wünschen und sie die wahrgenommene Verfügbarkeit von sozialer Unterstützung besonders schätzen. Sinnvoll ist, mit den Mitarbeitern zu sprechen, um auf diese Weise herauszufinden, in welche Richtung sich diese weiterentwickeln wollen und wie die Führungskraft sie individuell auf diesem Weg unterstützen kann. (Rohde et al. 2011, S. 370).

Damit wird die Bedeutung von Feedback nicht nur in der schulischen Umgebung und der Ausbildung, sondern auch während des gesamten Arbeitslebens betont. Jedoch wird in der Forschungsliteratur auch kritisch darauf hingewiesen, dass Führungskräfte eine hohe Position häufig auf Grund guter fachlicher Leistungen einnehmen, jedoch selten in besonderem Maße für die Übernahme dieser mitarbeiterfördernden Aufgaben qualifiziert sind, so dass für diese Personengruppe im Allgemeinen ein Weiterbildungs- und Schulungsbedarf im Erteilen von Feedback besteht (Rohde et al. 2011).

3.3   Perspektiven aus der Schule

Feedback und Rückmeldungen sind in der Schule allgegenwärtig. Lehrer/-innen geben ihren Schüler/-innen Feedback, sie geben den Eltern Rückmeldungen und auch Schüler/-innen können auf vielfachen Ebenen ihren Lehrer/-innen Rückmeldungen geben, auch wenn diese Rückmeldungen indirekter und nicht rechtlich verankert sind. Schulleitungen geben Lehrer/-innen Feedback, die sich auf Funktionsstellen beworben haben und Fachleiter/-innen melden ihren Referendar/-innen zurück, wie sich ihre Kompetenzen entwickelt haben. In den letzten Jahren sind außerdem immer mehr Formen von Rückmeldungen über die Leistungen ganzer Jahrgangsstufen (Vergleichsarbeiten, zentrale Abschlussprüfungen u. a.) und sogar ganzer Schulen aufgekommen (Schulinspektionen und weitere externe Evaluationen).

Wo früher das Geben von Feedback das Monopol des Lehrers beziehungsweise der Lehrerin war, entwickelt sich im deutschen Bildungswesen eine erweiterte Kultur von Rückmeldungen auf vielerlei Ebenen, welche lange vernachlässigt beziehungsweise wenig institutionalisiert verankert und häufig nur hinsichtlich der Schüler/-innen-Lehrer/-innen-Interaktion gedacht wurde. Daher lohnt sich insbesondere ein Blick auf die Frage, was Feedback in der Schule leisten kann und welche Faktoren beachtet werden sollten, damit Feedback alle in der Institution Schule involvierten Personen auch tatsächlich unterstützt.

3.3.1 Feedback in Lehr-Lern-Situationen

Wie kann Feedback im Klassenzimmer und im Rahmen regulärer Unterrichtsinteraktionen besonders wirksam eingesetzt werden? Im Verlauf der vorangehenden Ausführungen ist deutlich geworden: Feedback wirkt nicht alleine dadurch, dass es erteilt wird. Auch Hattie und Timperley (2007) weisen auf dieses Faktum hin: *„Feedback is one of the most powerful influences on learning and achievement, but this impact can be either positive or negative.“* (S. 81). Feedback wird dabei von den beiden Autoren grundsätzlich zunächst als die Reaktion gefasst, welche auf eine Handlung erfolgt.

Hattie und Timperley (2007) stellen anhand der Aufarbeitung vieler Forschungsarbeiten in Metaanalysen zum Thema Feedback fest, dass die Ergebnisse zu dessen Wirkungsweise nicht immer eindeutig ausfallen. Feedback wirkt eben nicht allein dadurch, dass es erteilt wird, sondern es sollten dabei ganz bestimmte Bedingungen berücksichtigt werden. Besonders wirksam sind dementsprechend Rückmeldungen, die sich direkt auf die Leistung in Bezug auf eine bestimmte Aufgabe beziehen. Auch haben die Schwierigkeitsgrade der Aufgaben und der zu erreichenden Ziele einen großen Einfluss auf die Wirksamkeit des Feedbacks. Die höchste Wirksamkeit zeigen dabei herausfordernde sowie sehr spezifisch formulierte Ziele, bei denen die Aufgaben, die zur Erreichung bearbeitet werden müssen, jedoch nicht überkomplex sind. Ein weiterer Einflussfaktor bezüglich der Wirksamkeit von Rückmeldungen ist, dass das Loben von guten Leistungen allein keine besonders großen Effekte zeigt, da es dafür zu wenig auf eine Unterstützung des Lernprozesses an sich ausgelegt ist. Auch stimmen Hattie und Timperley (2007) mit den weiteren bereits präsentierten Perspektiven darin überein, dass Feedback besser aufgenommen werden kann, wenn das Selbstwertgefühl des Empfängers dadurch nicht bedroht wird.

Die Aufgabe und das Ziel von konstruktivem Feedback sollten sein, dass es explizit dazu dient, die Diskrepanz zwischen einem aktuellen Stand an Verständnis oder Leistung und einem angestrebten Ziel zu vermindern beziehungsweise letztlich aufzuheben. Diese Diskrepanz kann sowohl durch die Aktivitäten des Lernenden als auch durch die Aktivitäten des Lehrenden verringert werden.

In diesem Zusammenhang dienen drei Fragen dazu, effektive Rückmeldungen zu identifizieren; sie beziehen sich

1. auf die angestrebten Ziele,
2. auf die bisherige Leistung im Hinblick auf deren Erreichung und
3. auf die Ausrichtung auf zukünftig angestrebte Maßnahmen, Leistungen und weitere Ziele.

Jede dieser drei Fragen ist dabei auf vier verschiedenen Ebenen wirksam. Dabei handelt es sich um die Aufgabenebene, die Prozessebene, die Selbstregulationsebene und die Selbstebene (Hattie und Timperley 2007).

Sowohl das Erteilen als auch das Empfangen von hilfreichem und realitätsangemessenem Feedback sind keine Techniken, die Lehrende und Lernende automatisiert und ohne Qualifizierung aus sich heraus anwenden und umsetzen können. Qualitativ hochwertiges Feedback kann Lernende jedoch auf vielfältige Weise unterstützen. Als besonders wichtigen und ausschlaggebenden Faktor der Wirksamkeit von Feedback kann herausgestellt werden, dass Feedback sich immer auf die Aufgabe, den Lernprozess oder auf Regulations- und Anpassungsstrategien beziehen sollte und niemals auf die Ebene des Selbst gerichtet sein darf, woraus sich wiederum wichtige Konsequenzen für Lernumgebungen im Allgemeinen ergeben. Ein weiterer wesentlicher Aspekt besteht darin, dass Lehrer/-innen selbst vom Feedback ihrer Schüler/-innen lernen können und dieses auch aktiv suchen sollten. Informationen und Feedback von Schüler/-innen können dabei sowohl durch Test- oder Klassenarbeitsergebnisse oder Klausuren gewonnen werden als auch durch andere Formen expliziter und impliziter Rückmeldung. Feedback kann als eine der stärksten Kräfte betrachtet werden, die auf das Lernen wirkt (Hattie und Timperley 2007).

3.3.2 Feedback in Prüfungs- und Testsituationen

Prüfungen und Tests werden im schulischen Kontext auf vielfältige Art und Weise durchgeführt. Dementsprechend lohnt es sich, den Blick auf die Frage zu richten, welche Wirkungen Feedback in derartigen Situationen haben kann.

Forschungsergebnisse zeigen, dass Feedback sowohl positive, leistungssteigernde Effekte als auch negative Effekte auf die Leistung und die Anstrengungsbereitschaft von Individuen haben kann. Innerhalb ihrer Metaanalyse untersuchten Bangert-Drowns et al. (1991) die Bedingungen von effektivem Feedback und insbesondere derjenigen Formen, die am häufigsten im

Schulunterricht zu finden sind. Die Forscher/-innen konnten feststellen, dass direktes Feedback in Unterrichts- und Lernsituationen besonders effektiv ist und daher bevorzugt werden sollte. Die primäre und effektivste Form des Feedbacks in den untersuchten schulischen Situationen war die Form der Fehlerkorrektur. Darüber hinaus ist Feedback bedeutender, wenn der zu bearbeitende Inhalt komplex ist und die Schüler/-innen im Rahmen der Bearbeitung weniger Hilfestellung, Anhaltspunkte und differenzierte Aufgabenstellungen erfahren. Jedoch ist ebenso interessant, dass etwa ein Drittel aller in dieser Metaanalyse untersuchten Studien zu dem Ergebnis kam, dass Feedback keinen oder einen eher destabilisierenden und negativen Effekt auf das Lernen haben kann (Bangert-Drowns et al. 1991). Einige der destabilisierenden Faktoren wurden dabei bereits benannt, besonders prominent sind unter anderem Feedbackformen, die einen negativen Einfluss auf der Interaktions- beziehungsweise der Ebene des Selbstwertes haben.

3.3.3 Auswirkungen von Feedback auf die Anwendung von Strategien

Genügt in der Schule bereits das Wissen allein, dass eine Lehrkraft Feedback erteilen wird oder nicht? Führt eine etablierte Feedbackkultur innerhalb einer Klasse dazu, dass die Schüler/-innen ihr Vorgehen stärker reflektieren? Trägt es zu einer sorgfältigen Vorbereitung und Reflexion einer Unterrichtsstunde bei Referendar/-innen bei, wenn das Feedback eines/r Ausbilders/-in bevorsteht? Fördert die Ankündigung einer externen Schulevaluation die strategisch differenziertere Schulentwicklungsplanung durch die Schulleitung?

Es existieren Forschungsergebnisse, die andeuten, dass dies der Fall sein könnte. Vollmeyer und Rheinberg (2005) versuchten, die grundlegenden Auswirkungen von Feedback auf die Strategien sowie die Motivation der Lernenden und das Resultat ausfindig zu machen. Dementsprechend testeten sie zwei Gruppen: Eine erhielt Feedback und wusste dieses bereits vor Beginn der Bearbeitung der Aufgabe, die andere Gruppe erhielt kein Feedback. Die Ergebnisse zeigen, dass die Gruppe, die Feedback bekommen sollte, von Anfang an bessere Strategien zur Lösung der Aufgaben verwendete als die Vergleichsgruppe. Insgesamt konnte festgestellt werden, dass Feedback dazu beitragen kann, Leistungen zu steigern und das systematische Bearbeiten von Aufgaben zu verbessern (Vollmeyer und Rheinberg 2005). Die durchgeführte Studie weist mit ihren Ergebnissen auf interessante Aspekte hinsichtlich des Lernens in der Schule, aber auch der Ausbildung und des Arbeitens in pädagogischen Organisationen, hin. Denn wenn von Lernenden oder Mitarbeiter/-innen regelmäßiges Feedback erwartet wird, sollte in

Anlehnung an die Ergebnisse der Studie das systematische Vorgehen bei der Planung und Bearbeitung von Aufgaben höher sein, als wenn keine Feedbackkultur etabliert ist. Auch Espasa und Meneses (2010) stellten fest, dass die Etablierung einer Feedbackkultur dazu beitragen kann, eine leistungssteigernde Atmosphäre zu kreieren. Außerdem fanden sie Zusammenhänge zwischen einer existierenden Feedbackkultur und höheren Zufriedenheitsgraden mit dem Unterricht. Konstruktives Feedback kann sich dementsprechend gewinnbringend in schulischen Kontexten auswirken und dazu führen, dass sowohl das eigene Vorgehen reflektiert als auch die Atmosphäre innerhalb des Unterrichts (oder der gesamten Schule) leistungsorientiert und motiviert gestaltet werden kann.

3.3.4 Feedback und Selbstregulationsprozesse des Lerners

Wie bereits in der Einleitung dieses Bandes beschrieben, dient Feedback nicht nur der Korrektur fachlicher Inhalte, sondern auch dem Erlernen der Fähigkeit, kognitive wie soziale Lern- und Verhaltensprozesse selbst zu steuern und zu regulieren. Butler und Winne (1995) beschäftigten sich mit Selbstregulationsprozessen bei Lernern im Allgemeinen und der Bedeutung von Feedback hinsichtlich der Selbstregulation. Sie weisen insbesondere auf die Relevanz von Strategien der Selbstregulation beim Lernen hin, da diese Kompetenz wesentlich beim Lernen und Anpassen des eigenen Verhaltens sowie hinsichtlich des Reflektierens von gewohnten und der Aneignung neuer Strategien ist. In der wichtigen Verbindung, die zwischen Selbstregulation und Feedback besteht, wird Feedback als wesentlich unterstützendes Element beschrieben.

> For all self-regulated activities, feedback is an inherent catalyst. As learners monitor their engagement with tasks, internal feedback is generated by the monitoring process. That feedback describes the nature of outcomes and the qualities of the cognitive processing that led to those states. We hypothesize that more effective learners develop idiosyncratic cognitive routines for creating internal feedback while they are engaged with academic tasks. (Butler und Winne 1995, S. 246)

Feedback kann dabei sowohl von Lernenden selbst generiert als auch durch außenstehende Personen gegeben werden. Es kann darüber hinaus sowohl zufällig und unfreiwillig von außen gegeben als auch geplant und zielgerichtet von einem/ einer Lehrer/-in, Berater/-in, Ausbilder/-in oder Evaluator/-in ausgesprochen werden. Feedback kann auf die Prozesse des Erlernens und des sich Aneignens bestimmter fachlicher Inhalte gerichtet sein, aber auch auf soziale Interaktionen und Selbstprozesse. Butler und Winne (1995) zählen fünf Funktionen auf, die Feedback beim Lernen haben kann: Feedback kann

1. Bestätigung geben,
2. zusätzliche Informationen liefern oder
3. falsche Informationen durch richtige ersetzen,
4. Lernenden helfen zu differenzieren und anspruchsvollere Ebenen zu erreichen,
5. dabei unterstützen, vorhandenes Wissen und Vorannahmen völlig neu aufzu-bauen und zu strukturieren.

Zwei Arten von Feedback können dabei unterschieden werden:

1. Dasjenige, welches sich direkt auf Rückmeldungen zum Lernstoff bezieht und
2. das Feedback, welches eine Rückmeldung zur Selbstregulation des Lernens und zu metakognitiven Strategien gibt.

Effektives Lernen wird insbesondere durch ein Feedback unterstützt, welches die fünf obenstehend genannten Funktionen sowie die beiden Arten des Feedbacks berücksichtigt (Butler und Winne 1995).

Feedback is information with which a learner can confirm, add to, overwrite, tune, or restructure information in memory, whether that information is domain knowledge, metacognitive knowledge, beliefs about self and tasks, or cognitive tactics and strate-gies. (Butler und Winne 1995, S. 275)

Bezugnehmend auf Butler und Winne (1995) sollte dementsprechend das Erteilen von Feedback, insbesondere in der Schule, integrativ auf verschiedenen Ebenen gedacht werden, zum einen innerhalb der fachlichen Dimension, jedoch gleichzeitig immer auch innerhalb der Dimension des Selbst und der Selbstregulation.

3.3.5 Auswirkungen von Feedback auf Emotionen und Einstellungen

Welche weiteren Prozesse sollten im Verlauf des Feedbackprozesses beachtet wer-den? Evans (2013) stellte unter anderem fest, dass hinsichtlich der Wirksamkeit und der Wirkungsweisen von Feedback Emotionen eine grundlegende Rolle spie-len. Wichtige Themen, die teilweise im schulischen Kontext noch zu wenig Beachtung finden, sind hier beispielsweise die Rolle des Zusammenspiels von Emotionen, Kognitionen und motivationalen Prozessen hinsichtlich der Auswirkungen des erhaltenen Feedbacks auf das Selbstkonzept oder die Interaktionen zwischen Sender und Empfänger von Feedback. Des Weiteren stellt

es relevantes Wissen für Lehrer/-innen und Fachleitungen sowie weitere im pädagogischen Bereich Beschäftigte dar, die Charakteristika zu kennen, welche
Individuen auszeichnen, die aktiv Feedback suchen. Es empfiehlt sich in jeglichem
pädagogischen Bereich, wirkungsvolle Instrumente hinsichtlich der Unterstützung
der Selbstregulation von Individuen unter anderem zur Förderung eines positiven
Umgangs mit Feedback gezielt und systematisch einzusetzen (Evans 2013).

Eine weitere relevante Frage für den Schulalltag lautet, warum es so wichtig ist,
dass sich Lehrkräfte mit dem Erteilen von Feedback auseinandersetzen und ob
Feedback von Lehrkräften auch Auswirkungen auf die Einstellungen von Schüler/-
innen haben kann. White (2000) führte hinsichtlich dieser Fragen eine Untersuchung
durch, welche die Wichtigkeit des Erlernens der relevanten Elemente guten
Feedbacks verdeutlicht. So untersuchte die Autorin, inwiefern Aussagen von
Lehrkräften Auswirkungen auf die Wahrnehmung von Kindern hinsichtlich der
Einschätzung ihrer Mitschüler/-innen mit Verhaltensauffälligkeiten haben. Die
Ergebnisse der Untersuchung zeigen, dass die Aussagen von Lehrer/-innen einen
Einfluss darauf ausüben können, wie verhaltensauffällige Kinder von ihren Peers
wahrgenommen werden. Dementsprechend ist eine sensible und vorsichtige
Herangehensweise an die Äußerung öffentlicher Verhaltenseinschätzungen, auch
im Rahmen des Erteilens von Feedback an Schüler/-innen, zu pflegen. Des Weiteren
ist die Anwendung klarer Strategien hilfreich, um die Aufmerksamkeit der
Schulklasse auf das angemessene Verhalten von verhaltensauffälligen Kindern zu
lenken und dementsprechend deren Einstellung nicht übermäßig negativ zu prägen
oder eine negative Einstellung noch zu verstärken (White 2000).

3.3.6   Selbstwerterhaltung, Leistungsmotivation und Feedback bei Schüler/-innen

Welche Auswirkungen hat das Feedback von Lehrer/-innen auf die
Selbstwerterhaltung in Kombination mit der Leistungsmotivation von
Schüler/-innen?

Thompson (1997) bringt den Selbstwertschutz insbesondere mit Formen unpro-
duktiven und negativ wertenden Feedbacks in Verbindung. Formen von Feedback,
welche sich negativ auf das Selbstwertgefühl auswirken, sind unter anderem

• Lob für Erfolg bei der Bearbeitung leichter Aufgaben,
• Feedback, das aussagt, dass Schüler/-innen nicht intelligent genug sind,
• unspezifisches und unregelmäßiges Feedback
• sowie Rückmeldungen, die Leistungsdruck kommunizieren.

Dabei ist es insbesondere relevant, einen Beitrag dazu zu leisten, dass mehr Wissen über den Selbstwert und dessen Erhaltung in der Schule propagiert wird und Lehrer/-innen beziehungsweise jegliche Lehrende und Ausbilder/-innen sich dementsprechend verhalten und eigenes Handeln angemessen reflektieren. Thompson (1997) schlussfolgert aus seinen Ergebnissen, dass Lehrer/-innen bei Schüler/-innen, die selbstwertschützende Verhaltensweisen zeigen, leistungshemmendes Verhalten auslösen und verstärken können. Dementsprechend gilt es insbesondere für diese Berufsgruppe, den Umgang mit Feedback sehr bewusst zu gestalten und zu reflektieren. Besonders günstig ist es daher, wenn Lehrer/-innen spezifisches Feedback geben, und zwar zu ausgewählten Tätigkeiten und Aktionen, und wenn darüber hinaus das Feedback primär einen aufgabenbezogenen Rahmen aufweist. Auch ist ein Wissen über Attributionen im Lern- und Leistungskontext relevant, zum einen, um die Ursachenzuschreibungen der eigenen Rückmeldungen zu erkennen, und zum anderen, um ungünstige Attributionsmuster bei Schüler/-innen aufzudecken.

3.3.7 Die Praxis des Peer-Feedbacks

In den vorangehenden Abschnitten lag der Fokus darauf, wie Lehrkräfte ihren Schüler/-innen wirksames und angemessenes Feedback erteilen können. Ist es darüber hinaus ebenfalls möglich, Techniken des Peer-Feedbacks wirkungsvoll einzusetzen, damit Schüler/-innen das gegenseitige Erteilen und Annehmen von Feedback im Rahmen einer (angeleiteten) Interaktion einüben können?

Nilson (2003) kritisiert die Praxis des Peer-Feedbacks beziehungsweise einer Form des Feedbacks, bei welcher sich Schüler/-innen oder Lernende gegenseitig Feedback geben. Zwar könnten durch diese Form des Feedbacks auch positive Effekte entstehen, wie etwa die Schulung kritischen Denkens oder das Einüben bestimmter Kommunikationsformen, und einige Studien kommen auch zu durchaus positiven Ergebnissen, die Validität und Reliabilität dieser speziellen Feedbackform betreffend. Die Kritik an dieser Form des Feedbacks ergibt sich jedoch daraus, dass diese Methode häufig von Lehrenden als schwer etablierbar betrachtet wird. Zudem können soziale Aspekte, wie beispielsweise die Zugehörigkeit zu einer Peer-Gruppe oder einer bestimmten Nationalität, die Art und Weise sowie den Inhalt des Feedbacks beeinflussen. Außerdem zeigt sich die Reliabilität insbesondere bei der gegenseitigen Bewertung von Textarbeiten oder Präsentationen als kaum gegeben, jedoch sind dies die Kontexte, in denen Peer-Feedback besonders häufig eingesetzt wird. Um die dargelegte Problematik zu verbessern, kann jedoch eine Veränderung des gegenseitigen Lernendenfeedbacks durch die Etablierung ausgewählter und neutraler Kriterien erfolgen, anhand derer Feedback durch die Lernenden erteilt werden sollte. Auf diese Art und Weise könnten Lernende sorgfältig auf die Fähigkeit, Feedback zu geben vorbereitet und die kritischen Punkte dieses Prozesses könnten vermieden werden (Nilson 2003). Wichtig ist es jedoch, in diesem Kontext zu beachten, dass das Etablieren von Kriterien für ein fruchtbares, konstruktives, unterstützendes und realitätsangemessenes Peer-Feedback Zeit beansprucht und häufig eingeübt und wiederholt werden sollte, um effektiv angewendet werden zu können.

3.4   Zusammenfassung: Wie gehen Individuen mit Feedback um?

Nachdem vielfältige Aspekte zur Beleuchtung des Themas Feedback in verschiedenen Kontexten und aus verschiedenen Blickwinkeln angeführt wurden, werden diese einer kurzen Zusammenfassung unterzogen.

3.4.1   Allgemeine Erkenntnisse

Die positiven Aspekte von Feedback sind unter anderem, dass dieses zur Steuerung und Entwicklung verschiedenster Bereiche des Lebens dienen kann (Bamberg 2010), einen Abgleich zwischen der eigenen und der Fremdwahrnehmung (Fengler 2010) ermöglicht und der beruflichen Entwicklung zuträglich sein kann (Rohde et al. 2011). Außerdem können Diskrepanzen zwischen dem Status Quo und einem Soll- beziehungsweise Wunschzustand verringert oder gänzlich behoben werden. Feedback ist notwendig, um sich selbst, privat wie beruflich, zu entwickeln und zu überprüfen, ob die eigene Wahrnehmung mit der der Umwelt übereinstimmt.

Strukturell bedeutet die Tatsache, dass viele Bereiche hinsichtlich des Themas Feedback noch unerforscht sind, dass es durchaus lohnenswert ist, diese auf der Basis der bereits bestehenden Forschung zu vertiefen und unerforschte Aspekte zu ergründen. Die Tatsache, dass insbesondere berufliche Kommunikation und Feedbackprozesse komplex sind, kommt in beiden hier dargestellten Untersuchungen (vgl. Kap. 7) zum Tragen. Negatives Feedback stellt sich in vielerlei Hinsicht als ein kritischer Bereich innerhalb der beruflichen Kommunikation dar. Dies betrifft unter Umständen sowohl die Rückmeldungen an Referendar/-innen hinsichtlich der Planung, Gestaltung und Durchführung von Unterricht als auch die Rückmeldungen an Schulleitungen hinsichtlich der Gestaltung und Entwicklung ihrer Schule, des Umgangs mit den Lehrkräften und den

Schüler/-innen und weiterer Führungsaufgaben. Auch der Hinweis von Hattie und Timperley (2007), dass kein Individuum automatisch über die Fähigkeit verfügt, Feedback zu erteilen, ist relevant für die vorliegenden Untersuchungen. Um zu erfassen, wie Feedback in der Lehrer/-innenausbildung und bei Schulleitungen wirkt, inwiefern es akzeptiert wird und welche Faktoren zu Akzeptanz beziehungsweise Ablehnung führen, ist ebenfalls von Wichtigkeit, auf welche Art und Weise die im Fokus stehenden Feedbackgeber/-innen Feedback erteilen und welche Auswirkungen dies auf die stattfindenden Feedbackprozesse und Interaktionen zwischen dem Geber und dem Empfänger von Rückmeldungen hat.

Bei einer Betrachtung der möglichen positiven Auswirkungen von Feedback wird deutlich, dass es sich förderlich auf die Gestaltung des gesamten Lebens auswirken kann (Semmer und Jacobshagen 2010). Insbesondere finden Forscher/-innen die Möglichkeit positiver Auswirkungen auf die Leistung und Motivation von Individuen (Ashford und Cummings 1983; Norris-Watts und Levy 2004). Außerdem kann Feedback Individuen unterstützen, indem es Unsicherheiten durch die Ermöglichung der Darstellung der Fremdwahrnehmung reduziert und die Selbstregulation, Selbstprozesse sowie metakognitiven Strategien von Individuen anstößt (Ashford und Cummings 1983; Butler und Winne 1995). Bestimmte Persönlichkeitsmerkmale wirken sich dabei positiver auf die Akzeptanz von und Weiterarbeit mit Feedback aus als andere, und Feedback kann insbesondere dann positive Effekte erzielen, wenn es nicht so stark auf das Selbst fokussiert (Kluger und DeNisi 1996). Auf der Ebene beruflicher und ausbildungsbezogener Kommunikation kann Feedback nicht nur als Ressource für Individuen, sondern auch für Führungskräfte und Ausbilder/-innen genutzt werden, denn die positive Wahrnehmung des Feedbacks korreliert mit höherem Engagement und mehr Leistungsbereitschaft am Arbeitsplatz (Ashford und Cummings 1983; Norris-Watts und Levy 2004).

3.4.1.1 Welche Relevanz haben diese Ergebnisse für den Umgang von Referendar/-innen mit Feedback?

Referendar/-innen, welche nach einer schwerpunktmäßig theoretischen Ausbildung an der Universität zum ersten Mal an einer Schule Unterricht selbstständig planen und durchführen, kann realitätsangemessenes und hilfreiches Feedback helfen, eine deutlichere Wahrnehmung des eigenen Unterrichtshandelns zu entwickeln. Weiterentwicklungs- und Veränderungsprozesse können so angestoßen werden und dementsprechend zu einer Professionalisierung verhelfen. Verschiedenste Prozesse verhindern, dass Individuen sich völlig objektiv wahrnehmen. Auch sind die ablaufenden unterrichtlichen Prozesse zunächst derart komplex, dass eine Selbstreflexion nicht immer alle Komponenten des eigenen Handelns wird überblicken und kritisch hinterfragen können. Durch den Erhalt regelmäßigen Feedbacks können Referendar/-innen systematisch an sozialen, personalen und erziehungswissenschaftlichen, fachlichen sowie didaktisch-methodischen Kompetenzen arbeiten und diese stetig zum Wohle ihrer selbst und der Schüler/-innen verbessern.

3.4.1.2 Welche Relevanz haben diese Ergebnisse für den Umgang von Schulleitungen mit Feedback?

Hinsichtlich der Auswirkungen von Feedback auf Schulleitungen lassen sich ähnliche Komponenten anführen. Während die neue Situation in der Schule und im Unterricht Feedback für Referendar/-innen als besonders wichtig konstituiert, beinhaltet auch die Rolle der Schulleitung einige Besonderheiten, welche das Empfangen von Feedback notwendig erscheinen lässt. Schulleitungen sind für die Entwicklung ihrer Schule immer eigenständiger verantwortlich und können dementsprechend als der Motor und Initiator von Schulentwicklungsmaßnahmen verstanden werden. Dementsprechend kann realitätsangemessenes und hilfreiches Feedback bezüglich ihrer Schulsituation einerseits und ihres Schulleitungshandelns andererseits helfen, Probleme zu identifizieren und zu beheben sowie eine persönliche Entwicklung als Führungskraft zu initiieren.

3.4.2 Sozialpsychologische Erkenntnisse

Bezogen auf die beiden Forschungsfelder dieses Bandes ergeben sich hinsichtlich des Forschungsstandes der positiven sozialpsychologischen Auswirkungen von realitätsangemessenem und hilfreichem Feedback vielerlei Bezugspunkte. Sowohl für Referendar/-innen in der Ausbildung zur Lehrkraft als auch für Führungskräfte an Schulen sind die aufgeführten positiven Potentiale bedeutsam.

3.4.2.1 Referendar/-innen

Innerhalb des Ausbildungszeitraumes kann Feedback Referendar/-innen motivieren und hinsichtlich ihrer Leistungen eine positive Wirkung erzielen. Insbesondere die Reduktion von Unsicherheiten durch Feedback kann sich in der Ausbildung positiv auswirken. Auch die Anregung von Prozessen der Selbstregulation und die Ermöglichung der Entwicklung metakognitiver Strategien sind besonders wichtige Fähigkeiten für den angestrebten Lehrberuf und unterstützen somit nicht nur während der Ausbildungszeit, sondern können sich darüber hinaus auch positiv auf die spätere Zeit als Lehrkraft auswirken.

3.4.2.2 Schulleitungen

Auch für Schulleitungen gilt, dass eine hohe Motivation sowie Leistungsfähigkeit innerhalb ihrer Tätigkeit gefordert ist. Schulleitungen müssen den Erwartungen von verschiedensten Personengruppen gerecht werden und in Zeiten selbstständiger Schulen und großer Konkurrenz um die Anmeldungen der Schüler/-innen ihre eigene Schule stetig innovativ gestalten, in Bewegung halten und weiterentwickeln. Insbesondere in dieser anspruchsvollen Position werden Kompetenzen der Selbstregulation und metakognitive Strategien von den Schulleitungen gefordert, welche durch gutes Feedback angeregt werden können. Auch kann ein Wissen über die Auswirkungen des Gebens von Feedback dazu führen, dass Schulleitungen stärker in der Lage sind, eine Schulgemeinschaft zu bilden, Schüler/-innen wie Lehrkräfte zu motivieren und eine angenehme und produktive Lernumgebung zu gestalten.

3.4.2.3 Problemfelder der Feedbackinteraktion

Neben den positiven Effekten von Feedback auf der psychologischen Ebene, können Rückmeldungen jedoch auch Probleme mit sich bringen. Laut Semmer und Jacobshagen (2010) können feedbackbezogene Probleme und negative Reaktionen sowohl auf kognitiver Ebene als auch auf motivationaler und affektiver Ebene auftreten. Es ist des Weiteren zu beachten, dass die Attributionen, welche in Reaktion auf das Feedback auftreten, davon abhängen, ob das Feedback sich konsistent zu den eigenen Erwartungen verhält. Bei Konsistenz mit den eigenen Erwartungen tendieren Individuen zu internaler Attribution, bei Feedback, welches inkonsistent mit den eigenen Erwartungen ist, treten vermehrt externale Attributionen auf (Alden 1986). Problematisch ist hierbei auch, dass internale Attributionen bei negativem Feedback den Selbstwert bedrohen können, was unter Umständen Widerstände nach sich zieht. Externale Attributionen wiederum vermindern auf der anderen Seite die Wahrscheinlichkeit einer Verhaltensänderung. Der Selbstwert von Individuen kann beispielsweise durch zu viele herangezogene Begründungen oder eine starke Fokussierung des Senders auf negatives Feedback erfolgen (Semmer und Jacobshagen 2010). Auch Lob für Erfolg bei der Bearbeitung leichter Aufgaben, Feedback, das global aussagt, dass Individuen nicht intelligent genug sind sowie unspezifisches, unregelmäßiges Feedback und Rückmeldungen, die Leistungsdruck kommunizieren (Thompson 1997), können sich negativ auf den Selbstwert auswirken. Zur Erhaltung des Selbstwertes ziehen Individuen dann häufig (unbewusst) Strategien wie die Vermeidung von Feedback und die Verminderung der Informationssuche heran (Abraham et al. 2006; Ashford und Cummings 1983). Beim Sender können sich beispielsweise mangelnde Sozialkompetenz und

Empathiefähigkeit, falsche Zuschreibungen von Erfolg und Misserfolg, eine mangelnde Selbstkontrolle sowie die Vermeidung der Thematisierung kritischen
Feedbacks mit der Folge von zunächst übertrieben positiven Bewertungen und
späteren heftigeren negativen Reaktionen ungünstig auf das Feedback und den
Selbstwert von Individuen auswirken (Semmer und Jacobshagen 2010). Feedback
zu erteilen erfordert dementsprechend hohe personale Kompetenzen (Rohde et al.
2011). Sowohl auf der Ebene der Referendar/-innen als auch der Schulleitungen
können sich die genannten Problemfelder auf psychologischer Ebene auswirken
und Unsicherheiten erzeugen sowie Lerngelegenheiten vermindern beziehungsweise gänzlich verhindern. Der Forschungsstand verdeutlicht dementsprechend
die Relevanz des Themengebietes für jedes Individuum, insbesondere jedoch
für diejenigen, welche hohen beruflichen Ansprüchen hinsichtlich ihrer
Interaktionsfähigkeit und Interaktionsgestaltung ausgesetzt sind.

3.4.3 Lehr-lerntheoretische Erkenntnisse

Realitätsangemessenes, konstruktives Feedback kann positive Effekte auf den
Kompetenzerwerb und den Lernzuwachs von Individuen haben.

Referendar/-innen erlernen die komplexe Fähigkeit, mit einer Klasse zu interagieren, Unterricht fachlich und didaktisch-methodisch zu planen und durchzufüh-
ren und weitere, vielfältige Aufgaben über den Unterricht hinaus zu bewältigen.

Schulleitungen leiten verschiedene Personengruppen in einem hochkomplexen
Interaktionsfeld, sie müssen nicht nur die Schüler/-innenschaft, das Kollegium und
die Eltern zufriedenstellen, sondern auch auf wechselnde Ansprüche aus bildungs-
politischen Kreisen und auf regionale und schultypspezifische Aspekte reagieren,
um lediglich eine kleine Auswahl an Tätigkeitsfeldern zu nennen. Der Erhalt von
Feedback kann Lernprozesse in Gang setzen, zu einer höheren Motivation und
einer besseren, effizienteren Strategiebildung beziehungsweise unter Umständen
auch zu einer Kurskorrektur führen. Des Weiteren konnte die Forschung auch zeigen, dass Individuen ihre Leistung steigern, wenn sie in einer Umgebung agieren,
in welcher Feedback erteilt wird (Vollmeyer und Rheinberg 2005).

Hinsichtlich der Problematiken, welche sich durch Feedback negativ auf das
Lernen auswirken können, existieren verglichen mit den positiven Aspekten weni-
ger Befunde. Diese Aspekte sind jedoch ebenfalls für die Personengruppen der
Referendar/-innen und der Schulleitungen relevant. So benötigen beide eine
Unterstützung durch konkretes, spezifisches Feedback, um daraus ihre Schlüsse
ziehen und sich und ihre Strategien weiter entwickeln zu können. Stark negatives

Feedback kann zu Unsicherheiten, einem Rückgang an Motivation, Widerständen und Ablehnung führen und darin münden, dass Lerngelegenheiten verschlossen bleiben. Und auch wenig konkretes und spezifisches Feedback oder bloßes Lob führen nicht dazu, dass Referendar/-innen lernen, besseren Unterricht zu machen oder Schulleitungen ihre Vorstellungen zur Führung einer Schule professionalisieren (Thompson 1997).

Umgang mit Feedback bei zwei ausgewählten Personengruppen des schulischen Miteinanders

4

In diesem Band werden die Ergebnisse zweier empirischer Studien präsentiert, welche den Umgang von Referendar/-innen und Schulleitungen mit Feedback untersuchen. Um Grundlagen für die Untersuchungen zu bieten, wird in diesem Kapitel zunächst der Forschungsstand zum Umgang dieser beiden Personengruppen mit Feedback präsentiert.

4.1 Was ist über den Umgang von Referendar/-innen mit Feedback bekannt?

Zunächst einmal lässt sich konstatieren, dass vergleichsweise wenig Forschung hinsichtlich des Referendariats im Allgemeinen und dem Umgang mit Feedback in dieser Phase im Speziellen besteht. Viele Studien zum Lehrberuf beziehen sich auf Ausbildungsperioden vor der zweiten Phase der Lehrer/-innenausbildung, also auf die Kompetenzen, die während der Ausbildung an der Universität erworben werden (vgl. hierzu bspw. Strietholt und Terhart 2009; Dickhäuser et al. 2007; Schaefers 2002; Schubarth und Pohlenz 2006). Es existiert außerdem wiederum einige Forschung bezüglich Lehrer/-innen, die bereits im Berufsleben agieren. Hier wird in hohem Maße auf die Erforschung der ersten Berufsjahre und die Sozialisation durch den Beruf oder auch auf die Erforschung der Lehrer/-innenbelastung fokussiert (vgl. hierzu bspw. Gräsel et al. 2006).

Das nachfolgende Teilkapitel strebt an, den grundlegenden Forschungsstand hinsichtlich des Referendariats in Kürze zu skizzieren, um sich der Thematik

© Springer Fachmedien Wiesbaden 2016
K. Behnke, *Umgang mit Feedback im Kontext Schule*,
DOI 10.1007/978-3-658-10223-4_4

des Umgangs mit Feedback, obwohl wenig explizit erforscht, doch so weit wie möglich zu nähern.

4.1.1 Allgemeine Bewertungen des Referendariats durch die Studienreferendar/-innen

Ein Schwerpunkt der Forschung hinsichtlich des Referendariats betrifft die Bewertung dieser zweiten Ausbildungsphase durch die Referendar/-innen. Wie schätzen diese ihre Ausbildung ein und wie bewerten sie diese? Die Betrachtung von Ergebnissen in diesem Bereich erlaubt unter Umständen bereits Schlussfolgerungen hinsichtlich der Feedbackpraxis im Referendariat.

Befragt man Lehrer/-innen nach einer Einschätzung hinsichtlich ihrer Ausbildung, so ergeben sich Unterschiede zwischen der universitären Ausbildung und dem Vorbereitungsdienst. Zwar werden beide Phasen innerhalb ihrer Spezifika kritisiert, die zweite Ausbildungsphase wird dabei jedoch von angehenden sowie von bereits tätigen Lehrer/-innen etwas besser beurteilt als das Lehramtsstudium. Kritik richtet sich insbesondere gegen den häufig im Referendariat verspürten Druck; die Seminare in den Ausbildungszentren werden außerdem oft als nicht besonders relevant eingeschätzt. Einige Forschungsergebnisse zeigen ebenfalls, dass es geschlechtsspezifische Unterschiede in der Wahrnehmung des Referendariats gibt Schaefers (2002; Ulich 1996). Frauen üben demnach schärfere Kritik und zeigen eine deutlichere Tendenz, unter dem herrschenden Druck zu leiden. Kritisiert werden außerdem die Lehrproben, eine fast ständig vorhandene Prüfungssituation und ein hohes tatsächliches Arbeitsaufkommen, welches sich mit der Wahrnehmung verbindet, immer noch mehr machen zu können, sowie Stress und eine Persönlichkeitseinschränkung als hauptsächliche Belastungen der zweiten Lehrer/-innenausbildungsphase. Neben den vielfachen Forderungen danach, das Referendariat in wesentlichen Punkten zu verändern und zu verbessern, äußern bereits fertig ausgebildete Lehrer/-innen außerdem den Wunsch nach einer besseren Qualität der Schulung von Ausbilder/-innen sowohl in der ersten als auch in der zweiten Phase sowie einer verbesserten Ausbildung im Schwerpunktbereich der Psychologie als zu verändernde Schwerpunkte (Ulich 1996).

Der Praxisbezug, den die zweite Phase der Lehrer/-innenausbildung durch die Verknüpfung der Ausbildung im Studienseminar einerseits und der unterrichtspraktischen Tätigkeit andererseits aufweist, wird von den Referendar/-innen positiv beurteilt. Bei der Beurteilung der begleitenden Seminare im Studienseminar werden die an die Fächer anknüpfenden Fachseminare positiver beurteilt als das Hauptseminar. Die Struktur des Referendariats sowie die

Position, welche Referendar/-innen innerhalb des Systems einnehmen, werden auf der anderen Seite als sehr belastend beschrieben. Dabei wird das Referendariat von den Ausbilder/-innen als effektiver eingeschätzt als von den Referendar/-innen selbst oder deren Ausbildungslehrer/-innen an den Schulen (Strietholt und Terhart 2009). Befunde liegen mittlerweile auch zu der Frage vor, welche Kompetenzen im Bereich der zweiten Ausbildungsphase insbesondere fokussiert, herausgebildet und geschult werden. Dabei erleben Referendar/-innen die größte Entwicklung im Bereich des Unterrichtens sowie in den unmittelbar damit verknüpften Teilbereichen der Sozialkompetenz sowie der Methodenkompetenz. Bereiche, die noch zu wenig in den Fokus gerückt werden, sind unter anderem der professionelle Kontakt zu Personengruppen außerhalb des Unterrichts (beispielsweise den Eltern), die Entwicklung von Schule außerhalb des Lehrens und die Entwicklung von personaler Kompetenz und Sachkompetenz. Zwar wird eine hohe Belastung durch das Referendariat von den meisten Referendar/-innen thematisiert, der Ertrag der Ausbildung jedoch nicht angezweifelt. Fast schon Topoi in der Kritik der zweiten Lehrer/-innenausbildungsphase scheinen zum einen die Bewertung der Referendar/-innen innerhalb der Lehrproben beziehungsweise Unterrichtsbesuche zu sein, welche häufig als konstruierte, der Schulrealität entfremdete Unterrichtssituation empfunden werden. Zum anderen wird ebenfalls häufig die besondere Position der Referendar/-innen erwähnt, welche sich nach dem abgeschlossenen Studium wieder in einem schülerähnlichen Ausbildungsverhältnis befinden. Als weiterer zu nennender Kritikpunkt gilt die Ausbildung der Seminarleiter/-innen selbst (Strietholt und Terhart 2009).

4.1.2 Untersuchungen zur Bewertungs- und Beurteilungspraxis im Referendariat

Da die Bewertungs- und Beurteilungspraxis im Vorbereitungsdienst einerseits häufig Gegenstand starker Kritik ist und diese Thematik andererseits eng mit der des Feedbacks verknüpft ist, lohnt sich eine genauere Betrachtungsweise der diesbezüglich existierenden Forschung.

Strietholt und Terhart (2009) führten eine Studie zu den Beurteilungen von Referendar/-innen durch ihre Seminarausbilder/-innen durch. Sie fanden, dass in deutschen Studienseminaren vorrangig mit den Techniken der Beobachtung und Befragung gearbeitet wird, sei es durch Unterrichtsbesuche, die zweite Staatsarbeit, Entwürfe zu den Unterrichtsstunden, Nachbesprechungen der Unterrichtsstunden und Weiteres, wohingegen in anderen Ländern auch standardisierte Tests,

Assessment-Center, Portfolios und weitere Instrumente eingesetzt werden. Was die Vergleichbarkeit der Beurteilung von Studienreferendar/-innen angeht, so bestätigen Strietholt und Terhart (2009), dass die Ausbilder/-innen bei der Bewertung und Beurteilung der Referendar/-innen zwar Instrumente zur Verdeutlichung der angelegten Kriterien sowie zur Unterstützung der Evaluation verwenden, dass diese Bewertungskriterien im Vorbereitungsdienst jedoch in einem stark uneinheitlichen und unsystematischen Maße verwendet werden. Dabei sprechen die Autoren davon, dass die gegenwärtige Bewertungspraxis allenfalls „*das funktionale Minimum*" (Strietholt und Terhart 2009, S. 642) erfülle. Die Relevanz der Umsetzung von Implikationen wird insbesondere damit begründet, dass der Berufsstand einer Lehrkraft zu grundlegend wichtig sei, als dass die Komponenten der Beratung und Bewertung von Lehrkräften in der Ausbildung einen derart uneinheitlichen Stand aufweisen dürften.

4.1.3 Einstellungen von Referendar/-innen gegenüber der Hilfesuche

Eine interessante Untersuchung setzt die Einstellungen, die Referendar/-innen gegenüber dem Aufsuchen von Hilfe haben in Verbindung mit der Zielorientierung der untersuchten Individuen. Das Suchen von beziehungsweise der Umgang mit Feedback kann in vielerlei Bereichen der Hilfesuche gleichgesetzt werden. Personen, die eine starke Vermeidungsleistungszielorientierung haben und diejenigen, die einen starken Fokus auf den Aspekt der Arbeitsvermeidung legen, suchen weniger Hilfe. Im Vergleich dazu suchen Lehramtsanwärter/-innen mit einer starken Orientierung hin zur Ausbildung von Kompetenzen und zu einem Zuwachs an Wissen und professionellem Handeln, also einer starken Lernzielorientierung, eher Hilfe. Die Ergebnisse legen einige Hintergründe auch in Hinblick auf das Suchen beziehungsweise Vermeiden von Feedback offen. Interessant ist sicherlich in diesem Kontext auch, dass die Vermeidung von Hilfesuche häufig mit dem stärkeren Gefühl einhergeht, einer höheren Belastung durch den Beruf ausgesetzt zu sein (Dickhäuser et al. 2007). Auch nehmen Ausbildungslehrer/-innen und Mitreferendar/-innen in diesem Kontext eine wesentliche Funktion ein, denn auch von Ausbildungslehrer/-innen erhalten Referendar/-innen Feedback und reflektieren mit ihnen Aspekte des eigenen Unterrichts. Mitreferendar/-innen können außerdem zu einer höheren Belastbarkeit beitragen, da durch sie insbesondere personale Ressourcen gestärkt werden können (Richter et al. 2011).

4.1.4 Erwerb von Reflexions- und Regulationskompetenzen im Referendariat

Eine weitere Frage hinsichtlich der Betrachtung des Umgangs von Referendar/-innen mit Feedback ist auch, ob diese über ausreichende Ressourcen für die Reflexion von Rückmeldungen und die damit in Verbindung stehenden Emotionen verfügen. (Angehende) Lehrer/-innen interagieren in einer komplexen Rolle mit einer Vielzahl an unterschiedlichen Gruppen. Dementsprechend würde es eine erhebliche Erleichterung ihrer Tätigkeit darstellen, wenn sie ihr eigenes Verhalten realitätsangemessen reflektieren und basierend darauf gegebenenfalls auch Modifikationen dieses Verhaltens vornehmen könnten. Eine Reihe von Fragen hinsichtlich bis dato häufig unzureichend realisierter Kompetenzentwicklungen von Lehrkräften wirft Sieland (2008) in diesem Kontext auf:

> Lehrkräfte sollen Fachleute für das Lernen und Lernberater ihrer Schülerinnen und Schüler sein. Sind sie es auch für die eigenen Lernprozesse? Können sie das Eine ohne das Andere überhaupt qualitätvoll realisieren? Wenn es stimmt, dass alle Partner in Interaktionsprozessen mit jeder Handlung zwangsläufig auch lernen, dann beeinflussen Lehrkräfte entweder bewusst und Ziel führend oder eher unbewusst und richtungslos immer auch ihre eigenen Lernprozesse. Sie schaffen damit mehr oder weniger günstige Voraussetzungen für sich selbst und ihre Schüler. Sie sollten also auch bewusst für sich selbst Lern- und Entwicklungsziele setzen und ihren Entwicklungsfortschritt evaluieren. Die selbstbezogene Lern- und Emotionsarbeit zählt m.E. zu den elementaren Leistungsvoraussetzungen guter und gesunder Lehrkräfte. Gleichwohl fehlt es an theoretischen Modellen z.B. für die Kontrolle inzidenteller Lernprozesse und -Effekte (...), für die emotionale Prozesssteuerung bei Lehrkräften und Schülerinnen sowie für die laufende Selbstreflexion und Intervision. (Sieland 2008, S. 101–102)

Relevant ist dabei, dass die Reflexion eigener Emotionen ein wirkungsvolles und professionelles Verhalten bei Lehrer/-innen unterstützen kann, jedoch diesen Bereichen noch zu wenig Beachtung geschenkt wird. Als Lösungsansätze könnten beispielsweise das Einführen vermehrter Supervision und größere Austauschmöglichkeiten von Lehrer/-innen untereinander dienen. Auf Grund geringer zeitlicher Kapazitäten ließen sich diese Austauschmöglichkeiten gegebenenfalls auch im Rahmen von Internetforen und ähnlichen Plattformen realisieren (Sieland 2008).

Hinsichtlich des Erwerbs von Reflexions- und Regulationskompetenzen spielen Rückmeldungen eine wichtige Rolle, denn sie verdeutlichen den persönlichen Entwicklungsstand von Individuen und zeigen notwendige und weiterführende Schritte auf. Häufig wird auch der Einsatz von speziellen Trainings- und

Weiterbildungskomponenten vorgeschlagen, welche die fehlenden Ressourcen bei angehenden Lehrer/-innen bewusst verstärken sollen. Auch wird darauf hingewiesen, dass Referendar/-innen mehr gezielte und differenzierte Rückmeldungen zur Unterstützung der Ausbildung einer hohen Professionalität benötigen (Winkelmann 2011).

4.1.4.1 Rückmeldungen im Vorbereitungsdienst

Was zeigen Forschungsergebnisse hinsichtlich der Rückmeldungen, welche Referendar/-innen im Vorbereitungsdienst erhalten?

Hinsichtlich des hier im Fokus stehenden Bereichs des Umgangs mit Feedbacks gibt Schaefers (2002) an, dass Lerngelegenheiten und Förderung im Bereich der sozialen Kompetenzen innerhalb des Referendariats selten sind. Des Weiteren wird die Undurchsichtigkeit von Kriterien der Beurteilung sowie von Rückmeldungen der Seminarleiter/-innen thematisiert. Die empirische Forschung deutet darauf hin, dass Rückmeldungen im Referendariat als belastend empfunden werden, unter anderem durch

> Das Gefühl einer permanenten Kontrolle und Beurteilung seitens der Ausbilder sowie die Problematik, durch diese nicht nur in den Leistungen, sondern als Person kritisiert zu werden (…). (Schaefers 2002, S. 77–78).

Schubarth et al. (2006) nennen als Ergebnis einer Untersuchung Potsdamer Studienseminare vielfältige problematische Bereiche der zweiten Lehrer/-innenausbildungsphase, unter anderem die teilweise unkritische Sichtweise der eigenen Arbeit durch die Studienseminare.

Auch weitere Gegenstandsbereiche, die eng mit Feedback im eigentlichen Sinne zu tun haben, lassen sich als kritisch identifizieren. Zum einen stehen die Referendar/-innen während ihrer Vorbereitungszeit sowohl als Lehrperson als auch als Lernende im Fokus des Geschehens und müssen einen Weg finden, dabei den Ansprüchen beider Tätigkeitsfelder gerecht zu werden. Die Zeit des Referendariats wird zudem charakterisiert als eine Phase voller Belastungen, zu denen auch konflikt- und krisenhafte Selbstwertproblematiken gehören. Ein weiteres Problem ergibt sich, wenn es explizit um das Thema des Feedbacks von Seiten der Seminarausbilder/-innen geht, weil diese in mehrdeutigen Rollen wahrgenommen werden. Zum einen bilden sie aus und haben die Funktion, die Referendar/-innen zu beraten, zum anderen üben sie eine klare Beurteilungsfunktion aus und vergeben Noten. Des Weiteren fehlt es an einer gemeinsamen Feedbackkultur von Seminarstandorten und Schulen (Schubarth et al. 2006).

Meyerhöfer und Rienits (2006) weisen auf das „*Verhältnis der Abhängigkeit*" (S. 214) zwischen Referendar/-in und Ausbilder/-in hin. Es wird unter anderem kritisiert, dass innerhalb des Referendariats häufig Elemente eines demokratischen Umgangs miteinander fehlten, was sich unter anderem durch ein stark eingeschränktes Fehler- und Rückmeldungsverhalten sowie in einer Kultur äußere, „*(…) in der die Vernunft nicht zur Meinungsäußerung, sondern zum Schweigen rät, (…)*" (Meyerhöfer und Rienits 2006, S. 214).

4.1.4.2 Rückmeldungen durch kollegiale Zusammenarbeit

Was kann jedoch getan werden, damit sich Referendar/-innen, Lehrer/-innen sowie schulisches Führungspersonal Unterstützung und einen „zweiten Blickwinkel" im schulischen Alltag sichern können? Die sozialpsychologische Forschung zeigt deutlich, dass eine hohe Reflexionskompetenz zwar eine deutliche Unterstützung darstellen kann, jedoch grundsätzlich jedes Individuum blinde Flecken beziehungsweise eine Art der Betriebsblindheit (Landes und Steiner 2013) hinsichtlich der eigenen Handlungen und Interaktionen aufweist. Diese Prozesse verhindern möglicherweise, dass problematische Interaktionen und Verhaltensweisen unentdeckt und dementsprechend unreflektiert bleiben.

Kooperationen unter Lehrkräften, beispielsweise zum Zwecke der Optimierung des eigenen Unterrichts, können sich positiv auf die schulische Arbeit auswirken. Auch Fortbildungen und deren Inhalte können dann fruchtbar genutzt werden, wenn sie einen Fokus auf Kooperationen legen und Wege aufzeigen, wie Lehrkräfte in der Schule zusammenarbeiten und ihren Unterricht professioneller gestalten können, indem sie sich gegenseitig über Unterricht austauschen und sich Feedback geben (Gräsel et al. 2006). Dementsprechend kann argumentiert werden, dass Feedback und der Austausch über die eigene und fremde Unterrichtspraxis nicht nur für Lehrkräfte in der Ausbildung, sondern auch für bereits qualifizierte Lehrpersonen relevant sind, jedoch noch zu wenig Verbreitung finden.

Auch zwischen Referendar/-innen und bereits fertig ausgebildeten Lehrer/-innen können Beratungskonzepte unterstützend hinzugezogen werden. Dabei haben sich Konzepte aus dem Bereich des Peer-Coachings beziehungsweise der kollegialen Fallberatung (Intervision), die zur Strukturierung der Beratungssituation nach festgelegten Regeln und einem festgelegten Ablauf erfolgen, als gewinnbringend und unterstützend herausgestellt. Diese Formen der Rückmeldung, Ideensammlung und Beratung ohne Bewertung kann als Teil einer Professionalisierung einerseits wie auch der Vorbeugung negativer Gefühle durch belastende Probleme und Situationen im schulischen Alltag andererseits verstanden werden (Gudjons und Kömm 2005). Es ist außerdem davon auszugehen, dass Feedback, das gegenseitig von Lehrkräften gegeben wird, erfolgreich genutzt werden kann. Jedoch ist es in Deutschland zurzeit keine übliche Praxis, dass sich Referendar/-innen oder Lehrer/-innen gegenseitig einen Einblick in ihr Unterrichtshandeln verschaffen, beispielsweise über kollegiale Hospitationen, oder eng als Team miteinander kooperieren. Auch fehlt einer derart gestalteten Zusammenarbeit in der derzeitigen Schullandschaft der organisatorische Rahmen, obwohl feststeht„(...) dass jede Bemühung einer Lehrkraft, allein oder in kollegialer Zusammenarbeit dauerhafte Veränderungen im Unterrichtshandeln zu erreichen, der Unterstützung in Form eines Feedbacks bedarf." (Fischler 2010, S. 727–728). Auch Schulleitungen können kollegiale Zusammenarbeit mit Mitgliedern der Leitungsebene für Rückmeldungen, kollegiale Fallarbeit oder Beratung nutzen.

4.1.5 Zusammenfassung

Die genannten Spannungsfelder weisen zwar teilweise nur indirekt auf den Umgang mit Feedback hin, zeigen jedoch auf der anderen Seite viele Punkte auf, die sehr eng mit einer gelingenden Feedbackkultur verknüpft sind. So sind einheitliche Standards wichtig, um Rückmeldungen glaubwürdig erscheinen zu lassen. Die Glaubwürdigkeit einer Rückmeldung ist wiederum die Voraussetzung für dessen Akzeptanz. Der Hinweis auf die Verstärkung der Bemühungen zur Professionalisierung der Ausbilder/-innen weist in dieselbe Richtung: Professionelle Ausbilder/-innen sollten in der Lage sein, Feedback zu erteilen, das angemessen und lernförderlich ist. Des Weiteren ist das Wissen über Selbstwerttheorien in Zusammenhang mit Feedback essentiell, insbesondere wenn das Referendariat ohnehin, so der Konsens der existierenden Studien, eine belastende Zeit für die angehenden Lehrkräfte darstellt.

Es ist auf der Grundlage des Forschungsstandes davon auszugehen, dass Referendar/-innen innerhalb ihrer Ausbildung wenig systematisch angeleitete und in der Ausbildung verankerte Gelegenheiten erhalten, ausreichende soziale und personale Kompetenzen zu erwerben, welche das Erteilen und Empfangen von Feedback sowie die Selbstreflexionskompetenz verbessern könnten. Weiterhin werden Referendar/-innen selten ausreichend in der Kompetenz des Beratens und Beurteilens geschult, sodass vermutlich selten eine professionelle Meta-Ebene hinsichtlich dieser Kompetenzen durch die Lehrer/-innenausbildung geschaffen wird.

Die bisherige Forschung geht außerdem davon aus, dass Verhaltensweisen, wie etwa die Hilfesuche, durch Persönlichkeitsmerkmale gesteuert werden. Somit sollte geprüft werden, ob bestimmte Persönlichkeitsmerkmale mit der Akzeptanz und einem positiven beziehungsweise negativen Umgang mit Feedback einhergehen, und ob ein hohes Belastungserleben und eine negative Einstellung zur Referendar/-innenausbildung auch zur Abwertung von Feedback führen.

Der Stand der Forschung zeigt bezüglich der Ausbilder/-innen, dass diese häufig nicht ausreichend professionell auf ihre Tätigkeit vorbereitet und dass wenige systematische Kriterien bei der Beurteilung der Referendar/-innen angelegt werden. Dies deutet auf die Gefahr hin, dass die Ausbilder/-innen zum einen theoretisch über ein nicht ausreichendes Wissen hinsichtlich der Bedeutung von Feedback, der daraus entstehenden, unter Umständen problematischen, psychologischen Prozesse sowie der Auswirkungen von Feedback auf das Lernen verfügen. Eine weitere Thematik ist das Verhältnis von Ausbilder/-innen und Referendar/-innen. Hier wird deutlich die Doppelfunktion des Beratens und Beurteilens kritisiert, ebenso wie die im Referendariat herrschenden Abhängigkeitsverhältnisse der Referendar/-innen von den Ausbilder/-innen negativ bewertet werden. Die Doppelfunktion des Beratens und Beurteilens kann sich gegebenenfalls problematisch auf das Feedback auswirken, welches die Ausbilder/-innen erteilen. Zusätzlich können sich Abhängigkeitsverhältnisse negativ auf eine positive Feedbackatmosphäre sowie auf das objektive und kriteriengeleitete Erteilen von Feedback auswirken.

Der Forschungsstand hinsichtlich der Wahrnehmung des Vorbereitungsdienstes durch die Referendar/-innen offenbart, dass die Rückmeldungen innerhalb der Ausbildung sowohl negative als auch positive Aspekte aufweisen. Insgesamt lässt sich festhalten, dass die Ausbildung seitens der Studienseminare und der Ausbilder/-innen deutlich positiver beurteilt wird, als seitens der Referendar/-innen. Die Ergebnisse deuten wenig Evaluation und ehrliche Rückmeldungsmöglichkeiten der Referendar/-innen an. In diesem Zusammenhang kann vermutet werden, dass die Seminarausbilder/-innen unter Umständen ein selbstwertschützendes und dementsprechend positives Bild ihrer Tätigkeit entwickelt haben.

Der Stand der Forschung deutet darauf hin, dass Rückmeldungen im Referendariat als belastend und eher negativ wahrgenommen und bewertet werden. Es wird insgesamt eher auf eine subjektive, das Selbst stark kritisierende Feedbackkultur an Studienseminaren hingewiesen. Obwohl sich nur wenige Untersuchungen explizit mit Feedback im Referendariat beschäftigen, ist offensichtlich, dass diese innerhalb des Vorbereitungsdienstes eine komplexe Angelegenheit darstellen, welche als stark ambivalent bezeichnet werden kann. Viele der herausgearbeiteten Aspekte und bereits bestehenden Forschungsergebnisse sollen für die in diesem Band vorgelegte Untersuchung als Grundlage genutzt werden, um dementsprechend zu weiterführenden Ergebnissen bezüglich des Umgangs von Referendar/-innen mit Feedback zu gelangen.

4.2 Was ist über den Umgang von Schulleitungen mit Feedback bekannt?

Um zu verstehen, wie komplex die Rolle von Schulleitungen in Deutschland in den letzten Jahrzehnten geworden ist, werden im Folgenden einige Facetten dieser Tätigkeit präsentiert, um die an Schulleitungen gestellten Ansprüche in ein vielschichtiges Bild einzubetten und aufzuzeigen, weshalb die Reflexion der Rolle der Schulleitung durch Feedback relevant ist.

Auch auf internationaler Ebene wird immer deutlicher, dass die Arbeit von Führungskräften an Schulen in der Gegenwart stärker als anstrengend, zeitaufwendig und dementsprechend bei Bewerber/-innen als unattraktiv wahrgenommen wird. Für Schulleitungen existiert, ähnlich wie für Lehrer/-innen, kein Rezeptwissen, welches eins zu eins aus der Theorie in die Praxis übertragen werden kann. Jede Schule entwickelt über die Dauer ihrer Existenz eine eigene Dynamik, welche mit in den Blick genommen werden sollte, um Konzepte lohnenswert anzuwenden und ertragreich zu gestalten – dieser komplexe Prozess bedarf der Begleitung durch Feedback. Doch welche Feedbackquellen stehen Schulleitungen zur Verfügung und wie gehen sie damit um? Da sehr wenig Forschung explizit zum Thema des Umgangs von Schulleitungen mit Feedback existiert, widmet sich dieses Teilkapitel ausgewählten Themen, welche für das Schulleitungshandeln und den Umgang mit Feedback relevante Komponenten darstellen.

4.2.1 Die Bedeutung der Schulleitung für die Schulentwicklung

Die Rolle der Schulleitung für erfolgreiche Entwicklungsprozesse an Schulen kann, angelehnt an den neuesten Forschungsstand, als bedeutend bezeichnet werden. Das in Deutschland seit Beginn des 21. Jahrhunderts gestiegene Forschungsinteresse an diesem Arbeitsfeld kann möglicherweise an der sich wandelnden Rolle von Schulen hin zu (teilweise) autonomen Bildungsinstitutionen festgemacht werden. Schulleitungen fungieren nicht mehr nur als Bindeglied zwischen Aufsichtsbehörde und Lehrpersonal, sondern sind mittlerweile in erhöhtem Maße für die Übernahme von Aufgaben aus dem Bereich des Managements verantwortlich. Der Prozess der Einführung von Maßnahmen der Autonomie der Einzelschule hat im internationalen Vergleich in Deutschland sehr spät begonnen, was nun zur Folge hat, „(…) *dass Schulen nicht nur das fakultative Angebot erweiterter Selbstständigkeit erhalten, sondern zur aktiven Gestaltung und Entwicklung geradezu verpflichtet werden.*" (Bonsen 2010a, S. 189). Eine Vielzahl empirischer

Studien weist den Stellenwert der Schulleitung und ihres professionellen Handelns nach. Dabei kommen Meta-Analysen, welche den Zusammenhang zwischen dem Schulleitungshandeln und Schüler/-innenleistungen untersuchen, zwar zu divergierenden Ergebnissen (von keinem Effekt bis hin zu bedeutsamen Effekten). Jedoch kann insgesamt davon ausgegangen werden, dass die Ausübung der Leitungsrolle an einer Schule einen hohen Einfluss auf die Schulentwicklung und die professionelle Arbeit der Schule ausübt (Bonsen 2010a).

Im internationalen Vergleich stellt es sich zudem so dar, dass deutsche Schulleitungen (insbesondere an Grundschulen) eine sehr hohe Unterrichtsverpflichtung innehaben und des Weiteren viele organisatorische und verwaltungsrechtliche Aufgaben erfüllen müssen. Dies führt dazu, dass moderne Leitungsaufgaben, wie etwa die Unterrichts- und Schulentwicklung, häufig nicht in dem Maße wahrgenommen werden können, wie es die gegenwärtigen Ansprüche an diese Position verlangen. Diesbezüglich besteht beispielsweise die Möglichkeit und unter Umständen auch die Notwendigkeit, neue Führungskonzepte aufzugreifen, wie beispielsweise die Delegation von Aufgaben, welche insbesondere im deutschen Raum propagiert wird. Internationale Konzepte betrachten Führungsarbeit mittlerweile mehrheitlich aus einer erweiterten Perspektive, wie Konzepte der demokratischen Führung oder des *distributed leadership* zeigen (Bonsen 2010a).

Warwas et al. (2008) arbeiten heraus, dass die Schulleitungsrolle sich von einer reinen Verwaltungsposition hin zu einer aktiven Führungsposition gewandelt hat. Im gleichen Zuge sprechen sie der Schulleitung auch eine dominante Rolle in der Steuerung von Veränderungsprozessen zu, wobei sich die Autor/-innen hier auf den Begriff des *Change Managements* beziehen. Dieser Begriff wird derart verstanden, dass die Führungstätigkeit nicht lediglich in Reaktionen, sondern in der aktiven Initiierung gezielter Aktionen und Innovationen besteht. Hinsichtlich der Bewertungen der veränderten Führungstätigkeit führten Warwas et al. (2008) eine empirische Interviewstudie mit Schulleitungen an beruflichen Schulen durch und fanden, dass ein Großteil der befragten Schulleitungen den neueren Konzepten aus dem Bereich des Managements offen gegenüber steht.

4.2.2 Personalführung und Motivation als Schulleitungstätigkeit

Die (Weiter-)Entwicklung einer Schule bedeutet Arbeit auf vielen unterschiedlichen Ebenen. Terhart (2010) betont den Zusammenhang zwischen der Entwicklung einer Schule und der Entwicklung des dort tätigen Personals. Da Schulen Institutionen sind, in welchen Abläufe und Qualität entscheidend vom Personal geprägt werden, ist die Entwicklung der Kompetenzen dieses Personals von besonderer Relevanz. Dabei sieht Terhart (2010) die Sonderstellung des „*educational governance*" (S. 256) darin, dass Maßnahmen in der Schule lediglich erfolgreich sein können, wenn sie von den hauptsächlich dort tätigen Akteur/-innen, den Lehrkräften, akzeptiert werden. Das bedeutet, dass das in Schulen vorliegende System auf der einen Seite qualitätssteuernder Maßnahmen bedarf, dass jedoch rein administrativ und gesetzlich eingeführte Steuerungselemente ohne vorherigen Konsens mit den Hauptakteur/-innen zu Widerständen und weiteren unerwünschten Prozessen führen können (Terhart 2010). Da dem in Schulen eingesetzten Personal grundsätzlich ein hoher Stellenwert zukommt erfordert daher sowohl die Führung einer Einzelschule als auch die Steuerung des Schulsystems in hohem Maße die Fähigkeit, alle involvierten Personengruppen zu erreichen und zu motivieren.

Weiterführend deuten Warwas et al. (2008) an, dass bestimmte Aspekte eines guten Managements gegeben sein müssen, um Innovationen langfristig umzusetzen. Hierzu gehören die Integration aller Beteiligten sowie das Auslagern von Aufgabenteilen und der dementsprechend erfolgende Einbezug in die Neuerungen. Auch die Kommunikation spielt eine herausragende Rolle, um die Akzeptanz neuer Maßnahmen zu steigern. Ein wichtiger Aspekt betrifft den Einbezug der Lehrkräfte über die Steigerung von Motivation sowie die Synthese der schulischen Ziele einerseits und der Ziele der Lehrkräfte andererseits. Huber (2006) betont, dass ein kooperativer Führungsstil nicht nur in der Einzelschule positive Auswirkungen haben, sondern sich auch positiv auf die Ebenen der Schulverwaltung im Zusammenspiel mit den Schulen auswirken könnte.

4.2.3 Herausforderungen für und Anforderungen an Schulleitungen

Welche Anforderungen ergeben sich durch ein sich mittlerweile stetig wandelndes Schulsystem? Und was bedeutet dies für die Rolle der Schulleitung?

Schratz (2003) beschreibt die sich wandelnde Schullandschaft inklusive der sich ausbreitenden und stetig wachsenden Aufgaben von Schulen unter dem Gesichtspunkt der Herausforderungen, die sich daraus für die Leitung einer Schule ergeben. Dabei werden moderne Schulen als Systeme skizziert, die von allen Seiten unter Druck gesetzt werden. Insbesondere zu beachten ist die Vielschichtigkeit der Herausforderungen an Schulen auf allen Ebenen, beispielsweise auf einer politischen, ökonomischen, sozialen, globalen, erzieherischen, didaktisch-methodischen und multimedialen Ebene, ohne dass Lösungen und

Orientierungen angeboten werden beziehungsweise existieren würden. Einerseits hätten sich die Aufgaben von Schulleitungen in deutschsprachigen Ländern geändert und auf der anderen Seite sei eine Zunahme an Kontrolle erfolgt, weshalb Schratz (2003) zu folgendem Schluss gelangt: „*School leadership is presented with a new and untried organisational task, within an 'old-fashioned' school structure to prepare a modern generation of young people for an unknown future.*" (S. 397–398). Die Herausforderungen und Belastungen innerhalb eines derartigen Systems lassen die Schulleitungsrolle kritisch erscheinen. Die Schule der Zukunft benötigt als Antwort auf die neuen Herausforderungen Führungskräfte, die bei allen an diesem System Beteiligten eine gemeinsame Leitidee und Gruppenziele herstellen können, mit der sich jeder einzelne identifiziert (Schratz 2003).

Auch Bonsen (2010b) beschäftigt sich mit den Tätigkeitsfeldern von Schulleitungen und deren Veränderung, insbesondere im 21. Jahrhundert. Er beschreibt die frühere Rolle einer Schulleitung als aus vorwiegend verwaltungstechnischen Aufgaben bestehend. Des Weiteren tritt auch hier, wie bereits bei Schratz (2003) deutlich geworden ist, die Funktion der Schulleitung als einem Mittler zwischen verschiedenen Ebenen der schulischen Arbeit klar zutage. Dabei identifiziert Bonsen (2010b) drei verschiedene Ebenen von Schule:

1. Die Makroebene, die das Bildungsgeschehen primär auf der Grundlage von Gesetzen und weiteren schriftlichen Anordnungen steuert.
2. Die Mesoebene, welche sich auf die Ebene der einzelnen Schulen bezieht; hier ist insbesondere die Position der Schulleitung nicht immer konfliktfrei, wenn ihr auf der einen Seite Aufgaben der Kontrolle und auf der anderen Seite Aufgaben der Vermittlung zukommen.
3. Auf der Mikroebene lässt sich die Gestaltung des Unterrichts durch die Lehrer/innen einordnen, die jedoch von der jeweiligen Schulleitung nur in gewissen Grenzen gesteuert werden kann.

Diese drei Ebenen sind zwar durchaus aufeinander bezogen, werden aber von der Schulleitung in Zusammenarbeit mit dem Lehrer/-innenkollegium auf die spezielle Situation an der jeweiligen Schule hin modifiziert und angeglichen. Bonsen (2010b) betont, dass die Entwicklung des deutschen Schulsystems hin zu immer selbstständiger agierenden Einzelschulen neue Aufgaben für Führungskräfte schafft, welche unter anderem im Managementbereich anzusiedeln sind.

Bartz et al. (2007) legen den Fokus der Betrachtung auf die Kompetenz von Schulleitungen, zielgerichtet zu handeln und eben jene Handlungen auch beim zu führenden Personal anzuregen. Dabei gehen sie insbesondere auf das, auch in der Schule sinnvoll zu verwendende, Steuerungsinstrument der Mitarbeiter/-innengespräche inklusive der Festlegung von Zielvereinbarungen ein.

Zur Erreichung sinnvoller Zielfestlegungen wird ein standardisierter Ablauf innerhalb eines Bilanzierungsgespräches vorgeschlagen, der sich aus den Schritten

1. Orientierung,
2. Ist-Analyse,
3. Zielklärung/ Teilziele,
4. Planung der nächsten Schritte und
5. der Festlegung eines Folgegesprächs zusammensetzt.

Des Weiteren sollten sowohl Prozess als auch Produkt kontinuierlich dialogisch verhandelt werden. Insbesondere dieser Schritt, den Schulleitungen eigenverantwortlich in ihrer Position in Bezug auf die ganze Schule, aber auch mit einzelnen Lehrkräften durchführen müssen, zeigt, dass die Anforderungen an Schulleitungen im Bereich der Koordination, Kommunikation und Interaktion ein hohes Maß an Expertise und Professionalität erfordern (Bartz et al. 2007).

Seitz (2010) führt an, dass viele Aufgaben moderner Schulleitungen heute kaum mehr von Anforderungen und Aufgabenbereichen von Führungskräften in außerschulischen Unternehmen zu unterscheiden sind und schlussfolgert daher, dass Schulleitungen in der heutigen Zeit völlig neue und zusätzliche Kompetenzen benötigen, um ihrer Rolle und der zu gestaltenden Institution sowie den darin agierenden Lehrkräften und Schüler/-innen gerecht zu werden.

4.2.3.1 Das Belastungserleben von Schulleitungen

Ein wichtiger Aspekt ist die Frage nach der Arbeitsbelastung sowie dem Belastungserleben von Schulleitungen. Welche Bereiche ihrer Tätigkeit werden als besonders belastend empfunden? Wie steht das Belastungserleben in Zusammenhang mit dem Umgang mit Feedback?

Warwas (2009) untersucht vor dem Hintergrund der veränderten Schulleitungsrolle die Belastungen sowie das berufsbezogene Selbstbild von schulischen Führungspersonen. Zu betonen ist, dass das berufliche Handeln von Schulleitungen auf der einen Seite von allgemeingültigen Regelungen und Gesetzen auf bildungspolitischer Ebene bestimmt wird, jedoch auf der anderen Seite individuelle und standortspezifische Voraussetzungen der jeweiligen Schule ein weites Spektrum von Handlungsweisen ermöglichen. Insbesondere die Übernahme von Schulleitungsaufgaben einerseits und die Aufrechterhaltung der Lehrfunktion der Schulleitung andererseits können hierbei zu Problemen bis hin zu Überlastungen führe. Es ist davon auszugehen, dass das Maß, in welchem Schulleitungen die Ausübung ihres Berufes als belastend empfinden, stark vom individuellen Potential und ihren Fähigkeiten beziehungsweise Kompetenzen, wie beispielsweise die Sichtweise auf die Gestaltungsmöglichkeiten der eigenen Rolle einerseits und vorhandenen Strategien zum Lösen von problematischen Situationen andererseits, abhängen (Warwas 2009). Um die Rolle als Schulleitung, welche in hohem Maße mit unterschiedlichen Erwartungsebenen verschiedenster Institutionen und Personengruppen konfrontiert wird, in zufriedenstellendem und unbelastetem Maße ausfüllen zu können, führt Warwas (2009) unter Berufung auf Krappmann (2005) an, dass Schulleitungen vor allem die Fähigkeit der Ambiguitätstoleranz sowie der Rollendistanz benötigen. Sie betont insbesondere die Fähigkeit zur Steuerung und Anpassung des Anspruchsniveaus, um individuelle Vorstellungen zur Gestaltung der Schulleitungsrolle und die tatsächlich vorgefundene Situation aufeinander abzustimmen.

Weber et al. (2005) untersuchen die Gründe, warum Schulleitungen im Bundesland Bayern frühzeitig aus dem Dienst ausscheiden. Dabei finden sie, dass psychische Erkrankungen, die auf Stress zurückgeführt werden können, die häufigste Ursache für eine frühzeitige Pensionierung unter Schulleitungen sind. Als ein Grund wird in Übereinstimmung mit Warwas (2009), Bonsen (2010a, b) und Schratz (2003) das wachsende Spektrum an unterschiedlichen Aufgaben, resultierend aus der Dezentralisierung im schulischen Bildungssystem, genannt. Dementsprechend folgern die Autor/-innen, dass sowohl im Bereich der Prävention als auch der Intervention Maßnahmen getroffen werden sollten, die dieses Risiko minimieren. Dies gilt insbesondere, da Forschung zeigen konnte, dass Schulleitungen Einfluss auf die Erhaltung der Gesundheit und der Leistungsfähigkeit eines ihnen unterstellten Lehrer/-innenkollegiums ausüben können.

4.2.3.2 Vorstellungen von Schulleitungen zur Entwicklung von Führungsqualitäten

Auch Schulleitungen hören im Rahmen ihrer Position nicht auf, sich fort- und weiterzubilden. Welche Vorstellungen existieren bei Schulleitungen hinsichtlich der Entwicklung von Führungsqualitäten?

Zhang und Brundrett (2010) widmen sich in einer qualitativen Interviewstudie den Vorstellungen von Schulleitungen in England zur Entwicklung von Führungsqualitäten. Schulleitungen aller Schulformen sehen die Unterstützung und die professionelle Fortbildung von Schulleitungen als einen ausschlaggebenden Punkt in der Entwicklung von Schulen. Des Weiteren sollten Schulleitungen fähig sein beziehungsweise in die Lage versetzt werden, die Personalsituation an ihrer jeweiligen Schule gründlich zu analysieren und ein Klima der vertrauensvollen Zusammenarbeit mit dem Kollegium herzustellen. Letztlich wird es als eine der wichtigsten Aufgaben für Schulleitungen dargestellt, selbstverantwortlich die eigene Entwicklung voranzubringen und eventuell Forschung auf diesem Gebiet zu betreiben (Zhang und Brundrett 2010). Schulleitungen sollten auf vielen verschiedenen Ebenen Kompetenzen besitzen sollten, um die an sie gestellten komplexen Führungsaufgaben zu bewältigen. Allein die Sozialkompetenz zur positiven Gestaltung des Klimas an der Schule und auch die Selbstreflexionskompetenz zur eigenverantwortlichen Beförderung der persönlichen Entwicklung erfordern ein hohes Maß an Selbstregulationskompetenz und konstruktivem Umgang mit den eigenen Ressourcen, welches für Individuen nicht immer eine leichte Aufgabe darstellt.

Huber (2013) widmet sich der Frage, wie Schulleitungen noch besser bei ihrer Professionalisierung unterstützt werden können und welche Rolle das Feedback sowie die Selbstwahrnehmung und Selbstevaluation bei der professionellen Entwicklung spielen. Durch die zunehmende Aufgabenvielfalt und die erweiterten Verantwortungsbereiche, sind Schulleitungen und ihre Unterstützungs- und Professionalisierungsmöglichkeiten stärker in den Fokus getreten. Huber (2013) beschreibt aus vier Bausteinen bestehende Programme zur Professionalisierung von Schulleitungsanwärter/-innen und bereits tätigen Schulleitungen aus Thüringen, Sachsen-Anhalt und Sachsen und untersucht, wie das Feedback nach einer durchgeführten computergestützten Selbstevaluation von den Teilnehmer/-innen bewertet wird und wie sich Karrierepläne nach dem Durchlaufen der Professionalisierungsprogramme verändern. Dabei stellt Huber (2013) fest, dass die Teilnehmer/-innen an den Programmen sowohl die durchgeführte Selbstevaluation positiv bewerten als auch diese als Motivator deklarieren, sich auf schulinterne Leitungsposten zu bewerben.

4.2.4 Umgang von Führungskräften mit Feedback

Da kaum Studien zum Umgang von Schulleitungen mit Feedback existieren, wird nachfolgend dargestellt, welche Forschungsergebnisse es zum Umgang von Führungskräften im Allgemeinen mit Feedback gibt. Gibt es Anhaltspunkte, die zeigen, dass Führungskräfte, beispielsweise auf Grund ihrer höheren Position und Verantwortung einen professionelleren Umgang mit Feedback an den Tag legen?

Atwater und Brett (2005) untersuchten die Reaktionen von Führungskräften auf 360°-Feedback, bei welchem Führungskräfte von verschiedenen Seiten anonymes Feedback erhalten. Empirische Forschung konnte bereits zeigen, dass 360°-Feedback zu einer exakteren Selbstwahrnehmung, verbesserten Führungstätigkeiten und positiven Verhaltensänderungen führen kann. Andererseits existieren auch Studien, welche einen Leistungsabfall nach erfolgtem Feedback finden konnten (Kluger und DeNisi 1996). Hinsichtlich des Feedbacks, welches

Führungskräfte erhalten zeigen die Ergebnisse, dass negatives Feedback zumeist zu negativen Reaktionen führt, während die Reaktionen auf positives Feedback häufig nicht eindeutig sind (Atwater und Brett 2005). Daher wurden zusätzlich die Einflussfaktoren, welche den Umgang von Führungskräften mit Feedback beeinflussen und die auf das Feedback folgenden Aktivitäten und Verhaltensänderungen untersucht. Theorien, welche sich mit dem Umgang von Führungskräften mit Feedback beschäftigen, gehen davon aus, dass es nicht nur auf das Feedback an sich ankommt, sondern auch darauf, ob das erhaltene Feedback davon abweicht, wie man sich selbst betrachtet (Kluger und DeNisi 1996). Dabei wird davon ausgegangen, dass es verschiedene Wege für Individuen gibt, auf diskrepantes beziehungsweise wenig konsonantes Feedback zur eigenen Selbstwahrnehmung zu reagieren. Zum einen besteht natürlich die Möglichkeit der Verhaltensänderung, jedoch kann zur Dissonanz- beziehungsweise Diskrepanzreduktion auch das erhaltene Feedback abgelehnt oder eine Rechtfertigung der eigenen Person angebracht werden. Atwater und Brett (2005) führen an, dass wenn Diskrepanzen zwischen dem eigenen Ziel und dem erhaltenen Feedback bestehen, die Selbstwirksamkeit sowie die gesetzten Ziele und Standards sinken und auch die Selbstzufriedenheit abnimmt. Neben den bereits aufgeführten Aspekten, gehen Atwater und Brett (2005) davon aus, dass verschiedene Persönlichkeitsmerkmale mit dem Umgang mit Feedback zusammenhängen und dass eine positive Einstellung zu Feedback auch dazu führt, dass die Reaktionen auf und die Verwendung des Feedbacks deutlich höher sind. Zusammenfassend reagierten Führungskräfte insgesamt offener und wohlwollender auf positives als auf negatives Feedback. Diejenigen, die sich selbst positiv einschätzten und von anderen positiv eingeschätzt wurden, zeigten darüber hinaus die größte Motivation, auf das Feedback zu reagieren. Die Führungskräfte, die negative Rückmeldungen bekamen und sich überschätzt hatten, zeigten mehr Motivation als diejenigen, die negative Rückmeldungen bekamen und sich diesen anschlossen. Führungskräfte welche sich positiver bewerteten und dies auch bestätigt bekamen, planten auch in größerem Umfang Aktivitäten zur Umsetzung des Feedbacks. Diejenigen, welche sich negativer bewerteten, planten eher keine Aktivitäten, sodass zu vermuten ist, dass unter Umständen eine Desillusionierung beziehungsweise wenig starke Gewichtung des Feedbacks (bis hin zur Abwertung) vorliegen könnte (Atwater und Brett 2005).

Reynolds (2006) untersuchte die Auswirkungen von leistungsbezogenem Feedback auf Manager/-innen, welche von ranghöheren Mitarbeiter/-innen Feedback erhielten, und betrachtete unter anderem in Anlehnung an Bandura die Verbindung von Selbstwirksamkeit und negativem Feedback. Die Ergebnisse der Untersuchung zeigen, dass eine Verbindung zwischen leistungsbezogenem Feedback und Selbstwirksamkeit besteht und dass negatives Feedback dazu beitragen kann, dass die auf den Job bezogene Selbstwirksamkeit abgeschwächt wird. Die Ergebnisse liefern für Führungskräfte wichtige Hinweise diesbezüglich, wie sich positives und negatives Feedback auf Mitarbeiter/-innen auswirkt und dementsprechend, wie beim Erteilen von Feedback vorgegangen werden sollte, wenn die Selbstwirksamkeit erhalten bleiben und die Produktivität von Mitarbeiter/-innen erhöht werden soll (Reynolds 2006).

Aguinis et al. (2012) widmen sich dem Geben von Feedback aus einer stärkenorientierten Perspektive. Um negativen Effekten von Feedback vorzubeugen, lautet die Empfehlung der Autor/-innen, dass hauptsächlich der Ansatz des stärkenorientierten Feedbacks verwendet werden sollte.

- Insbesondere sollte Feedback auf zu verändernde Aspekte gerichtet werden, an denen Individuen auch tatsächlich arbeiten können.
- Führungskräfte sollten ihre Mitarbeiter/-innen durch ihr Feedback darin unterstützen, ihre Fähigkeiten zu entwickeln.
- Feedbacksender sollten sowohl gut über die Feedback empfangende Person als auch über deren Aufgabenbereich informiert sein.
- Darüber hinaus sollte das Feedback in einer angenehmen Situation erteilt werden und auf angemessene Art und Weise erfolgen. Hier machen die Autor/-innen beispielsweise Vorschläge für die Relation von negativen und positiven Aspekten (1:3).
- Die Feedback empfangende Person sollte zunächst die Chance erhalten, zu äußern, was bereits gut funktioniert und außerdem am Feedbackprozess beteiligt werden.
- Das Feedback sollte darüber hinaus so spezifisch und genau wie möglich sein und an direkte Konsequenzen, sowohl positive als auch negative, gekoppelt werden. Auch sollten die Auswirkungen des Handelns eines jeden Individuums deutlich gemacht werden.
- Der letzte Aspekt betrifft die Regelmäßigkeit von Feedback: Feedback kann sinnvoll und langanhaltend wirken, wenn Zielvereinbarungen getroffen und die Fortschritte in bestimmten Abständen kontrolliert werden.

Aguinis et al. (2012) begründen die aufgestellten Hinweise für gutes Feedback damit, dass durch leistungsbezogenes Feedback unter anderem Aspekte wie die Leistung des Individuums und des jeweiligen Teams, darüber hinaus die Motivation und die Zufriedenheit mit dem Beruf verstärkt werden sollen. Die Autor/-innen gehen dabei davon aus, dass der ursprünglich vertretene Ansatz, welcher sich auf die Schwächen eines Individuums konzentriert, kaum zur Herstellung dieser Faktoren beitragen kann.

Seifert und Yukl (2010) untersuchten die Auswirkungen von Feedback auf das Beeinflussungsverhalten sowie die Effektivität von Führungskräften. Dabei stellen sie fest, dass wiederholte Feedback-Interventionen sich erfolgreich auf sowohl die erhöhte Anwendung von Aspekten der Beeinflussung als auch auf die Effektivität von Führungskräften auswirken. Die Kontrollgruppe, welche lediglich einmal an einem Workshop zur ausführlichen Erklärung von Feedback teilnahm, zeigte bei einer erneuten Untersuchung keinerlei Lerneffekt durch das erhaltene Feedback. Seifert und Yukl (2010) schlussfolgern, dass es wichtig ist, ein geeignetes Maß an Feedback-Interventionen einzuführen, wenn Lerneffekte auftreten und auch langanhaltend Anwendung finden sollen.

Yeow und Martin (2013) beschäftigen sich mit der Frage, wie man die Effektivität von Führungskräften erhöhen kann. Dabei führen sie eine Interventionsstudie durch, welche danach strebt, über Feedback die Selbstregulationskompetenzen von Führungskräften zu erhöhen, was letztendlich zur Verbesserung von aufgabenbezogenen Kompetenzen führen soll. Ergebnisse zeigen, dass die eingesetzte Intervention zur Steigerung von Selbstregulationskompetenzen zu erhöhter Zufriedenheit, Effektivität und Anstrengungsbereitschaft der Führungskräfte im Vergleich zur Kontrollgruppe führt. Dabei wird ebenfalls deutlich, dass durch Feedback und Coaching erworbene Selbstregulationstechniken zu einer Verbesserung der Strategien führen und Führungskräfte dabei unterstützen, sich selbst zu helfen.

4.2.4.1 Umgang von Schulleitungen mit (Feedback aus) Evaluationen

Wann und auf welche Weise erhalten Schulleitungen überhaupt Feedback? Eine Feedbackgelegenheit sind externe Evaluationen. Auf erste nationale Ergebnisse zum Umgang von Schulleitungen mit (Feedback aus) Evaluationen richtet der folgende Abschnitt seinen Blick.

Schrader und Helmke (2003) befragten $N = 52$ Schulleitungen nach der im Bundesland Rheinland-Pfalz durchgeführten Evaluation MARKUS (einer Erhebung zu festgelegten Kriterien des Mathematikunterrichtes), um herauszufinden, wie die Evaluation angenommen wurde, welche Konsequenzen die Schulleitungen anschließend daraus ziehen würden sowie welche Effekte die Studie ergeben habe. Die Schulleitungen geben an, durch die Ergebnisse der Evaluation Anstöße zur Veränderung der schulischen Praxis erhalten zu haben. In Reaktion auf MARKUS seien Handlungen eingeleitet oder ausgebaut worden, welche sich zum Bereich des Qualitätsmanagements zählen lassen. Schrader und Helmke (2003) gehen davon aus, dass die Ergebnisse und die Rückmeldung der landesweiten Evaluationsstudie einen gewissen Handlungsdruck hervorgerufen haben und dadurch die Einleitung von Veränderungen begünstigt wird.

Pietsch (2011) befragte Schulleitungen aus Hamburg zu der dort durchgeführten Schulinspektion. Es nahmen dabei 59,5 % (N = 166) der Schulleitungen, welche zwischen 2007 und 2011 eine externe Inspektion an ihrer Schule erlebt hatten, an der schriftlichen Befragung teil. Die Ergebnisse zeigen, dass das Instrument der externen Schulinspektion von den Schulleitungen in erster Linie als Entwicklungsinstrument für die Schule und den Unterricht gewertet wird und eher nachrangig als Instrument der Kontrolle und Rechenschaft. 80 % der Schulleitungen gaben außerdem an, die Ergebnisse der Inspektion bereits bei der Einleitung oder Planung konkreter Maßnahmen zugrundgelegt zu haben. Besondere Stärken wurden der Inspektion von den Schulleitungen im Bereich der Aufdeckung von Schwachpunkten der schulischen Arbeit und der Verschaffung eines Überblicks über den Status Quo attestiert. Kritik wurde an den Rückmeldungen der Ergebnisse geäußert. So sei es für viele Schulleitungen schwierig, mit den rückgemeldeten Ergebnissen konkret weiter zu arbeiten. 23 % der Schulleitungen gaben außerdem an, dass die Rückmeldung der Ergebnisse zu wenig Aussagekraft besessen habe. Pietsch (2011) resümiert, einen deutlichen Zusammenhang zwischen der Einschätzung der Relevanz der Ergebnisse und der Ergreifung konkreter Maßnahmen zur Optimierung und Veränderung der schulischen Praxis gefunden zu haben. Auch geben die Schulleitungen einen deutlich höheren Beratungsbedarf an und wünschen sich, dass die Bereiche der Diagnose und der Beratung in veränderten Formen der Schulinspektion zusammengelegt werden.

Gärtner et al. (2009) beschäftigen sich mit den Wirkungsweisen von Schulinspektionen aus der Perspektive von Schulleitungen aus Brandenburg. Dabei wurden die N = 182 teilnehmenden Schulleitungen mit Hilfe eines Fragebogens befragt, der die Phasen der Inspektion einzeln abfragt und die, durch die Inspektion induzierten, Veränderungen in der Schule vor, während und nach der Inspektion erfasst. Die Ergebnisse weisen Parallelen zu bereits bestehender internationaler Forschung auf. Der Großteil der befragten Schulleitungen sagt aus, dass keine starken Veränderungen durch die Ankündigung der Inspektion an der Schule eingetreten seien. Wohl jedoch wurde vermehrt am Zusammentragen und Erstellen der Dokumente gearbeitet (häufige Nennungen: Arbeit an den internen Curricula, am Schulprogramm) (vgl. hierzu auch Brimblecombe et al. 1995). Wenige Schulleitungen berichteten einen hohen Aufwand sowie Verhaltensweisen, welche dem *window dressing* (vgl. auch Ehren und Visscher 2006) zugeschrieben werden konnten, des Weiteren wurden die Haltung und die Emotionen des Kollegiums gegenüber der Inspektion dargestellt. Die Qualität der Messinstrumente sowie die Diagnosefähigkeit der Mitarbeiter/-innen der externen Evaluation werden von den meisten Schulleitungen positiv beurteilt. Insgesamt gesehen werden von den Schulleitungen im Durchschnitt 3,8 Maßnahmen angegeben, welche in Folge der

Ergebnisrückmeldung ergriffen wurden. Etwa 45 % der Schulleitungen geben an, dass die externe Schulinspektion Auswirkungen auf den Unterricht habe, 65 % berichten von Auswirkungen der Schulinspektion auf Maßnahmen der internen Evaluation. Des Weiteren wird ebenfalls am Schulprogramm gearbeitet. Unter Bezugnahme auf internationale Forschungsergebnisse deuten Gärtner et al. (2009) an, dass die Ergebnisse der Studie darauf hinweisen, dass Schulleitungen Veränderungen an ihren Schulen beginnen oder implementieren, welche sie ohne die Inspektion nicht hätten umsetzen können. Keine Zusammenhänge konnten (in Übereinstimmung mit bspw. Ehren und Visscher 2006) zwischen dem Feedback über die Stärken und Schwächen einer Schule einerseits und der Anzahl der eingeleiteten Veränderungsmaßnahmen andererseits gefunden werden.

4.2.5   Die Qualitätsanalyse NRW: Feedback für Schulleitungen

Da explizit zur Qualitätsanalyse und dem Umgang von Schulleitungen mit diesem Schulentwicklungsinstrument nur sehr begrenzte Literatur existiert, soll im Folgenden eine zusammenfassende Darstellung sowie die Darstellung der Relevanz der aufgeführten Forschungsergebnisse für Feedbackprozesse erfolgen. In den obenstehenden Abschnitten ist deutlich geworden, dass die Position der Schulleitung besondere Anforderungen und Herausforderungen mit sich bringt. Jedoch bestehen auch zahlreiche positive Einflussmöglichkeiten auf das Kollegium und die Entwicklung einer Schule.

4.2.5.1 Ablauf der Qualitätsanalyse in Nordrhein-Westfalen

Eine relativ aktuelle Möglichkeit als Schulleitung eine Rückmeldung zur eigenen Leitungstätigkeit zu erhalten, ist im Bundesland Nordrhein-Westfalen die externe Schulinspektion, genannt Qualitätsanalyse (QA). Die Qualitätsanalyse an Schulen in Nordrhein-Westfalen (NRW) wird seit dem 1. August 2006 flächendeckend in ganz NRW eingesetzt (vgl. Regelung des Schulgesetzes vom 27. Juni 2006).

Bevor die Schulen analysiert werden, stellen sie dem Qualitätsprüfer/-innenteam ein Schulportfolio zur Verfügung, in welchem der Ist-Stand der Schule dokumentiert wird. Durch die Lektüre des Portfolios können sich die Qualitätsprüfer/-innen auf die Analyse vorbereiten. Die Durchführung einer Qualitätsanalyse orientiert sich am Qualitätstableau, das in sechs Bereiche untergliedert ist, welche sich wiederum in 28 Qualitätsaspekte, ebenfalls untergliedert durch Kriterien (insgesamt 153 Kriterien), darstellen. Vor den Besuchstagen an der Schule erfolgt eine Schulbegehung, bei der in der Regel auch der Schulträger anwesend ist. Ergänzend führt das Qualitätsprüfer/-innenteam eine Informationsveranstaltung für alle schulzugehörigen Personen durch. Während der Besuchstage der Qualitätsprüfer/-innen an der Schule vor Ort werden sowohl Auszüge aus Unterrichtsstunden beobachtet (mindestens 50 % aller Lehrer/-innen beziehungsweise bei kleinen Schulen mindestens 20 Unterrichtssequenzen) als auch Interviews mit allen an der Schule beschäftigten und involvierten Personengruppen geführt und weitere Dokumente und Daten ausgewertet (MSW NRW 2009, S. 7–12).

Die Rückmeldung der Ergebnisse der durchgeführten Qualitätsanalyse erhält die Schule auf zwei unterschiedliche Weisen. Zum einen besteht die direkte und unmittelbar auf die Qualitätsanalyse folgende Rückmeldung aus einer mündlichen Darstellung der wichtigsten Ergebnisse durch das Qualitätsprüfer/-innenteam. Zunächst erhält dabei die Schulleitung eine gesonderte Rückmeldung, dann erfolgt diese unter Einbezug des Lehrer/-innenkollegiums. Der zweite Teil der Rückmeldung erfolgt in Form eines Qualitätsberichts, welcher der Schulleitung nach einem Zeitraum von maximal vier Wochen zunächst zur Ansicht und gegebenenfalls zur Korrektur vorgelegt wird. Nach Erhalt des endgültigen Berichts ist es die Aufgabe der Schulleitung, allen an der Schule beteiligten Gruppen diesen im Zeitraum von einer Woche zur Verfügung zu stellen (MSW NRW 2009, S. 9).

Der Ablauf der Qualitätsanalyse sieht vor, dass die analysierte Schule samt ihrer Steuerungsorgane auf der Grundlage des Qualitätsberichtes in Abstimmung mit der zuständigen Schulaufsicht die wichtigsten zukünftigen Arbeitsfelder identifiziert und diese mit der Schulaufsicht in den sogenannten Zielvereinbarungen schriftlich festhält. Das bedeutet, dass auch der Schulaufsicht neue Verantwortungsbereiche im Gebiet der Beratung der jeweiligen Schulen zufallen.

> Die Stärkung der Eigenverantwortung der Schulen führt zu einem neuen Steuerungsverständnis. Für die Schulaufsicht bedeutet dies eine Veränderung der Tätigkeit hin zu einer systembezogenen Beratung und Unterstützung, ohne dabei die Einhaltung der bildungspolitischen Ziele aus den Augen zu verlieren. (MSW NRW, Handreichung Zielvereinbarung 2009, S. 1)

Es gilt, dass bei der Vereinbarung der Ziele auch weitere an der Entwicklung und Steuerung der Schule beteiligten Personen oder Gruppen mit in den Prozess involviert werden können. Der Abschluss der Zielvereinbarungen sollte dabei spätestens sechs Monate nach Erhalt des Qualitätsberichtes erfolgen. Aus Gründen der Übersichtlichkeit und der Vereinfachung des Prozesses werden jeweils nur maximal drei erste Ziele festgelegt. Die Schulen haben darüber hinaus die Gelegenheit, Unterstützungsangebote und Fortbildungsmaßnahmen in Anspruch zu nehmen (MSW NRW, Handreichung Zielvereinbarung 2009, S. 2–3).

Nachdem der Ablauf der Qualitätsanalyse NRW kurz skizziert worden ist, wird im Folgenden der Blick auf die Möglichkeiten gerichtet, die sich durch die Qualitätsanalyse hinsichtlich des Erhalts einer Rückmeldung für Schulleitungen eröffnen.

Hinsichtlich des Untersuchungsgegenstandes dieses Bandes, dem Umgang von Schulleitungen mit Feedback aus der Qualitätsanalyse NRW, nehmen Schulleitungen eine gewisse Sonderstellung ein. Die Strukturen innerhalb der Planung und Strukturierung der Qualitätsanalyse offenbaren, dass die Schulleitung einer Schule einen gesonderten Platz in diesem Verfahren einnimmt. Zum einen ist die Schulleitung für die Weitergabe von Informationen an alle an der Qualitätsanalyse beteiligten Personengruppen zuständig. Des Weiteren übernimmt sie auch die Zusammenstellung der Dokumente beziehungsweise zumindest die Koordination der verschiedenen Aufgaben. Die Schulleitung wird im Prozess der Qualitätsanalyse nicht im Unterricht besucht, erhält jedoch innerhalb des Qualitätstableaus als einzige Person eine eigene Bewertung. Auch innerhalb der ersten mündlichen Rückmeldung direkt nach der Qualitätsanalyse erhält zunächst die Schulleitung dezidiert Auskunft und Feedback über das Abschneiden der Schule und positive sowie noch zu verbessernde Aspekte. Und letztlich ist die Rolle der Schulleitung auch im Zielvereinbarungsprozess klar herausgehoben, da diese in Zusammenarbeit mit der Schulaufsicht die hauptsächliche Verantwortung für die dort ablaufenden Prozesse trägt. Dementsprechend bietet die Qualitätsanalyse als ministeriell geplantes und eingesetztes Entwicklungs- und Steuerungsinstrument sehr viel Potenzial für Rückmeldungen an Schulleitungen. Diese erfolgen dabei auf verschiedenen Ebenen: Zum einen erhält die Schulleitung eine Rückmeldung über die eigene Arbeit, zum anderen folgen Rückmeldungen über die Arbeit der an der Schule beschäftigten Lehrer/-innen, das bedeutet, dass die Schulleitung auch an dieser Stelle eine Rückmeldung zum Umgang mit dem Personal einer Schule beziehungsweise zum Personalmanagement erhält. Auch erfolgt ein Feedback über die Zufriedenheit der sonstigen Beschäftigten sowie der Schüler/-innen und Eltern, welches unter Umständen deutlicher ausgesprochen wird, als wenn die Rückmeldung direkt an die Leitung der Schule erfolgen sollte (Völschow 2012). Der Forschungsstand deutet darauf hin, dass es absolut relevant ist, dass Führungskräfte an Schulen ein externes, objektives, kriteriengeleitetes und unverfälschtes Feedback erhalten, denn es steht ihnen nur sehr selten direktes und ehrliches Feedback zur Verfügung (Völschow 2012). Prozesse der Rückmeldung können des Weiteren durch die Bedürfnisse der einzelnen Personengruppen geprägt und verändert werden. So könnte eine Schulleitung, die ihre Schule besonders bemüht weiterentwickeln möchte, dies unter Umständen auf Kosten der zeitlichen Ressourcen ihres Kollegiums tun und hohe Ansprüche an diese haben. Daraus könnte eine Situation entstehen, die für die Schule und ihre Entwicklung positiv, für einige Lehrkräfte jedoch negativ ist. Besonders in der Schule ist es jedoch wichtig, jede beteiligte Personengruppe und ihre Bedürfnisse miteinzubeziehen, um Widerstände gegen Veränderungen, Desinteresse und Demotivation zu vermeiden. Durch die Anhörung aller Personengruppen zu positiven und negativen Aspekten der Schule, wird es den Qualitätsprüfer/-innen unter Umständen ermöglicht, eine umfassende Perspektive auf die untersuchte Schule herauszuarbeiten und diese auch an die Schulleitung zum Zwecke der Optimierung von Arbeitsabläufen weiterzugeben.

Ein weiterer wichtiger Aspekt ist die Tatsache, dass in Positionen, in denen zum einen wenige Rückmeldungen erfolgen, zum anderen Personen in einer Gruppe bestehend aus wenigen Personen führen, Betriebsblindheit entstehen kann (Landes und Steiner 2013). Dies kann dazu führen, dass eigene Fehler nicht mehr objektiv reflektiert werden können. Betriebsblindheit kann daher den Fortschritt und die Entwicklung eines Systems behindern. Rückmeldungen von außen können zur Auflösung dieses subjektiven Blickes beitragen.

Schulleitungen haben außerdem häufig nicht die zeitlichen Kapazitäten (und teilweise auch keine Möglichkeit der Etablierung) einer systematischen Kultur von Unterrichtsbesuchen bei allen Lehrer/-innen der Schule, obwohl dies gesetzlich vorgesehen ist. Dementsprechend bietet sich in diesem Bereich eine gute Möglichkeit zur Einschätzung des Standes der Unterrichtskultur an der Schule. Daraus ergibt sich auch, dass Schulleitungen unter Umständen durch das Feedback der Ergebnisse der Qualitätsanalyse unterstützt werden können. Eine Führungsperson ist des Öfteren in der Position, wenig prominente Entscheidungen treffen, vertreten und durchführen zu müssen. Dies kann jedoch gruppenpsychologisch betrachtet mitunter zu Widerstand beziehungsweise auch zu Reaktanz oder Ablehnung führen (Steins 2009; vgl. Abschn. 5.1). Der Erhalt von Feedback durch die Qualitätsanalyse könnte für Schulleitungen zu einer stärkeren Unterstützung durch das Kollegium führen. Andererseits kann das Feedback durch die Qualitätsanalyse auch negative Impulse setzen, so dass es abgelehnt wird und sich die Stimmung in der Schule grundsätzlich dem ministeriellen Instrument entgegenstellt. Wie Schulleitungen mit dem Feedback durch die QA NRW umgehen, wird in der zweiten empirischen Untersuchung dieses Bandes dargestellt (vgl. Abschn. 7.3).

Ausgewählte sozialpsychologische Erklärungsansätze für den Umgang mit Feedback

Wie bereits im Verlauf dieses Bandes deutlich wurde, ist es für Individuen nicht immer leicht, mit Formen der Beurteilung und der daraufhin erfolgenden Rückmeldung umzugehen, weshalb sie unter Umständen mit einer Reihe von abwehrenden Verhaltensweisen reagieren. Einen angemessenen Umgang mit Rückmeldungen zu erlernen, scheint jedoch eine wichtige Schlüsselkompetenz zu sein, insbesondere in einer globalisierten Welt, die der hohen Komplexität des Bildungswesens Maßnahmen zur Qualitätssicherung durch Standards und Überprüfungen entgegensetzt. Um zu verhindern, dass Menschen oder Institutionen dysfunktional mit diesen Situationen umgehen, was für beide Seiten einen Verlust von Zeit, Ressourcen und Lerngelegenheiten bedeuten würde, ist es jedoch relevant, zunächst zu analysieren, welche Faktoren und (unbewussten) Mechanismen dazu führen, dass der Umgang mit Rückmeldungen nicht immer konstruktiv verläuft.

Die Sozialpsychologie bietet in diesem Kontext einige Erklärungsmodelle, welche auf eine breite empirische Basis zurückgreifen können. Dementsprechend werden an dieser Stelle zunächst ausgewählte sozialpsychologische Theorien skizziert, die Antworten auf die Frage erlauben, warum ein konstruktiver Umgang mit Rückmeldungen und Evaluationen nicht immer gelingt.

Auf Grund der Tatsache, dass der Umgang mit Feedback und Rückmeldungen ein äußerst komplexes Thema darstellt, ist es dabei nicht das Ziel dieses Bandes, jeglichen existierenden Erklärungsansatz aus der Sozialpsychologie darzustellen. Stattdessen werden im Folgenden insgesamt vier ausgewählte Theorien und Ansätze präsentiert.

© Springer Fachmedien Wiesbaden 2016
K. Behnke, *Umgang mit Feedback im Kontext Schule*,
DOI 10.1007/978-3-658-10223-4_5

5.1   Die Reaktanztheorie

Im Folgenden wird die erste Theorie zur Erklärung des Umgangs mit Rückmeldungen, Überprüfungen und Evaluationen angeführt.

5.1.1   Annahmen der Reaktanztheorie

Situationen der sozialen Einflussnahme oder der gestörten Privatsphäre, das Ablehnen von gutgemeinten Angeboten oder die Ablehnung verschiedener Freiheiten oder Alternativen bei einer Auswahl zwischen zwei Möglichkeiten: All dies sind Beispiele für Situationen, in denen sich psychologische Reaktanz zeigt oder entwickeln kann, ein psychologisches Phänomen, welches im Folgenden einer näheren Betrachtung unterzogen wird.

Die Theorie der psychologischen Reaktanz wurde im Jahre 1966 von Brehm entwickelt. Seitdem sind viele Publikationen zum Thema Reaktanz erschienen, in denen auch neuere Tendenzen und Forschungsrichtungen auf dem Gebiet der Reaktanzforschung angesprochen wurden. Es haben sich dadurch Bezüge zu anderen Theorien ergeben, die das Forschungsfeld der psychologischen Reaktanz stark erweitert haben. Hierzu gehören unter anderem die Theorie der erlernten Hilflosigkeit (Seligman 1975) und weitere Kontrolltheorien (Dickenberger et al. 2001).

Die grundlegenden Annahmen der Theorie der psychologischen Reaktanz lassen sich in vier Punkten zusammenfassend darstellen. Der erste grundsätzliche Ausgangspunkt der Theorie ist, dass jedes existierende Individuum glaubt, die Freiheit zu haben, bestimmte Verhaltensweisen ausführen zu können. Folgendermaßen wird diese Freiheit definiert: *„A freedom is defined as a belief that one can engage in a particular behavior."* (Brehm und Brehm 1981, S. 35). Diese Freiheiten und Verhaltensweisen können für jedes Individuum variieren; auch abhängig von den jeweiligen sozialen, politischen, ökonomischen und kulturellen Vorstellungen der konkreten Gesellschaften, in welchen sich Individuen bewegen. Dabei muss das Individuum sich zunächst einmal sowohl über die Möglichkeiten der Freiheitsausübung bewusst sein als auch tatsächlich in der Lage sein, diese Freiheiten physisch und psychisch auszuführen beziehungsweise in Anspruch zu nehmen (Brehm und Brehm 1981).

Auf Basis dieser angenommenen Freiheiten wird der Grund für die Entstehung psychologischer Reaktanz bereitet: Diese tritt in einem zweiten Schritt, so die Annahme der Theorie, dann auf, wenn eine Person das Bewusstsein erlangt, dass diese angenommene Freiheit beziehungsweise die beabsichtigten

Verhaltensweisen blockiert, bedroht, eingeschränkt oder eliminiert werden. Reaktanz wird dann beschrieben als ein *„motivationaler Zustand, die verlorene oder bedrohte Freiheit wiederherzustellen."* (Dickenberger et al. 2001, S. 244). Interessant ist in diesem Kontext sicherlich, dass die Reaktanztheorie sowie die diesbezügliche empirische Forschung zwar Aussagen darüber treffen kann, dass Individuen dazu tendieren, eine Freiheit wiederherzustellen, die ihnen genommen wurde. Dies bedeutet jedoch nicht, dass die Theorie Aussagen dazu machen kann, ob Menschen im Allgemeinen ein ständiges und grundsätzliches Bestreben zeigen, Freiheit zu haben oder zu erlangen (Brehm und Brehm 1981). Dickenberger et al. (2001) betonen einen weiteren Aspekt, der bei der Freiheitseinengung eine signifikante Rolle spielt: Als relevante Bedingung in der Stimulierung von Reaktanz gilt, dass ein Individuum die erfolgte Freiheitseinschränkung als unzulässig empfindet oder interpretiert und dementsprechend Emotionen wie Machtlosigkeit, Ausgeliefertsein und Hilflosigkeit auftreten. Anders verhält es sich, wenn eine Einengung von Freiheit mit der Billigung und Akzeptanz des Individuums einhergeht: Derartige Veränderungen des Ausmaßes von Freiheit führen nicht zu psychologischer Reaktanz. Wichtig ist, in diesem Zusammenhang zu betonen, dass es Unterschiede in der Stärke auftretender Reaktanz gibt, und dass sich der motivationale Zustand der Reaktanz verschieden äußern kann.

5.1.2 Determinanten der Reaktanzstärke

Eine Rolle bei der Ausprägung der auftretenden Reaktanz spielen im Wesentlichen folgende Faktoren: Einerseits ist es von Bedeutung, wie groß der Verlust der Freiheit beziehungsweise die Einengung der Freiheit für das jeweilige Individuum ist. Eine zweite Größe, die Einfluss auf die Stärke der Reaktanz hat, ist das wahrgenommene Ausmaß der Beschränkung. Drittens nimmt die Stärke der Reaktanz mit der Wichtigkeit des Bedürfnisses, dessen Befriedigung vermeintlich oder tatsächlich eingeschränkt wird, zu (Dickenberger et al. 2001). An dieser Stelle wird deutlich, dass die Stärke der Reaktanz in Abhängigkeit von den vorliegenden Dispositionen des jeweiligen Individuums variieren kann.

Bezüglich des Umfangs des Freiheitsverlustes und der Stärke der Einengung ist es außerdem wichtig zu betonen, dass diese variieren können, je nachdem, welche Freiheiten vorhanden sind, inwiefern und wie drastisch diese reduziert werden und wie stark sich die erfolgte Einengung auswirkt. Auch die Wichtigkeit einer Freiheit hat insofern Auswirkungen auf das Verhalten eines Individuums, als dass es bei einer individuell relativ niedrigen Wichtigkeit einer eingeschränkten Freiheit eher mit Konformität und Zustimmung reagieren wird als bei einer relativ hohen

Wichtigkeit der eingeschränkten Freiheit. Bei der Wichtigkeit einer Freiheit geht es darum, wie einzigartig und universell der Wert dieser Freiheit beziehungsweise des als Freiheit gedeuteten Verhaltens ist. Um als universell und besonders wichtig wahrgenommen zu werden, müsste die Ausübung einer Freiheit der einzige Weg sein, ein bestimmtes Bedürfnis zu befriedigen. Des Weiteren ist die Stärke des Bedürfnisses eines Individuums mit einzubeziehen. Obwohl diese zunächst schwer messbar scheint, ist sie doch einerseits in Experimenten leicht zu beeinflussen und andererseits kann diese auch von sozialen Faktoren abhängig sein (wie beispielsweise dem Geschlecht, Alter oder Status) (Brehm und Brehm 1981).

Zwei weitere wesentliche Determinanten der Reaktanzstärke sind das Phänomen der Generalisierung und das Faktum, dass Reaktanz stellvertretend bei der Beobachtung anderer Individuen auftreten kann. Durch die Generalisierung der Freiheitseinengung und die Übertragung auf andere Situationen oder die Auswirkungen, die eine bestimmte Freiheitseinengung auf andere Kontexte hat, wird daher ebenfalls Reaktanz evoziert (Dickenberger et al. 2001). Stellvertretend tritt Reaktanz dann auf, wenn Individuen entweder als unmittelbarer Zeuge eine Einschränkung anderer Individuen beobachten oder wenn lediglich von einer Einengung berichtet wird. Des Weiteren konstatieren Erceg-Hurn und Steed (2011) unter Verweis auf Brehm und Brehm (1981), dass Reaktanzprozesse nicht nur an bestimmte Situationen gekoppelt sind, sondern es auch von Individuum zu Individuum variieren kann, wie stark die Tendenz ist, Reaktanz zu entwickeln. Die vorangestellten Ausführungen zeigen, dass die Reaktanzstärke sich aus einem komplexen Bedingungsgefüge von verschiedenen motivationalen Kräften zusammensetzt, welches interindividuell variieren kann.

5.1.3 Effekte von Reaktanz

Reaktanzeffekte beziehen sich auf diejenigen Verhaltensweisen, welche Individuen an den Tag legen, wenn eine einmal eingeschränkte Freiheit nicht automatisch wiederhergestellt wird. Brehm (1972) konstatiert, dass zwei Gruppen von Effekten zum Abbau des Gefühls psychologischer Reaktanz existieren. Diese werden in subjektive Effekte und Verhaltens-Effekte unterteilt. Die Wahrscheinlichkeit des Auftretens subjektiver Effekte ist deshalb größer, da diese Effekte nicht durch Verhalten ausgedrückt oder ausgelebt werden und daher von der Außenwelt kaum wahrgenommen, geschweige denn kontrolliert werden können. Zu diesen Effekten gehören beispielsweise kognitive Umstrukturierungen. Verhaltens-Effekte hingegen beziehen sich auf von der Außenwelt deutlich wahrnehmbare Äußerungen von Reaktanz, beispielsweise durch Versuche, die Freiheitseinschränkung aufzuheben, indem die Individuen versuchen, die einschränkende Person zu attackieren oder aus der Situation herauszutreten. Diese Effekte können, im Gegensatz zu den subjektiven Effekten anti-soziale Tendenzen aufweisen (Dickenberger et al. 2001).

5.1.4 Manifestationen von psychologischer Reaktanz

Im Folgenden werden vier unterschiedliche Auftretens- und Ausdrucksweisen von psychologischer Reaktanz überblicksartig vorgestellt. Hierbei wird die direkte von der indirekten Freiheitswiederherstellung unterschieden sowie auf die Aggression und letztlich die Attraktivitätsveränderung eingegangen.

Die Bezeichnung direkte Freiheitswiederherstellung besagt bereits, dass die blockierte, bedrohte oder eliminierte Freiheit wiederbelebt und erneuert wird. Dieses ist die schnellste und effektivste Möglichkeit, um psychologische Reaktanz zu mindern. Jedoch sind häufig Sanktionen oder andere negative Reaktionen einzukalkulieren, weshalb diese Art der Wiederherstellung von Freiheit nicht immer gewählt wird beziehungsweise gewählt werden kann (Dickenberger et al. 2001). Dieses Faktum bestätigen auch Brehm und Brehm (1981) und führen an, dass es bei der direkten Freiheitswiederherstellung einige einschränkende Faktoren gibt, die es zu beachten gilt: Zunächst könne durch eine unveränderbare Freiheitseinschränkung Hilflosigkeit beim Individuum entstehen. Auch könnten die negativen Folgen das Individuum daran hindern, die bedrohte oder eliminierte Freiheit auf direktem Wege wiederherzustellen.

Häufig wird in dem Falle, in welchem eine direkte Freiheitswiederherstellung nicht möglich ist, auf die indirekte Wiederherstellung der entzogenen oder blockierten Freiheit zurückgegriffen. Dies geschieht in folgenden Varianten: Ein Individuum kann das ihm verbotene Verhalten in einer anderen Situation an den Tag legen oder Handlungen ausführen, die der verbotenen Handlung sehr nahe kommen. Eine weitere Möglichkeit der indirekten Auflösung der Reaktanz wäre eine direkte Freiheitswiederherstellung in einer späteren Situation mit der einengenden Person, wie beispielsweise eine Verweigerungshaltung.

Die Aggression als Möglichkeit der Freiheitswiederherstellung lässt sich damit erklären, dass Reaktanz zu einem Abbau von sozialen Orientierungen bei Menschen führt, welcher häufig mit Aggressionen verbunden ist. Als letzte Option zum Umgang mit psychologischer Reaktanz bleibt die Attraktivitätsveränderung, welche insbesondere bei totaler Freiheitsausschaltung erwartbar sein dürfte. Gewisse Situationen sind charakterisiert durch eine Unmöglichkeit der Freiheitswiederherstellung; in diesen erfolgt häufig die Umgestaltung der Attraktivität der entzogenen Freiheit, beispielsweise durch das Abwerten einer

Möglichkeit einhergehend mit der gleichzeitigen Wahl einer attraktiveren Option. Ein letzter Effekt, der hier thematisiert werden soll, bezieht sich auf eine längere Zeitperspektive. Der „delay"-Effekt oder „sleeper"-Effekt bezeichnet das Phänomen, dass das Gefühl psychologischer Reaktanz gespeichert wird, bis sich zu einem späteren Zeitpunkt die Möglichkeit ergibt, die Freiheit zurückzugewinnen (Dickenberger et al. 2001).

5.1.5 Feedback und Reaktanz

Da es keine Studien gibt, welche sich explizit der Verknüpfung von Reaktanz und Feedback widmen, werden die Ergebnisse der vorliegenden Forschung auf den Bereich des Feedbacks übertragen.

5.1.5.1 Reaktanzprozesse bei der Prävention und Intervention im Gesundheitsbereich

Im Folgenden werden verschiedene Studien aus dem Gesundheitsbereich herangezogen, um zu verdeutlichen, welche Faktoren Reaktanzprozesse beeinflussen. Der Gesundheitsbereich operiert häufig mit starken, besonders deutlichen Botschaften, welche Menschen dazu auffordern, ihr Verhalten zu ändern, bestimmte Verhaltensweisen abzulegen oder neue zu verinnerlichen. Häufig lehnen insbesondere diejenigen, welche von den Botschaften am dringendsten erreicht werden müssten, diese ab und halten verstärkt an ihren Verhaltensmustern fest. Diese Befunde weisen einen deutlichen Bezug zum Thema Feedback im Bildungsbereich auf und deuten darauf hin, dass Botschaften, die Veränderungen einfordern, nicht zu drängend und zu absolut formuliert werden sollten, um nicht direkt abgelehnt zu werden.

Um die Effekte von Gesundheitsprogrammen zu überprüfen, die die Intention verfolgen, Alkohol- und Drogenabusus präventiv entgegen zu wirken, untersuchten Bensley und Wu (1991) die Auswirkungen psychologischer Reaktanz auf das Konsumverhalten von Alkohol nachdem Probanden Präventionsbotschaften ausgesetzt waren. In der ersten der beiden Studien führten stark dogmatische Präventionsbotschaften, die eine größere Bedrohung der Freiheit der Probanden darstellten, dazu dass diese anschließend mehr tranken und die Botschaften negativer bewerteten als neutrale Botschaften, die als eine weitaus geringere Bedrohung der Freiheit empfunden wurden. Insbesondere die Gruppe derjenigen, die idealerweise am meisten von den Präventions- beziehungsweise Interventionsbotschaften profitieren sollte (Männer und Frauen mit einem gelegentlichen bis sehr stark ausgeprägten Trinkverhalten), reagierte mit den stärksten Reaktanzwerten und den Versuchen, ihre Freiheit durch vermehrten Alkoholkonsum wiederherzustellen (Bensley und Wu 1991).

Quick und Stephenson (2007) beschäftigten sich mit Reaktanzprozessen in Reaktion auf Werbung für Verhütungsmittel im Fernsehen. Die Forscher führen an, dass eine Analyse von Kondomwerbungen zeigte, dass viele dieser Anzeigen *„use sensational and fear-arousing content to make their point [...]."* (Quick und Stephenson 2007, S. 256) und dementsprechend reaktanztheoretisch möglicherweise ungünstige Reaktionen bei denjenigen Individuen hervorrufen könnten, die Kondome eher ablehnen. Die Autoren definieren Reaktanz dabei als eine Mischung aus Ärger und negativen Kognitionen und auch ihre Forschungsergebnisse konnten bestätigen, dass sich Reaktanz aus affektiven und kognitiven Faktoren zusammensetzt (Quick und Stephenson 2007).

Norwegische Forscher/-innen führten eine Studie zum Zusammenhang von Reaktanzprozessen und Gesundheitskampagnen gegen das Rauchen durch. Dabei betonen sie, dass in Norwegen insbesondere Aufklärungskampagnen aus dem Bereich der Gesundheit und der Erziehung auf reaktanzauslösende Botschaften verzichten. Da jedoch in einer Anti-Raucher-Kampagne aus dem Jahre 2003 explizit auf eine Prävention durch angsterfüllende Botschaften gesetzt wurde, bot sich eine interessante Möglichkeit der Gegenüberstellung beider Vorgehensweisen von Gesundheitskampagnen und deren Auswirkungen. Auch in dieser Studie konnte gefunden werden, dass starke Rauchrestriktionen weniger überzeugend wirken als weniger differenzierende Maßnahmen. Insbesondere Raucher/-innen zeigten hier höhere Reaktanzwerte, weshalb auf die Wichtigkeit der Integration des theoretischen Hintergrundes der Reaktanzforschung in die Planung und Konzeption von Präventions- und Aufklärungskampagnen und Programmen hinweisen (Wiium et al. 2009).

Shen (2010) führte eine Studie im Bereich des Gesundheitssektors durch, die sich damit beschäftigt, wie Individuen auf Werbung reagieren und welche Rolle die Empathie in den Reaktionen der Proband/-innen spielt. Es konnte bestätigt werden, dass Botschaften, die auf Empathie basieren, eine gute und wirkungsvolle Alternative zu Botschaften sein können, die starke Emotionen, wie beispielsweise Angst, induzieren. Diese Botschaften sind auf der einen Seite effektiv, auf der anderen Seite sind sie darüber hinaus in der Lage, Effekte psychologischer Reaktanz abzuschwächen (Shen 2010). Dementsprechend konnte festgestellt werden, dass Empathie wirkungsvoll ist, um Reaktanz innerhalb unangenehmer Botschaften abzuschwächen und Individuen von der Wichtigkeit einer bestimmten Aussage zu überzeugen.

5.1.5.2 Reaktanzprozesse durch Werbung

Werbung versucht, ebenfalls wie ein erteiltes Feedback, das Verhalten von Individuen zu beeinflussen. Dementsprechend sollten sich auch aus diesem Forschungsbereich Schlüsse auf günstige und ungünstige Einflussfaktoren auf Feedbackprozesse ziehen lassen.

Roubroeks et al. (2011) untersuchten die Reaktanzreaktionen auf einen Anweisungen erteilenden Roboter (*robotic agent*) im Vergleich zu rein schriftlichen Hinweisen. Dabei bezogen sie bewusst die Forschung zur Sprache als Reaktanzauslöser mit ein. Die Versuchspersonen wurden mit Aufforderungen konfrontiert, die sie dazu bewegen sollten, beim Waschen ihrer Wäsche Energie zu sparen. Ergebnisse in dieser Untersuchung konnten zeigen, dass bereits die Darstellungsweise (nur Text in der Aufforderung; Text mit unbewegtem Bild; bewegtes Bild) Einfluss auf das Empfinden von Reaktanz hat. Die Autor/-innen betonen, dass bereits ein stark kontrollierender Sprachduktus dazu führen kann, dass Individuen sich in ihrer Freiheit bedroht fühlen und bestrebt sind, diese zu erhalten (Roubroeks et al. (2011). Quick und Kim (2009)) untersuchten die Reaktanzprozesse von Jugendlichen, die aus einem kollektivistischen Kulturkreis stammen, indem sie deren Reaktionen auf Mobiltelefonwerbung testeten. Die Ergebnisse der Studie legen dar, dass auch koreanische Jugendliche, die Teil einer kollektivistischen Kultur sind, gegenüber einer als kontrollierend empfundenen oder Druck ausübenden Sprache Reaktanz empfinden. Jedoch konnten bezüglich der Verbindung von kontrollierender Sprache und empfundener Bedrohung wesentlich geringere Werte bei koreanischen im Vergleich zu beispielsweise amerikanischen Testgruppen ermittelt werden, die eher als Teil einer individualistischen Kultur gelten würden.

5.1.5.3 Reaktanzprozesse in feedbackähnlichen Situationen

Mikulincer (1988) führte eine Studie zur erlernten Hilflosigkeit durch. Hilflosigkeit steht, wie bereits im Theorieteil dieses Kapitels dargestellt, in enger Wechselwirkung mit auftretenden Reaktanzprozessen. Dabei wurde Individuen in einem Experiment non-kontingentes Feedback erteilt, welches stark mit dem Auftreten von Reaktanz beziehungsweise Hilflosigkeit in Verbindung gebracht werden konnte. So empfanden Individuen, die lediglich auf einige Fehler hingewiesen wurden, die Möglichkeit, die Aufgaben trotz dieser Fehler noch zu lösen und schnitten dementsprechend sogar besser ab als die Proband/-innen in der Kontrollgruppe. Eine weitere Gruppe von Proband/-innen wurde im Rahmen eines verteilten Feedbacks mit einer hohen Anzahl von Fehlern konfrontiert und schnitt daraufhin schlechter ab als die Kontrollgruppe.

Hoyt und Blascovich (2007) untersuchten Reaktanzprozesse bei weiblichen Führungskäften in Bezug auf die Aktivierung von Stereotypen, die sich auf männliche und weibliche Eignungen in der Einnahme und Erfüllung einer Führungsposition bezogen. Dabei war eine der zentralen Fragestellungen, wie sich Forschung über die Inkongruenz von auf Frauen bezogene Geschlechterstereotypen in Bezug auf die Rolle einer Führungskraft tatsächlich auf weibliche Führungskräfte auswirkt. Die an der Studie teilnehmenden Probandinnen wurden über ihre Position und die Erlangung hoher Punktzahlen auf Skalen zur Einordnung ihrer Führungseffektivität ausgewählt. Dabei stellten die Forscher fest, dass die Aktivierung von Stereotypen insofern Auswirkungen hat, als dass sie bei effektiveren Führungskräften zu höheren positiven Reaktanzeffekten führte, beispielsweise *„increased perceived performance, increased rated performance, greater domain identification, and higher well-being."* (Hoyt und Blascovich 2007, S. 595).

Beutler et al. (2011) beziehen die Reaktanzforschung auf ein therapeutisches Setting, indem sie die Weigerung von Patient/-innen untersuchen, im Therapieprozess hilfreichen Anweisungen ihrer Therapeut/-innen zu folgen. Abschließend zu ihrer Metaanalyse der existierenden Literatur in diesem Bereich geben sie einige Hinweise, die aus der bisherigen Forschung insbesondere für Therapeut/-innen abgeleitet werden können, welche Wandel und Veränderungen in ihren Patient/-innen bestmöglich umsetzen wollen. Ausgewählte Hinweise können dabei auch auf andere Bereiche übertragen werden, da durchaus Parallelen zu den im vorliegenden Band durchgeführten Untersuchungen hinsichtlich auftretender Widerstände gegen Veränderungen, Evaluationen, Feedback und Neuerungen in Organisationen gezogen werden können. Beispielsweise schlagen Beutler et al. (2011) vor, dass auf Widerstand und Reaktanz mit einer Reflexion der auslösenden Gefühle, des Ärgers und der Sorgen reagiert werden und auch die Rollen der Agierenden thematisiert sowie Ziele immer wieder diskutiert und neu vereinbart werden sollten, da dies den Betroffenen oder Widerstand äußernden Personen ein Kontrollerleben ermöglicht.

Traut-Mattausch et al. (2008) untersuchten die Art und Weise, wie Politiker/-innen idealerweise beschlossene Reformen begründen sollten, um keine Reaktanzprozesse in der Bevölkerung auszulösen. Die Studie beschäftigt sich daher thematisch ebenfalls stark mit Reaktionen auf Veränderungen und den Umgang von Individuen mit dem Verlust von Privilegien: Die Hypothese der Untersuchung lautet, dass eine auf zukünftige Limitationen verweisende Rechtfertigung zu stärkeren Reaktanzreaktionen führt, wohingegen Begründungen, welche sich auf Verbesserungen beziehen, weniger starke Reaktionen dieser Art evozieren. Die Ergebnisse zweier Studien zeigen, dass auf Limitationen verweisende Begründungen zu Reaktanzeffekten und im politischen beziehungsweise finanziellen Kontext zu finanzieller Unaufrichtigkeit führen. Die finanzielle Unehrlichkeit wird damit begründet, dass das Identifikationslevel mit dem eigenen Land durch die Rechtfertigungshaltung der Politiker/-innen und ihre auf Limitationen basierende Argumentation reduziert wird. Allerdings betonen die Autor/-innen auch, dass weitere Forschung notwendig ist, um die zu Grunde liegenden Prozesse genauer zu beschreiben und zu ergründen, inwiefern und wodurch bestimmte Formen von Rechtfertigungen korrespondierende Reaktionen und Einstellungen hervorrufen (Traut-Mattausch et al. 2008).

5.1.6 Die Relevanz von Reaktanzprozessen im schulischen Kontext

Während die obenstehenden theoretischen und empirischen Ausführungen die Rahmenbedingungen für die Entstehung, Aufrechterhaltung sowie Modifikation von Reaktanz aufgezeigt haben, soll an dieser Stelle exemplarisch skizziert werden, welche Reaktanzprozesse innerhalb des schulischen Kontextes auftreten können.

Bereits während der Ausbildung zum/ zur Lehrer/-in, in der ersten und zweiten Ausbildungsphase, sind Reaktanzprozesse möglich und denkbar. In der zweiten Ausbildungsphase werden Referendar/-innen dann immer wieder mit Rückmeldungen, Hilfestellungen aber auch Anweisungen konfrontiert. Dies kann, auch durch die besondere Intensität der Situation, zu Reaktanz führen. Auf der Ebene der Lehrer/-innen-Schüler/-innen-Interaktion kann es geschehen, dass Lehrer/-innen durch das Eliminieren von Verhaltensalternativen sowie durch die Forcierung ausgewählter Meinungen und Betonung bestimmter Inhalte, Reaktanz bei ihren Schüler/-innen auslösen. Auch können unter Umständen besonders harte Strafen bei den Schüler/-innen zum Gegenteil dessen führen, was sie eigentlich bezwecken sollen, nämlich zur Aufwertung der eliminierten Freiheit und somit des sanktionierten Fehlverhaltens (Steins 2014).

Ein interessanter Punkt, der auch im empirischen Teil des Kapitels zur Reaktanztheorie wiederholt bestätigt werden konnte, ist die Planung von Präventions- und Interventionsmaßnahmen im Kontext der Institution Schule unter Berücksichtigung der Einsichten und Empfehlungen der Reaktanztheorie. Die vorliegende, aktuelle Forschung zu Präventions- und Gesundheitskampagnen zeigt, dass besonders harte Drohungen und Abschreckungen durch explizite Bilder, sprachliche Gestaltung sowie Druck und Angst erzeugende Botschaften zu starker Reaktanz führen und somit Individuen dazu verleiten können, möglichst ihre angenommene Freiheit wiederherzustellen (vgl. hierzu Bensley und Wu

1991; Quick und Stephenson 2007; Wiium et al. 2009; Shen 2010; Erceg-Hurn und Steed 2011). Wichtig wäre es, bei derartigen Themen (Prävention von Drogen, Alkohol, Nikotin, Gebrauch von Kondomen, gesunder Ernährung, Essstörungen u. a.) konstruktive Diskussionen unter den Schüler/-innen anzuregen.

Der letzte Aspekt, der exemplarisch aus der Menge an möglichen Beispielen zur Lehrer/-innen-Schüler/-innen-Interaktion noch aufgeführt werden soll, sind die Hausaufgaben und die Reaktanzprozesse, die sie hervorrufen können. Hausaufgaben implizieren grundsätzlich eine Entscheidung, welche die Lehrkraft über beziehungsweise für die Schüler/-innen trifft, und sie stellen daher einen Hauptquell psychologischer Reaktanz dar. Auch in diesem Fall impliziert die Theorie, dass eine sinnvoll erteilte und begründete Hausaufgabe grundsätzlich auf mehr Verständnis trifft. Des Weiteren lassen sich kleinere Wahloptionen für Schüler/-innen einbauen, die das Gefühl einer, wenn auch kleinen, so doch vorhandenen Freiheit suggerieren (Steins 2014).

Reaktanz kann in der Schule auf der Lehrer/-innenebene außerdem durch eine Fülle weiterer Handlungen und Verhältnisse ausgelöst werden: Dies reicht von der Fremdstrukturierung des Stundenplans bis hin zu von der Politik auferlegten Vergleichsarbeiten, die geschrieben werden müssen. Auch im Umgang mit Kolleg/-innen oder Eltern ist es immer wieder möglich, dass Reaktanzprozesse ablaufen.

Insbesondere die Wahrnehmung von Lehrer/-innen in der Öffentlichkeit könnte ein weiterer Auslöser für Reaktanz sein, da häufig hohe Erwartungen an Lehrkräfte gestellt werden, Studien auf der anderen Seite aber zeigen, dass die Haltung der Bevölkerung Lehrer/-innen gegenüber eher von geringer Wertschätzung geprägt ist (Steins 2014).

Auf der Ebene von Schulleitungen existieren ebenfalls diverse Möglichkeiten der Entstehung psychologischer Reaktanz. Schulleitungen werden immer stärker angehalten, die eigenen Schulen selbstständig zu gestalten. Doch auf der anderen Seite entstehen im schulischen Bereich sehr häufig neue Richtlinien, Vorgaben und Gesetze von politischer Seite, die teilweise nicht besonders klar aufeinander abgestimmt sind und dementsprechend wenig reelle Verbesserung hervorbringen können. Auch die mittlerweile in fast jedem Bundesland flächendeckend eingeführten externen Schulevaluationen (bspw. die Qualitätsanalyse in NRW, die auch Gegenstand einer der empirischen Untersuchungen dieses Bandes sein wird) schränken die Freiheit von Schulen und Schulleitungen insofern ein, als dass diese bis dato nicht kontrolliert bzw. aus externer Perspektive evaluiert wurden und dementsprechend innerhalb eines abgesteckten Bereichs in ihrem eigenen Mikrokosmos frei agieren konnten. Wenn nun Schulleiter/-innen diese Autonomie als eine sehr wichtige Freiheit empfunden haben, dann werden sie unter Umständen mit Reaktanz reagieren (Bitan et al. 2013a).

Reaktanz kann also in vielen schulischen Bereichen eine Rolle spielen. Im empirischen Teil der hier vorliegenden Arbeit wird untersucht, welche Rolle Reaktanz im Umgang mit Feedback bei angehenden Lehrer/-innen und Schulleitungen spielt. Schränkt eine Begutachtung, Bewertung und darauffolgendes Feedback die Meinungs- oder Verhaltensfreiheit der involvierten Personen ein? Welche Freiheiten werden bedroht und in welchen Fällen wird der Verlust von Verhaltensalternativen und Freiheiten am deutlichsten empfunden? Alle diese Fragen werden im Zusammenhang mit zwei Untersuchungen gestellt und es wird versucht, weiterführende Antworten und eventuell neue und interessante Erkenntnisse über die ablaufenden Prozesse zu gewinnen.

5.2   Die kognitive Dissonanztheorie

Die zweite Theorie, welche als ausgewählter Erklärungsansatz für den Umgang von Individuen mit Bewertungen, Evaluationen, Feedback und Rückmeldungen herangezogen wird, ist die Theorie der kognitiven Dissonanz. Diese Theorie liefert wertvolle Erkenntnisse hinsichtlich des Umgangs von Individuen mit Entscheidungen oder erzwungener Einwilligung, der Auswahl von Informationen und Einstellungsveränderungen im Kontext sozialer Prozesse. Während des Empfangens von Feedback kann es immer wieder geschehen, dass den eigenen Überzeugungen und Kognitionen diejenigen des Feedbackgebers entgegengesetzt werden. Auch liefert die Theorie der kognitiven Dissonanz wertvolle Erkenntnisse hinsichtlich von Prozessen erzwungener Einwilligung und der Veränderung von Einstellungen, welche eine wichtige Rolle in den empirischen Untersuchungen dieser Arbeit spielen.

Die Theorie der kognitiven Dissonanz, welche im Jahre 1957 das erste Mal von Festinger veröffentlicht wurde, ist eine Konsistenztheorie, deren Wurzeln in der Gestaltpsychologie liegen.

> Den Konsistenztheorien gemeinsam ist die Annahme, dass Personen danach streben, ihre Kognitionen (also Einstellungen, Überzeugungen, Standpunkte etc.) so zu organisieren, dass kein Widerspruch zwischen ihren verschiedenen Kognitionen oder zwischen ihren Kognitionen und Verhaltensweisen besteht. Wenn dies der Fall ist, sind die Kognitionen einer Person *konsistent*. (Peus et al. 2011, S. 62)

Neben der eingangs erwähnten, auch auf Grund zahlreicher empirischer Forschung in diesem Bereich sehr bedeutenden, sozialpsychologischen Theorie der kognitiven Dissonanz existieren einige weitere Konsistenztheorien, (Stahlberg und Frey 1997).

5.2.1 Annahmen der Dissonanztheorie

Festingers Vorarbeiten zur Dissonanztheorie können in seinen vorab veröffentlichten Arbeiten zum Anspruchsniveau (1942), zum informellen Gruppendruck (1950) und zu sozialen Vergleichsprozessen (1954) gesehen werden. Anstoß zur Erforschung des Phänomens der kognitiven Dissonanz war unter anderem das Forschungsinteresse, welches in der nachfolgenden Frage zum Ausdruck kommt: *„How does it happen that persons sometimes find themselves doing things that do not fit with what they know, or having opinions that do not fit with other opinions they hold?"* (Festinger 1957, S. 4)

Die erste Grundannahme der Theorie ist, dass Individuen bestrebt sind, ein Gleichgewicht innerhalb ihres kognitiven Systems herzustellen beziehungsweise aufrecht zu erhalten. Diese Sichtweise ist aus der Gestaltpsychologie übernommen und bezieht sich auf das Gesetz der guten Gestalt (vgl. hierzu Wertheimer 1923); hinzukommen hier jedoch noch Kognitionen als zentrales Element der vorliegenden Theorie (Frey und Gaska 2001). Dabei benennt Festinger (1957) verschiedene Arten von Kognitionen und unterscheidet auf der einen Seite zwischen Kognitionen, die in irrelevanter, und Kognitionen, die in relevanter Beziehung zueinander stehen. Kognitionen die in relevanter Beziehung zueinander stehen, können so klassifiziert werden, dass beispielsweise zwei auftretende Kognitionen im kognitiven System des Individuums etwas miteinander zu tun haben. Eine irrelevante Beziehung von zwei Kognitionen ist dann gegeben, wenn diese nichts miteinander zu tun haben und dementsprechend ohne jeglichen Zusammenhang auftreten. (Beispiel: *„Ich möchte eine Ausbildung zum Elektriker machen."* und *„Das Land NRW führt ab kommendem Semester Studiengebühren ein."*). Kognitionen, die untereinander einen Zusammenhang aufweisen, stehen in einer relevanten Beziehung zueinander. (Beispiel: *„Ich möchte ab nächstem Semester Physik studieren."* und *„Das Land NRW führt ab kommendem Semester Studiengebühren ein."*).

Nun haben Kognitionen, die innerhalb einer irrelevanten, das heißt bedeutungslosen Beziehung miteinander auftauchen, für das Auftreten von kognitiver Dissonanz keinerlei Bedeutung mehr und werden daher an dieser Stelle nicht weiter thematisiert.

Innerhalb der Kategorie der relevanten Beziehungen von Kognitionen können diese als konsonant und dissonant unterschieden werden. Eine relevante dissonante Beziehung zwischen zwei Kognitionen ergibt sich, wenn *„(...) ohne Berücksichtigung anderer Kognitionen aus der einen Kognition das Entgegengesetzte der Anderen folgt."* (Frey und Gaska 2001, S. 276) Ein Beispiel für zwei dissonant zueinander stehende Kognitionen ist folgendes: *„Ich trinke* *sehr viel Alkohol"* im Zusammenhang mit der Kognition *„Starker Alkoholkonsum kann zu schwerwiegender Abhängigkeit und starken gesundheitlichen Problemen führen."* Kognitionen dieser Art erzeugen für gewöhnlich Dissonanz. Dissonanz kann dabei laut Festinger (1957) innerhalb einer relevanten dissonanten Beziehung zwischen zwei Kognitionen beispielsweise auf Grund von logischen Inkonsistenzen, kulturellen Sitten und Gebräuchen, einer spezifischen Meinung, die in eine größere Präferenz eingebunden ist oder auf Grund von Erfahrungen aus der Vergangenheit auftreten. Konsonante Kognitionen wiederum sind für das Individuum miteinander vereinbar und erzeugen dementsprechend keine Dissonanz. Ein Raucher, der die Kognitionen *„Ich rauche"* und *„Das Rauchen mildert meinen stressigen Alltag"* miteinander verbindet, wird Konsonanz statt Dissonanz empfinden. Dabei geht es in der Definition der Unvereinbarkeiten zweier Kognitionen nicht zwangsläufig um solche, die sich auf Logik oder Kausalität beziehen, sondern Festinger (1957) meint hier insbesondere psychologische Unvereinbarkeiten, die zu kognitiver Dissonanz führen können. Hier kommt auch der Individualität eine entscheidende Rolle zu, denn Kognitionen, die für den einen Menschen psychologisch unvereinbar sein mögen, müssen dies für einen anderen nicht sein. Daher ist es nicht möglich, für jeden Menschen eindeutig und absolut eine grundsätzliche Vereinbarkeit und Unvereinbarkeit festzulegen, obwohl es bestimmte Grundtendenzen geben mag.

Auch die Stärke der auftretenden kognitiven Dissonanz kann individuell variieren. So geht Festinger (1957) davon aus, dass die Stärke der kognitiven Dissonanz *„(...) abhängig vom Verhältnis der dissonanten zu den konsonanten Kognitionen sowie von der Wichtigkeit der in der dissonanten Beziehung stehenden Kognitionen (ist)."* (Frey und Gaska 2001, S. 276–277).

Die Entstehung von kognitiver Dissonanz lässt sich zusammenfassend folgendermaßen erklären: Sie entsteht dadurch, dass sich ein Individuum in erster Instanz zwischen zwei Alternativen entschieden hat. In zweiter Instanz führen die Anzahl und Wichtigkeit der Kognitionen, welche mit der getroffenen Entscheidung nicht zu vereinbaren sind und die darauf hindeuten, dass diese nicht die richtige Entscheidung war und dementsprechend anders hätte getroffen werden müssen, zur Entstehung kognitiver Dissonanz. Je höher die Anzahl und je größer die Wichtigkeit der jeweiligen Kognitionen bewertet wird, desto größer fällt die kognitive Dissonanz aus. Aus Diskrepanz heraus, wird nun eine Motivation erzeugt, diesen Zustand zu reduzieren. Pittman (1975) führt an, dass Dissonanz auf Grund eines Verhaltens beispielsweise durch das Verändern der eigenen Einstellung reduziert werden könnte oder durch das Abändern des Verhaltens. In beiden Fällen würde dann jeweils eine größere Konsonanz zwischen Verhalten und Einstellung herbeigeführt werden. Des Weiteren könnten beispielsweise neue Kognitionen verinnerlicht werden, um das vorher mit den eigenen Haltungen unvereinbare Verhalten nun konsistenter zu gestalten. Es können verschiedene Arten der Reduktion kognitiver Dissonanz unterschieden werden, welche auf einer Veränderung des kognitiven Systems eines Individuums basieren. Diese sind die Addition, Subtraktion oder Substitution von Kognitionen. Einerseits kann die Verringerung von Dissonanz durch das Addieren neuer Kognitionen erfolgen, welche besser mit dem eigenen Verhalten zusammenpassen und dementsprechend keine Dissonanz erzeugen. Auch können Kognitionen, die sich als dissonant mit dem eigenen Verhalten erweisen, verdrängt oder vergessen werden. Auch das Ignorieren dieser Kognitionen könnte zu einer sogenannten Subtraktion der Dissonanz erzeugenden Kognitionen führen. Die dritte Möglichkeit der Dissonanzreduktion besteht aus einer Kombination dieser beiden Möglichkeiten. Dabei werden zum einen dissonante Kognitionen subtrahiert und zum anderen gleichzeitig neue, konsonante Kognitionen hinzugefügt. Laut Festinger (1957) erfordern die oben genannten Prozesse der Addition, Subtraktion oder Substitution ein großes Maß an kognitiver Verzerrung. Dabei können unterschiedliche Kognitionen auch ein unterschiedlich hohes Maß an Änderungswiderständen aufweisen, je nachdem in welchem Maße diese wiederum mit einer bestimmten Anzahl an konsonanten oder dissonanten Kognitionen verknüpft sind. Besonders hohen Widerstand gegen Veränderung weisen diejenigen Kognitionen auf, bei deren Veränderung erneut kognitive Dissonanz erzeugt werden würde (Frey und Gaska 2001).

Weitere Faktoren des Widerstandes gegen eine Veränderung des Zustandes kognitiver Dissonanz macht Festinger (1957) an folgenden Faktoren fest. Zunächst einmal differenziert er zwischen zu verändernden Elementen auf der Verhaltensebene und solchen auf der Ebene der Umgebung. Generell ist eine der Ursachen dafür, dass keine der vorhandenen Kognitionen verändert werden kann, dass diese tatsächlich der Realität entsprechen. (*"If one sees that the grass is green, it is very difficult to think it is not so."* (Festinger 1957, S. 24–25)).

Weitere Umstände, die es für Individuen erschweren, ihre Verhaltensweisen zu verändern und zu modifizieren sind die Folgenden: *"1. The change may be painful or involve loss. (…) 2. The present behavior may be otherwise satisfying. (…) 3. Making the change may simply not be possible."* (Festinger 1957, S. 25–26)

Insgesamt lässt sich also feststellen, dass einige Störfaktoren die Reduktion beziehungsweise die Regulierung von kognitiver Dissonanz beeinflussen können. Dabei kommt es zu sehr selektiven Prozessen. Individuen werden eher mit jemandem sprechen oder diskutieren, von dem sie wissen, dass er dieselbe Meinung wie sie vertritt. Und sie werden sich jeweils eher den Informationen aussetzen, welche konsonant zu ihren eigenen Kognitionen sind. Festinger (1957) geht davon aus, dass es bei Personen, die sich nicht im Zustand der kognitiven Dissonanz befinden, relativ selten vorkommen wird, dass diese auf die oben geschilderte Weise nach neuen Informationen suchen oder ihre Diskussions- und Gesprächspartner/-innen auf diese Weise auswählen. Wichtige Ausnahmen entstehen, wenn Personen sich vor dem Auftreten von kognitiver Dissonanz generell fürchten und dies aus der Vergangenheit gelernt haben, denn sie werden mit einer höheren Wahrscheinlichkeit vermeiden, überhaupt aktiv zu werden oder der aktiven Handlung eine sofortige kognitive Negation entgegensetzen, wo Handlungen sich nicht vermeiden lassen.

5.2.2 Entstehungsbedingungen kognitiver Dissonanz

Im Folgenden wird explizit auf die Bedingungen eingegangen, die zum Auftreten von Dissonanz führen. Festinger (1957) unterscheidet dabei insbesondere vier Klassen von Anfangsbedingungen. Bei diesen vier Bedingungen ist die Wahrscheinlichkeit, dass kognitive Dissonanz auftritt, als besonders hoch einzuschätzen.

5.2.2.1 Dissonanz nach dem Treffen von Entscheidungen

Die Theorie der kognitiven Dissonanz postuliert, dass nach fast allen Entscheidungen, bei denen eine Person ein Objekt bzw. eine Tätigkeit aus mehreren Alternativen auswählt, kognitive Dissonanz entsteht. Dies kommt daher, dass Kognitionen über die positive Aspekte der nicht gewählten Alternative sowie die negativen Aspekte der gewählten Alternative dissonant zu der getroffenen Entscheidung sind. Da es meist mit sehr hohem Aufwand verbunden ist, die Entscheidung zu revidieren, muss die entstandene Dissonanz auf andere Weise reduziert werden. Dies kann z. B. dadurch geschehen, dass (a) die Kognitionen bezüglich der Attraktivität der verschiedenen Alternativen verändert werden oder (b) weitere Informationen, die die Entscheidung stützen, gesucht werden. (Peus et al. 2011, S. 65)

Dabei gibt es verschiedene Arten der Entscheidung. Zum einen existiert die Situation, dass Individuen sich zwischen zwei positiven Alternativen entscheiden müssen, zum anderen gibt es die Entscheidung zwischen zwei negativen Alternativen (welche relativ selten vorkommt), die Entscheidung zwischen zwei Alternativen, die jede sowohl negative als auch positive Elemente in sich bergen und letztlich die Entscheidung zwischen mehr als zwei Alternativen. Das Auftreten kognitiver Dissonanz scheint dementsprechend fast zwangsläufig mit dem Treffen von Entscheidungen verbunden. So folgert auch Festinger (1957): *„One may, then, offer the generalization that dissonance is an almost inevitable consequence of a* *decision, (...)."* (S. 36). Die Stärke der kognitiven Dissonanz hängt dabei von folgenden Faktoren ab: Zum einen von der Wichtigkeit der getroffenen Entscheidung, zum anderen von der Attraktivität der nicht getroffenen Entscheidung im Vergleich zu der gewählten Alternative und letztlich von der Tatsache, inwiefern sich die kognitiven Elemente und Argumente, die zur letztendlichen Auswahl führten, ähneln und überlappen. Je mehr ähnliche Argumente es für die Wahl beider Alternativen gibt, desto geringer wird die kognitive Dissonanz beim Treffen einer Entscheidung ausfallen.

5.2.2.2 Dissonanzprozesse bei forcierter Einwilligung

Als zweite Bedingung der Entstehung kognitiver Dissonanz kann die auftretende Dissonanz bei forcierter Einwilligung benannt werden. *„There are circumstances in which persons will behave in a manner counter to their convictions or will publicly make statements which they do not really believe."* (Festinger 1957, S. 84) Diese Art der öffentlichen Einwilligung und Übereinstimmung mit einer Meinung ohne gleichzeitige Veränderung der privaten Meinung ist dann beobachtbar, wenn entweder für die Einwilligung beziehungsweise Konformität eine Belohnung in Aussicht gestellt wird oder eine Bestrafung auf diskonformes Verhalten ausgesetzt ist. Basierend auf der Theorie der kognitiven Dissonanz stehen hier zwei relevante Kognitionen in einem Konflikt, was unweigerlich zum psychologischen Zustand der kognitiven Dissonanz führt. Einflüsse auf die Höhe der Dissonanz sind in diesem Falle die Wichtigkeit der beteiligten Meinungen und die Höhe der Belohnung beziehungsweise der Bestrafung. Um in diesem Falle Dissonanz zu reduzieren, stehen einem Individuum zwei Optionen zur Wahl: Auf der einen Seite kann ein Individuum sich dazu entschließen, seine eigene Meinung zugunsten der öffentlich bekundeten Meinung aufzugeben und somit eine Konsonanz zwischen privater und öffentlicher Meinung herstellen. Zum anderen existiert die Möglichkeit, die Belohnung beziehungsweise die Bestrafung zu vergrößern oder zu verherrlichen, um somit die Konsonanz mit der Einwilligung zu erhöhen (Festinger 1957).

Hinsichtlich der Untersuchung des Umgangs von Schulleitungen mit Feedback aus einer Schulinspektion könnte es durchaus geschehen, dass Dissonanz im Rahmen forcierter Einwilligung auftritt. Dies gilt insbesondere hinsichtlich der Akzeptanz sowie der Zusammenarbeit mit der neu eingeführten Form der Schulinspektion. Dasselbe gilt für Referendar/-innen, welche sich in einer stark abhängigen Ausbildungssituation befinden und unter Umständen in Unterrichtspraktiken oder Verhaltensweisen einwilligen müssen, ohne diesen selbst zuzustimmen.

5.2.2.3 Dissonanz bei der Auswahl von Informationen

Im Rahmen einer dritten Bedingung der Entstehung kognitiver Dissonanz geht es um die Dissonanz bei der selektiven Auswahl neuer Informationen. Hinsichtlich dieses Bereiches ist obenstehend bereits ausgeführt worden, dass Menschen dazu tendieren, ihre Kognitionen möglichst derart zu gestalten, dass relevante Kognitionen sich konsonant zueinander verhalten. Neue Informationen können einen Einfluss auf bestehende Dissonanz haben, wenn sie sich konträr zu bereits bestehenden Einstellungen oder Informationen verhalten. Sollte ein Individuum neuen Informationen ausgesetzt werden, ohne diese direkt beeinflussen zu können, so wird es laut der Theorie der kognitiven Dissonanz daraufhin mit Verteidigungs- und Abwehrmaßnahmen reagieren, um die neu entstehenden Kognitionen nicht an sich herankommen zu lassen. Es existieren mindestens vier Situationen, in denen man ungeplant und ungewollt mit neuen Informationen in Kontakt geraten kann: Beispielsweise kann dies zufallsbedingt und unbeabsichtigt geschehen oder neue, ungewollte Informationen werden ungeplant mit anderen Informationen mittransportiert. Des Weiteren existiert die Möglichkeit der gezwungenen Auseinandersetzung und der Konfrontation mit neuen, ungewollten Informationen durch die Interaktion mit anderen Menschen. Die Ausführung zur Entstehung von Dissonanz bei der Konfrontation mit neuen Informationen lässt sich besonders gut auf den Prozess des Empfangens von Feedback beziehen. Beide in dieser Arbeit untersuchten Personengruppen empfangen Feedback hinsichtlich ihrer beruflichen Tätigkeit. Dementsprechend könnten neue Informationen, welche dissonant zu den bisherigen Kognitionen stehen, möglicherweise abgewehrt werden. Angenommen, das Feedback, welches Referendar/-innen oder Schulleitungen erhalten, entspricht nicht dem Bild, welches diese sich von ihrer eigenen Tätigkeit gemacht haben, und es entsteht eine Diskrepanz zwischen Selbst- und Fremdwahrnehmung. In diesem Falle würde die Theorie der kognitiven Dissonanz eine starke Abwehr der neuen Information und dementsprechend des Feedbacks prognostizieren.

5.2.2.4 Die Entstehung von Dissonanz im Kontext sozialer Unterstützung

Die vierte und letzte Bedingung der Entstehung kognitiver Dissonanz umfasst die Prozesse, die bei sozialer Unterstützung entstehen und auftreten können. Dissonanz, welche in sozialen Gruppen auftritt, unterscheidet sich in ihren Auftretensbedingungen wenig von den allgemeinen Bedingungen zur Entstehung kognitiver Dissonanz. Die Möglichkeiten der Reduktion von Dissonanz im sozialen Kontext seien hier kurz genannt: Sollte die Bezugsgruppe eine andere Meinung vertreten als man selbst, so besteht die Möglichkeit, die eigene Meinung der Gruppenmeinung anzupassen. Auf der anderen Seite könnte man auch versuchen, die Personen, die eine gegenläufige Meinung hegen, zu beeinflussen und zum Wechsel der Positionen zu überzeugen. Eine dritte Möglichkeit besteht darin, die Person oder Gruppe mit einer differierenden Überzeugung als nicht vergleichbar mit der eigenen Person darzustellen. Dies geschieht beispielsweise durch das Unterstellen nicht vergleichbarer Motive oder eine Abwertung der anderen Person. Verschiedene Studien konnten zeigen, dass es in als attraktiv empfundenen Gruppen zu mehr Diskussionen kommt und die Mitglieder bestrebter sind, ihre Meinung zu ändern oder Meinungsänderungen zum Erhalt der Gruppe zu erzielen. Eine Person im Zustand der kognitiven Dissonanz wird eher dazu tendieren, soziale Unterstützung für die eigene, zu erhaltende Meinung einzufordern. Gelingt dies, kann Dissonanz erfolgreich reduziert oder eliminiert werden. Gelingt dies nicht, kann dies zu einer Erhöhung von Dissonanz führen (Festinger 1957). Interessant für den Kontext dieses Bandes ist außerdem das Heranziehen der Theorie der kognitiven Dissonanz zur Erklärung der Entstehung von, insbesondere weitverbreiteten, Gerüchten. Ein Grund für Gerüchte ist vermutlich die Unsicherheit vieler Menschen bezüglich eines zukünftigen Ereignisses, jedoch kann auch kognitive Dissonanz als Erklärung herangezogen werden.

Die Qualitätsanalyse NRW als Form einer neu eingeführten Schulinspektion hat zu allen möglichen Gerüchten geführt. So könnten Schulleitungen bei einer Ablehnung der Qualitätsanalyse dazu tendieren, insbesondere diejenigen Informationen aufzunehmen, welche konsonant zu ihrer negativen Sicht der Schulinspektion sind. In der obigen Darstellung dürfte deutlich geworden sein, dass die Theorie der kognitiven Dissonanz von Festinger (1957) darum bemüht ist, vielfältige Bereiche des menschlichen Handelns, Entscheidens und Interagierens zu erklären. Dabei liefert sie wertvolle Erklärungen über die Aktionen von Individuen und Interaktionen von Gruppen untereinander.

5.2.3 Feedback und Dissonanz

Im Folgenden werden zunächst empirische Studien vorgestellt, welche sich mit der Erforschung von Aspekten der Theorie der kognitiven Dissonanz beschäftigen. Anschließend werden diese Forschungsergebnisse auf das Thema Feedback bezogen.

5.2.3.1 Dissonanz nach Entscheidungen

Egan et al. (2007) bestätigen die Relevanz der Dissonanztheorie in vielen psychologischen Forschungsbereichen und versuchen, den Ursprung von Dissonanz bei Menschen und Tieren zu ergründen. Sie führten daher eine Studie mit

Vorschulkindern und Kapuzineraffen durch. Dabei fanden die Forscher/-innen heraus, dass die Präferenz für eine gleich attraktive Alternative bei beiden Gruppen abnahm, wenn sie sich in einem ersten Durchgang dagegen entschieden hatten. Eine Kontrollgruppe, bei der den Probanden die Entscheidung durch einen Versuchsleiter abgenommen worden war, traf völlig abweichende Entscheidungen. Dieses Entscheidungsverhalten wird von den Forscher/-innen so interpretiert, dass ähnlich wie Erwachsene bereits junge Kinder und auch Affen die Alternativen, gegen die sie sich entschieden haben, auch später noch abwerten, um ihre Entscheidung konsistent erscheinen zu lassen.

5.2.3.2 Erzwungene Einwilligung und Meinungsänderung

Die Forschungsfrage von Festinger und Carlsmith (1959), welche auch für das hier vorliegende Forschungsvorhaben eine hohe Relevanz hat, dreht sich darum, was mit einem Individuum geschieht, wenn es gezwungen wird, sich konträr zu seiner eigenen Meinung zu verhalten oder eine andere als die eigene Meinung einzunehmen. Festinger und Carlsmith (1959) gingen in ihrem Experiment folgendermaßen vor: Studierende nahmen an einem Experiment zur Messung von Leistungsfähigkeit teil. Dabei mussten sie eine Stunde lang besonders langweilige Aufgaben durchführen und wurden dabei vom Versuchsleiter beobachtet. Anschließend bat der Versuchsleiter sie, einem weiteren Probanden zu erzählen, dass das Experiment nicht langweilig und im Gegenteil sehr nett und vergnüglich gewesen wäre. Die Resultate weisen darauf hin, dass Individuen dazu tendieren, ihre Meinung tatsächlich zu ändern, wenn sie dazu gebracht werden etwas zu tun oder zu sagen, was ihrer eigenen Meinung widerspricht, da der Versuch unternommen wird, Konsonanz herzustellen. Diese Tendenz wird jedoch schwächer, je mehr Druck auf das Individuum ausgeübt wird.

Brock (1962) ließ seine Probanden einen Aufsatz schreiben, in welchem sie gegen ihre eigenen religiösen Überzeugungen argumentieren sollten. Dazu variierte er außerdem die Bedingungen der Auswahl (große vs. kleine Auswahl). Befunde des Experiments zeigten, dass Personen, die eine größere Auswahl in der Frage hatten, ob sie den Aufsatz schreiben sollten oder nicht und dementsprechend höhere Dissonanz erfuhren, eine größere Veränderung aufwiesen, da sie stärker mit den Implikationen ihrer ausformulierten Gedanken konfrontiert wurden. Personen, denen keine Wahl gelassen wurde, ob sie den Aufsatz schreiben sollten oder nicht, zeigten dementsprechend größeren Widerstand gegenüber der zwanghaft eingenommen Position. Dies entspricht den Aussagen der Dissonanztheorie, welche postuliert, dass die selbstgetroffene Wahl ein Verhalten auszuführen, welches sich entgegengesetzt zur eigenen Einstellung verhält, größere Dissonanz hervorrufen wird als die fremdbestimmte Einwirkung und Veranlassung der Durchführung eines bestimmten Verhaltens, bei dem man nicht die Wahl hat.

5.2.3.3 Die Rolle von Selbst und Gruppe bei kognitiver Dissonanz

Während sich ein großer Teil der Dissonanzforschung auf die Ebene des Individuums bezogen hat, untersuchten Matz und Wood (2005) die Effekte kognitiver Dissonanz in Gruppen. Dabei beziehen sie sich explizit auf Festinger (1957), der soziale Prozesse als eine von vier Anfangsbedingungen für kognitive Dissonanz betrachtet und schlagen vor, dass der Standard, an welchem sich Personen messen entweder der eigene oder der durch eine Gruppe und deren Werte und Normen gerierte Standard sein kann. Sie beziehen sich auf drei Studien, in denen sie nachweisen konnten, dass Gruppenmitglieder kognitive Dissonanz erfahren, wenn sie abweichende Meinungen von ihrer Bezugsgruppe haben oder bei abweichenden Meinungen eine Meinungshomogenität herstellen müssen. Dabei konnten die Forscher/-innen verschiedene Strategien zur Verringerung von Meinungsunterschieden feststellen; zum einen eine Anpassung an die Gruppenmeinung, zum anderen Überzeugungsversuche anderer Gruppenmitglieder, um diese zum Annehmen der eigenen Meinung zu bringen und letztlich das Verlassen der Gruppe und Aufsuchen einer neuen Gruppe mit derselben Meinung. Bei Proband/-innen, die es in den Experimenten schafften, die anderen Gruppenmitglieder von ihrer Meinung zu überzeugen, konnte die Dissonanz erfolgreich reduziert werden.

5.2.3.4 Kognitive Dissonanz und Anstrengung

Wicklund et al. (1967) untersuchten, inwieweit sich eine Einstellung durch stärkere oder weniger starke Anstrengung verändert. In diesem Experiment konnten die, auf Prinzipien der Dissonanzreduktion durch die Rechtfertigung erhöhten Aufwandes basierenden, Hypothesen bestätigt werden. Das hauptsächliche Ergebnis bestätigte, dass ein sehr viel höherer erwarteter Aufwand eine Tendenz zu größerer Zustimmung auslösen kann. Dissonanztheoretisch ist dieses Ergebnis damit zu erklären, dass es sehr hohe Dissonanz auslösen würde, sich für etwas besonders stark anzustrengen, das man ablehnt. Dementsprechend sollte versucht werden, konsonantere Kognitionen zu entwickeln und dementsprechend sollte sich auch die Zustimmung verändern.

Wie bei der Theorie der psychologischen Reaktanz wird nachfolgend ein expliziter Bezug der Dissonanztheorie zur Schule hergestellt werden. Welche Prozesse kann die Theorie im schulischen Alltag erklären? Wie können Interaktionsprozesse besser verstanden werden und wie können Akteur/-innen auf der Grundlage der oben dargestellten Theorie und Empirie erfolgreicher und harmonischer miteinander interagieren und kommunizieren? Welches Metawissen, das Akteur/-innen im schulischen Alltag unterstützen kann, stellt die Theorie der kognitiven Dissonanz zur Verfügung?

5.2.4   Die Relevanz von Dissonanzprozessen im schulischen Kontext

In der Schule müssen konstant Entscheidungen getroffen werden – und in den meisten Fällen muss dies schnell geschehen. Auch können in der Schule immer wieder Situationen auftreten, in denen plötzlich zwei Kognitionen in einer dissonanten Beziehung zueinander stehen.

Im Bereich der Referendar/-innenausbildung können sich aus vielfachen Situationen Reaktionen von Dissonanz ergeben. Studien bestätigen, dass Referendar/-innen in vielerlei Hinsicht eine Sonderstellung haben. Auf der einen Seite hat diese Personengruppe gerade ihr Studium abgeschlossen und sich jahrelang autonom in der Bildungslandschaft bewegt, und auf der anderen Seite tritt sie mit dem Beginn des Referendariats in ein Ausbildungs- und Schulungsverhältnis ein, in welchem sie nicht selten gleichzeitig auf einer Schüler/-innenebene agiert und wahrgenommen wird. Dies kann beispielsweise in der Begegnung mit Ausbildungslehrer/-innen und Seminarleiter/-innen geschehen. Die Kognition *„Ich bin ein selbstständiger, erwachsener Mensch mit einem erfolgreich abgeschlossenen Hochschulstudium."* würde in diesem Falle höchstwahrscheinlich dissonant mit der folgenden Kognition in Beziehung stehen: *„Ich befinde mich in einer Schülerrolle, in der ich fremdgesteuert vorab ausgewählte Inhalte erlernen muss und abhängig bin."*

Ein anderes Beispiel aus dem Bereich des Referendariats berührt auch ein weiteres Feld der Dissonanz, nämlich die forcierte Einwilligung. Auf Grund des häufig empfundenen Abhängigkeitsverhältnisses haben Referendar/-innen kaum Einfluss auf die im Referendariat behandelten Inhalte und Methoden. Auch sollten sie bestimmte Unterrichtsformen und – modelle beispielsweise in ihren Unterrichtsbesuchen präsentieren, wenn dies von ihren Ausbilder/-innen als wichtig empfunden wird. Dabei kann Dissonanz bei forcierter Einwilligung auftreten. Sollten Individuen sich der Meinung anpassen, die von außen gefordert wird, so wird es höchstwahrscheinlich zu einer Aufwertung der übernommenen Meinung und einer Abwertung der ursprünglichen Meinung kommen.

Auch für den schulischen Bereich der Qualitätsstandards und der Ebene der Schulleitungen lässt sich die Theorie der kognitiven Dissonanz fruchtbar einsetzen. Insbesondere der Teilbereich der forcierten Einwilligung spielt hier eine große Rolle. Schulleitungen, die Standardsicherungen und Qualitätsanalysen sowie Schulinspektionen ablehnen, werden möglicherweise kognitive Dissonanz empfinden, da sie innerhalb ihrer Position immerhin bis zu einem gewissen Grad mit dem Ministerium, der Schulaufsicht und den Qualitätsprüfer/-innen kooperieren müssen. Auch die Frage des Aufwandes für eine Schulinspektion ist ein interessantes

Untersuchungsfeld hinsichtlich der Dissonanzentwicklung: Wie bereits oben angeführt, bestätigen Wicklund et al. (1967), dass eine höhere Anstrengung mit größerer Wahrscheinlichkeit zu einer Änderung der Einstellung führt. Dies bedeutet, dass Schulleitungen, die sich besonders stark auf die Qualitätsanalyse vorbereiten, eventuell auch anschließend ihre Meinung über diese Form der Schulevaluation ändern, um einen Zustand von Dissonanz abzumildern.

Auch im Bereich von Schüler/-innen-, Eltern- oder Kolleg/-inneninteraktion können zahlreiche Beispiele für die Wahrscheinlichkeit des Auftretens kognitiver Dissonanz gefunden werden. Im Bereich der Lehrer/-innen-Schüler/-innen-Interaktion könnte es Dissonanz auslösen, wenn ein/e Schüler/-in bislang immer sehr gut in einem Fach war und sich in diesem nun besonders sorgfältig auf ein Referat vorbereitet hat, jedoch ein negatives Feedback von der Lehrkraft zu diesem wichtigen Referat bekommt. Ein weiterer Aspekt wäre noch, dass das Meta-Wissen über durch kognitive Dissonanz herbeigeführte Reaktionen bei Belohnung und Bestrafung von Schüler/-innen sehr wichtig insbesondere für Lehrer/-innen sein kann, um eventuell erwünschte Verhaltensweisen bei Schüler/-innen herbeizuführen. Auch kann für Schüler/-innen generell die Schule und die eigene Klasse oder Klassenstufe ein Quell der Auslösung kognitiver Dissonanz sein. Da Gruppenmitglieder kognitive Dissonanz erfahren, wenn sie abweichende Meinungen von ihrer Bezugsgruppe haben oder bei abweichenden Meinungen eine Meinungshomogenität herstellen müssen (Matz und Wood 2005), ist es für Lehrer/-innen in der Interaktion mit ihren Schüler/-innen wichtig, über genau diese Gruppenprozesse zu sprechen und die dabei auftretenden Emotionen sowie mögliche Lösungswege zu kennen und zu thematisieren.

Des Weiteren könnte Dissonanz bei Kolleg/-innen ausgelöst werden, indem sie bei vielen (schulischen) Fragen der Meinung von außen auf Grund ihrer Stellung im System nachgeben müssen. Ein weiteres Beispiel auf der Ebene des Kollegiums ist Folgendes: Bei großen Schulen findet sich häufig eine Grüppchenbildung zum Zwecke der Herstellung und Beibehaltung konsonanter Meinungen und Kognitionen. Dies führt jedoch häufig zu wenig Diskussionsbedarf in der Gruppe und dementsprechend zu sehr wenigen Ansätzen für Veränderungen und Innovationen. Auch auf der Elternebene können Dissonanzprozesse ablaufen. Grundsätzlich werden heutzutage Entscheidungen über Schullaufbahnen von Kindern von allen Beteiligten sehr ernstgenommen. Das bedeutet, dass schon die Entscheidung für Schule A und gegen Schule B starke Gefühle von Dissonanz bei Eltern hervorrufen kann. In der Lehrer/-innen-Eltern-Interaktion könnte kognitive Dissonanz durch ähnliche Situationen wie bei den Schüler/-innen geschildert auftreten. Beispielsweise könnte ein Vater den Eindruck haben, seine Tochter käme in der Schule gut mit und sei bestens integriert und würde es als eine dissonante

Information empfinden, wenn er an einem Elternsprechtag erfahren würde, dass dies absolut nicht der Fall ist.

Die hier aufgeführten Beispiele zeigen auf, wie vielfältig sich die Theorie der kognitiven Dissonanz von Festinger (1957) nutzen lässt, um verschiedenste Prozesse unterschiedlicher Personengruppen zu analysieren und eventuell auch zu optimieren, so dass Interaktionen zwischen diesen Gruppen für alle Beteiligten zufriedenstellender gestaltet werden können. In erster Linie ist die Herstellung einer zur Reflexion befähigenden Metaebene seitens der Referendar/-innen, Lehrer/-innen und Schulleitungen immens wichtig, um die vielfältigen Dissonanz auslösenden Situationen und Verhaltensweisen reflektieren zu können sowie um förderliche Interaktionen mit und zwischen allen Beteiligten zu etablieren.

5.3   Selbsttheorien

Theorien, die sich mit dem Selbst beschäftigen, sind in besonderem Maße dafür geeignet, Erklärungsansätze für den Umgang von Individuen mit Feedback darzustellen. So beschäftigen sich Teilaspekte dieser Theorien beispielsweise mit dem Schutz des Selbstwertes sowie der Selbstwerterhöhung, liefern Erkenntnisse hinsichtlich sozialer Vergleiche und deren Einfluss auf das Selbst sowie das Themengebiet selbstwertdienlicher Attributionen. Alle genannten Bereiche können die Erklärungsansätze, welche bislang die Reaktanz- sowie die Dissonanztheorie hinsichtlich des menschlichen Umgangs mit Feedback geliefert haben, weiter ausdifferenzieren und dabei helfen, dieses Themengebiet theoretisch noch besser zu durchdringen.

Bei der Beschäftigung mit Theorien über das Selbst, taucht häufig wiederkehrend die Frage auf, was dieses Selbst überhaupt ist und wie man es beschreiben oder gar kategorisieren kann. Dichter/-innen, Philosoph/-innen sowie Wissenschaftler/-innen haben sich seit langer Zeit das Ziel gesetzt, das Selbst näher zu erforschen. Und so viel mittlerweile bereits darüber bekannt ist, bleibt es doch ein spannender Themenbereich, der es ermöglicht, umfassende Einblicke in das Verhalten von Individuen und Gruppen zu erhalten.

The *self* manages to be wholly familiar and frustratingly elusive at the same time. At first blush, it appears that, if I know anything at all, then I know that I am a self-aware being, an 'I' that not only thinks, as Descartes famously asserted, but that also senses, feels, desires, intends, and acts. Yet, establishing exactly what this 'I' is, and how it manages to do what it does, is an excellent way to pass an otherwise interminable journey on British Rail. (Sedikides und Gregg 2007, S. 110)

Bei der Thematisierung von Theorien über das Selbst empfiehlt sich zunächst die Klärung grundlegender Begriffe. Was bedeutet „das Selbst", das Konzept, welches Individuen von sich selbst haben oder der Begriff des Selbstwertgefühls? Obwohl diese Begriffe in der Psychologie teilweise unterschiedlich definiert werden (Dauenheimer et al. 2002), scheint sich ein Konsens in der Teildisziplin der Sozialpsychologie etabliert zu haben:

> Als Selbstkonzept wird die Summe der Einschätzungen einer Person über sich selbst bezeichnet. (z. B. „Ich bin intelligent"). Aus den subjektiven Bewertungen (positive bzw. negative) dieser Selbsteinschätzungen (z. B. „Es ist gut, dass ich intelligent bin") resultiert das Selbstwertgefühl. (Dauenheimer et al. 2002, S. 259)

Eine weitere Definition wird an dieser Stelle ergänzend angeführt: „(...) we define the self as the totality of interrelated yet distinct psychological phenomena that either underlie, causally interact with, or depend upon reflexive consciousness." (Sedikides und Gregg 2007, S. 110)

Im Folgenden werden Forschungsergebnisse angeführt, die aufzeigen, welche Verhaltens- und Denkweisen Individuen verwenden, um ihren Selbstwert zu schützen oder zu erhöhen. Der Bezug zu den empirischen Untersuchungen dieses Bandes ist offensichtlich, denn bereits die Betrachtung des Forschungsstandes hat gezeigt, dass Feedbackprozesse häufig problematische Ereignisse für Individuen darstellen und ihren Selbstwert gefährden können. Dementsprechend ist es auch für die Bearbeitung der Thematik Feedback von Relevanz, zu betrachten, wie Prozesse des Selbstwertschutzes und der Selbstwerterhöhung ablaufen, um letztlich möglicherweise auch die Reaktionen von Individuen auf Feedback besser verstehen zu können.

5.3.1 Feedback und Selbsttheorien

Die zentrale Annahme der Theorie des Selbstwertschutzes und der Selbstwerterhöhung ist die, dass Individuen grundlegend motiviert sind, ihr Selbstwertgefühl zu schützen oder gar danach streben, dieses zu erhöhen. Betrachtungen aus dem alltäglichen Leben zeigen sehr häufig, dass Individuen dazu tendieren, die eigene Person zunächst einmal positiv zu bewerten. Auch bewerten Menschen die Schwächen, die sie bei anderen wahrnehmen, anders als ihre eigenen. Weitere Belege dieser Theorie finden sich in Selbst- und Fremdbewertungen sowie bei den Themen Erfolg und Misserfolg (Dauenheimer et al. 2002).

5.3.1.1 Die Selbst- und Fremdevaluation von Individuen

Menschen neigen dazu, sich in sozialen Angelegenheiten und bezüglich ihrer intellektuellen Fähigkeiten zu überschätzen. Kruger und Dunning (1999) gehen davon aus, dass es an einer mangelnden Einschätzungsfähigkeit und einer defizitären Metakognition liegt, dass Menschen sich und ihre Fähigkeiten als überdurchschnittlich gut einschätzen. Auch versuchen Sie mit ihrer Studie zu klären

> (...) why people tend to hold overly optimistic and miscalibrated views about themselves. We propose that those with limited knowledge in a domain suffer a dual burden: Not only do they reach mistaken conclusions and make regrettable errors, but their incompetence robs them of the ability to realize it. (Kruger und Dunning 1999, S. 1132)

Der Effekt, der dieser und vielen weiteren Untersuchungen zu Grunde liegt, wird in der Forschung als *above-average-Effekt* bezeichnet und bezieht sich auf die Selbsteinschätzung von Personen: Mehrfach konnte in Untersuchungen bestätigt werden, dass Menschen dazu tendieren, sich selbst sowohl im Bereich kognitiver als auch sozialer sowie physischer Fähigkeiten und Fertigkeiten als überdurchschnittlich einzuschätzen, was als *selbstwertdienliche Verzerrung (self-serving bias)* bezeichnet werden kann (Dauenheimer et al. 2002). Weitere Aspekte dieses Effektes sind zum Beispiel, dass Personen aus der eigenen Bezugsgruppe positiver eingeschätzt werden als entferntere Personen. Jedoch ist auch in diesem Falle anzumerken, dass Freunde zwar positiver eingeschätzt werden, jedoch nicht so positiv wie Menschen sich selbst einschätzen. Andere Untersuchungsergebnisse befassen sich mit der Beurteilung von Gruppen und bestätigen, dass Individuen dazu neigen, ihre eigene Gruppe positiver zu beurteilen als eine fremde Gruppe. Dabei beziehen sich Dauenheimer et al. (2002) auf die Untersuchungen von Tajfel und Turner aus dem Jahre 1986. Um den Forschungsstand zur Beurteilung des Selbst in Kürze zu komplettieren, soll an dieser Stelle darauf hingewiesen werden, dass Forschungsergebnisse darauf hindeuten, dass sich Personen auch in sozialen Interaktionen positiver einschätzen als dies Beobachter dieser Interaktionen tun würden.

Psychologische Aspekte des Selbst üben auch auf die Erinnerung an Situationen und Informationen sowie auf Zukunftseinschätzungen einen Einfluss aus, was sich vermutlich auch elementar auf den Umgang mit Feedback auswirkt. So führten positive Rückmeldungen hinsichtlich ausgewählter Persönlichkeitsmerkmale dazu, dass die Relevanz dieser Merkmale für höher befunden wurde. Im Falle negativen Feedbacks zu bestimmten Persönlichkeitsmerkmalen konnte das Gegenteil, nämlich eine Ablehnung dieser Merkmale, festgestellt werden. Auch hatte der Grad des positiven Abschneidens ebenfalls Auswirkungen, denn je positivere Ergebnisse Individuen hinsichtlich eines bestimmten Merkmales erhielten, als desto relevanter wurde dieses bewertet (Rost et al. 1975, in: Dauenheimer et al. 2002). Des Weiteren konnte Forschung zeigen, dass positive Informationen über das Selbst und bestimmte im eigenen Selbst vereinte Kompetenzen von Individuen auf der einen Seite in höherem Maße verarbeitet werden. Auf der anderen Seite können sie sich an diese positiven Informationen auch besser erinnern. Auch diese Forschungsergebnisse sind relevant, um ein Verständnis für den Umgang mit Feedback zu gewinnen und diesen besser zu verstehen sowie Handlungs- und Veränderungsbedarf auf Seiten des Feedbackgebers und des Feedbackempfängers zu erkennen. Interessant in diesem Kontext ist darüber hinaus, dass der Grad des Selbstwertgefühls entscheidend für die im Vorhinein angeführten Effekte ist. (Dauenheimer et al. 2002).

5.3.1.2 Selbstwertschutz und soziale Vergleiche

Auch die Thematik des sozialen Vergleichs bietet einige Ansatzpunkte, welche gewinnbringend eingesetzt werden können, um den Umgang von Individuen mit Feedback zu durchdringen.

Die Theorie des sozialen Vergleichs (Festinger 1954) nimmt an, dass Menschen danach streben, differenzierte und objektive Einschätzungen hinsichtlich ihrer Fähigkeiten und Einstellungen zu erlangen. Dabei wird zwischen zwei verschiedenen Formen der Realität unterschieden, zum einen der physikalischen und zum anderen der sozialen. Insbesondere bei Fragen, welche die soziale Realität betreffen, sind sich Personen vielfach unsicher und orientieren sich daher häufig an für sie relevanten Bezugsgruppen (Steins 2014). Sollte jedoch keine Möglichkeit bestehen, eine direkte Evaluation herbeizuführen, tendieren Personen dazu, dieses Bedürfnis nach Selbstevaluation durch den Vergleich mit anderen Personen zu befriedigen. Es wird hierbei zwischen zwei Arten der Vergleiche unterschieden: Einerseits existieren Vergleiche, in denen das Individuum sich mit einer anderen Person vergleicht, die hinsichtlich eines bestimmten Attributs besser abschneidet als es selbst (*upward comparisons*, Aufwärtsvergleiche). Andererseits existieren Vergleiche, in denen sich das Individuum hinsichtlich eines bestimmten Attributs mit einer Person vergleicht, die in diesem schlechter abschneidet als es selbst (*downward comparisons*, Abwärtsvergleiche). Der Prozess des sozialen Vergleichs läuft dabei oftmals unbewusst und daher mit nur geringer Möglichkeit der gedanklichen Einflussnahme ab. Es wird auf der Grundlage der Forschung zu sozialen Vergleichen davon ausgegangen, dass die meisten Personen eher wünschen, sich selbst mit anderen zu vergleichen, die schlechter abschneiden, um ihr Selbstbewusstsein nicht zu gefährden (Grogan 2008).

Was hat die Theorie Festingers (1954) nun explizit mit dem Selbstwert von Individuen zu tun? Neben der exakten Einschätzung insbesondere der sozialen Realität treten Individuen auch in soziale Vergleiche ein, um den eigenen Selbstwert zu erhöhen.

> Soziale Vergleiche werden jedoch auch durch das Selbstwerterhöhungsmotiv beeinflusst. So wählen Personen nach einer Bedrohung ihres Selbstwertgefühls häufig Vergleichspersonen aus, die (a) schlechter abschneiden als sie selbst (Abwärtsvergleich), (b) sie werten die Vergleichsperson ab, oder (c) sie versuchen den Vergleich zu vermeiden, wenn sie annehmen, er würde für sie persönlich negativ ausfallen. (Dauenheimer et al. 2002, S. 163)

Dabei sind soziale Vergleiche bereits sehr früh bei Individuen feststellbar. Levine und Green (1984) führten eine Studie mit Kindern im Grundschulalter durch, weisen jedoch darauf hin, dass soziale Vergleiche bereits bei Kindern im Kindergartenalter nachzuweisen sind. Dabei verglichen sich die Grundschulkinder, deren Leistungen schlecht ausfielen, häufiger mit noch schlechter abschneidenden Kindern als diejenigen, deren Leistungen gut ausfielen. Diejenigen, deren Leistungen gut ausfielen, verglichen sich genauso häufig mit schlechteren wie mit besseren Kindern.

Aspinwall und Taylor (1993) weisen darauf hin, dass soziale Vergleiche in verschiedensten Bereichen Auswirkungen zeigen, wie beispielsweise bei der Erhaltung des Selbstwertgefühls und der Bewältigung anstrengender und stressbelasteter Lebenssituationen. Sie verweisen auch darauf, dass ein Vergleich dann ein besonders realistisches Bild vermittelt, wenn das Vergleichsobjekt etwas besser ist, als das sich vergleichende Individuum. In zwei Untersuchungen mit dem Ziel, herauszufinden, was dazu führt, dass ein Vergleich positive oder negative Auswirkungen auf das Selbst von Individuen hat, konnten Aspinwall und Taylor (1993) bestätigen, dass Abwärtsvergleiche andererseits zu positiven Zukunftserwartungen bezüglich des eigenen Erfolgs führen und dass Menschen, die Abwärtsvergleiche vornehmen, eine Verbesserung ihres Selbstwertgefühls erleben.

Ein weiterer Weg zur Selbstwerterhöhung beziehungsweise zum Schutz des Selbstwertgefühls durch einen sozialen Vergleich führt über die Abwertung anderer Personen. So tendieren Individuen dazu, eine andere Person beziehungsweise Personengruppen stärker abzuwerten, wenn vorher ihr Selbstwert bedroht wurde (Berkowitz und Holmes 1959).

Tesser und Campbell (1982) untersuchten die Frage, inwiefern die Nähe zu einer Person beziehungsweise die Beziehungen, die man mit Personen hat, sich auf die Wahrnehmung der Leistung dieser Personen auswirken. Sie untersuchten, wie Personen durch die Leistungsbewertung anderer Personen ihre eigene

Selbstbewertung aufrechterhalten. Interessant ist hierbei auch die Rolle von Feedback für die Erhaltung der Selbstbewertung. Die Ergebnisse der Studie konnten zeigen, dass bei einer hohen persönlichen Wichtigkeit eines Themengebietes oder Feldes, Individuen eher dazu neigen, die Leistungen von Freunden als geringer einzuschätzen, ein negatives Feedback zu erteilen oder Distanz diesen Freunden gegenüber einzunehmen. Auf der anderen Seite konnte jedoch auch gezeigt werden, dass bei weniger wichtigen Bereichen Individuen stolz auf die Leistungen von engen Bezugspersonen sind und eher mit positivem Feedback reagieren. Besonders relevant sind dabei die miteinander interagierenden Komponenten der Nähe zu einer Person auf der einen und der Dimension der Relevanz eines Themengebietes auf der anderen Seite.

Wayment und Taylor (1995) bestätigen in einer Untersuchung, dass Personen mit einem höheren Selbstwertgefühl sich eher an persönlichen Standards orientieren, wohingegen Individuen mit einem niedrigen Selbstwertgefühl stärker zu sozialen Vergleichen neigen.

5.3.1.3 Der Einfluss von Attributionen auf den Selbstwert

Selbstwertdienliche Ursachenzuschreibungen können ebenfalls für die Erklärung von Verhaltensweisen gegenüber Feedback verwendet werden. So versuchen die hier aufgeführten theoretischen Ansätze zu ergründen, warum Individuen dazu tendieren, ein negatives Feedback eher auf die schlechte Laune ihrer/s Fachseminarleiters/-in zurückzuführen als auf die eigene unzureichende Planung. Ebenso werden Individuen jedoch positives Feedback eher auf die eigene gelungene Planung und Durchführung der Unterrichtsstunde zurückführen, als auf die gute Laune der/s Fachleiters/-in. Theoretische Ansätze, welche sich mit selbstwertdienlichen Attributionen beschäftigen, können verdeutlichen, welche Prozesse bei Individuen ablaufen, die versuchen, ihren Selbstwert zu schützen, und dementsprechend weitere Erklärungen für den Umgang von Individuen mit Feedback liefern.

Attributionen können als Teil von naiven Theorien verstanden werden (Steins 2014). Ihre grundsätzliche Funktion besteht darin, einem Individuum Kontrolle zu verschaffen, auch indem sie Geschehnisse und Verhaltensweisen ordnen und Vorhersagen über weitere auftretende Ereignisse ermöglichen. So erhalten über Attributionen Verhaltensweisen eine bestimmte Bedeutung für Individuen. Beispielsweise kann die Situation, in einer Menschenmenge von einer fremden Person ,angerempelt' zu werden, sowohl dazu führen, dass die Person und ihr Verhalten als aggressiv und attackierend empfunden wird, wenn die Zuschreibung der Ursache lautet, dass die Person dies absichtlich getan hat. Genauso kann das Verhalten der fremden Person als Versehen interpretiert werden, wenn das Verhalten mit dem Verlieren des Gleichgewichtes der anderen Person erklärt werden kann (Meyer und Försterling 2001).

Nach Heider (1958) suchen Personen insbesondere deshalb nach Ursachen, um invariante Merkmale von Menschen, Situationen und Verhaltensweisen herauszufiltern, damit eine Ordnung und Kontrolle der Welt entstehen kann. Damit gewährleisten Attributionen zunächst einmal, dass Voraussetzungen geschaffen werden, damit die Auseinandersetzung eines Individuums mit seiner Umgebung in hohem Maße produktiv verlaufen kann. Attributionen, die Zuschreibungen von Ursachen, werden unter anderem zur Erklärung des Erfolgs oder Misserfolgs einer Person herangezogen. Innerhalb der Forschung zum Selbst wird auch untersucht, inwieweit Individuen selbstwertdienliche Attributionen heranziehen, um ihren Selbstwert zu schützen. Die Untersuchungen zu selbstwertdienlichen Attributionen eignen sich dazu, weitere Facetten des Umgangs von Individuen mit Feedback aufzuzeigen.

5.3.1.4 Selbstwertdienliche Attributionen

Das Gefühl, ein sehr positives Erlebnis oder ein sehr negatives Erlebnis durchlebt zu haben, hängt nicht unbedingt mit dem tatsächlich erlebten Ausmaß an Erfolg oder Misserfolg zusammen. Hier wird in der psychologischen Forschung häufig auf externale und internale Attributionsmuster verwiesen. Dies zeigt eine Untersuchung zu kausalen Attributionen in Leistungssituationen. Nachdem den Versuchspersonen eine Rückmeldung mit leistungsbezogenen Informationen gegeben wurde, sollten diese Ursachenzuschreibungen hinsichtlich der Faktoren Glück, Aufgabenschwierigkeit, Anstrengung und Fähigkeit vornehmen, da diese vier Faktoren diejenigen sind, auf die am häufigsten attribuiert wird. Die Ergebnisse zeigten, dass Erfolg häufiger internalen Faktoren, wie beispielsweise der Anstrengung und der eigenen Fähigkeit, zugeschrieben wurde als Misserfolg (Frieze und Weiner 1971).

Als Beispiel hinsichtlich der Thematik Feedback soll hier Folgendes dienen: Erhält ein/e Referendar/-in ein negatives Feedback zu einer präsentierten Unterrichtsstunde, so kann dies internal attribuiert und beispielsweise die schlechte Leistung mit dem eigenen mangelhaften Fachwissen, der noch unzureichend entwickelten Lehrer/-innenpersönlichkeit oder schlechten didaktischen sowie methodischen Kenntnissen und letztlich mit der Unfähigkeit zur Ausübung dieses Berufes erklärt werden. Damit würde der/die Referendar/-in die Ursachen für die eigene schlechte Leistung beziehungsweise die missratene Unterrichtsstunde bei sich suchen. Je nach Umgang mit diesen Informationen, könnte es hier dazu kommen, dass im positiven Falle Schlüsse für die Verbesserung der Leistungen gezogen werden und eine größere Anstrengung erfolgt, im negativen Falle, dass die Person resigniert. Bei einer externalen Attribution würde der/die Referendar/-in die eigene schlechte Leistung mit der unzulänglichen Intelligenz der Schüler/-innen, dem

Baulärm vor dem Schulgelände, den bevorstehenden Ferien oder der Ablehnung und schlechten Laune des/r bewertenden Fachseminarleiters/-in erklären. An dieser Stelle wird deutlich, dass die Art der Attribution große Auswirkungen auf den Selbstwert haben kann.

> Geht man nun (…) davon aus, dass Menschen grundsätzlich bemüht sind, das eigene Selbstwertgefühl zu schützen und/oder zu erhöhen, sollten sie also dazu tendieren, eigene Erfolge intern, eigene Misserfolge dagegen extern zu attribuieren. (Dauenheimer et al. 2002, S. 164)

Dieser Forschungsbereich wird dabei häufig unter dem Begriff der *self-serving bias* (selbstwertdienliche Verzerrung) zusammengefasst. Dabei tendieren Menschen dazu, nicht nur eigene sondern auch fremde Erfolgs- sowie Misserfolgserlebnisse derart zu attribuieren, dass sie den Selbstwert schützen. Unter bestimmten Bedingungen ist es möglich, dass selbstwertdienliche Verzerrungen teilweise aufgelöst werden. Dies geschieht beispielsweise bei Kooperationen oder Teamgründungen mit Personen, die einem sympathisch sind. Auch das Verhalten gegenüber anderen Gruppenmitgliedern oder Lebenspartner/-innen kann mit Hilfe der Forschungsbefunde zu Selbstwerterhöhungstendenzen auf der Basis von Attributionsmustern beschrieben werden. Auf der anderen Seite sind nicht alle Ergebnisse empirischer Forschung in diesem Bereich mit der Selbstwerterhöhung erklärbar und einige Forscher haben andere Strategien und Erklärungsmodelle vorgestellt (bspw. Miller und Ross 1975).

Es existieren auch Situationen, in denen Individuen dazu tendieren, keine selbstwertdienlichen Attributionen zu verwenden: Zum einen gilt dies, wenn beteiligte Personen oder Zuhörer/-innen abgewertet werden würden, zum anderen für Situationen, in denen zu erwarten ist, dass andere Personen das selbstwertdienliche Verhalten erkennen oder aufdecken würden. Auch gibt es verschiedene Wege, wie Personen vor dem Erbringen bestimmter Leistungen selbstwertschützende Attributionen zur Erklärung ihrer Leistungen einleiten können; zwei dieser Techniken sind das sogenannte *self-handicapping* und das *sandbagging*. Ersterer Begriff benennt das Verhalten, sich selbst ein Defizit oder ein Handicap zurechtzulegen, mit welchem eine schlechte Leistung im Nachhinein erklärt werden kann. Letzterer Begriff beschreibt das Verhalten von Personen, die ihre eigene Leistungsfähigkeit unterdurchschnittlich darstellen, um so die Erwartungen anderer Personen vor Leistungssituationen zu reduzieren beziehungsweise zu minimieren (Dauenheimer et al. 2002). Uysal und Knee (2012) zeigen in drei Studien auf, dass das Verhalten des *self-handicapping* häufig auf eine niedrige Selbstkontrolle zurückzuführen ist und zwar unabhängig von Aspekten wie sozialer Erwünschtheit, Geschlecht, Selbstwertgefühl oder Selbstzweifel.

5.3.1.5 Reaktionen von Individuen auf Rückmeldungen über die eigene Person

Auf Grund der oben bereits aufgeführten Annahmen ist davon auszugehen, dass Personen im Sinne der Erhöhung beziehungsweise Erhaltung des Selbstwertes positiver auf Informationen reagieren, die den Selbstwert nicht gefährden, also auf positives Feedback und dementsprechende Informationen über die eigene Person. Auf der affektiven Ebene bedeutet dies, so stellen Dauenheimer et al. (2002) mit Blick auf den Forschungsstand fest, dass Personen mit positiveren Bewertungen auf höhere Akzeptanz und umgekehrt mit schlechteren Bewertungen auf niedrigere Akzeptanz durch eine Person oder Gruppe reagieren. Dieses Phänomen ist bei Personen mit einem schlechten Selbstwertgefühl jeweils noch ausgeprägter zu beobachten.

Hinsichtlich von Rückmeldungen existieren empirische Untersuchungen, die aufzeigen, wie Individuen mit negativem Feedback umgehen, wenn sie diejenigen sind, die dieses überbringen müssen. Rosen und Tesser (1972) gehen davon aus, dass sich Individuen vor dem Überbringen von schlechten Nachrichten scheuen, da sie im Gegenzug selbst eine negative Evaluation durch die andere Person fürchten. In einer weiteren Studie konnte dieses Phänomen bestätigt werden. Auch wurden schlechte Nachrichten wichtiger als gute Nachrichten empfunden und die empfundene Verantwortlichkeit der Überbringer/-innen dieser Nachrichten war gegenüber fröhlichen Empfänger/-innen weniger stark ausgeprägt als gegenüber schwermütigeren Empfänger/-innen (Tesser et al. 1972).

Sedikides und Gregg (2008) führen aus, dass das Phänomen der Selbstwerterhöhung bei Menschen bereits bei den Anhängern des Epikur, den Philosophen der Renaissance sowie bei Bentham und Mill und explizit auch bei Schopenhauer, Freud sowie James thematisiert wurde. Sie führen außerdem individuelle Dispositionen an, die sich auf Maßnahmen und Handlungen zur Erhöhung des Selbstwertes auswirken. Dabei hängt es unter anderem davon ab, ob die Selbstwerterhöhung privat oder im öffentlichen Raum geschieht. Auch determiniert die Höhe des Selbstwertes das Ausmaß an selbstwerterhöhenden Maßnahmen. Es kommt darüber hinaus auch darauf an, in welchem Bereich die Erhöhung des Selbstwertes stattfindet und wie wichtig dieser Bereich für das einzelne Individuum ist. Auch unterscheiden die Autor/-innen aufrichtige, offene Erhöhungen des Selbstwertes von taktischen Selbstwerterhöhungen. Bei der Frage, auf welchen Gebieten Menschen dazu tendieren, ihren Selbstwert zu erhöhen, werden viele Alternativen aufgeführt. Sedikides und Gregg (2008) stellen in ihrer Metaanalyse explizit die Selbstwerterhöhung der korrekten Selbsteinschätzung (*self-assessment*) gegenüber, welche als *„the pursuit of accurate information about the self matters in itself whether or not this* *information is positive or negative, because having an accurate self-view affords a sense of uncertainty reduction.*" (Sedikides und Gregg 2008, S. 108) definiert wird. Eine realistische Selbsteinschätzung beziehungsweise der Wunsch danach führt dazu, ungünstige und kritische Informationen offener wahrzunehmen und das Interesse an negativem beziehungsweise auf Fakten basierendem Feedback zu erhöhen.

Ein weiteres interessantes Faktum in Bezug auf den Umgang mit Rückmeldungen und Feedback im Bildungsbereich zeigt sich in folgenden Forschungsergebnissen, die auf die Wichtigkeit der wahrgenommenen Veränderbarkeit eines Merkmals in Verbindung mit der Akzeptanz von Feedback verweisen. Sedikides und Gregg (2008) weisen darauf hin, dass ein Aspekt, welcher dazu beiträgt, ob Individuen eine eher realistische Selbsteinschätzung oder eine Selbstwerterhöhung vornehmen, die wahrgenommene Veränderbarkeit der jeweiligen Fähigkeit oder Eigenschaft ist. Wenn diese Fähigkeit, Eigenschaft oder Verhaltensweise als veränderbar angesehen wird, so fühlen sich Individuen von negativem Feedback nicht besonders stark beunruhigt, sondern haben im Gegenteil sogar ein Interesse, das Feedback zu empfangen. Weiterführend konnten Duval und Silvia (2002) zeigen, dass die Wahrscheinlichkeit von vorgenommenen internen Attributionen in diesem Falle größer war. Die Differenzierung, welche vorgenommen wird, ist dementsprechend Folgende: Wenn eine kritisierte Eigenschaft oder Handlung noch veränderbar scheint, so tendieren Individuen dazu, eine realistische Selbsteinschätzung vorzunehmen, andernfalls finden Prozesse der Selbstwerterhöhung zum Schutze desselbigen statt (Sedikides und Gregg 2008).

5.3.1.6 Auswirkungen von Maßnahmen zur Erhöhung des Selbstwertes

Welche Auswirkungen Maßnahmen zur Erhöhung des Selbstwertes haben, wird in der Forschung kontrovers diskutiert. Auch diese Ausführungen können Anhaltspunkte liefern, wie insbesondere Personen, welche Feedback erteilen, mit selbstwerterhöhenden Maßnahmen umgehen sollten. Einerseits wurde auch in dieser Arbeit auf Forschungsergebnisse rekurriert, die aussagen, dass die Erhöhung des Selbstwertgefühls mit einem positiveren Befinden einhergeht. Auf der anderen Seite plädieren einige Forscher/-innen auch für die positiven Auswirkungen einer akkuraten Selbsteinschätzung.

Taylor und Brown (1994) gehen beispielsweise davon aus, dass sich die Illusion von Kontrolle, selbstwertdienliche Annahmen und unrealistischer Optimismus positiv auf die psychische Gesundheit auswirken können. Colvin et al. (1995) widersprechen dieser Annahme von Taylor und Brown (1994) jedoch explizit. Dabei weisen sie in einer Untersuchung zum Zusammenhang einer übertrieben positiven Selbsteinschätzung mit der psychologischen Anpassungsfähigkeit darauf hin, dass eine übertrieben positive Selbsteinschätzung sowohl kurz- als auch langfristig negative Konsequenzen für Individuen hat und verweisen daher auf die Wichtigkeit einer korrekten Selbsteinschätzung für die psychische Gesundheit. Sie konnten in drei Studien zeigen, dass die Erhöhung des Selbstwertes (*selfenhancement*) mit unterdurchschnittlich ausgeprägten sozialen Kompetenzen sowie mit Verhaltensstörungen und Fehlanpassungen einherging. Auch zeigten Individuen mit einer Tendenz zur Erhöhung des Selbstwertes Verhaltensweisen, die als nachteilig für soziale Interaktionen identifiziert werden konnten. Die Autor/- innen folgern auf der Grundlage ihrer Forschungsergebnisse:

> These results indicate there are negative short-term and long-term consequences for individuals who self-enhance and, contrary to some prior formulations, imply that accurate appraisals of self and of the social environment may be essential elements of mental health. (Colvin et al. 1995, S. 1152)

Auch sei an dieser Stelle noch einmal auf die Befunde von Kruger und Dunning (1999) verwiesen, die feststellten, dass insbesondere Individuen, die wenige und geringe Fähigkeiten besitzen, diese Defizite selten erkennen können, was zu einer gefährlichen Selbstüberschätzung führen kann. Dauenheimer et al. (2002) folgern auf Basis des existierenden Forschungsstandes, dass die endgültige Festlegung, ob Verhaltensweisen der Erhöhung des Selbstwertes zu positiven oder negativen Konsequenzen führen, zum derzeitigen Zeitpunkt noch nicht eindeutig vorgenommen werden kann.

5.3.2 Die Relevanz von Selbsttheorien im schulischen Kontext

Erkenntnisse und Theorien, die sich mit dem Selbst beschäftigen, können in vielfältigen Situationen in der Schule die Herstellung einer hilfreichen Metaebene für ein verbessertes Zusammenleben ermöglichen. Auf der Seite aller involvierten Personengruppen ist der soziale Vergleich als ein bedeutsames Thema festzuhalten. Die Institution Schule bietet eine Vielzahl von Möglichkeiten, sich mit anderen Personen zu vergleichen, sei es nun auf der Referendars/-innenebene, wo man sich mit anderen zukünftigen Lehrer/-innen in den Punkten der bereits erlangten Kompetenzen oder der Beliebtheit bei den Schüler/-innen vergleicht, oder auf der Ebene der Schüler/-innen, die beispielsweise ihre Leistungen im Unterricht und in Klassenarbeiten miteinander vergleichen (Steins 2014). Aber auch Schulleitungen vergleichen mitunter die Anzahl der Neuanmeldungen an ihren Schulen oder das

Abschneiden ihrer Schule bei dem Besuch der externen Schulinspektion. Vergleiche bieten dabei, wie auch im empirischen Teil deutlich wurde, zum einen Chancen auf eine realistische Selbsteinschätzung und zum anderen Risiken, da es nicht allen Personen leicht fällt, aus Situationen zu lernen beziehungsweise auch gerade negatives Feedback als Lerngelegenheit zu betrachten. Steins (2014) geht davon aus, dass

> (...) die menschliche Motivation, sich zu vergleichen, konstruktiv genutzt werden kann, damit Informationen eingeholt werden, die zu einer realistischen Selbsteinschätzung führen können. (Steins 2014, S. 109)

Denn die obenstehenden empirischen Forschungsergebnisse machen deutlich: Menschen benötigen eine realistische Einschätzung ihrer selbst in vielen Teilbereichen ihres Lebens und insbesondere in einem derart komplexen System wie der Schule. Eben weil diese Prozesse des Vergleichens starke Auswirkungen auf den Selbstwert der sich vergleichenden Individuen haben können, ist es unabdingbar, dass angehende sowie bereits tätige Lehrer/-innen und Schulleitungen über ausreichendes Wissen auf diesem Themengebiet verfügen, um dementsprechend Eltern und Schüler/-innen über Vergleichsprozesse aufklären und sie dabei konstruktiv begleiten zu können. Aber auch Kenntnisse über Ursachenzuschreibungen und den Umgang mit Feedback sollten Lehrkräfte und Schulleitungen einerseits wissenschaftlich und andererseits persönlich reflektieren können und darüber hinaus ihre Schüler/-innen in diesen Gebieten entsprechend ermutigen, schulen und bestimmte Umgangsweisen mit ihnen einüben, damit sie mit verschiedenen das Selbst betreffenden Prozessen umgehen lernen und nicht eine starke und vermeidbare Schwächung des Selbstwertgefühls erfahren (Steins 2014).

Ebenfalls ist deutlich geworden, dass, hinsichtlich der in diesem Band vorgelegten Untersuchungen, Wissen über die Prozesse des Selbst in erhöhtem Maße auch bei Ausbildungslehrer/-innen, Fachleitungen, Schulleitungen sowie Inspektor/-innen der Qualitätsanalyse vorhanden sein sollte. Ein weiterer Aspekt besteht darin, dass das Wissen über Prozesse der Selbstwerterhöhung und der Attribution dazu führen kann, dass Individuen ihre Selbsteinschätzungsstrategien überprüfen und gegebenenfalls lernen können, diese realistischer zu gestalten. Auch dies kann für alle in die Institution Schule involvierten Personengruppen einen immensen Gewinn darstellen. Wie bereits obenstehend dargestellt, sind viele Ebenen der Selbsttheorien relevant für ein Verständnis des Umgangs von Individuen mit Feedback, aber auch für das Verhalten von Feedbackgebenden. Die Verbindung von Theorien des Selbst mit der Thematik Feedback wird dementsprechend in den dargestellten empirischen Untersuchungen dieses Bandes einer näheren Betrachtung unterzogen.

Eine Meta-Theorie für die Erklärung des Umgangs von Individuen mit Feedback: Die rational-emotive Verhaltenstherapie nach Albert Ellis

6

Die rational-emotive Verhaltenstherapie (im Folgenden: REVT) beschäftigt sich mit der Frage, warum Menschen auf sich gleichende oder ähnliche Ereignisse völlig unterschiedlich reagieren, sowohl auf der Verhaltensebene als auch bezogen auf emotionale Reaktionen und Konsequenzen. Ihr zentrales Anliegen ist die Entwicklung von Methoden, mittels derer Menschen ihr Leben glücklich gestalten können. Die REVT ist keine klassische sozialpsychologische Theorie, fußt jedoch auf den Grundlagen der Allgemeinen Psychologie und der Sozialpsychologie (Steins 2014). Im Verlauf der vorangehenden Kapitel des Theorieteils wurde bereits auf die Reaktanz- sowie die Dissonanztheorie, auf Forschung zum Selbstwert und zu selbstwertdienlichen Attributionen eingegangen, um das Thema des Umgangs mit Feedback aus verschiedenen Perspektiven zu beleuchten und die Möglichkeit zu schaffen, differenzierte Erklärungen für diese Phänomene aufzuzeigen und unterschiedliche menschliche Verhaltenstendenzen gestützt auf sozialpsychologische Theorien und Perspektiven wissenschaftlich zu erklären.

Der Zusammenhang zwischen den vorangehend dargestellten Theorien und der REVT liegt darin, dass nach Auffassung der Autorin alle diese in die REVT als übergeordnetes Konzept integriert werden können. Dies gründet auf der Tatsache, dass Reaktanz, Dissonanz oder auch Schwankungen im Selbstwert und vorgenommene Attributionen ebenfalls zu einem großen Teil auf (teils expliziten, teils impliziten) Bewertungen beruhen, was im Folgenden näher erläutert und exemplifiziert wird.

© Springer Fachmedien Wiesbaden 2016
K. Behnke, *Umgang mit Feedback im Kontext Schule*,
DOI 10.1007/978-3-658-10223-4_6

6.1   Emotionstheorien: Eine Einordnung

Durch die Betonung der Verknüpfungen der kognitiven Bewertungsprozesse mit den Emotionen von Menschen, kann die REVT in die Reihe der emotionspsychologisch orientierten Theorien mit einer explizit kognitiven Ausrichtung eingeordnet werden.

Zunächst wird daher an dieser Stelle ein Definitionsversuch von Emotionen vorangestellt. Es existieren in diesem Forschungsfeld zahlreiche Definitionen von Emotionen, welche nicht immer klar abgrenzbar sind (Niedenthal et al. 2006). Trotzdem wurde als einheitliche Grundlage dieses Bandes die folgende Definition gewählt:

1. Emotionen sind zeitlich datierte, konkrete einzelne Vorkommnisse von zum Beispiel Freude, Traurigkeit, Ärger, Angst, Eifersucht, Stolz, Überraschung, Mitleid, Scham, Schuld, Neid, Enttäuschung, Erleichterung sowie weiterer Arten von psychischen Zuständen, die den genannten genügend ähnlich sind.
2. Diese Phänomene haben folgende Merkmale gemeinsam:
   (a) Sie sind aktuelle psychische Zustände von Personen.
   (b) Sie haben eine bestimmte Qualität, Intensität und Dauer.
   (c) Sie sind in der Regel objektgerichtet.
   (d) Personen, die sich in einem dieser Zustände befinden, haben normalerweise ein charakteristisches Erleben (Erlebensaspekt von Emotionen), und häufig treten auch bestimmte physiologische Veränderungen (physiologischer Aspekt von Emotionen) und Verhaltensweisen (Verhaltensaspekt von Emotionen) auf. (Meyer et al. 2001, S. 24)

Niedenthal et al. (2006) schlagen eine eher weite Definition von Emotionen vor, die auf dem Definitionsversuch von Keltner und Gross (1999) beruht. Diese definieren Emotionen als

episodic, relatively short-term, biologically-based patterns of perception, experience, physiology, action, and communication that occur in response to specific physical and social challenges and opportunities. (Keltner und Gross 1999, S. 468; zitiert nach: Niedenthal et al. 2006, S. 6)

Da diese Definition einige Gemeinsamkeiten mit sowie Ergänzungen zu der vorherig genannten enthält, soll sie in diesem Band der Definition von Meyer et al. (2001) und dem Klärungsversuch, was Emotionen sind, erweiternd zur Seite stehen.

Die Emotionspsychologie beschäftigt sich hauptsächlich mit Überlegungen zur Klassifikation von Emotionen und der Frage, ob diese beispielsweise auf andere Elemente, wie unter anderem auch auf Kognitionen zurückgeführt werden können.

Auch die Untersuchung von sogenannten Emotionstypen und Qualitäten von Emotionen sowie die Abgrenzung dieser von Phänomenen, die Emotionen sehr nahe kommen (beispielsweise Stimmungen oder Affekte), gehören in das Gebiet der emotionspsychologischen Forschung. Des Weiteren stellen sich Fragen nach der Entstehung von Emotionen in konkreten Situationen, nach dem biologischen Wert und der Funktion von Emotionen und nach deren physiologischen Korrelaten. Schlussendlich steht auch die Frage nach der Signifikanz von Emotionen für viele weitere psychologische Prozesse (bspw. Motivation, Handeln und soziale Interaktion) im Zentrum des Interesses dieses Forschungsschwerpunktes. Dazu gehört auch die Untersuchung von emotionalen Störungen. Ein wichtiges Forschungsfeld, insbesondere für diese Arbeit, ist das innerhalb der Emotionspsychologie existierende Interesse für die Funktion, welche Emotionen im Lehr- und Lernprozess, also auch in der institutionalisierten Form der Schule, einnehmen. Die Forschung und Theoriebildung auf diesem Gebiet kann den jeweiligen Akteur/-innen im Bildungsbereich behilflich sein, zu verstehen, welche Emotionen beispielsweise dem Lernen zuträglich sind und welche emotionalen und sozialen Kompetenzen für die Optimierung der Lernprozesse von Schüler/-innen erworben werden sollten oder sogar müssen (Meyer et al. 2001).

6.1.1 Kognitive Emotionstheorien

Meyer et al. (2001) schlagen eine Klassifikation von Emotionstheorien vor, an der sich auch dieser Band orientieren wird. Dabei werden die existierenden Theorien anhand ihrer Annahmen über die grundsätzliche Art von Emotionen einerseits und anhand der zentralen Fragestellung andererseits unterschieden. Auf die kognitiven Theorien über Emotionen wird im nächsten Teilabschnitt überblicksartig eingegangen, bevor sich die Ausführungen der kognitiven Therapieform der rational-emotiven Verhaltenstherapie (REVT) zuwenden.

Ältere kognitiv orientierte Emotionstheorien, wie beispielsweise die kognitiv-motivationale Theorie von Meinong (1894) oder Schachter (1964) und Schachter und Singer (1962) haben große Auswirkungen auf die Kognitionsforschung im Rahmen der Emotionspsychologie gehabt und zeigen, dass diese Forschungsrichtung, die seit etwa 25 Jahren wieder prominent im Bereich der Emotionspsychologie hervortritt, bereits bedeutende Vorgänger hatte (Meyer et al. 2001; Reisenzein et al. 2003).

Dabei befassten sich Schachter und Singer in ihrer Zwei-Faktoren-Theorie der Emotion mit der These, dass „(…) *zwei Faktoren, nämlich Kognition und (wahrge-nommene) physiologische Erregung die Grundlage des emotionalen Erlebens bilden (...).* " (Meyer et al. 2001, S. 170) Seit ihrer Veröffentlichung im Jahre 1962 war die Zwei-Faktoren-Theorie für mehr als 20 Jahre eine der einflussreichsten Theorien in der Emotionspsychologie. In dieser Zeit wurde durch die sogenannte ‚kognitive Wende' der Behaviorismus, der von den 1920er bis zu Beginn der 1960er-Jahre vorherrschend war, von den kognitiv orientierten Theorien abgelöst. Entscheidend für die Abkehr vom Behaviorismus waren außerdem insbesondere die kognitiv-evaluativen Theorien von Arnold (1960) und Lazarus (1966, 1991). Dabei können die Theorien von Arnold und Lazarus aus einer historischen Perspektive als Grundlage vieler aktuellerer kognitiver Theorien im Bereich der Emotionspsychologie bezeichnet werden.

Der Forschungsbereich der Emotionspsychologie hat insbesondere durch einen Anstoß von Zajonc (1980) eine erneute Debatte um den Zusammenhang von Emotionen und Kognitionen erlebt; dabei nahm Lazarus eine der entscheidenden Gegenpositionen ein. Zajonc geht davon aus, dass Gefühle unser Verhalten und unsere Gedanken lenken und dass „(...) ...affect and cognition are separate and partially independent systems and that although they ordinarily function conjointly, affect could be generated without a prior cognitive process. " (Leventhal und Scherer 1987, S. 3–4). Schachter und Singer (1962), Lazarus (1966) und Beck (1976) stellen neben Ellis (2008) einige der Vertreter des kognitiven Ansatzes dar. Diese vertreten den Standpunkt, dass Emotionen durch vorher ablaufende kognitive Bewertungsprozesse (mit) induziert werden. Lazarus besteht in diesem Kontext darauf, dass Kognitionen immer eine Rolle bei der Entwicklung von Emotionen spielen (Vogel 1996).

6.2   Relevante Konzepte und Forschungsfelder in der kognitiven Emotionsforschung

Im Folgenden werden einige signifikante Forschungsfelder aus der kognitiven Emotionsforschung dargestellt. Diese geben auf der einen Seite einen Überblick über spannende Forschungsgebiete, können jedoch auf der anderen Seite auch als theoretische Grundlage der in diesem Band gestellten empirischen Fragestellungen verstanden werden.

6.2.1   Affekt, Erregung und Kognitionen

Der Forschungsbereich, welcher sich mit den Einflüssen von Erregungszuständen und Affekten auf Emotionen beschäftigt, fügt dem Zusammenspiel von Emotionen und Kognitionen eine weitere interessante Facette hinzu. *„Research (...) suggests* *that individuals' affective states influence both the content of their thoughts and the way that information is subsequently processed.*" (Niedenthal et al. 2006, S. 229) Die Autor/-innen führen zum einen das Konzept der *mood congruence* an, welche dazu führt, dass wir in einer guten Stimmung auch viel stärker gewillt sind, die Begebenheiten, mit denen wir konfrontiert werden, positiv zu bewerten. Umgekehrt funktioniert dies auch bei schlechten Stimmungen: Individuen neigen dazu, aus einer schlechten Stimmung heraus viele nachfolgende Situationen sehr viel negativer zu bewerten. Es existiert also nicht nur eine Tendenz zur Erregungsübertragung (vgl. hierzu die Theorie von Zillmann 1971), sondern auch diejenige, Ereignisse, Begebenheiten und Situationen kongruent mit der eigenen momentanen Stimmung zu bewerten. Ein weiteres Phänomen besteht darin, dass Menschen in ihrer Informationsaufnahme und -verarbeitung je nach Stimmung mit unterschiedlichen Emotionen reagieren (Niedenthal et al. 2006). Auch dieser Umstand stellt eine wichtige Basis für die Hinführung zur Theorie der REVT dar, weil er zeigt, wie wesentlich Stimmungen und Affekte Emotionen sowie darauffolgende beziehungsweise damit einhergehende Kognitionen und Wahrnehmungen beeinflussen, verändern und verfälschen können.

6.2.1.1 *„Self-conscious emotions":* Emotionen der Selbstevaluation und des sozialen Vergleichs

Die Gruppe dieser Emotionen zu betrachten ist deshalb sehr interessant, da es sich hier nicht um primäre oder von manchen Forscher/-innen als Basisemotionen bezeichnete, einfache Zustände, sondern um vergleichsweise komplexe Emotionsgefüge handelt. Diese Arten von Emotionen werden auch kognitionsabhängige Emotionen genannt. *„The idea is that all such emotions rely on having a sense of self and that all such emotions in some way involve injury to or enhancement of the sense of self."* (Niedenthal et al. 2006, S. 78) Diese Emotionen hängen damit zusammen, dass Individuen ein Selbst entwickelt haben und dieses sowie ihre Handlungen reflektieren und evaluieren können. Des Weiteren kann man sich mit Hilfe einiger Emotionen auch gut mit anderen Individuen vergleichen. Die als *self-conscious* klassifizierten Emotionen erlauben es Individuen, sich auf soziale Vergleiche einzulassen (vgl. Festinger 1954) oder Diskrepanzen zwischen sich selbst und anderen (vgl. Higgins 1987) festzustellen. Beide Vorgänge sind relevant für die spätere Thematisierung der REVT, denn die Vergleiche und Diskrepanzen fallen je nach Bewertungs- und Überzeugungsmuster positiver oder negativer für uns aus, mit unterschiedlichen emotionalen und behavioralen Folgen. Dementsprechend weisen die Forscher/-innen dieser Art von Emotionen eine wichtige Funktion in der Regulation und Abstimmung sozialer Beziehungen zu, auch wenn diese sich für das Individuum selbst unter Umständen wenig angenehm darstellen.

6.2.2 Emotionsregulation

Wenn man über Kognitionen und Emotionen spricht, ist das Konzept der Emotionsregulation eine weitere interessante und im Zusammenhang mit der REVT sowie der Untersuchung des Umgangs mit Feedback bedeutsame Thematik. Die Antwort darauf, was die Regulation von Emotionen beinhaltet und auslöst sowie warum und unter welchen Voraussetzungen diese stattfindet, erläutern Niedenthal et al. (2006) folgendermaßen: Gründe für die Emotionsregulation können sein, dass Emotionen als schmerzhaft empfunden werden oder dass diese sich negativ auf andere Personen oder die Beziehung zu diesen Personen auswirken könnten. Außerdem besteht ein Grund zur Regulation der eigenen Emotionen für ein Individuum möglicherweise darin, dass es danach strebt, sozialen Standards gerecht zu werden. Dabei findet jedoch der Vorgang der Regulation von Emotionen lediglich unter bestimmten Voraussetzungen statt, was bedeutet, dass Individuen ein ausreichendes Wissen über vielfältige Aspekte ihrer Emotionen besitzen müssen, um in der Lage zu sein, diesen Vorgang zu initiieren.

> But before they engage in emotion regulation individuals must be aware of their current emotional state and the possible consequences the emotion has for the self and others. People will try to influence an emotion only if they perceive a discrepancy between it and the emotions they consciously want to feel or display (Fischer et al. 2004). Emotion regulation is thus based on individuals' emotion knowledge, which includes knowledge about the causes of emotions, about their bodily sensations and expressive behavior, and about the possible means of modifying them. Emotion knowledge facilitates emotion regulation because it provides information about the appropriateness of emotional experience, and about the possible actions that can be taken to deal with discrepant emotions. (Niedenthal et al. 2006, S. 157)

Dies bedeutet, es existieren verschiedene Gründe und Voraussetzungen dafür, warum Menschen das Bedürfnis verspüren ihre Emotionen zu regulieren und inwiefern sie im Stande sind, dies umzusetzen. Individuen unterliegen in der Auslebung und Regulation ihrer Emotionen in der Regel bestimmten Normen, welche aus verschiedensten Richtungen einwirken: Sie können beispielsweise kulturell geprägt sein, situationsspezifisch und geschlechtsbezogen auftreten oder auch am Arbeitsplatz eingefordert werden. Zudem existieren diverse Strategien, mit denen Menschen versuchen, ihre Emotionen zu kontrollieren, zu regulieren und in hilfreichere Bahnen zu lenken. Dazu gehört unter anderem als eine übergeordnete Verhaltensform die Unterdrückung von Verhalten, das die eigenen Emotionen zeigt. Als eine weitere Taktik gilt die Unterdrückung der jeweiligen Emotionen auf der gedanklichen Ebene, indem Individuen sich darum bemühen, nicht darüber nachzudenken und die Emotion nicht ‚an sich heranzulassen'. Eine weitere

Strategie besteht im (Mit-)Teilen der Emotionen in einer sozialen Situation, indem man darüber erzählt. Die letzte Strategie besteht aus einer kognitiven Neubewertung der Emotion (*cognitive reappraisal*). Mehrere Studien konnten zeigen, dass die Neubewertung von Ereignissen oder Emotionen *„may result in a change of emotional responses, that is, in less or more intense feelings, physiological arousal, and expressive behavior."* (Niedenthal et al. 2006, S. 169) Es existieren empirische Befunde, die zeigen, dass durch die Neubewertung von Emotionen Stress sowie emotionale und physische Reaktionen auf Filme modifiziert, Ärger reduziert und Prüfungsangst gemindert werden konnten (Niedenthal et al. 2006). Des Weiteren konnte gezeigt werden, dass nicht jede Strategie der oben aufgeführten Emotionsregulationsstrategien ohne Nebeneffekte ihre Wirkung zeigt. Die Neubewertung von Emotionen scheint dabei eine Strategie zu sein, welche im Vergleich zur Unterdrückung von Emotionen relativ wenige Nachteile, jedoch umso mehr Vorteile bietet.

Im Folgenden wird auf eine spezielle Methode der Regulierung von Emotionen durch Neubewertung eingegangen.

6.3 Entwicklung der REVT und Vorüberlegungen

Die REVT beinhaltet eine Theorie über die Entstehung von Emotionen und wurde von ihrem amerikanischen Begründer Ellis, einem klinischen Psychologen und Begründer des Albert Ellis Institute (AEI) in New York, Ende der fünfziger Jahre zum ersten Mal formuliert und im Laufe der Zeit von ihm immer weiter modifiziert und überarbeitet. Das folgende Kapitel stellt zunächst die Vorüberlegungen und Modifikationsprozesse vor, die der REVT zu Grunde liegen, da diese sowohl dazu beitragen, ihre Basis als auch ihre dynamische Entwicklung zu verdeutlichen.

Die Entwicklung der REVT durch Ellis erfolgte nicht bloß theoretisch, sondern anhand vieler praktischer Therapieerfahrungen des Begründers selbst im klinischen Umfeld. Ellis begann seine Laufbahn dabei zunächst als Anhänger der Psychoanalyse nach Freud. Er stellte jedoch im Laufe seiner Tätigkeit fest, dass seine Patient/-innen durch die auf der Psychoanalyse basierende Therapie zwar Einsichten in ihre Krankheitsbilder erlangten, jedoch trotzdem nicht in der Lage waren, ihr Verhalten zu ändern. Ellis, der sich zu Selbsterfahrungszwecken unter anderem selbst einer Psychoanalyse unterzog, äußerte hinsichtlich des therapeutischen Prozesses hauptsächlich Kritik an der freien Assoziation und der nondirektiven Vorgehensweise der Psychoanalyse, da diese die Patient/-innen aufhalte und den therapeutischen Prozess stocken ließe (Ellis 2008).

Er modifizierte sein therapeutisches Vorgehen daher allmählich hin zur analytischen Form der Psychotherapie, jedoch fanden durch den Wechsel des Therapiestils keine dauerhafte Reduktion von psychopathologischen Symptomen und keine langfristige Verbesserung auf der Verhaltensebene seiner Patient/-innen statt. In den Jahren 1950 bis 1953 wurde Ellis zu einem der wichtigsten Vertreter der aktiv-direktiven Schule der analytisch orientierten Therapeut/-innen. Mit den angewandten Techniken konnten bessere Resultate bei Patient/-innen erzielt werden und es erfolgten schnellere Heilungen. Jedoch entstand in dieser Zeit bei Ellis wiederum das Bewusstsein, dass auch der Theorie und Vorgehensweise der analytisch orientierten Therapie immer noch ein wesentliches Element fehle. Es erfolgte dementsprechend unter anderem eine Annäherung an die behavioristische Lerntheorie und an Konditionierungskonzepte, insbesondere die Dekonditionierung. Besonders prägend für Ellis Entwicklung der REVT war auch das aufkommende Bewusstsein für die Wichtigkeit der Sprache im Therapie- und Heilungsprozess und im Umgang mit den eigenen Emotionen (Ellis 2008). Auch die Erkenntnis, dass Menschen, im Gegensatz zu Tieren, Angst vor eingebildeten aversiven Reizen haben können, ist eine relevante und grundlegende Vorüberlegung, die der Entstehung der REVT vorweg geht. Der Mensch schreckt sich laut Ellis häufig selbst ab

(…) indem er a) auf negative Äußerungen und Gesten anderer reagiert, selbst wenn diese nicht von direktiven körperlichen Strafen begleitet sind, und b) indem er sich von seinen eigenen negativen Worten und Gesten über mögliche negative Reaktionen seitens anderer (…) beeinflussen lässt. (Ellis 2008, S. 30)

Ein weiterer Faktor auf dem Weg zur Entwicklung der REVT war die Einsicht, dass Kultur, Sozialisation und biologische Prädispositionen einen starken Einfluss auf den einzelnen Menschen haben (Ellis 2008). So werden sowohl Werte als auch Normen sowie positive und negative Einstellungen zu bestimmten Dingen von Instanzen wie den primären Sozialisationspersonen, jedoch auch von den, kulturelle Standards transportierenden, Medien der jeweiligen Gesellschaft übertragen. Für Ellis (2008) resultiert die biologische Tendenz, Absolutismen anzuwenden, welche beispielsweise explizit in den Worten ‚soll', ‚sollte' sowie ‚muss' zum Vorschein kommen, aus einer evolutionären Entwicklung, die damals Individuen geholfen hat zu überleben, heute jedoch destruktiv wirkt. Dabei betont er jedoch, dass diese Annahmen nicht überprüfbar und daher spekulativer Natur sind. Menschen bemühen sich darüber hinaus ständig, schlechte Bedingungen zu verändern und Ellis (2008) bezeichnet dieses Streben in Anlehnung an Maslow (1968) als Neigung zur Selbstaktualisierung.

6.4 Grundlagen der REVT

Aufzuklären, wie Menschen ein gelungenes, glückliches Leben führen können und warum genau dies vielen Menschen nicht gelingt, sind die zentralen Fragen auf die sich die REVT vornehmlich konzentriert (Ellis und Hoellen 2004). Ellis geht davon aus, dass

1. bis auf einige Basisemotionen, Gefühle ein soziales Konstrukt sind,
2. Gefühle und Gedanken zusammen gehören,
3. alle Gefühle, die man besonders intensiv erlebt eine Folge von

„*(…)Übergeneralisierungen, Schwarz-Weiß-Denken, falschen Schluss-folgerungen, unrealistischen Annahmen, sog. Mussturbationen und Forderungen (…)*" (Steins 2014, S. 195) sind.

Ellis führt in diesem Kontext den Begriff der *Muss*turbationen ein. Dieser von ihm geprägte Neologismus ist von dem Wort „Masturbation" abgeleitet.

(…), so wie masturbieren (lat. Manu turbare) wörtlich „mit der Hand verwirren" bedeutet, so steht mussturbatorisch für „sich selbst mit einem Muss verwirren", in Schwierigkeiten bringen. (Ellis und Hoellen 2004, S. 15)

Dabei ist ein Kernkonzept der REVT die Unterscheidung zwischen gesunden Gefühlen und Forderungen im Gegensatz zu rigiden Forderungen, Beurteilungen und Einstellungen. Dryden (2009) betont dabei, dass rigide Überzeugungen und Forderungen die Grundlage für ein neurotisches und psychopathologisches Erleben sind, wohingegen flexible und nicht extreme Überzeugungen von Menschen zu gesunden Gefühlen und damit einhergehend zu einem gesünderen (Er)Leben führen.

Dabei sind Gefühle, und insbesondere negative Gefühle, in der REVT grund-sätzlich erlaubt, was Ellis durch die Namensänderung der ursprünglichen RT (Rationale Therapie) zunächst zur RET (Rational-emotive Therapie) auch nach außen demonstrieren wollte. Die REVT betont jedoch, dass es gesunde Gefühle und ungesunde Gefühle gibt. Differenziert wird zwischen Emotionen, die für Individuen zunächst einmal negativ klingen, jedoch relativ gesunde Effekte zei-gen und Gefühlen, die negative Effekte auf die psychische Gesundheit haben (Dryden 2009).

Die Forderungen, welche Menschen stellen, unterteilt Ellis in drei Kategorien, betont jedoch, dass es bei jeder dieser Hauptkategorien zahlreiche Unterpunkte gebe. Diese sind Forderungen sich selbst gegenüber, Forderungen anderen gegenüber und Forderungen der Welt gegenüber. Die REVT vertritt die Position,

> (...) die neurotischen, dysfunktionalen Konsequenzen (C's) (Symptome) der Menschen würden weitestgehend und merklich von ihren irrationalen Überzeugungen (iB's) „verursacht" [werden]. Es existiert keine einzelne, monolithische „Ursache", und wir vereinfachen zu stark, wenn wir eine erfinden. (Ellis 2008, S. 39)

Ellis hat im Verlauf der Reformulierung und der stetigen Bearbeitung seiner Therapieform die Anzahl der konkreteren irrationalen Annahmen auf etwas abstraktere und grundsätzlichere Sätze beschränkt, die er die *„irrationale Dreieinigkeit"* (Keßler und Hoellen 1982, S. 14) nennt. Diese wurden in ihrer abstraktesten Form oben bereits als drei Hauptforderungen aufgezählt, sind jedoch auf die unten aufgeführte Weise noch klarer zu identifizieren, da sie dort in der ersten Person Singular formuliert sind. Diese drei irrationalen Kernannahmen lauten wie folgt:

1. „Ich muß perfekt sein und/oder von anderen anerkannt werden. Es ist schrecklich wenn das nicht der Fall ist. Dies kann ich nicht ertragen. Wenn ich in dieser Hinsicht versage, bin ich ein wertloser Mensch.
2. Andere müssen mich fair und zuvorkommend behandeln. Es ist entsetzlich, wenn sie das nicht tun. Wenn andere mich nicht wie gewünscht behandeln, sind sie schlechte Menschen, die es verdienen verdammt zu werden.
3. Die Dinge um mich müssen so sein, wie ich das will, es ist fürchterlich, wenn sie das nicht sind. Ich kann das Leben in einer solch schlechten Welt nicht ertragen." (Keßler und Hoellen 1982, S. 15)

Von anderen Erklärungsmodellen zur Entstehung und Behandlung von emotionalen Störungen unterscheidet sich die REVT insofern, als dass sie als hauptsächliche Ursache einer auftretenden Störung oder Neurose die irrationalen Überzeugungen (iBs), welche Individuen über bestimmte Ereignisse haben, identifiziert. Dabei wird in der REVT betont, dass es nicht die aktivierenden Ereignisse (beispielsweise in der frühen Kindheit) sind, die einer auftretenden Störung zugrundeliegen. Der Fokus liegt in dieser kognitiven Therapieform auf dem Part, den die Beliefs (B), die Überzeugungen, spielen. Dabei wird darauf hingearbeitet, dass die Patient/-innen beziehungsweise diejenigen, die mit der REVT arbeiten, einen tiefgreifenden philosophischen Wandel durchlaufen. Die REVT versteht sich daher als *„(...) ein umfassendes, multimodales und integratives Therapiesystem, das eine klare und in sich geschlossene Theorie darüber hat, warum wir Menschen uns oft endlos über uns selbst aufregen."* (Ellis 2008, S. 43)

Rationales Handeln im Sinne der REVT bedeutet, sich effektiv selbst zu helfen. In diesem Zuge werden auch die Relevanz des Selbstgesprächs und die Rolle der selbstkonstruierten Bedeutungen thematisiert. Auch geht Ellis (2008) davon aus, dass Menschen sich mit derartigen selbstkonstruierten Bedeutungen und Bewertungen selbst irritieren und stellt unter Bezugnahme auf Coué (1997) die Behauptung auf, dass Menschen von Natur aus suggestibel und autosuggestibel seien. Dieser Vorgang verläuft folgendermaßen: Sobald Menschen einmal eine gewisse Idee gefasst haben, ‚indoktrinieren' sie sich immer wieder selbst damit. Dabei werden nicht nur Regeln und Glaubensgrundsätze übernommen, die beispielsweise während der primären Sozialisation in der Familie erlernt und aufgenommen wurden. Viele Menschen, so Ellis, gehen über die einmal erworbenen Glaubensgrundsätze weit hinaus, indem sie diese verändern und variieren und sich somit auf der Grundlage des Erlernten letztendlich eigene Regeln und Kernphilosophien erschaffen (Ellis 2008).

Die immer wiederkehrenden Bewertungen werden laut der REVT nicht ständig explizit von Menschen vorgenommen, jedoch haben alle Menschen eine Kernphilosophie etabliert, anhand derer sie ihre Bewertungen und ihre selbstbezogenen Behauptungen orientieren. Störungen sind im Verständnis der REVT deshalb vorhanden, weil Menschen sich durch eine Kombination aus bewusstem sowie unbewusstem Wiederholen darauf konditionieren, dysfunktionale Überzeugungen zu haben. Diese beziehen sich wieder auf die drei oben thematisierten Ebenen (Ansprüche an sich selbst, die Mitmenschen und die Welt).

Der Hauptgrund für die Unfähigkeit des Aufdeckens und Erkennens der dysfunktionalen Überzeugungen ist eng mit den Kernphilosophien verknüpft, die jeder Mensch entwickelt hat. Individuen sind sich ihrer Kernphilosophien nicht bewusst, verbinden diese dann durch Bewertungen mit auftretenden Ereignissen und schaden sich damit selbst. Da die auftretenden Ereignisse (A) viel deutlicher zu identifizieren und faktisch festhaltbar sind, tendieren Menschen dazu, diese für ihre Gefühle verantwortlich zu machen und ignorieren dabei häufig die Bewertungen, die sie auf Grund ihrer Kernphilosophien vornehmen, obwohl diese einen entscheidenden Einfluss auf das psychische Wohlergehen jedes Individuums haben (Ellis 2008).

Ein Aspekt, der das Therapiekonzept der REVT wirkungsvoll und vielschichtig gestaltet, sind die tiefergehenden Überlegungen hinsichtlich des zu Grunde liegenden Menschenbildes. Dabei rekurriert Ellis auf bedeutende Einflussquellen aus verschiedenen geisteswissenschaftlichen Disziplinen, von denen einige im folgenden Teilabschnitt überblicksartig genannt und ausgewählte etwas ausführlicher dargestellt werden sollen.

6.4.1   Einflüsse auf das Menschenbild

Es gibt im Allgemeinen zwei Arten von Ereignissen: Solche, die wir möglicherweise verändern können, und solche, die wir nicht verändern können. Einen unangenehmen Sachverhalt zu akzeptieren, ohne sich übermäßig darüber aufzuregen, schließt Folgendes mit ein: anzuerkennen, dass dieser Sachverhalt existiert, dass er unangenehm ist und dass es unvernünftig wäre, zu verlangen oder darauf zu bestehen, dass er nicht hätte eintreten sollen. Man kann ganz sicher entschieden dafür eintreten, dass ähnliche Ereignisse nicht wieder passieren. Wer aber aufgeregt ist, ist unter Umständen nicht besonders gut dazu in der Lage, ein Problem zu lösen, und er wird vermutlich nicht sehr effektiv an der Veränderung seiner Umwelt arbeiten. (Ellis und Hoellen 2004, S. 52)

Antike Denkschulen, wie beispielsweise die Stoiker, die Skeptiker oder die Epikurer, strebten danach, Individuen Orientierungshilfen an die Hand zu geben, mit denen sie das tägliche Leben meistern konnten. Die Hinweise der antiken Lebenskunst sind heute verbreiteter als je zuvor. Hinsichtlich der Ausrichtung, Individuen bei ihrem hedonistischen Streben nach Glück zu unterstützen, lassen sich zwischen den genannten Denkschulen und der REVT Parallelen ziehen (Ellis und Hoellen 2004). Ellis betont, dass er viele Einflüsse aus unterschiedlichen Disziplinen in die REVT mit einfließen ließ. So führt er aus, er habe sich an Philosophen wie etwa Konfuzius, Gautama Buddha, Epikur, Epiktet und Mark Aurel orientiert. Als weitere Quellen benennt er unter anderem Hume, Kant, Schopenhauer, Emerson, Thoreau, Dewey, Santayana, Heidegger, Sartre, Russell, Korzybski und Popper. Im Rahmen der Auseinandersetzung mit der REVT durchlaufen Klient/-innen wünschenswerterweise einen Prozess, der innerhalb der REVT als tiefgreifende philosophische Veränderung bezeichnet wird (Ellis 2008).

6.4.2   Philosophie: Stoizismus und Hedonismus

Die Vertreter des Stoizismus und des Hedonismus versuchten, den Menschen durch ihre Lehre und Leitsätze einen Weg zur Ruhe und Selbstgenügsamkeit zu vermitteln, der es möglich machen sollte, sich durch bestimmte Denkweisen von beunruhigenden und blockierenden Gefühlen zu befreien. *„The Stoics share with the Epicureans and Skeptics a deep interest in human self-sufficiency and tranquility, and in using philosophy to bring about this happy condition."* (Nussbaum 1994, S. 317) Für ein umfassenderes Verständnis der REVT lohnt es sich, genauer zu betrachten, welche Ansätze von Ellis in das Konzept der REVT integriert wurden. Insbesondere wenn es um den später noch intensiver zu betrachtenden Kernpunkt der REVT, die Bewertungen und Überzeugungen (Beliefs, B) geht, so sind die antiken Denkschulen eine wirksame Inspirationsquelle. Denn bereits hier findet sich eine deutliche Abgrenzung selbiger von Ereignissen und Konsequenzen und es wird auf den starken Zusammenhang der Bewertung von Ereignissen und den daraus resultierenden Konsequenzen für menschliches Fühlen, Denken und Verhalten verwiesen.

Besonders treffend spiegelt sich dies in einem Ausspruch Epiktets wieder. Hier wird deutlich formuliert, dass Menschen nicht unter Ereignissen, Dingen oder Verhaltensweisen anderer Menschen ihnen gegenüber leiden, sondern lediglich unter den eigenen Beurteilungen und Forderungen, welche dahinter stecken:

> Nicht die Dinge selbst beunruhigen die Menschen, sondern ihre Meinungen und Urteile über die Dinge. So ist zum Beispiel der Tod nichts Furchtbares (…), sondern nur die Meinung, er sei etwas Furchtbares, das ist das Furchtbare. Wenn wir also auf Hindernisse stoßen, beunruhigt oder gekränkt werden, wollen wir die Schuld nie einem anderen, sondern nur uns selbst geben, das heißt unseren Meinungen und Urteilen. Ein Ungebildeter verrät sich dadurch, daß er andern Vorwürfe macht, wenn es ihm schlecht geht; ein Anfänger macht sich selbst Vorwürfe; der gründlich Gebildete schiebt die Schuld weder auf einen andern noch auf sich selbst. (Epiktet 2008, S. 11–12)

Es ist faszinierend, dass sich Menschen anscheinend bereits in der Antike durch bestimmte Bewertungen selbst in dysfunktionale emotionale sowie behaviorale Zustände versetzt haben und die Stoiker zu ihrer Zeit bereits versuchten, dieses scheinbar grundlegend im Menschen verwurzelte Dilemma aufzulösen. Sie erkannten die mächtige Rolle, die den Meinungen, Urteilen und Bewertungen zukommt und versuchten, die Menschen zu einem emotional gesünderen und ausgeglichenen Dasein anzuregen. Besonders in den Überlieferungen Epiktets werden viele Einflüsse deutlich, die auch in der REVT auffindbar sind und sich darauf beziehen, wie man mit eher unangenehmen Ereignissen im Leben umgehen sollte.

Eine weitere im Zitat angedeutete Technik, die von Ellis in die REVT und hier insbesondere in die Explorations- und Disputationsphase übernommen wurde, ist, sich den schlimmsten möglichen Fall eines Ereignisses vorzustellen. Die Antizipation des schlimmsten Falls soll dabei nicht zu Angst oder Panik führen, sondern zu einer Möglichkeit hinleiten, zu erkennen, dass der schlimmste Fall häufig nicht zu schlimm ist, um ihn zu ertragen. Auch soll die Antizipation es Individuen ermöglichen, zu verstehen, dass sie in der Lage sein werden, auch den schlimmsten Fall zu akzeptieren und damit zu leben, selbst wenn es nicht unbedingt angenehm ist. Außerdem bietet das Hineinversetzen in ausgewählte Situationen die Möglichkeit, bestimmte Handlungs-, Denk-, und Verhaltensweisen gedanklich durchzuspielen und diese dementsprechend bei tatsächlichem Auftreten funktionaler zu gestalten.

Auch Epikur, der Begründer des philosophischen Hedonismus, sah die Rolle der Verknüpfungen von Emotionen und Kognitionen ähnlich wie die Stoiker und beeinflusste ebenfalls die REVT. Sorabij (2000) betont jedoch, dass die hedonistische Richtung von den Stoikern insofern abwich, als dass jene davon überzeugt waren, dass „(...) *emotions can be calmed by switching your attention without changing your beliefs.*" (S. 27) Hier kommen wieder die Emotionen ins Spiel und auch der Punkt der Emotionsregulation, auf den an dieser Stelle explizit verwiesen werden kann. Während Vertreter des Hedonismus eher für die Verlagerung der Aufmerksamkeit als Regulation von beispielsweise anstrengenden oder unangenehmen Emotionen plädierten, so vertraten die Stoiker die auch in der REVT auffindbare Position, dass man um seine Emotionen zu beruhigen und zu regulieren, versuchen solle, seine Meinungen und Überzeugungen zu verändern.

Die Ergänzungen, die der Hedonismus beziehungsweise der Epikureismus der REVT neben vielerlei ähnlichen Tendenzen mit dem Stoizismus bietet, ist die Tatsache, dass er das Streben nach Glück und Wohlbefinden als ein entscheidendes Ziel im Leben propagiert, welches mit einem Willen zum Überleben gepaart ist. Als relevant bleibt im Fall der rational-emotiven Verhaltenstherapie jedoch hervorzuheben, dass die Betonung einer hedonistischen Grundhaltung das Individuum nicht ausschließlich zum Streben nach persönlichem Glück anhält. Das Verzichten auf eine kurzfristig sehr lohnenswert erscheinende Verhaltensoption zum Zwecke der Vermeidung langfristiger (Selbst-)Schädigungen wird innerhalb der REVT als hedonistisches Kalkül bezeichnet (Steins 2014). Genau im Sinne dieses Kalküls empfiehlt bereits Epikur dem Individuum einen gesteuerten Umgang mit der eigenen Lust. Ellis benennt außerdem fünf verschiedene Bereiche im Leben eines jeden Menschen, die aus rationalen und funktionalen Gründen von jedem Menschen grundlegend positiv und zufriedenstellend gestaltet werden sollten. Dazu zählt er die allein verbrachte Zeit, den Aufbau von Freundschaften, das Aufrechterhalten einiger bedeutender Beziehungen zu anderen Menschen, das Bemühen, sich beruflich einzubringen und in positiver Weise zu betätigen sowie die abwechslungsreiche Gestaltung der zur Verfügung stehenden, freien Zeit (Keßler und Hoellen 1982).

Ellis hat einige Konzepte aus den antiken philosophischen Denkschulen übernommen und für seine Zwecke innerhalb der Anwendung eines psychologischen Therapiekonzeptes modifiziert. Damit geht er auf ein sehr altes Beschäftigungsfeld der Menschheitsgeschichte ein, welches die psychischen Prädispositionen von Individuen berührt, und versucht, Menschen auch in der modernen Zeit aufzuzeigen, wie sie sich trotz ihrer hohen Ansprüche an sich, andere Menschen und die Welt hin zu hilfreich denkenden Individuen entwickeln können.

6.5   Ziele der REVT

Die Ziele der REVT sind vielfältig und daher werden lediglich die Hauptanliegen in diesem Rahmen thematisiert und zusammenfassend dargestellt. Eines der Anliegen der REVT besteht darin, dass der Mensch befähigt wird, die unterschiedlichen Aspekte und Widersprüchlichkeiten seiner Persönlichkeit auszuhalten und somit lernt, ein zufriedenes Leben zu führen. Dies wird im Rahmen der REVT durch eine angestrebte tiefgreifende philosophische Wandlung des Klienten erreicht, der lernt, seine irrationalen Haltungen zu entlarven und diese in rationale umzuwandeln (Ellis und Hoellen 2004).

Auch ist die REVT bestrebt, Individuen die Unterscheidung zwischen self-esteem (Selbstbewertung, Selbstwert) und self-acceptance (Selbstakzeptanz) zu verdeutlichen. Denn der Begriff der Selbstbewertung impliziert laut Ellis dass ein Mensch sich abhängig macht. Er stützt sich ausschließlich auf die Urteile seiner Mitmenschen und seine Leistungen und hat damit eine lediglich instabile und unsichere emotionale Grundlage, wenn diese negativ ausfallen. Anders verhält es sich mit dem alternativ eingeführten Konzept der Selbstakzeptanz. Dies impliziert: *„Der Mensch solle sich jeder globalen Bewertung des eigenen Verhaltens versagen und nicht sich selbst, sondern allenfalls seine Taten als gut oder schlecht einschätzen lernen."* (Ellis und Hoellen 2004, S. 31)

Die REVT betont, im Gegensatz zu einer globalen, bewertenden Haltung gegenüber sich selbst und anderen Menschen (*conditional human worth*), die davon ausgeht, dass der Wert des Menschen in Abhängigkeit von seinen Verhaltensweisen, guten und schlechten Eigenschaften und Taten schwankt, eine Haltung und ein Menschenbild, das jeden Menschen in Gänze akzeptiert, so wie er ist (*unconditional acceptance of humans*). Ein Aspekt davon beinhaltet „(...) *that a person can accept self or others unconditionally, i.e. whether or not certain desired conditions are present."* (Dryden 2009, S. 40) Des Weiteren werden Menschen nicht als entweder gut oder schlecht, sondern als Wesen mit wechselnd guten, schlechten und neutralen Eigenschaften betrachtet. Dieses Konzept und die Sicht auf den Wert des Menschen innerhalb der REVT machen es möglich, emotionalen und psychischen Schwierigkeiten vorzubeugen, indem Menschen der Weg zur eigenen Akzeptanz und zu derjenigen anderer Menschen aufgezeigt wird (Dryden 2009).

Es ist daher ein Ziel, dass ein Mensch versteht, dass er zwar Aspekte seines Charakters, Verhaltens oder seiner Leistungen bewerten und verändern kann, dies jedoch nicht zu einem Gesamturteil über die eigene Person führen darf. Genauso verhält es sich mit den Einschätzungen von Mitmenschen. Dieser Punkt ist vor allem auch relevant für den Schulalltag (Steins 2014; Steins et al. 2015). Eines der Hauptziele der REVT ist es also, zu vermitteln, dass Selbstakzeptanz förderlich für rationale Gedanken und Verhaltensweisen ist, und dass globale Bewertungen von sich selbst oder anderen Personen negative Auswirkungen haben können und deshalb als nicht hilfreich für die emotionale Stabilität von Individuen eingeschätzt werden.

6.6   Instrumente und Arbeitsweisen der REVT

Im Folgenden wird dargestellt, welche Methoden, Instrumente und Arbeitsweisen in der Praxis der REVT verwendet werden. Zunächst wird mit dem ABC-Modell ein Instrument zur Erkenntnisgewinnung sowie Identifizierung von dysfunktionalen Gedanken dargestellt.

6.6.1   Das ABC-Modell

Das Modell, das Ellis entwarf, um irrationale Bewertungen auf einfache Art und Weise mit seinen Klient/-innen aufdecken und sichtbar einordnen zu können, besteht aus drei Komponenten, die gemeinsam das *„Aktivierendes Ereignis-Bewertungen-Consequenzen-Modell"* (Steins 2014, S. 195) (A-B-C-Modell) bilden. Innerhalb des A-B-C-Modells geht es um auslösende Situationen (Ereignisse, im Englischen: activating event/experience, A), Bewertungen (Meinungen, Überzeugungshaltungen, im Englischen: beliefs, B) und Konsequenzen (emotionale und behaviorale Folgeerscheinungen, im Englischen: consequences, C) (Ellis und Hoellen 2004). Die wichtigste der drei Komponenten innerhalb des ABC-Modells der rational-emotiven Verhaltenstherapie ist die Bewertung (B). Bewertungen entstehen im Sozialisationsprozess eines jeden Menschen und sind grundsätzliche Annahmen über die Welt, die Mitmenschen und über sich selbst (Steins et al. 2015). Um die besondere Rolle der Bewertungen und ihren Einfluss auf die Konsequenzen deutlich zu machen, ist in Abb. 6.1 der verbindende Pfeil zwischen den Elementen B und C dick gedruckt. So werden von Ellis im Rahmen seiner Verhaltenstherapie rationale und irrationale Bewertungen beziehungsweise Überzeugungshaltungen unterschieden.

Ellis setzt rationale Bewertungen mit *„appropriate beliefs"* (= angemessene, angebrachte, hilfreiche, funktionale Gedanken) und irrationale Bewertungen mit *„inappropriate beliefs"* (= unangemessene, unangebrachte, unrealistische, nicht hilfreiche, dysfunktionale Gedanken) gleich. Um Missverständnisse zu vermeiden,

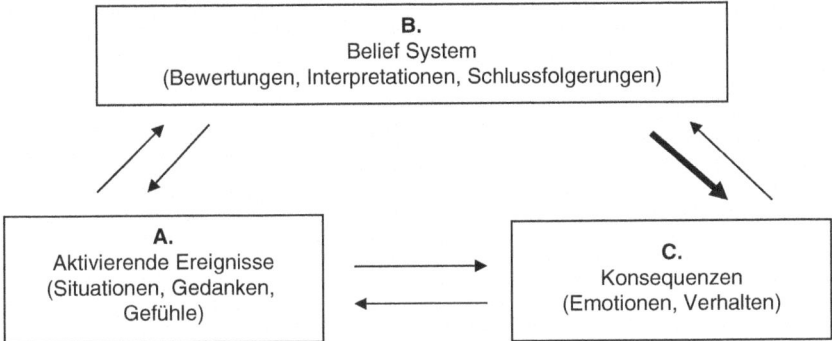

Abb. 6.1 Das ABC-Modell der REVT (vgl. Ellis und Hoellen 2004, S. 99)

wurden 1996 alternative Formulierungen wie *„dysfunktional"* oder *„selbstschädigend"* eingeführt, um irrationale Gedanken zu bezeichnen (Ellis und Hoellen 2004).

Hilfreiche Bewertungen (*rational beliefs*) sind Annahmen über sich selbst und Situationen, die man erlebt, die an der Realität orientiert sind, die also als rational zu bezeichnen sind. Diese führen zu Gefühlen und davon ausgehend zu einem Verhalten, das angemessen ist. Nicht hilfreiche Bewertungen (*irrational beliefs*) orientieren sich nicht an der Wirklichkeit, sondern an den Wahrnehmungen und Gefühlen eines Individuums, welche oft nicht der Realität entsprechen. Dementsprechend führen sie zu Emotionen und einem Verhalten, das nicht angemessen ist. Irrationale Annahmen werden von Menschen im Laufe ihrer Sozialisation erworben und internalisiert, dazu gehören unter anderem die Angst, durch bestimmte Fehlleistungen das Selbstwertgefühl zu verlieren und eine geringe Frustrationstoleranz, wenn Dinge sich anders entwickeln, als man selbst es sich wünscht. Auch Forderungen an Mitmenschen oder die Gesellschaft, wie sie sich einem selbst gegenüber verhalten sollen, können zu irrationalen Bewertungen führen (Steins et al. 2015).

Auf der Grundlage einer Störung, die Klient/-innen ausbilden, können sich außerdem erneute Störungen entwickeln. Die REVT spricht in dem Fall von Symptomstress, wenn sich Klient/-innen auf Grund ihrer primären Störung beunruhigen und sich dementsprechend eine weitere Problematik schaffen. Das sich ergebende Ausgangsproblem, die Konsequenz (C) aus dem ersten ABC-Modell wird dementsprechend zu einem neuen aktivierenden Ereignis innerhalb eines zweiten ABC-Modells (Ellis Und Hoellen 2004). Im Folgenden werden die Formen irrationaler Überzeugungen in Form einer Abbildung präsentiert, um anschließend

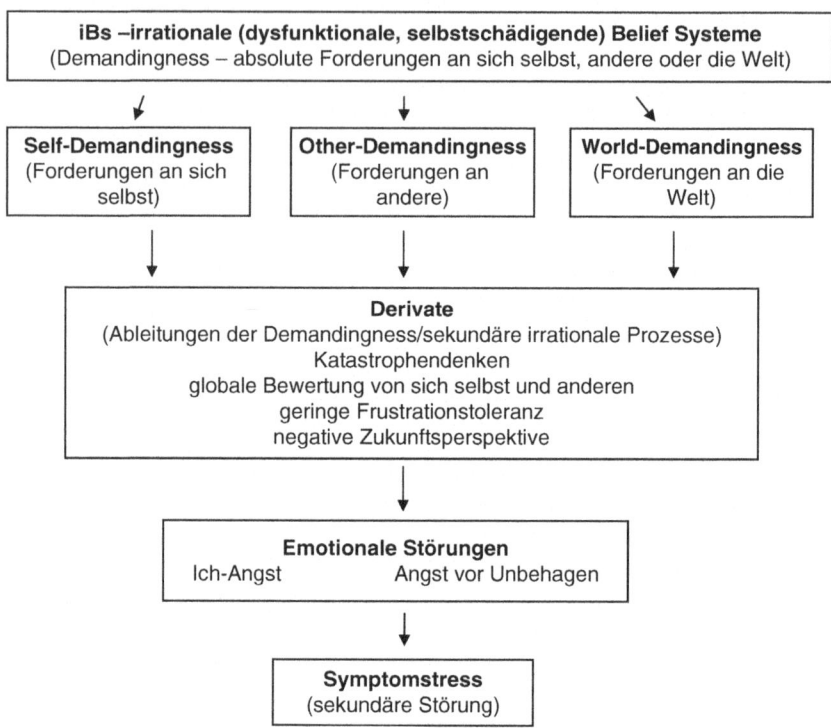

Abb. 6.2 Die zentralen irrationalen Belief Systeme und ihre Ableitungen (vgl. Ellis und Hoellen 2004, S. 95)

darzustellen, wie die Diagnostik zur Erfassung der irrationalen Gedanken und Bewertungen in der Praxis der REVT verläuft (vgl. Abb. 6.2).

6.6.2   Disputation und Übungen

In diesem Abschnitt wird auf die beiden erweiterten Bestandteile des A-B-C(-D-E)-Modells sowie auf den sokratischen Dialog und das hedonistische Kalkül eingegangen. Das ABC-Modell besteht neben dem bisher erwähnten Dreischritt des A-B-C aus zwei weiteren Komponenten, zum einen aus der Disputation (D) und aus Übungen (E, Exercises), in denen rationale Meinungen eingesetzt werden sollen, die bei Erfolg helfen, die irrationalen Bewertungen zu ersetzen. Nachdem

Tab. 6.1 Irrationale und rationale Bewertungen in der Theorie der REVT (Tabelle übersetzt in Anlehnung an: Dryden 2009, S. 91)

Irrationale Bewertungen/ Überzeugungen	Rationale Bewertungen/Überzeugungen
Forderung X muss (oder darf nicht) geschehen.	**Nicht-dogmatische Präferenz** Ich würde gerne, dass X geschieht (oder nicht geschieht), aber die Dinge müssen nicht so sein, wie ich sie mir vorstelle.
Katastrophisierende Überzeugung Es wäre furchtbar, wenn X geschehen (nicht geschehen) würde.	**Nicht katastrophisierende Überzeugung** Es wäre unschön, aber nicht schrecklich, wenn X geschehen (nicht geschehen) würde.
Niedrige Frustrationstoleranz Ich könnte es nicht aushalten, dass X geschieht (nicht geschieht).	**Hohe Frustrationstoleranz** Es wäre schwierig auszuhalten, wenn X geschehen (nicht geschehen) würde, aber ich könnte es aushalten und es wäre auch wert, es auszuhalten.
Abwertende Überzeugung Wenn X geschieht (oder nicht geschieht), bin ich nichts wert/ bist du nichts wert/ ist das Leben nichts wert.	**Akzeptierende Überzeugung** Wenn X geschieht (oder nicht geschieht), beweist das nicht, dass ich nichts wert bin/ du nichts wert bist/ das Leben nichts wert ist. Denn ich bin ein fehlbares menschliches Wesen, du bist ein fehlbares Wesen und das Leben ist eine komplexe Mischung aus gut, schlecht und neutral.

irrationale Überzeugungen aufgedeckt und diagnostiziert wurden, ist es zunächst einmal wichtig, den Klient/-innen den Unterschied zwischen rationalen und irrationalen Gedanken zu vermitteln, damit sie in die Lage versetzt werden, diese auch selbst zu entdecken, zu bearbeiten und umzuformulieren (Dryden 2009). Obenstehend werden einige irrationale und rationale Gedanken zu Illustrationszwecken gegenübergestellt (vgl. Tab. 6.1).

Der sokratische Dialog ist die präferierte Methode, mit der die Gespräche während der (eleganten) Disputation geleitet werden. Durch diese Methode können irrationale Annahmen gezielt hinterfragt werden, denn die besondere Art der Fragen ermöglicht es der irrational denkenden Person aus ihren ständig wiederholten, gewohnten irrationalen Denkmustern auszubrechen. So wird erreicht, dass eine Person lernt, ihre Reaktionen zu kontrollieren und Verantwortung für ihre emotionale Lage zu übernehmen (Steins et al. 2015).

Keßler und Hoellen (1982) schildern, dass im Prozess der Disputation zunächst die dysfunktionalen Kognitionen der Klient/-innen aufgedeckt werden. Dabei ist das Ziel zunächst, Akzeptanz hinsichtlich der Tatsache zu schaffen, dass Individuen zu dysfunktionalen Kognitionen in allgemeiner Form tendieren und dass die identifizierten Kognitionen im Besonderen eine Dysfunktionalität aufweisen. Der nächste Schritt besteht darin, durch verschiedene Techniken neue, gesunde und funktionale Kognitionen zu entdecken und die Klient/-innen über deren Verstärkung zu angemesseneren Kognitionen zu führen. Keßler und Hoellen (1982) betonen, dass es innerhalb des theoretischen Konstrukts der REVT schwierig ist, eine systematische und verbindliche Vorgabe die Disputation betreffend auszumachen. Therapeut/-innen arbeiten im Rahmen der REVT auch mit logischen, empirischen und pragmatischen Argumenten, das Testen von Hypothesen wird jedoch dem sokratischen Dialog nachgestellt und dementsprechend als inelegante Form der Disputation bezeichnet (Dryden 2009).

Ein weiteres Konzept, welches im theoretischen Kontext der REVT als das hedonistische Kalkül eingeführt wird, versetzt Individuen in die Lage, ihr Verhalten im Voraus abzuwägen. Dadurch werden sie befähigt, zu erkennen, dass ein bestimmtes Verhalten nicht langfristig zu ihrem Besten wäre und negative Folgen haben könnte. Sie lernen, auf Grund der langfristigen Risiken auf schnell erreichbare positive Effekte zu verzichten. Sich auf diese Weise zu verhalten, ist besonders für Kinder und Jugendliche sehr schwierig und erfordert von ihnen viel Frustrationstoleranz (Steins 2014; Steins et al. 2015). Das hedonistische Kalkül sowie die gesteigerte Frustrationstoleranz sind beides ebenfalls sehr wichtige Konzepte innerhalb der rational-emotiven Verhaltenstherapie.

Die Bereiche D und E sind wichtige Ergänzungen der Komponenten des ABC Modells und in hohem Maße für den Erfolg der Therapie verantwortlich. Anhand der dargestellten Methoden wird außerdem das Bestreben der REVT deutlich, den Klient/-innen ein möglichst hohes Maß an Selbständigkeit zuzutrauen und ermöglichen zu wollen. Besonders der Bereich E liegt zu großen Teilen in der Verantwortung der Patient/-innen, da diese dazu angehalten werden, ihre Aufgaben auch gewissenhaft, sinnvoll und konsequent zu erledigen.

6.7 Die rational-emotive Verhaltenstherapie im Schulkontext

Die nachfolgenden Teilabschnitte beschäftigen sich explizit mit dem schulischen Kontext und stellen hier auf drei verschiedenen Ebenen auf der Grundlage empirischer Forschung dar, welche Einsatzmöglichkeiten die REVT in diesen sozialedukativen, weiterbildungs- und ausbildungstechnischen Bereichen bietet sowie welche Chancen und Möglichkeiten bestehen, die Techniken und Ansätze dieser Therapie für die Verbesserung der Arbeit von Führungskräften, hier insbesondere von Schulleitungen, zu nutzen.

6.7.1 Die Schüler/-innenebene

Zunächst einmal muss man sich die Frage stellen, ob eine Verhaltenstherapie wie die REVT überhaupt bei Kindern anwendbar ist, ob sie auf die Situation in der Schule übertragen werden kann und inwiefern derartige Übungen auch von Lehrer/-innen durchgeführt werden können.

Die Methode der emotionalen Erziehung wurde bereits früh in ihrer Entstehungsgeschichte von ihrem Begründer Ellis (und anderen Therapeut/-innen) nicht nur bei Erwachsenen, sondern auch bei Kindern angewendet. Dabei stellte sich heraus, dass sie für Kinder jeden Alters, kulturellen Hintergrunds und Intelligenzgrades leicht nachvollziehbar ist (Vernon 2002). Weiterhin ist die Methode der REVT

> (…) a short-term problem-solving form of therapy, which makes it particularly useful in school settings, where time for counseling sessions is limited and more traditional forms of therapy are inappropriate. (Vernon 2002, S. 1)

Ein weiteres Argument für die Verwendung der REVT in der Schule ist die Tatsache, dass sie durch die schnelle Wirkung und individuelle Einsetzbarkeit von kurzen Übungen gerade jungen, ungeduldigen Kindern sehr entgegenkommt. Kindern und Jugendlichen kann geholfen werden, zu verstehen, was sie in ihrem Leben ändern können und was nicht. Das bedeutet, dass die Selbstverantwortlichkeit von Individuen auch in diesem Kontext betont wird (Vernon 2002).

Laut Ellis ist die Anwendung der REVT in Gruppen ebenfalls sehr hilfreich, da neben den Therapeut/-innen weitere Personen die rationalen Ansichten und Konzepte jedes Einzelnen verstärken können. Gerade der Umstand, dass Kinder zur selbständigen Lösung ihrer Probleme befähigt werden sollen, ist hier zu betonen. Die von Prinzipien der REVT abgeleitete Form der Erziehung geht davon aus, dass es möglich und wünschenswert ist, Kindern beizubringen, wie sie mit sich selbst und ihrem Leben selbstständig besser umgehen können. Die genannten Aspekte führten zu einem steigenden Interesse, rational-emotive Erziehung (im Folgenden: REE) auch in der Schule anzuwenden. Es existieren in diesem Bereich zwar immer noch wenige Untersuchungen, die momentan existierenden Studien gehen jedoch alle davon aus, dass die REE sehr effektiv in der Schule eingesetzt werden kann (Watter 1988).

Hajzler und Bernard geben bereits im Jahr 1991 einen grundsätzlichen Überblick über die bis zu diesem Zeitpunkt existierenden Studien der REE. Dabei führen sie zwei Anwendungsbereiche von Prinzipien der REVT bei jüngeren Menschen an. Zum einen können diese in individuellen Therapiesitzungen angewandt werden, zum anderen kann die REE in Gruppen über Schulmaterialien und Curricula unterrichtet werden. Hajzler und Bernard (1991) geben ebenfalls Auskunft zum Stand der Studien über die Verwendung der REE. Dabei geht es in diesem Fall vor allem um die Wirksamkeit von REE-Interventionen mit Versuchsgruppen, die sich zum Zeitpunkt der Erhebungen im Alter zwischen 8 bis 18 Jahren befanden. Es treten dabei in ihrer zusammenfassenden Betrachtung wichtige Ergebnisse auf: Es existieren einige Punkte, die die Wirksamkeit der REE beeinflussen können. Beispielsweise hat die Dauer des Trainings beziehungsweise der Erziehung im rational-emotiven Kontext große Auswirkungen. Dabei gilt die Aussage, dass die REE umso besser wirkt, je länger sie angewendet und praktiziert wird (Gonzalez et al. 2004; Hajzler und Bernard 1991).

Als besonders hilfreich und unterstützend stellten sich nicht nur die Vermittlung der Inhalte, sondern auch die Integration weiterführender Materialien oder (Haus-) Aufgaben heraus. Das Niveau der Bildung beziehungsweise der Intelligenzgrad eines Menschen hingegen haben kaum signifikante Auswirkungen auf die Wirkungsweise der REE. Die Effektivität hängt des Weiteren auch an der ausführenden Person, die die Prinzipien der REE vermittelt. Die Autoren kommen zu dem abschließenden Fazit, dass Interventionen, die unter Zuhilfenahme der Prinzipien der REE basierend auf den Grundlagen der REVT eingesetzt werden, zu einer positiven Veränderung des Verhaltens bei Kindern und Jugendlichen führen, und dass diese Technik gut in der Schule angewendet werden kann (Hajzler und Bernard 1991).

Die Meta-Analyse von Gonzalez et al. (2004) zeigt, dass auch aktuellere Studien bestätigen, dass die rational-emotive Verhaltenstherapie sehr gut dafür geeignet ist, bei Kindern und Jugendlichen bis 18 Jahren angewandt zu werden. Es existiert in diesem Bereich zwar nicht derartig viel Literatur wie bei der Behandlung von Erwachsenen, allerdings konnte festgestellt werden, dass die REVT im Vergleich zu anderen Programmen den höchsten Einfluss bei störendem und Unruhe stiftendem Verhalten hat. Außerdem wurde nachgewiesen, dass die REVT bei Kindern mit und ohne diagnostizierte Probleme effektiv ist, weshalb sie sich für Präventions- wie auch für Interventionsmaßnahmen gleichermaßen eignet. Zudem geht aus der Meta-Analyse hervor, dass es keinen Unterschied macht beziehungsweise noch größere und positivere Effekte erzielt werden, wenn die REVT nicht von professionell ausgebildeten Personen gelehrt und weitergegeben wird, sondern beispielsweise von Lehrer/-innen oder Sozialpädagog/-innen. Dies liegt zum einen an einer größeren Erreichbarkeit aller Kinder und Jugendlichen in der Schule, zum anderen an der Möglichkeit, die Prinzipien der REE kontinuierlich einzusetzen.

In Bezug auf den Bildungskontext und die Möglichkeiten des Einsatzes der REVT spricht dies wiederum dafür, dass die Institution Schule ein verlässlicher und geeigneter Raum sein könnte, um Konzepte präventiv sowie intervenierend zu integrieren. Die Möglichkeiten von beispielsweise fest etablierten Arbeitsgemeinschaften im Klassenverband für die Dauer eines oder mehrerer Schuljahre oder gar einem Schulfach ‚Rational-emotiver Erziehung' (eingebettet in das schulinterne Curriculum) sind selten in anderen Institutionen gegeben. Die Schule jedoch ist in der Lage, diese Formen des Sozialtrainings für längere Zeit zu etablieren und damit alle Kinder und Jugendlichen zu erreichen.

Banks und Zionts (2009a) stellen ein Mental Health-Programm vor, dass sich im Fachunterricht einsetzen lässt. Sie argumentieren, dass sowohl Kinder und Jugendliche als auch Lehrer/-innen und Schulen in den USA unter immer größeren Druck geraten würden, die staatlich vorgeschriebenen Ergebnisse zu erzielen und daher das soziale und emotionale Lernen stark marginalisiert würde. Die REVT eignet sich aus folgenden Gründen besonders gut für den Einsatz in edukativen Kontexten und hier insbesondere in der Schule: Banks und Zionts (2009a) gehen davon aus, dass den Schüler/-innen durch das Vermitteln von Aspekten der REE zwei grundlegende Fähigkeiten, nämlich das Hinterfragen sowie das Analysieren von Sachverhalten vermittelt werden könnten. *„Furthermore, it allows all students to better understand their feelings and emotions so that they can be better learners."* (Banks und Zionts 2009b, S. 312). Idealerweise sollten Programme der REE als fester Bestandteil in das Curriculum integriert werden.

Banks und Zionts (2009a) beschäftigen sich außerdem mit der Frage, wie wirksam die Prinzipien der REVT bei der Arbeit mit Kindern und Jugendlichen mit emotionalen und verhaltensbezogenen (Funktions-)Störungen eingesetzt werden können und kommen auch in dieser Untersuchung zu positiven Ergebnissen. In ihrer Meta-Analyse des Einsatzes der Prinzipien der REVT im Klassenraum und der Schule, argumentieren Banks und Zionts (2009a), dass die REVT trotz der Schwierigkeiten, den Einfluss der Methode konkret zu messen, mittlerweile eine erweiterte Einbindung in schulische Kontexte erfahren hat. Bei der konkreten Umsetzung lassen sich immer noch die Ansätze und Arbeitsmaterialien aus dem englischsprachigen Raum von Vernon (2002) Bernard (2004) und Knaus (1977) sowie im deutschsprachigen Raum von Haep et al. (2012) nennen.

In Deutschland existieren bislang vergleichsweise wenige Veröffentlichungen hinsichtlich des Themas der rational-emotiven Erziehung. Jedoch steht auch hier fest, dass Lehrer/-innen mit Hilfe dieses Ansatzes ihren Schüler/-innen *„psychische Gesundheitskonzepte"* (Grünke 2000, S. 297) vermitteln können. Auch verweist Grünke (2000) darauf, dass die Methode der REE insbesondere bei Schüler/-innen mit einer Lernbehinderung zur Verbesserung des Selbstkonzeptes und der (externalen) Kontrollüberzeugungen beitragen kann. Allerdings liegen noch keine Ergebnisse vor, die die positive Wirkungsweise der rational-emotiven

Erziehung auf die Schulleistungen von lernbehinderten Schüler/-innen darstellen. Grünke (2000) verweist zur Begründung dieser Tatsache zum einen auf den noch nicht ausreichenden Bekanntheitsgrad der Methode sowie dem Vorliegen der meisten Materialien nur auf Englisch, auf der anderen Seite betont er, dass auch im Bereich der Förderschulen immer noch sehr stark didaktisch sowie mit Fokus auf das fachliche Lernen gearbeitet würde und eine Einsicht in die Notwendigkeit der emotionalen Förderung noch nicht bei allen Lehrer/-innen endgültig erreicht sei (Grünke 2000).

Flanagan et al. (2010) bestätigen in ihrer Studie ebenfalls, dass der Einsatz der Erziehungsprinzipien der REVT sich positiv auf Kinder (zwischen 9 und 11 Jahren) mit Aggressionen auswirkt. In ihrer Studie testeten die Wissenschaftler ein Programm zum *Anger Management*, welches sie in einer der beiden Gruppen um Elemente der REVT erweiterten. Die Ergebnisse zeigen hier, dass die Kinder der Erweiterungsgruppe (mit REVT) reduzierte Ärger- beziehungsweise Aggressionswerte aufzeigen, dass die Depressionsanfälligkeit der Kinder sinkt und soziale Fähigkeiten bei diesen verstärkt gefördert werden konnten. Obwohl in der Studie beide Programme effektiv wirkten, bietet die REVT Kindern die Möglichkeiten, ihr Handlungsrepertoire gezielt zu erweitern. Die Autor/-innen empfehlen daher eine Implementation von kognitiv-behavioralen Elementen in Vorbeugungsprogramme vorzunehmen.

In Deutschland führten Haep und Steins (2011) das Projekt *Emotionale Erziehung* an einer deutschen Hauptschule mit 13 bis 15 Jahre alten Jugendlichen durch. Sie verweisen darauf, dass der neben dem Bildungsauftrag existierende Erziehungsauftrag von vielen Lehrer/-innen nicht als gleichrangig anerkannt und ausgeführt wird. Konzepte der Sozialerziehung werden daher insbesondere bei Schulen mit schwierigeren Einzugsgebieten häufig ausgelagert und an Externe weitergereicht. Haep und Steins (2011) entwickelten ein deutschsprachiges Curriculum zum Einsatz der REE in der Schule. Jedoch weisen sie auch auf strukturelle Gegebenheiten von Schulen hin, die den Einsatz eines derartigen Curriculums erschweren können. Trotz schwieriger Rahmenbedingungen finden die Autorinnen in ihrer Untersuchung jedoch positive Effekte des REE-Trainings auf das Sozialverhalten der Schüler/-innen und äußern sich grundsätzlich positiv über die Implementierung der REE in die Schule. Dabei betonen sie positive Effekte nicht nur für die Schüler/-innen sondern auch für die Lehrer/-innen und letztlich für das gesamte System Schule. Besonders interessant sind in diesem Kontext die von Haep et al. (2012) veröffentlichten Materialien zum Einsatz des REE-Curriculums in der Schule. Lehrer/-innen können mit Hilfe der wissenschaftlich evaluierten Materialien mit ihren Schüler/-innen trainieren, ihre Gefühle zu erkennen, hilfreicher mit Ärger umzugehen und weitere funktionale

Verhaltensaspekte der REE vertiefend zu üben. Diese Materialien geben Lehrer/-innen die Möglichkeit, die Prinzipien der REE mit ihren Schüler/-innen anzuwenden und zu trainieren, da sie außerdem in einem theoretischen Teil anleiten, wie auf der Grundlage der Theorie der REVT als Lehrer/-in vorzugehen ist.

6.7.2 Die Lehrer/-innenebene

Der nachfolgende Abschnitt beschäftigt sich explizit mit der ersten und zweiten Ausbildungsphase von Lehrer/-innen sowie mit dem aktuellen Status von bereits fertig ausgebildeten Lehrer/-innen in der Schule. Auch in diesem Abschnitt werden überblicksartig Erkenntnisse und Studien präsentiert, die zeigen, inwiefern sich Prinzipien der REVT in diesen wichtigen Bereich der schulischen Arbeit integrieren lassen.

Die Lehrer/-innenausbildung (nicht nur in Deutschland) wird immer wieder kritisiert, da sie trotz des wichtigen Stellenwertes, den sie einnimmt, kaum vergleichbare Maßstäbe bietet (beispielsweise hinsichtlich der Bewertungskriterien, welche einzelne Ausbilder/-innen anlegen) und viele Ursache-Wirkungs-Zusammenhänge noch unzureichend empirisch validiert sind. Auch existieren wenige Studien, welche die Wirksamkeit der aktuellen Ausbildungsstandards erforschen und bestätigen. Dabei führt Hattie (2009) an, dass die Meta-Analysen bezüglich der Effektstärken von Lehrer/-innenausbildungsprogrammen zeigen, dass diese in der Realität sehr gering ausfallen. Es sei daher wichtig, Lehramtsstudierenden und Studienreferendar/-innen frühzeitig zu vermitteln, dass das Lehren an einer Schule ein komplexer Prozess ist, der aus viel mehr Facetten besteht als ein Experte in den eigenen Unterrichtsfächern zu sein.

> They (students, die Verfasserin) need to be persuaded that school subjects consist of more than the facts and rules they themselves learned as students, that there is much to be learned about the complexities and ambiguities in teaching, (…). (Hattie 2009, S. 110)

Relevant ist in diesem Kontext auch, dass Lehrer/-innen, nicht nur, aber insbesondere auch in der Ausbildung, verstehen lernen, dass komplexe Lernprozesse durch vielerlei Faktoren begünstigt beziehungsweise verhindert werden können, und dass vielfach Schüler/-innen die Grundlagen fehlen, um komplexe inhaltliche Sachverhalte aufzunehmen und verarbeiten zu können, wenn bestimmte sozial-emotionale Grundlagen nicht vorhanden sind. Das Verständnis einer Profession des Lehrens, die mehr beinhaltet als die bloße Vermittlung von Fachwissen setzt jedoch voraus, dass Lehrer/-innen selbst ein Konzept davon entwickelt haben, wie wichtig soziale und emotionale Faktoren beim Wissenserwerb sind. Auch könnte ihnen dies helfen, ein hilfreiches Modell für ihre Schüler/-innen zu sein und sie dabei unterstützen, selbst einen größeren Gewinn aus ihrer häufig als sehr anstrengend empfundenen Ausbildung zu ziehen (Bitan et al. 2013a). Dementsprechend argumentieren Bitan et al. (2013a), dass es essentiell ist, Konzepte aus der Emotionspsychologie, wie beispielsweise der REVT, auch in die Ausbildung zukünftiger Lehrkräfte zu integrieren.

Nucci (2002) berichtet, dass sie die Prinzipien der REVT sowie viele auf diesen basierenden Übungen bereits seit mehreren Jahren in der universitären Ausbildung von Studierenden verwendet. Des Weiteren führt sie aus, dass ihre Studie zwar zunächst nur auf die individuelle und persönliche Entwicklung von Lehramtsstudierenden ausgerichtet war, der nächste Schritt für sie jedoch darin besteht, dass Lehrer/-innen ihren Schüler/-innen diese Prinzipien wiederum näherbrächten. Die Prinzipien der REVT können auf diese Weise, laut Nucci (2002), einen wertvollen Beitrag zum humanistischen Ansatz leisten, das Potenzial in jedem Menschen anzuerkennen und individuell zu fördern.

Maag (2008) stellt die Verbindung zwischen rational-emotivem Training bei Lehrer/-innen und der Verbesserung des Umgangs mit schwierigem Schüler/-innenverhalten her. *„Emotionally controlled teachers have greater access to behaviors in their repertoire for responding effectively to students' challenging behaviors."* (Maag 2008, S. 52) Dabei erläutert er, dass Stress im Lehrberuf einen nicht zu unterschätzenden Faktor darstellt und dass schwierige Lehrer/-innen-Schüler/-innen-Interaktionen insbesondere Stress induzieren. Einige Techniken der REVT (wie beispielsweise das Umstrukturieren von irrationalen Gedanken, Katastrophisierungstendenzen und übertrieben hohen Ansprüchen) können direkt auf den Lehrberuf bezogen werden. Die Ansätze der REVT können (zukünftigen) Lehrer/-innen helfen, einen professionelleren und effektiveren Umgang mit schwierigen Schüler/-innen zu realisieren.

Bermejo-Toro und Prieto-Ursua (2006) untersuchten den Zusammenhang von irrationalen Überzeugungen und Stress im Lehrberuf. Dabei nennen sie als Gründe für die immer weiter steigenden Anforderungen beziehungsweise die als Hauptrisikofaktoren ermittelten Stressoren von Lehrer/-innen beispielsweise einen raschen sozialen Wandel, konflikthafte Ansprüche, die Unsicherheiten, welche Reformen des Schulsystems mit sich bringen sowie die mangelnden zur Verfügung stehenden Ressourcen und ein negatives öffentliches Lehrer/-innenbild. Ihre Ergebnisse zeigen, dass ein hoch signifikanter Zusammenhang zwischen irrationalen Bewertungen und einer niedrigen Frustrationstoleranz hergestellt werden kann, was bedeutet, dass bei Personengruppen, die eine niedrige Frustrationstoleranz aufweisen auch tendenziell stärkere irrationale Bewertungen von Ereignissen auftreten.

Wenn der Lehrer/-innenberuf tatsächlich als risikoreich im Bereich der psychischen Gesundheit betrachtet werden kann, ist es insbesondere für diese Berufsgruppe und die jeweils immer proportional stärker belastete Gruppe der Berufsanfänger besonders wichtig, sich einen funktionalen Umgang mit möglicherweise auftretenden Problemen zu erarbeiten und diese Strategien bereits in der ersten und zweiten Ausbildungsphase zu erlernen. Auch wenn es noch wenige Studien und Untersuchungen zum Einsatz der REVT in der Lehrer/-innenausbildung und Weiterbildung gibt, weisen die wenigen vorhandenen Ergebnisse sowie die Hinweise auf vielerlei existierende irrationale Überzeugungen bei Lehrer/-innen bezüglich ihres Berufes auf einen wichtigen Bedarf hin.

Terjesen und Kurasaki (2009) führen an, dass der Einsatz der REVT auch bei Eltern von Schulkindern von großem Nutzen ist. Auch bestätigen sie, dass die Praktiken der REVT eingesetzt werden können, um im Schulkontext auftretenden Stress zu reduzieren, die Selbstwirksamkeitserwartungen von Lehrer/-innen zu stärken und Burnout zu vermeiden.

Warren (2010) führte eine Studie durch, in welcher 19 Grundschullehrer/-innen über sieben Wochen an einem Interventionsprogramm basierend auf Prinzipien der REVT teilnahmen. Die Teilnehmer/-innen wurden dabei sowohl über ein Webprogramm online unterrichtet, zum anderen nahmen sie direkt (face-to-face) an diesem Programm teil. Ziel war es, die wahrgenommene Effizienz der teilnehmenden Lehrer/-innen insbesondere im Bereich des Classroom Managements zu steigern und irrationale Überzeugungen zu reduzieren. Die Ergebnisse der Studie von Warren (2010) legen nahe, dass *„an REBT intervention, (..), has the capacity to decrease irrational thoughts held by teachers while increasing their efficacy beliefs."* (S. 35) Der Hinweis, dass keine Effektunterschiede zwischen einer direkten Vermittlung der Inhalte der REVT und einem webbasierten Programm auftraten, lässt darauf schließen, dass möglicherweise Wege existieren, die Prinzipien der REVT einer Vielzahl interessierter Lehrer/-innen auf unkomplizierte Weise zur Verfügung stellen zu können und somit die Selbstwirksamkeitserwartungen bei Lehrer/-innen zu steigern und sie dabei zu unterstützen, dysfunktionale Gedanken in Bezug auf ihr Berufsumfeld umzuwandeln und zu reduzieren.

6.7.3   Führungskräfte: Die Schulleitungsebene

Wenn es nun um die letzte noch nicht bearbeitete Instanz innerhalb des Mikrokosmos der Einzelschule geht, bedeutet dies gleichzeitig die Frage nach der Nützlichkeit oder sogar Notwendigkeit des REVT-Konzeptes auf dieser Ebene zu stellen. Sind Führungskräfte nicht bereits ausreichend geschult und auf die komplexen

Herausforderungen des Alltags in ausreichender Form vorbereitet? Was bedeutet gute Führung und gutes Management einer – wie auch immer gearteten – Institution überhaupt und mit welchen Herausforderungen ist sie verbunden? Im Folgenden wird zunächst ein Überblick über die Literatur zur Implikation der REVT in den Kontext von Führung und Management gegeben, welcher anschließend explizit auf die Ebene der Schule und somit einer Schulleitung gehoben wird. Führungsverhalten im Allgemeinen und insbesondere Mitarbeiter/innenführung (*leadership*) ist keine Frage von absoluter Macht, sondern

> Constructive leaders act in the best interests of a group with the consent of that group. Leadership is a form of power, but power with people rather than over people – a reciprocal relationship between the leader and the led. (Forsyth 2010, S. 247)

Forsyth (2010) geht davon aus, dass die Eignung zur Führungsperson einesteils auf den natürlichen Eigenschaften einer Person beruht, jedoch andernteils auch erworben werden kann, beispielsweise durch eine gute Anleitung und stetes Bemühen. Er stellt außerdem fest, dass Führungspersonen Gruppen in hohem Maße beeinflussen und bezieht sich unter anderem darauf, dass Gruppen sich weiterentwickeln, wenn sie einer guten Führungsperson unterstehen. Außerdem helfen Führungspersonen Gruppen in Extrem- und Notfällen weiter, in denen die Gruppe nicht bereit für Reaktionen gewesen wäre; dies gilt auch für die erfolgreichere Diskussion von Problemen. Allerdings können Führungspersönlichkeiten auch eine Reihe von negativen Auswirkungen auf Gruppen haben. Eine wichtige Funktion kommt auch denjenigen zu, die keine Führungsposition innehaben. Führer und Geführte müssen zusammenarbeiten, um die bestmögliche Wirkung zu erzielen. Die Führungspersönlichkeit ist jedoch für die Motivation der Gruppe und das Erreichen der gemeinsamen Gruppenziele insofern verantwortlich, als dass sie Prozesse strukturiert, überdenkt, neu ordnet und steuert (Forsyth 2010).

Miller und Yeager (1993) sowie Lange und Grieger (1993) weisen darauf hin, dass es in der Arbeit mit Führungskräften, zu denen auch die Direktor/-innen einer Schule gehören, eher schwierig sein wird, den Terminus ‚irrational' zu verwenden. Sie befürworten den Einsatz von Ansätzen der REVT jedoch insbesondere, wenn es in Unternehmen zu Umstrukturierungen oder Neuerungen kommt, da der schnelle und häufige Wandel in einigen Organisationen, wie beispielsweise auch der Schule, zu Widerständen bei den Mitarbeiter/-innen dieser Organisationen führen kann, welches als größtes Hindernis hinsichtlich der Effektivität von Organisationen gewertet werden. Eine große Neuerung tritt auch bei den Schuldirektor/-innen ein, die gemeinsam mit ihrem jeweiligen Lehrer/-innenkollegium von der Qualitätsanalyse NRW besucht werden.

Andere Untersuchungen zeigen die folgenden Ergebnisse bezüglich des Einsatzes der REVT in das Arbeits-, Organisations- und Führungsumfeld. Richman (1993) erklärt, dass die Methode der REVT genutzt werden kann, um Klient/-innen im Bereich der Karriereberatung besser zu unterstützen. Ellis empfahl das rationale Training bereits 1967 zum Einsatz in Arbeits- und Organisationskontexten, da es seiner Meinung nach zu einer Verbesserung der Führungsmöglichkeiten, der Arbeitsbedingungen und zu mehr Zufriedenheit führt. Die Autorin führt außerdem Beispiele an, wie kognitive Verhaltenstherapieansätze in jeder Phase des Arbeitslebens verwendet werden können, von der Arbeitssuche bis hin zur Arbeit im Alter.

Lange und Grieger (1993) bestätigen, dass die Konzepte der REVT gute Erfolge bei der Beratung von Führungspersönlichkeiten leisten, da auch beim Einsatz mit Führungspersönlichkeiten Aspekte zum Tragen kommen, die die REVT für jedes Individuum sehr hilfreich machen. Zum einen ist das eine Orientierung an realistischem und wissenschaftlichem Denken und Sprechen: *„Certainly, positive thinking beats negative thinking, but realistic thinking (RET) is even better."* (Lange und Grieger 1993, S. 53) Zum anderen kann auch hier die REVT dazu beitragen, dass Individuen handlungsfähig bleiben und für sich sowie ihre Gefühle und Gedanken Verantwortung zu übernehmen lernen. *„Again, RET skills contribute greatly to helping managers and executives stay focused and not be overwhelmed or immobilized by irrational thinking."* (Lange und Grieger 1993, S. 55)

Grieger und Fralick (2007) beziehen die Ansätze der REVT gezielt in die Weiterbildung von Führungskräften ein. Gleichzeitig sprechen sie jedoch ein Problem an, das auf jeden Bereich des Arbeitslebens übertragen werden kann. Führungskräfte, deren Fachwissen ausreicht, um ein Unternehmen oder eine Institution wie die Schule zu führen, scheitern häufig trotzdem oder sind in ihrer Arbeit eher ineffektiv. Den Grund dafür sehen Grieger und Fralick (2007) in fehlenden interpersonellen oder persönlichen Kompetenzen, die jedoch besonders im Bereich der Führung eine große Rolle spielen. Beide Autoren bestätigen, dass die REVT gut in der Weiterbildung dieser Kompetenzen bei Führungskräften eingesetzt werden kann.

Criddle (1993, 2007) stellt heraus dass, *„(...) REBT has many unique aspects that make it the most effective and acceptable approach to business issues that require psychological insights and tools for optimal resolution: (...)."* (Criddle 2007, S. 88) Probleme, die in der Praxis unter Einbezug der REVT mit Führungskräften thematisiert werden können sind beispielsweise die Sorge darum, dass man gemocht wird beziehungsweise dass man keine Ablehnung erfahren möchte. Ein weiterer für viele Führungskräfte problematischer Aspekt könnte die übermäßige Korrektheit bei der Ausführung von Aufgaben durch sich selbst oder andere sein. Auch bei Problemen wie dem Aufschiebeverhalten oder der Prokrastination kann thematisiert werden, dass man sich nicht immer besonders gut fühlen muss, um bestimmte, auch unangenehme Aufgaben zu erledigen. Die Übertragung der Prinzipien der REVT auf die oben genannten Situationen kann dabei helfen, diese nicht hilfreichen Verhaltensweisen zu minimieren (Criddle 1993, 2007). Dementsprechend kann davon ausgegangen werden, dass die REVT auch Schulleitungen bei der Leitung einer Schule im Allgemeinen sowie beim Umgang mit Rückmeldungen durch das Feedbackinstrument QA im Speziellen behilflich sein kann.

Dies sind nur einige Eigenschaften und Verhaltensweisen der Führungspersönlichkeit, die durch den Einsatz der REVT hilfreich verändert werden könnten. Denn, wenn die einzelnen Bereiche genauer betrachtet werden, beziehen sie sich wiederum alle auf die drei absoluten Forderungen, welche Menschen grundsätzlich stellen: Forderungen an sich selbst, an ihre Mitmenschen und an die Welt.

Palmer und Gyllensten (2008) heben hervor, dass immer mehr Forschung auf die Tatsache fokussiert, dass Stress generell und insbesondere Stress, der mit der Arbeitsstelle verbunden ist, starke negative psychische und physische Auswirkungen haben kann. Sie bestätigen, dass ein Coaching basierend auf REVT-Prinzipien besonders bei arbeitsbezogenen Problemen sehr gut frühzeitig eingesetzt werden kann und dadurch nicht erst große Hemmschwellen überwunden werden müssen, wie dies eventuell bei einer Psychotherapie der Fall sein kann. Auch Grüne (2007) bestätigt die Effektivität der Methode der rational-emotiven Verhaltenstherapie beim Training von Führungskräften. Die aufgeführten Studien und Untersuchungen zeigen insgesamt, dass Prinzipien der REVT, beispielsweise durch rational-emotives Coaching, auch in den Bereich der Führungskräfte übertragbar sind. Schulrektor/-innen sind dabei als hauptverantwortlich Leitende einer Schule ebenfalls als Führungspersonen zu bezeichnen.

Bitan et al. (2013a, b) weisen darauf hin, dass sich die Rolle von Schulleitungen in den letzten Jahren signifikant gewandelt hat, insofern diese nun in wachsendem Maße die Aufgaben von Führungspersönlichkeiten übernehmen müssen, wodurch sie erheblichen Einfluss auf die vorherrschenden Einstellungen und Überzeugungen von Lehrkräften und Schüler/-innen haben. Auch hier wird auf die bislang vernachlässigte Rolle von fundierten psychologischen Aus- und Weiterbildungen im schulischen Bereich verwiesen und darauf rekurriert, dass Ansätze aus der REVT vielen Führungskräften ihre komplexen Aufgaben durch eine fundierte Möglichkeit des Hinterfragens und Bearbeitens von emotionalen und verhaltensbezogenen Schwierigkeiten erleichtern könnten.

Empirische Untersuchungen 7

7.1 Theoretische Einbettung der Forschungsarbeiten

Obenstehend wurden verschiedene Theorien benannt, welche sich bislang nicht immer explizit mit der Thematik Feedback beschäftigt haben, wohl aber als Teilerklärungen für den Umgang von Individuen mit Feedback herangezogen werden können. An dieser Stelle wird argumentiert, dass die dargestellten Theorien der Reaktanz, Dissonanz sowie des Selbst und Aspekte der Attributionstheorie als Teilbereiche der rational-emotiven Verhaltenstherapie betrachtet werden können, welche in diesem Kontext dementsprechend als eine Art Metatheorie fungiert. Im Verlaufe des Theorieteils wurde herausgearbeitet, dass die REVT einen Schwerpunkt auf die Unterstützung von Individuen durch die Umwandlung ihrer irrationalen, dysfunktionalen und nicht hilfreichen Bewertungen, Vorstellungen und Glaubenssätze legt. Bei näherer Betrachtung sind sowohl Dissonanz- als auch Reaktanzprozesse, ebenso wie Mechanismen zum Schutze des eigenen Selbstwertes ebenfalls Teil dieser Bewertungsprozesse. Je nachdem, wie ein Individuum in den unterschiedlichen Bereichen bewertet und welche Überzeugungen sich manifestiert haben, werden dementsprechend auch die Konsequenzen für das Individuum ausfallen.

Referendar/-innen, die sich Ansprüchen von Seminarleitungen ausgesetzt fühlen, welche sie als ungerechtfertigt ansehen beziehungsweise von denen sie annehmen, dass diese sie daran hindern werden, ihre eigenen unterrichtlichen Vorstellungen umzusetzen, werden möglicherweise innere Widerstände erleben. Auch Schulleitungen, welche bislang ohne größere, institutionelle Kontrolle von außen gearbeitet haben, könnten die Einrichtung einer obligatorischen

© Springer Fachmedien Wiesbaden 2016
K. Behnke, *Umgang mit Feedback im Kontext Schule*,
DOI 10.1007/978-3-658-10223-4_7

Qualitätsanalyse im gesamten Bundesland Nordrhein-Westfalen als Bedrohung ihrer Freiheit ansehen, die eigene Schule ohne Rechenschaftslegung nach außen zu leiten. In beiden dargestellten Beispielen könnte Reaktanz die Folge dieser Annahmen sein. Nun würde die REVT argumentieren, dass beide Annahmen von Freiheit auf absoluten Forderungen sich selbst, den Mitmenschen oder der Gesellschaft gegenüber beruhen und dementsprechend wenig hilfreich sind und zu dysfunktionalen Gefühlen führen. Demnach ließen sich Reaktanzprozesse als Teile von irrationalen Überzeugungen in die Theorie der REVT als Metatheorie einordnen. Die untenstehenden Abbildungen verdeutlichen beide oben geschilderte Beispiele durch die Übertragung der Situationen in ABC-Modelle. Dabei wird deutlich, wie Reaktanz durch nicht hilfreiche Bewertungen und Überzeugungen sowie Anforderungen generiert wird, wohingegen hilfreiche Bewertungen und Überzeugungen zu einer stark abgemilderten Form führen können (vgl. Abb. 7.1 und 7.2).

Auch anhand des untenstehenden ABC-Modells, welches die oben bereits beschriebene Reaktanzsituation hinsichtlich der Einführung der externen

B

Hilfreich: Vielleicht kann ich durch die neue Herangehensweise etwas lernen. Ich sollte nicht alles direkt abwerten, sondern es zunächst ausprobieren. Wenn diese Methode mir tatsächlich nicht liegt, kann ich sie dann immer noch fundiert kritisieren.
Nicht hilfreich: Ich muss so unterrichten dürfen, wie ich mir das vorstelle! Niemand darf mir vorschreiben, wie ich meinen Unterricht gestalte.

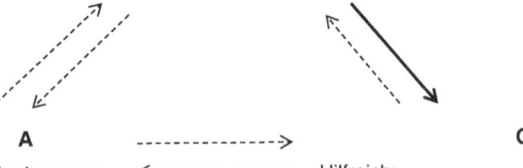

A   - - - - - - - - - - - - - - ->   **C**

Die Anforderungen   <- - - - - - - - - - - - - -   Hilfreich:
und Vorstellungen der   Emotional: Gelassenheit, Spielraum zum Über-
Seminarleitung   denken eigener Strategien
werden von einem/-r   Behavioral: Ausprobieren neuer Strategien, Lernen
Referendar/-in nicht   findet statt
geteilt.   Nicht hilfreich:
                                                      Emotional: Frustration, Enttäuschung, Angst, Wut,
                                                      Reaktanz
                                                      Behavioral: Anwendung eigener Strategien,
                                                      Versuch der Freiheitswiederherstellung

Abb. 7.1 Beispiel einer im ABC-Modell aufgeschlüsselten Reaktanzsituation: Referendar/-innen

Schulevaluation aufschlüsselt, wird deutlich, inwiefern die REVT als Metatheorie für die Reaktanztheorie dienen kann (vgl. Abb. 7.2). Auch die Dissonanztheorie kann in das ABC-Modell der REVT eingebettet werden. So könnten Referendar/-innen, welche in der ersten Phase der Lehrer/-innenausbildung an der Universität immer sehr gute Noten erreicht haben, davon ausgehen, dass sie ebenfalls in der zweiten Phase des Referendariats überdurchschnittlich gut abschneiden werden. Negatives Feedback seitens der Seminarausbilder/-innen könnte dazu führen, dass zwei dissonante Kognitionen nebeneinander stehen. Diese könnten beispielsweise lauten: *„Ich weiß, dass ich eine gute Lehrkraft bin."* und *„Die Rückmeldungen zu meinem Unterricht sind bislang durchweg negativ."* Wie obenstehend im Theorieteil bereits ausführlich beschrieben (vgl. Abschn. 5.2), sind Individuen bestrebt, dissonante Kognitionen auszugleichen, damit sie sich wieder konsonant zueinander verhalten. Um in diesem Falle eine Konsonanz zwischen den beiden Kognitionen herzustellen, könnte

B

Hilfreich: Der Besuch der QA bedeutet Arbeit und einige Aufregung. Auch ich bin hinsichtlich mancher Aspekte etwas beunruhigt. Aber vielleicht helfen uns ja positive wie negative Hinweise, damit wir in unserer Schule besser arbeiten können. Ich werde der QA unvoreingenommen begegnen.
Nicht hilfreich: Immer denkt sich die Politik etwas Neues aus. Was soll die QA denn schon bringen? Viel Arbeit für nichts. Ich mache da nicht mehr mit! Als ob die mir erzählen könnten, wie ich meine Schule ordentlich leiten soll.

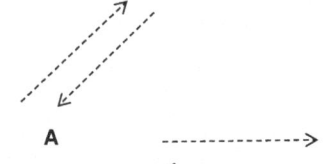
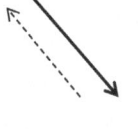

A

Die QA NRW wird obligatorisch für alle Schulen im Bundesland eingerichtet.

C

Hilfreich:
Emotional: Gelassenheit, Ruhe, Interesse, Spannung
Behavioral: Sachliche und ruhige Vorbereitung, Einstimmung und Vorbereitung des Kollegiums
Nicht hilfreich:
Emotional: Reaktanz, Verspüren von Widerständen, Angst, Wut, Resignation
Behavioral: Beeinflussung des Kollegiums gegen die QA, schlechte oder übertriebene Vorbereitung, Abwertung der Inspektor/-innen am Besuchstag

Abb. 7.2 Beispiel einer im ABC-Modell aufgeschlüsselten Reaktanzsituation: Schulleitungen

B

Hilfreich: Dieses Feedback verunsichert mich und macht mich traurig. War meine Einschätzung denn so falsch? Ich bin völlig verwirrt. Ich dachte immer, ich wäre wie gemacht für diesen Beruf. Vielleicht wird es besser, wenn ich mich näher mit dem Feedback meiner Ausbilder/-innen beschäftige?!
Nicht hilfreich: Die mögen mich einfach nicht! Das Feedback kann gar nichts mit meinen Leistungen zu tun haben. Ich habe ein tolles 1. Staatsexamen und jetzt wollen die mir erzählen, ich könnte das alles nicht?! Die haben doch keine Ahnung!

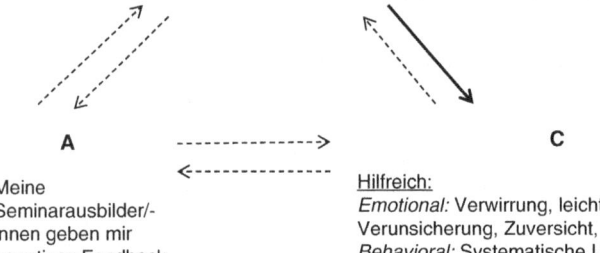

A   ----------->   **C**
              <-----------
Meine   Hilfreich:
Seminarausbilder/-   *Emotional:* Verwirrung, leichte Traurigkeit,
innen geben mir   Verunsicherung, Zuversicht, eine Lösung zu finden
negatives Feedback,   *Behavioral:* Systematische Umsetzung der
obwohl ich mich für   Hinweise der Ausbilder/-innen, Ursachensuche,
eine gute Lehrkraft   Gespräche mit Beteiligten führen, kritischere
halte.   Selbstüberprüfung
                             Nicht hilfreich:
                             Emotional: Wut, Ablehnung gegenüber den
                             Ausbilder/-innen, Verzweiflung, Trotz, Frustration
                             Behavioral: Unfreundliches Verhalten gegenüber
                             Ausbilder/-innen, keine Umsetzung des Feedbacks,
                             stoisches Beibehalten des vorherigen Verhaltens,
                             Abwertung des Referendariats bzw. der Ausbilder/-
                             innen vor anderen Personen

Abb. 7.3 Beispiel einer im ABC-Modell aufgeschlüsselten Dissonanzsituation: Referendar/-innen

das berufsbezogene Selbstbild oder die Beurteilung der Kompetenzwahrnehmung des Feedbackgebers verändert werden. In Abb. 7.3 wird das Beispiel innerhalb eines ABC-Modells konkreter ausgeführt.

Das obenstehende Beispiel verdeutlicht selbstverständlich nur eine mögliche, beispielhafte Reaktion im Zustand der kognitiven Dissonanz. Wie im Theorieteil thematisiert, stehen Individuen eine Reihe von Möglichkeiten zur Verfügung, um den Zustand der kognitiven Dissonanz abzumildern beziehungsweise Konsonanz herzustellen.

Auch hinsichtlich der Situation des Empfangens von Feedback durch die Qualitätsanalyse NRW kann möglicherweise Dissonanz entstehen. Angenommen, eine Schulleitung steht der QA zunächst sehr ablehnend gegenüber, da sie sich von der neuen Maßnahme bevormundet fühlt. Als sich die QA NRW jedoch ankündigt,

B

<u>Hilfreich:</u> Vorher war ich ziemlich stark gegen die QA. Jetzt, nachdem ich sie erlebt habe und eine so tolle Rückmeldung erhalten habe, bin ich nicht mehr so sicher, wie ich mich positionieren soll. Vielleicht sollte ich beide Positionen kritisch prüfen und überlegen, welche Aspekte jeder Seite Sinn ergeben. <u>Nicht hilfreich:</u> Okay, wenn die QA erkennen kann, was für eine gute Schule wir sind, dann kann sie ja nicht schlecht sein. Schön, dass die QA unsere gute Arbeit bestätigt hat.

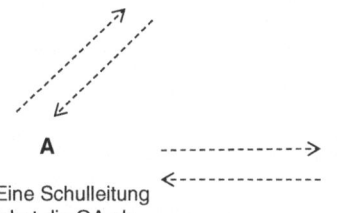

A --------------> **C**
<-------------

Eine Schulleitung lehnt die QA ab, investiert trotzdem viel Mühe und erzielt dann auch noch ein besonders gutes Ergebnis.

<u>Hilfreich:</u>
Emotional: Freude, aber auch gemischte Gefühle, Aushalten des Gefühls der Dissonanz
Behavioral: Sachliche Prüfung der Angelegenheit, Diskussionen mit Kolleg/-innen, kritische Betrachtung der QA sowie der eigenen Schule
<u>Nicht hilfreich:</u>
Emotional: Stolz, totale Akzeptanz der QA auf alleiniger Grundlage des eigenen Ergebnisses
Behavioral: Übertriebenes Loben der QA, Darstellen der positiven Haltung als bereits immer vorhanden; kritikloses, unreflektiertes Verhalten

Abb. 7.4 Beispiel einer im ABC-Modell aufgeschlüsselten Dissonanzsituation: Schulleitungen

macht sich die Schule unter Regie der Schulleitung strukturiert an die Arbeit und ist an den Besuchstagen und hinsichtlich des eingereichten Schulportfolios gut vorbereitet. Die Rückmeldung nach den Besuchstagen ist ebenfalls mehr als erfreulich, denn die Schule erzielt eines der besten Ergebnisse im gesamten Regierungskreis. Dissonanztheoretisch ergeben sich hier wiederum zwei widerstreitende Kognitionen. Einerseits besteht die eigentliche Ablehnung der Maßnahme durch die Schulleitung, andererseits wurde viel Arbeit investiert und ein sehr gutes Ergebnis erzielt. Laut Dissonanztheorie lassen sich diese beiden Aspekte nur schwerlich miteinander vereinbaren, weshalb die betroffenen Individuen wiederum versuchen werden, Konsonanz herzustellen (vgl. Abb. 7.4).

Die obenstehende Abb. 7.4 stellt ein weiteres Beispiel dar, in welchem sich Dissonanzprozesse auf das ABC-Modell der REVT übertragen lassen.

Auch der dritte theoretische Bereich, welcher in diesem Teil der Arbeit neben der Reaktanz- und der Dissonanztheorie vorgestellt wurde, lässt sich in das ABC-Modell der REVT integrieren. Hinsichtlich der Thematik des Selbstwertschutzes und der Selbstwertprozesse können wiederum exemplarisch Situationen aus beiden Forschungsfeldern dieser Arbeit herangezogen werden. Referendar/-innen könnten negatives Feedback beispielsweise als globale Aussage über ihren Selbstwert interpretieren und diesen als Reaktion darauf verteidigen und schützen wollen (vgl. Abb. 7.5).

Das oben dargestellte Beispiel zeigt, wie sich auch Prozesse des Selbstwertes und des Selbstwertschutzes auf das ABC-Modell und die dahinterstehende Theorie der REVT übertragen lassen.

Das in Abb. 7.5 dargestellte Szenario kann dabei ebenfalls auf eine negative Rückmeldung durch die Inspektor/-innen der QA übertragen werden. Auch in diesem Falle könnte es durchaus geschehen, dass eine Schulleitung die Maßnahme

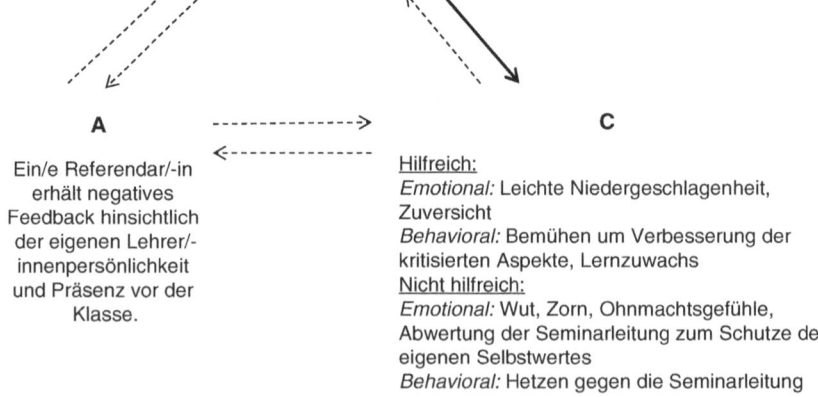

B

Hilfreich: Die Rückmeldung ist gar nicht so leicht zu verdauen! Aber ich fange ja auch gerade erst an. Ich sollte die Hinweise ernst nehmen und an mir arbeiten, dann kann ich bestimmt eine gute Lehrkraft werden. Außerdem heißt die Kritik nicht, dass ich überhaupt nichts kann oder richtig gemacht habe. Beim nächsten Mal wird es besser!
Nicht hilfreich: Ich kann gar nichts! So eine negative Rückmeldung halte ich kein einziges Mal mehr aus! Meine Seminarleitung ist komplett inkompetent, von ihr werde ich mir gar nichts mehr sagen lassen!

A   ------------->   **C**
                             <-------------

Ein/e Referendar/-in erhält negatives Feedback hinsichtlich der eigenen Lehrer/-innenpersönlichkeit und Präsenz vor der Klasse.

Hilfreich:
Emotional: Leichte Niedergeschlagenheit, Zuversicht
Behavioral: Bemühen um Verbesserung der kritisierten Aspekte, Lernzuwachs
Nicht hilfreich:
Emotional: Wut, Zorn, Ohnmachtsgefühle, Abwertung der Seminarleitung zum Schutze des eigenen Selbstwertes
Behavioral: Hetzen gegen die Seminarleitung

Abb. 7.5 Beispiel einer im ABC-Modell aufgeschlüsselten Selbstwertsituation: Referendar/-innen

der QA, die Inspektor/-innen und deren Kompetenz oder deren Feedback abwertet, um den eigenen Selbstwert zu erhöhen.

Es sollte in diesem zusammenfassenden Kapitel deutlich geworden sein, dass die Theorien der psychologischen Reaktanz, der kognitiven Dissonanz sowie die Theorien hinsichtlich des Selbstwertes, des Selbstwertschutzes und der Selbstwerterhöhung sich grundsätzlich in besonderem Maße eignen, um Teilaspekte von gelingenden sowie misslingenden Feedbackprozessen zu untersuchen und zu erklären.

Andererseits konnte in dieser Zusammenfassung außerdem gezeigt werden, dass alle drei Theorien sich darüber hinaus in die Metatheorie der rational-emotiven Verhaltenstherapie von Ellis integrieren und diesbezügliche Prozesse sich mit Hilfe von ABC-Modellen aufschlüsseln und analysieren lassen. In allen drei Theorien führen irrationale, nicht hilfreiche Bewertungsweisen zu bestimmten emotionalen und verhaltensbezogenen Konsequenzen. Im Folgenden sollte dementsprechend überprüft werden, ob der Umgang mit Feedback hauptsächlich von irrationalen beziehungsweise rationalen Bewertungen geprägt wird, in welche die Prozesse der Reaktanz, der Dissonanz und des Selbstwertschutzes integriert sind, und welche Auswirkungen dies hat.

7.2   Fragestellung

Zwei Personengruppen stehen in diesem Band im Fokus, welche zwar einerseits gänzlich voneinander getrennt erscheinen, jedoch andererseits auch Berührungspunkte aufweisen und dementsprechend in zwei Untersuchungen zu einer Forschungsarbeit verbunden wurden. Es geht zum einen um den Umgang von Studienreferendar/-innen und zum anderen um den Umgang von Schulleitungen mit Feedback innerhalb ihres speziellen Arbeitssettings.

Die erste Gemeinsamkeit dieser beiden Gruppen scheint leicht gefunden, gehören beide doch explizit zum Kontext der Institution Schule. Die nächste Gemeinsamkeit resultiert aus der Stellung dieser beiden Personengruppen: Beide Personengruppen weisen einen, im schulischen Kontext in Deutschland eher unüblichen, ‚exponierten‘ Status hinsichtlich des Erhalts von Feedback auf. Beide Personengruppen erhalten außerdem Feedback auf eine besondere Art und Weise: Die Referendar/-innen innerhalb des Ausbildungskontextes in einer sehr hoch frequentierten Form, was sich durch die Ausbildungsreform und Verkürzung des Referendariats in NRW auf 1,5 Jahre noch verstärkt hat, die Schulleitungen seit Einführung der Qualitätsanalyse NRW im Jahre 2006 sehr intensiv durch externe Evaluator/-innen und hinsichtlich ihrer Leitungtätigkeit sowie der Steuerung der gesamten Schule. Des Weiteren repräsentieren beide Personengruppen in einer gewissen Weise die Berufsgruppe des Lehrers beziehungsweise der Lehrerin: Die Referendar/-innen sind noch in der Ausbildung zur Lehrkraft, erteilen jedoch bereits eigenständigen Unterricht und werden direkt nach ihrer zweiten Staatsprüfung als vollwertige Lehrkraft eingesetzt. Die Schulleitungen, die diese Ausbildung ebenfalls durchlaufen haben, haben vor ihrer Qualifizierung für die Leitungsposition häufig viele Jahre als Lehrkraft gearbeitet und tun dies parallel zu ihrer Schulleitungtätigkeit in einem gewissen Umfang immer noch. Es bieten sich also, insgesamt gesehen, interessante Parallelen und Zusammenhänge bei beiden Personengruppen, welche in dieser Arbeit unter Berücksichtigung der Komponente Feedback sowie des Umgangs mit dieser Komponente betrachtet werden sollen.

Als Hinleitung zur Fragestellung sollten vorab einige Aspekte beachtet werden, welche bereits in den Kapiteln zum Stand der Forschung beziehungsweise im Theorieteil erwähnt wurden, jedoch an dieser Stelle pointiert hervorgehoben werden sollen.

Zum einen wird aus dem Forschungsstand zum Thema Feedback ersichtlich, dass dieses als bedeutsam für Lernprozesse erachtet wird. Kontinuierliche Lern- und Reflexionsprozesse sind für Referendar/-innen, Lehrer/-innen sowie Schulleitungen wichtig, da diese sehr stark eigenaktiv mit Individuen in Interaktionen treten und diese konstruktiv lenken müssen sowie die Heranbildung und Ausbildung der neuen Generationen einer Gesellschaft prägen. Sind diese Personengruppen nicht bereit und in der Lage, Feedback als Lerngelegenheit konstruktiv zu nutzen und zu reflektieren und wird Feedback dementsprechend abgewiesen, so kann dies Einflüsse auf ganze Schulen und Generationen von Schulkindern ausüben. Angefangen bei der Gestaltung des Unterrichts, der didaktischen Reduktion, der Auswahl der Inhalte sowie der Verwendung von Methoden und Materialien bis hin zur konstruktiven Gestaltung von sozialen Prozessen sollten Lehrer/-innen in der Lage sein, sich selbst zu reflektieren. Da die Integration aller Handlungen insbesondere zu Beginn des Lehrer/-innendaseins oftmals zu komplex ist, um alle ablaufenden Prozesse selbst reflektieren zu können, kommt dem Feedback in diesem Kontext ein so hoher Stellenwert zu. Dasselbe gilt auch für Schulleitungen. Als Leitung einer gesamten Schule entsteht eine Vielzahl an Aufgaben, so dass Feedback, gerichtet auf blinde Flecken oder notwendige Verbesserungsmaßnahmen, sehr wichtig für eine gesamte Schule sein kann.

Lehrer/-innen sowie Schulleitungen erfahren im Alltag immer noch gewissermaßen wenig Kontrolle ihrer Professionalität und ihres professionellen Handelns. Es existieren außerdem wenige Situationen, in denen Lehrer/-innen und Schulleitungen Feedback erhalten. Die eine große Möglichkeit des Erhalts von kontinuierlichem und intensivem Feedback im Rahmen einer

Lehrer/-innenbiographie ist einerseits das Referendariat. Die andere Möglichkeit für eine Schulleitung ist andererseits die in NRW eingeführte Schulinspektion Qualitätsanalyse.

Da die Lerngelegenheiten durch Feedback im Lehrer/-innenberuf, alle Karrierestufen übergreifend, nicht besonders ausgeprägt sind, ist es essentiell, zu untersuchen, in welchen Fällen Feedback angenommen und in welchen Fällen es abgewiesen wird. Die wenigen Situationen, in denen Lehrkräfte und Schulleitungen in Deutschland bislang Feedback erhalten, könnten dann unter der Schaffung idealer Feedbackvoraussetzungen noch gewinnbringender zur Professionalisierung dieser Personengruppen genutzt werden.

Im Folgenden werden die Fragestellungen präsentiert, welche in beiden Untersuchungen dieses Bandes einer gründlichen Betrachtung unterzogen werden.

7.2.1 Fragestellungen des vorliegenden Bandes

Die allgemeine und zentrale Fragestellung lautet:

- Wie gehen Referendar/-innen (vgl. Studie I) und Schulleitungen (vgl. Studie II) mit Feedback um?

Damit zusammen hängen die Fragestellungen:

- Welche Faktoren begünstigen einen positiven Umgang mit Feedback?
- Welche Faktoren begünstigen einen negativen, ablehnenden Umgang mit Feedback?

Auf Grund der Tatsache, dass Lehrer/-innen innerhalb ihrer Profession viel Feedback erteilen und dieses dementsprechend ein integraler Bestandteil ihres Berufsbildes ist, steht zu vermuten, dass auch Referendar/-innen Feedbackprozessen positiv gegenüber eingestellt sind. Die Relevanz von Feedback wird von Referendar/-innen vermutlich als hoch eingeschätzt. Auch die Relevanz von Feedback für die Schüler/-innen wird als hoch eingestuft werden.

Auch bei Schulleitungen ist das Erteilen von Feedback ein grundlegender Bestandteil der eigenen Profession sowie der bereits durchschrittenen Laufbahn. Dementsprechend ist auch bei ihnen zu vermuten, dass sie Feedback grundsätzlich positiv gegenüber eingestellt sind.

7.3   Studie I: Referendar/-innen

7.3.1 Methodische Überlegungen

Die Untersuchung der Fragestellung hinsichtlich des Umgangs der Studien-referendar/-innen mit Feedback wurde unter Verwendung eines quantitativen Fragebogens durchgeführt.

7.3.1.1 Fragebogen

Es lassen sich grundsätzlich drei Bereiche des Fragebogens unterteilen. Der erste Teil erfragt personenbezogene Merkmale, der zweite Teil erfasst feedback-bezogene Aspekte, der dritte Teil komplettiert den Fragebogen mit 8 offenen Fragen.

Vorangestellt sind diesen drei Teilen 9 selbst konzipierte Items zur Erfassung der allgemeinen Einstellung zu Feedback. Diese 9 Items untersuchen, wie sich die befragten Personen zum Thema Feedback und Rückmeldungen im Allgemeinen positionieren, ohne dieses Thema direkt mit den Rückmeldungen in der Ausbildungsstätte in Verbindung zu bringen. Dabei wird unter anderem untersucht, wie wichtig den Referendar/-innen Feedback im beruflichen Bereich und zur beruflichen Weiterentwicklung erscheint und es wird erfragt, wie sie mit Feedback umgehen („*Eine funktionierende Feedbackkultur ist für jeden Beruf wichtig.*" oder „*Die Aussicht Feedback zu erhalten, löst Angst in mir aus.*").

Der sich anschließende erste Teil des Fragebogens verwendet Items zur Erfassung von Personenmerkmalen der Referendar/-innen. Ein Teil der Items, und zwar diejenigen zur Erfassung von *Leistungsmotivation, Sensitivität, Emotionaler Stabilität, Selbstbewusstsein* und *Kontrollerleben*, entstammt dem *Bochumer Inventar zur berufsbezogenen Persönlichkeitsbeschreibung* (BIP) von Hossiep und Paschen (2003). Der andere Teil der Items zur Erfassung der Persönlichkeitsmerkmale *Selbstdarstellung* und *Selbstsicherheit* wurde dem *Feedback-Inventar zur berufs-bezogenen Erstorientierung für Lehramtsstudierende* von Kanning et al. (2011) entnommen.

Der zweite Teil des Fragebogens besteht aus 51 selbst konzipierten Items, wel-che sich insbesondere auf die Einschätzung sowie den Umgang mit Feedback an der Ausbildungsstätte beziehen („*Ich verspüre oft Widerstand gegen das Feedback meiner Ausbilder/-innen.*" oder „*Nach negativem Feedback in der Nachbesprechung geht es mir noch längere Zeit schlecht.*"). Von den 51 verwendeten, selbst konzi-pierten Items wurden insgesamt 7 Items nicht für die Bildung von Skalen verwendet.

7.3.1.2 Pilotierung

Nachdem der Fragebogen fertig gestellt war, erfolgten zunächst eine Pilotierung der selbst erstellten Items sowie eine Überprüfung der Passung der Skalen zur Erfassung der ausgewählten Persönlichkeitsmerkmale. Dabei wurden $N = 12$ Fragebögen an eine Auswahl von Testpersonen verteilt. Diese entsprachen der zu befragenden Klientel, da die Testpersonen sich zum angegebenen Zeitpunkt entweder selbst im Referendariat befanden oder dieses bereits absolviert hatten. Eine grundlegende Kenntnis des zu untersuchenden Gegenstandes lag bei allen Testpersonen in ausreichendem Maße vor, außerdem hatten alle Testpersonen die Gelegenheit, tatsächlich stattgefundene Ereignisse in Studienseminaren und ZfsL zu reflektieren und die angeführten Items auf reale Erlebnisse zu beziehen. Auf Grund der Rückmeldungen einerseits und der Auswertung der Ergebnisse andererseits wurden anschließend Modifikationen am Fragebogen vorgenommen.

7.3.1.3 Antwortskala

Die in diesem Fragebogen verwendete Skala ist fünfstufig und auf einem Kontinuum von 1 = *trifft völlig zu* bis 5 = *trifft gar nicht zu* angeordnet (vgl. Tab. 7.1).

Die nachfolgende Abb. 7.6 verdeutlicht die Bereiche, welche durch den hier präsentierten Fragebogen erfasst wurden. Die Skalen *Selbstbewusstsein* (Hossiep und Paschen 2003) und *Selbstsicherheit* (Kanning et al. 2011) wurden nach Überprüfung der Reliabilität zu einer Skala mit dem Namen *Selbstsicherheit* bestehend aus 17 Items zusammengelegt.

7.3.1.4 Aufbereitung der Daten und verwendete Skalen

Teil I des Fragebogens

Im ersten Teil des Fragebogens werden Skalen zur Erfassung von personenbeschreibenden Merkmalen verwendet. Nach der Erhebung wurde zunächst die Reliabilität der zu bildenden Skalen untersucht. Die Items aller in der vorangehenden Abbildung dargestellten persönlichkeitsbezogenen Bereiche weisen eine zufriedenstellende Reliabilität auf. Es lassen sich dementsprechend die Skalen

Tab. 7.1 Verwendete Antwortskala

1	trifft völlig zu
2	trifft eher zu
3	teils – teils
4	trifft kaum zu
5	trifft gar nicht zu

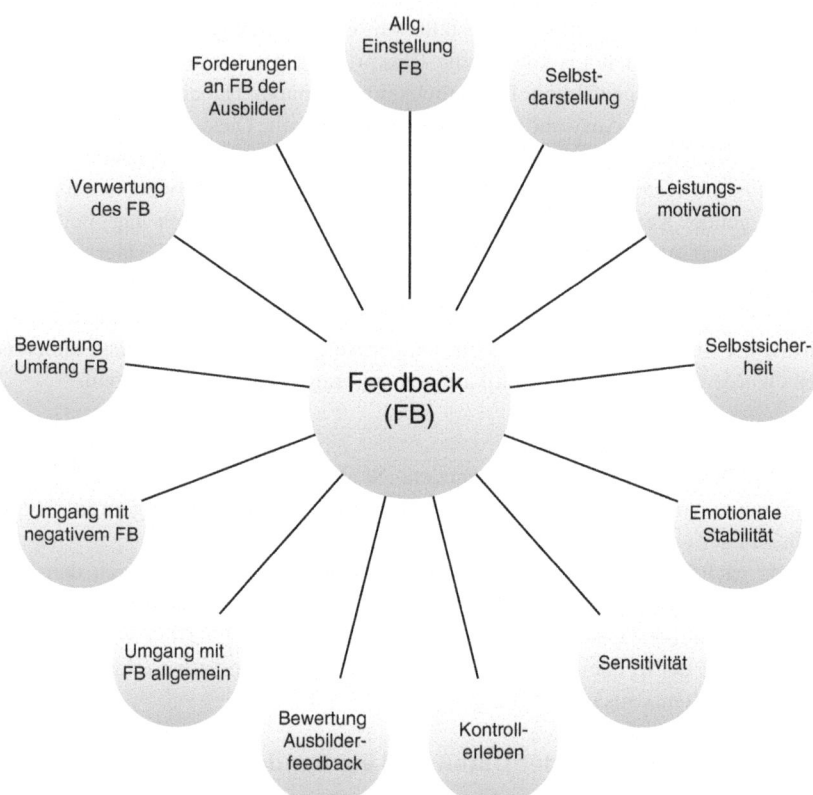

Abb. 7.6 Abbildung der im Fragebogen erfassten thematischen Bereiche

Selbstdarstellung, Leistungsmotivation, Selbstsicherheit, Emotionale Stabilität, Sensitivität und *Kontrollerleben* bilden. Die Anzahl der verwendeten Items sowie Mittelwerte, Standardabweichung und Anzahl der in jeder Skala ausgewerteten Fragebögen finden sich in untenstehender Tab. 7.2.

Teil II des Fragebogens

Teil II des Fragebogens besteht aus Skalen zur Erfassung der Bewertung und des Umgangs mit dem Feedback, welches in der Zeit des Referendariats an der Ausbildungsstätte durch die Ausbilder/-innen erfahren wurde. Folgende Skalen ließen sich aus den im Fragebogen verwendeten Items des zweiten Teils bilden

Tab. 7.2 Verwendete Skalen I: Persönlichkeitsmerkmale

Skala	Anzahl der Items	M	SD	N
Selbstdarstellung	6	2,86	,62	112
Leistungsmotivation	12	2,70	,48	112
Selbstsicherheit	17	2,56	,46	109
Emotionale Stabilität	16	3,14	,66	114
Sensitivität	11	2,25	,44	114
Kontrollerleben	6	2,28	,63	115

M = Mittelwert, SD = Standardabweichung

Tab. 7.3 Verwendete Skalen Teil II: Erfassung der Bewertung und des Umgangs mit dem Feedback im ZfsL

Skala	Anzahl der Items	M	SD	N
Allgemeine Einstellung zu Feedback	9	1,95	,48	115
Forderungen an das Feedback der Ausbilder/-innen	3	3,17	,83	115
Verwertung des Feedbacks durch die Referendar/-innen	8	2,09	,68	116
Bewertung des Umfangs des Feedbacks	2	2,66	1,24	116
Umgang mit negativem Feedback	8	1,94	,59	116
Umgang mit Feedback allgemein	6	2,00	,60	116
Bewertung des Ausbilder/-innenfeedbacks	17	2,37	,71	116

M = Mittelwert, SD = Standardabweichung

(vgl. Tab. 7.3). Wiederum geben die Skalen die Anzahl der verwendeten Items sowie Mittelwerte, Standardabweichung und Anzahl der in jeder Skala verwendeten Fragebögen wieder.

7.3.1.5 Offene Fragen
Um die Überprüfung einzelner Themenbereiche zu validieren sowie um die Untersuchung durch qualitative Aspekte anzureichern, wurden zusätzlich acht offene Fragen innerhalb des Fragebogens verwendet (vgl. Tab. 7.4).

7.3.1.6 Stichprobe
Alle Teilnehmer/-innen an der Erhebung in Studie I sind Studienreferendar/-innen, die ihr Referendariat an einem Zentrum für schulpraktische Lehrer/-innenausbildung in NRW in verkürzter Form, das bedeutet 1,5 statt 2 Jahre, durchführen. Die Stichprobe setzt sich zusammen aus N = 116 Studienreferendar/-innen. Insgesamt

Tab. 7.4 Teil III des Fragebogens: Offene Fragen

Tabellarische Darstellung der offenen Fragen
1. Definieren Sie stichpunktartig, was Feedback für Sie persönlich bedeutet.
2. Wie wichtig ist es für Sie, dass Ihre Schüler/-innen den Umgang mit Feedback lernen? Bitte begründen Sie Ihre Antwort.
3. Bitte nennen Sie mindestens drei Faktoren, die es Ihnen im Referendariat eher schwer gemacht haben, mit Rückmeldungen umzugehen.
4. Wie bewerten Sie die Ausbildung, die Sie im Rahmen des Vorbereitungsdienstes am ZfsL bekommen haben? Bitte erläutern und begründen Sie.
5. Wie bewerten Sie das Feedback, das Sie am ZfsL im Rahmen Ihrer Ausbildung erlebt haben? Bitte begründen Sie.
6. Woran erkennen Sie eine misslungene Nachbesprechung? Nennen Sie mindestens drei Faktoren.
7. Woran erkennen Sie eine gelungene Nachbesprechung? Nennen Sie mindestens drei Faktoren.
8. Bitte ergänzen Sie hier Aspekte zum Thema Rückmeldungen und Feedback im ZfsL, die Sie noch loswerden möchten.

haben zu Beginn des Ausbildungsjahrgangs 247 Studienreferendar/-innen mit der Ausbildung begonnen. 233 Studienreferendar/-innen haben sich am Ende der Ausbildung zur zweiten Staatsprüfung angemeldet und 225 Lehramtsanwärter/-innen haben das zweite Staatsexamen bestanden und das Referendariat erfolgreich abgeschlossen. Da die vorliegende Befragung in der Woche der letzten Staatsprüfungen stattfand, ist von einer Gesamtteilnehmer/-innenzahl von 233 beziehungsweise 225 Studienreferendar/-innen auszugehen. Bei einer auswertbaren Anzahl von $N = 116$ Fragebögen bedeutet dies, dass 49.79 % beziehungsweise 51.56 % aller Studienreferendar/-innen des Ausbildungsjahrganges an der Untersuchung teilgenommen haben.

7.3.2 Ergebnisse: Allgemeine Angaben der Befragten

Die befragten Studienreferendar/-innen sind im Mittel 29 Jahre alt ($M = 29,00$, $SD = 3,22$). 113 von 116 Angaben konnten hierbei verwertet werden. Die jüngste befragte Person ist dabei 25 Jahre alt, die älteste befragte Person gibt ein Alter von 48 Jahren an.

Die Geschlechter verteilen sich in der untersuchten Stichprobe folgendermaßen. 33 (28,4 %) der befragten Referendar/-innen sind männlich, 81 (69,8 %) sind weiblich. 2 Referendar/-innen (1,7 %) tätigen keine Angabe.

Auf Grund des beschriebenen Versuchsdesigns, welches darauf basierte, dass die Referendar/-innen die Auskünfte über alle Fachleiter/-innen zusammen geben sollten, ergibt sich, dass hier die gemittelte Abschlussbenotung durch beide Fachleiter/-innen angegeben wird. Die Abschlussbenotung der Fachleiter/-innen macht dabei 25 % der Gesamtnote des zweiten Staatsexamens aus. Insgesamt erhalten 38,8 % der befragten Referendar/-innen eine Abschlussbenotung, die besser als 2,0 ist. 30,2 % erhalten die Bewertung 2,0. Lediglich 12,1 % der befragten Referendar/-innen erhalten von ihren Fachleiter/-innen eine Benotung von 3,0 oder schlechter.

7.3.3 Korrelationsanalysen

Im Folgenden werden die Ergebnisse der einzelnen Themenbereiche dargestellt. Dabei werden zunächst Korrelationen skizziert. Anschließend werden diese Ergebnisse durch die Darstellung ausgewählter Ergebnisse multivariater Analysen konkretisiert.

7.3.3.1 Korrelationsanalyse der feedbackbezogenen Skalen
Es wird deutlich, dass die Zusammenhänge zwischen den feedbackbezogenen Skalen bei den Geschlechtern unterschiedlich verteilt sind. Die wesentlichen Ergebnisse und Unterschiede werden nachfolgend in Kürze skizziert.

Benotung. Auffällig ist, dass die *Benotung* bei den männlichen Befragten positiv mit dem *Umgang mit negativem Feedback* ($r = .62$, $p < .01$), *Feedback im Allgemeinen* ($r = .66$, $p < .01$) sowie der *Einstellung zu Feedback* ($r = .49$, $p < .01$) und der *Verwertung des Feedbacks* ($r = .39$, $p < .05$) korreliert. Bei beiden Geschlechtern korreliert die *Benotung* positiv mit der *Bewertung des erhaltenen Ausbilder/-innenfeedbacks*. Bei den weiblichen Referendar/-innen ergibt sich keine weitere Korrelation.

Umgang mit Feedback. Der *Umgang mit negativem Feedback* korreliert bei den weiblichen Befragten negativ mit den *Forderungen* an das erhaltene Feedback, bei den männlichen Befragten ergibt sich hier kein Zusammenhang. Bei beiden Geschlechtern korreliert der *Umgang mit negativem Feedback* signifikant positiv mit dem *Umgang mit Feedback im Allgemeinen* sowie der *Einstellung zu Feedback*, der *Bewertung des Ausbilder/-innenfeedbacks* und der *Verwertung des Feedbacks*.

Einstellung zu Feedback. Bei beiden Geschlechtern ergeben sich positive Korrelationen zwischen der *Einstellung zu Feedback* und ihrer *Bewertung des Ausbilder/-innenfeedbacks* sowie der *Verwertung des Feedbacks.*

Forderungen an das Feedback der Ausbilder/-innen. Es ergeben sich bei den weiblichen Befragten negative Korrelationen zwischen der *Einstellung zu Feedback* ($r = -.27$, $p < .05$) sowie der *Verwertung des Feedbacks* ($r = -.28$, $p < .05$) und den an das Feedback gestellten *Forderungen.*

Bewertung des erhaltenen Ausbilder/-innenfeedbacks. Die Bewertung des Ausbilder/-innenfeedbacks korreliert bei beiden Geschlechtern signifikant positiv mit der *Benotung*, dem *Umgang mit allgemeinem* und *negativem Feedback*, der *Einstellung zu Feedback* sowie der *Verwertung des Feedbacks.* Lediglich bei den weiblichen Befragten ergibt sich eine negative Korrelation hinsichtlich der Bewertung des *Umfangs* des erhaltenen Feedbacks.

Verwertung des Feedbacks. Wie bereits obenstehend skizziert, ergeben sich zwischen der *Verwertung des Feedbacks* und dem *Umgang mit allgemeinem* und *negativem Feedback* sowie der *Einstellung* zu und der *Bewertung des Ausbilder/-innenfeedbacks* positive Korrelationen bei beiden Geschlechtern und lediglich bei den männlichen Befragten eine positive Korrelation mit der *Benotung.*

7.3.3.2 Korrelationsanalyse der personenbezogenen mit den feedbackbezogenen Skalen

Folgende Zusammenhänge ergeben sich zwischen den personenbezogenen und feedbackbezogenen Skalen des Fragebogens.

Selbstdarstellung. Das Merkmal *Selbstdarstellung* korreliert lediglich bei den männlichen Befragten positiv mit dem *Umgang mit negativem Feedback* sowie der *Einstellung zu Feedback* (beide: $r = .36$, $p < .05$). Bei den weiblichen Befragten ergeben sich keine Korrelationen zwischen diesem personenbezogenen Merkmal und den feedbackbezogenen Skalen.

Leistungsmotivation. Im Bereich der *Leistungsmotivation* liegt lediglich bei den männlichen Befragten eine positive Korrelation mit der *Einstellung zu Feedback* vor ($r = .43$, $p < .05$).

Emotionale Stabilität. Hinsichtlich der *Emotionalen Stabilität* liegt bei den weiblichen Befragten ein positiver Zusammenhang mit dem *Umgang mit* *negativem Feedback* ($r = .53$, $p < .01$) sowie der *Einstellung zu Feedback* vor ($r = .25$, $p < .05$). Bei den männlichen Befragten ergeben sich keine Korrelationen zwischen diesem personenbezogenen Merkmal und den feedbackbezogenen Skalen.

Sensitivität. Des Weiteren liegen bei den weiblichen Befragten drei positive Korrelationen zwischen dem Merkmal *Sensitivität* sowie dem *Umgang mit negativem Feedback* ($r = .27$, $p < .05$) und *Feedback im Allgemeinen* ($r = .28$, $p < .05$) sowie der *Einstellung zu Feedback* ($r = .35$, $p < .01$) vor.

Kontrollerleben. Das Merkmal *Kontrollerleben* korreliert bei beiden Geschlechtern positiv mit den feedbackbezogenen Merkmalen *Umgang mit negativem Feedback* (männlich $r = .46$, $p < .01$; weiblich $r = .39$, $p < .01$) und *Umgang mit Feedback im Allgemeinen* (männlich $r = .50$, $p < .01$; weiblich $r = .30$, $p < .01$) sowie der *Einstellung zu Feedback* (männlich $r = .42$, $p < .05$; weiblich $r = .27$, $p < .05$) und der *Bewertung des durch die Ausbilder/-innen erhaltenen Feedbacks* (männlich $r = .42$, $p < .05$; weiblich $r = .24$, $p < .05$). Des Weiteren korreliert das Merkmal *Kontrollerleben* bei den weiblichen Befragten negativ mit der *Bewertung des Umfangs* des erhaltenen Feedbacks ($r = -.31$, $p < .01$) sowie positiv mit der *Verwertung des erhaltenen Feedbacks* ($r = .32$, $p < .01$).

Selbstsicherheit. Hinsichtlich des Merkmals *Selbstsicherheit* kann sowohl bei den männlichen als auch den weiblichen Referendarinnen eine positive Korrelation mit dem *Umgang mit negativem* und *allgemeinem Feedback* festgestellt werden. Bei den weiblichen Befragten besteht außerdem eine positive Korrelation mit der Skala *Einstellung zu Feedback* ($r = .42$, $p < .01$).

7.3.4   Multivariate Analysen

7.3.4.1   Faktor Geschlecht

Untenstehend werden die Abbildungen präsentiert, welche ausgewählte Haupteffekte und Interaktionen zeigen, die in Verbindung mit dem Faktor *Geschlecht* aufgetreten sind. Es ergeben sich dabei zum einen Effekte auf die abhängige Variable *Leistungsmotivation*, zum anderen auf die abhängige Variable der gemessenen *Emotionalen Stabilität*.

Abbildung 7.7 geht dabei auf den Zusammenhang zwischen dem Faktor *Geschlecht* und der *Leistungsmotivation* ein. Dabei zeigt sich, dass die befragten männlichen Referendare durchschnittlich eine etwas schlechtere

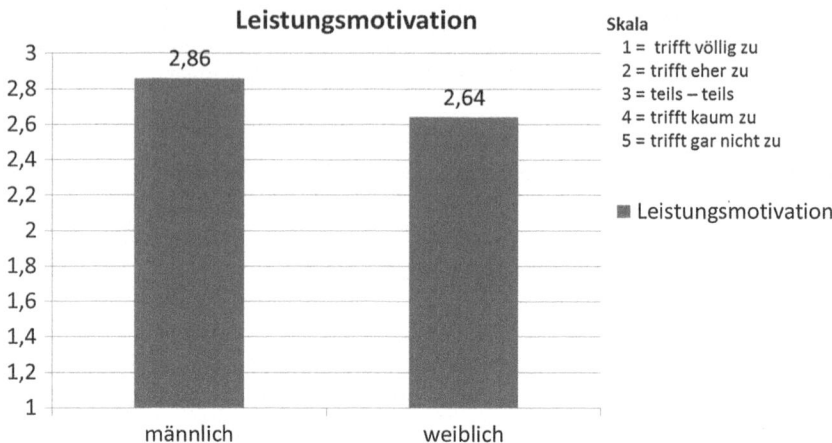

Abb. 7.7 Geschlecht und Leistungsmotivation

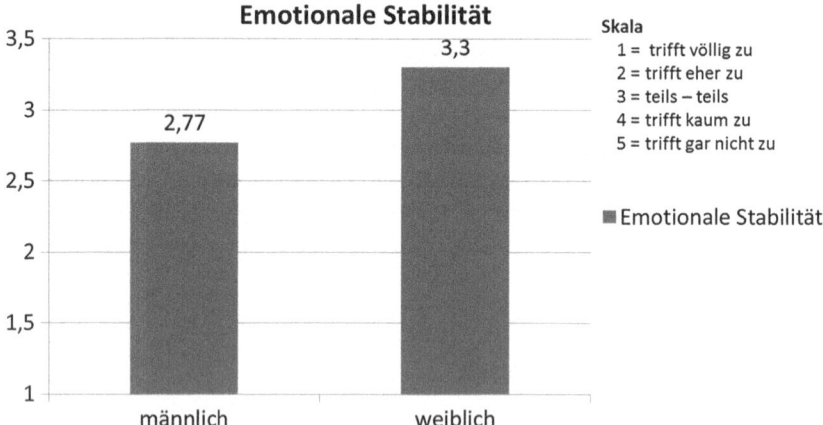

Abb. 7.8 Geschlecht und Emotionale Stabilität

Leistungsmotivation aufweisen (*M* = 2,86, *SD* = ,51) als die befragten weiblichen Referendare (*M* = 2,64, *SD* = ,46; *F* (1, 110) = 4.75, *p* < .03).

Ein weiterer Haupteffekt ergab sich bei der Skala *Emotionale Stabilität* (*F* (1, 110) = 16,46, *p* < .00). Die befragten männlichen Referendare weisen dabei eine durchschnittlich signifikant höhere *Emotionale Stabilität* auf (*M* = 2,77, *SD* = ,52) als die weiblichen Referendarinnen (*M* = 3,30, *SD* = ,66) (vgl. Abb. 7.8).

7.3.4.2 Faktor Note

Im Folgenden werden die Haupteffekte und Interaktionen zwischen dem Faktor *Note* und weiteren Skalen dargestellt. Insgesamt ließen sich signifikante Effekte zwischen dem Faktor *Note* und den abhängigen Variablen *Kontrollerleben, Selbstsicherheit, Umgang mit Feedback, Einstellung zu Feedback, Bewertung des Ausbilder/-innenfeedbacks* sowie *Verwertung des Feedbacks durch die Referendar/-innen* finden. Es ist auf der einen Seite die erste Gruppe zu identifizieren, welche von den Fachleiter/-innen am Ende des Referendariats insgesamt die Note 2,0 oder besser erhalten hat. Auf der anderen Seite besteht die zweite Gruppe aus Referendar/-innen, welche am Ende ihrer Ausbildung eine Gesamtnote erhielten, die schlechter als 2,0 ausfiel.

Diejenige Gruppe, welche die besseren *Noten* erhalten hat, weist dabei ein im Mittel signifikant höher ausgeprägtes *Kontrollerleben* auf ($M = 2,20$, $SD = ,59$; $F (1, 101) = 4,96$, $p < .03$). Die zweite Gruppe, welche von den Ausbilder/-innen eine *Note* schlecht als 2,0 erhielt, weist im Durchschnitt ein signifikant niedriger ausgeprägtes *Kontrollerleben* auf ($M = 2,53$, $SD = ,76$) (vgl. Abb. 7.9).

Die Analyse des *Umgangs der befragten Referendar/-innen mit Feedback im Allgemeinen*, differenziert nach *Notengruppen*, ergibt ebenfalls einen Effekt ($F (1, 101) = 8,86$, $p < .00$). Die Gruppe der besser benoteten Referendar/-innen (Note 2,0 oder besser) zeigt dabei einen signifikant positiveren *Umgang mit Feedback* ($M = 1,90$, $SD = ,57$) als die Gruppe der Referendar/-innen, welche eine *Note* erhalten haben, die schlechter als 2,0 war ($M = 2,31$, $SD = ,66$) (vgl. Abb. 7.10).

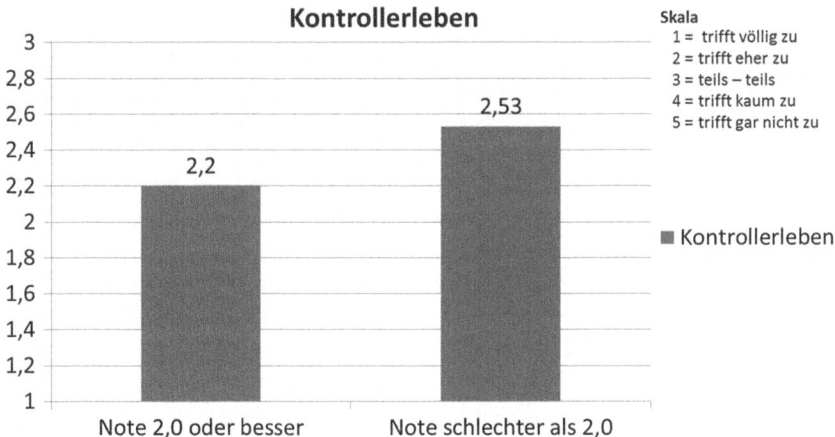

Abb. 7.9 Note und Kontrollerleben

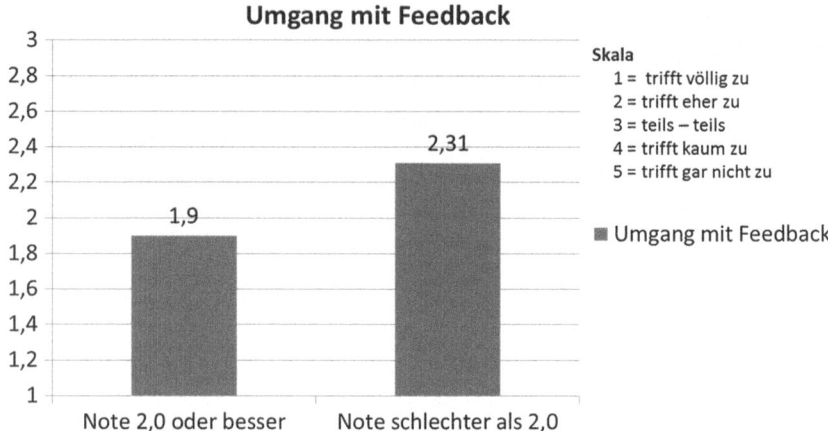

Abb. 7.10 Note und Umgang mit Feedback allgemein

Bei den zwei nach *Noten* differenzierten Gruppen lässt sich als weiterer Effekt eine signifikant unterschiedliche *Einstellung zu Feedback* feststellen (F (1, 101) = 6,94, p < .01). Die Mittelwerte der besser benoteten Gruppe (Note 2,0 oder besser) hinsichtlich der *Einstellung zu Feedback* (M = 1,89, SD = ,45) sind für diesen Aspekt signifikant geringer, was auf eine positivere *Einstellung zu Feedback* hinweist, als die der schlechter benoteten Gruppe (Note schlechter als 2,0) (M = 2,18, SD = ,45). Auch hinsichtlich der *Bewertung des Ausbilder/-innenfeedbacks* durch die Referendar/-innen ergibt sich ein Effekt (F (1, 101) = 9,72, p < .00). Die Mittelwerte von Gruppe 1 (Note 2,0 oder besser) sowie Gruppe 2 (Note schlechter als 2,0) zeigen deutliche Unterschiede hinsichtlich der *Bewertung des Ausbilder/-innenfeedbacks* (vgl. Abb. 7.11). So bewerten diejenigen Referendar/-innen, welche die Note 2,0 oder besser erhalten haben das *Ausbilder/-innenfeedback* mit einem Mittelwert von 2,25 (SD = ,66). Diejenigen, welche eine Note erhalten haben, die schlechter als 2,0 war, bewerten das erhaltene Feedback signifikant negativer mit einem Mittelwert von 2,74 (SD = ,75).

Hinsichtlich der *Verwertung des erhaltenen Feedbacks* ergeben sich ebenfalls Effekte bezüglich der *Benotung* (F (1, 101) = 6,58, p < .01). Die Referendar/-innen, welche eine bessere *Note* erhalten haben (Note 2,0 oder besser), geben dabei auch eine größere Bereitschaft zur *Verwertung des erhaltenen Feedbacks* an (M = 2,02, SD = ,69). Die Gruppe derjenigen, die eine schlechtere *Note* erhalten haben (Note schlechter als 2,0), gibt eine weniger hohe *Verwertungseinschätzung* hinsichtlich des erhaltenen Feedbacks an (M = 2,43, SD = ,66).

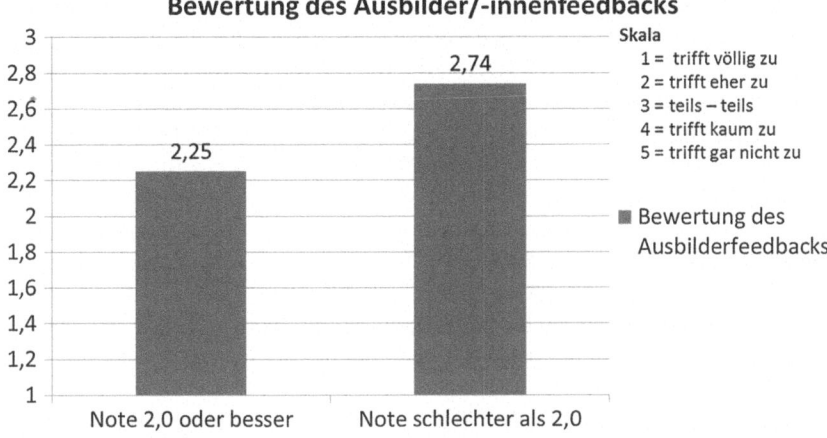

Abb. 7.11 Note und Bewertung des Ausbilder/-innenfeedbacks

Eine weitere Analyse zeigt die Effekte zwischen der *Note* und der *Selbstsicherheit* der befragten Referendar/-innen auf (F (1, 101) = 6,16, p < .02). Die Gruppe mit der besseren *Benotung* (Note 2,0 oder besser) weist dabei eine durchschnittlich signifikant höhere *Selbstsicherheit* auf (M = 2,49, SD = ,48), als die Gruppe mit der schlechteren *Gesamtbenotung* (Note schlechter als 2,0) (M = 2,75, SD = ,39).

7.3.4.3 Faktor Umgang mit negativem Feedback

Nachfolgend werden die Haupteffekte und Interaktionen dargestellt, welche sich auf die Analyse mit dem Faktor *Umgang mit negativem Feedback* beziehen. Es lassen sich hier signifikante Effekte zwischen dem Faktor *Umgang mit negativem Feedback* und den abhängigen Variablen *Emotionale Stabilität, Sensitivität, Kontrollerleben, Selbstsicherheit, Umgang mit negativem Feedback und Feedback im Allgemeinen, Einstellung zu Feedback, Forderungen an die eigene Bewertung, Bewertung des Ausbilder/-innenfeedbacks* und *Verwertung des erhaltenen Feedbacks* finden. Hier können wiederum zwei Gruppen identifiziert werden. Gruppe 1 umfasst alle befragten Referendar/-innen welche auf der Skala *Umgang mit negativem Feedback* einen Mittelwert von 1,88 oder niedriger erzielen. Diese Gruppe geht dabei eher positiv mit negativem Feedback um. Gruppe 2 umfasst alle Befragten, die bei der Angabe des eigenen *Umgangs mit negativem Feedback* Mittelwerte erzielt haben, die höher als 1,88 lagen und dementsprechend eher negativ mit Feedback umgeht. Im Folgenden wird analysiert, welche Effekte sich zwischen dem festen Faktor sowie weiteren Skalenmerkmalen ergeben. Besonders interessante und signifikante Ergebnisse werden dabei graphisch dargestellt und erläutert.

Abbildung 7.12 bildet die multivariate Analyse des Zusammenhangs zwischen dem *Umgang mit negativem Feedback* innerhalb der zwei gebildeten Gruppen und dem *Kontrollerleben* ab (*F* (1, 112) = 12,66, *p* < .00). Hier wird deutlich, dass Gruppe 1 (*M* Umgang negatives Feedback <= 1,88), welche angibt, besser mit negativem Feedback umgehen zu können, auch auf der Skala *Kontrollerleben* niedrigere Werte erzielt (*M* = 2,1, *SD* = ,63). Das bedeutet, dass bei dieser Gruppe ein höheres *Kontrollerleben* vorliegt. Gruppe 2 (*M* Umgang negatives Feedback > 1,88), welche angibt, schlechter mit negativem Feedback umgehen zu können, erzielt auf der Skala zur Messung des *Kontrollerlebens* höhere Werte (*M* = 2,5, *SD* = ,58).

Nachfolgend wird der als signifikant berechnete Effekt zwischen dem Faktor *Umgang mit negativem Feedback* und der abhängigen Variable *Bewertung des Ausbilder/-innenfeedbacks* dargestellt (*F* (1, 112) = 26,35, *p* < .00). Der Mittelwert der Skala *Bewertung des Ausbilder/-innenfeedbacks* beträgt bei Gruppe 1, welche angibt, positiver mit negativem Feedback umzugehen *M* = 2,09 (*SD* = ,58). Bei Gruppe 2, welche weniger konstruktiv mit negativem Feedback umgeht, beträgt der Mittelwert der Skala *Bewertung des Ausbilder/-innenfeedbacks M* = 2,71 (*SD* = ,71) (vgl. Abb. 7.13).

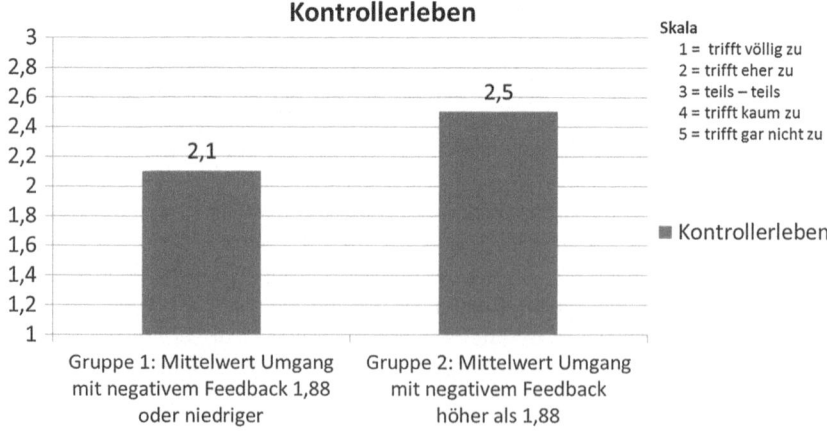

Abb. 7.12 Umgang mit negativem Feedback und Kontrollerleben

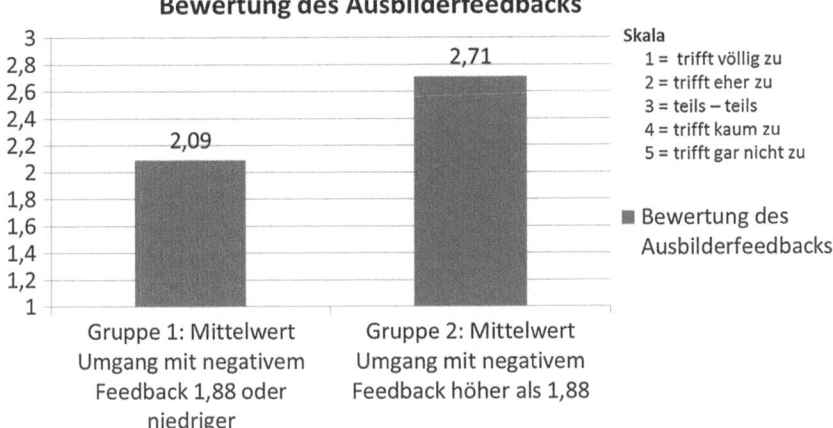

Abb. 7.13 Umgang mit negativem Feedback und Bewertung des Ausbilder/-innenfeedbacks

Eine letzte signifikante Analyse betrifft die *Verwertung des Feedbacks* durch die Referendar/-innen (F (1, 112) = 18,96, $p < .00$). Es wird deutlich, dass Gruppe 1 (*M* Umgang negatives Feedback <= 1,88) an dieser Stelle eine höhere *Verwertung des Feedbacks* angibt (*M* = 1,87, *SD* = ,52) als Gruppe 2 (*M* Umgang negatives Feedback > 1,88) (*M* = 2,39, *SD* = ,76) (vgl. Abb. 7.14).

Die Effekte der Analyse der Skala *Umgang mit negativem Feedback* und der Skala zur Erfassung von *emotionaler Stabilität* (F (1, 112) = 21,62, $p < .00$) zeigen, dass Gruppe 1 signifikant niedrigere Mittelwerte im Bereich der Skala *Emotionale Stabilität* aufweist (*M* = 2,91, *SD* = ,57) als Gruppe 2 (*M* = 3,44, *SD* = ,64). Dies bedeutet, dass die Gruppe, welche positiver *mit negativem Feedback* umgeht, auch höhere Werte auf der Skala zur Erfassung der *Emotionalen Stabilität* erreicht.

Die Untersuchung des *Umgangs mit negativem Feedback* in Zusammenhang mit dem Merkmal *Sensitivität* bringt ein weiteres signifikantes Ergebnis hervor (F (1, 112) = 9,55, $p < .00$). Es ergibt sich eine höhere *Sensitivität* bei Gruppe 1 (*M* = 2,15, *SD* = ,43). Gruppe 2 weist hier geringere Mittelwerte auf der Skala *Sensitivität* auf (*M* = 2,39, *SD* = ,39).

Eine weitere Analyse mit signifikantem Ergebnis erfolgt zwischen den beiden Gruppen, welche innerhalb der Skala *Umgang mit negativem Feedback* aufgeteilt wurden, und der abhängigen Variable *Selbstsicherheit* (F (1, 112) = 29,67, $p < .00$). Dabei ergibt sich für Gruppe 1 (*M* Umgang negatives Feedback <= 1,88) ein

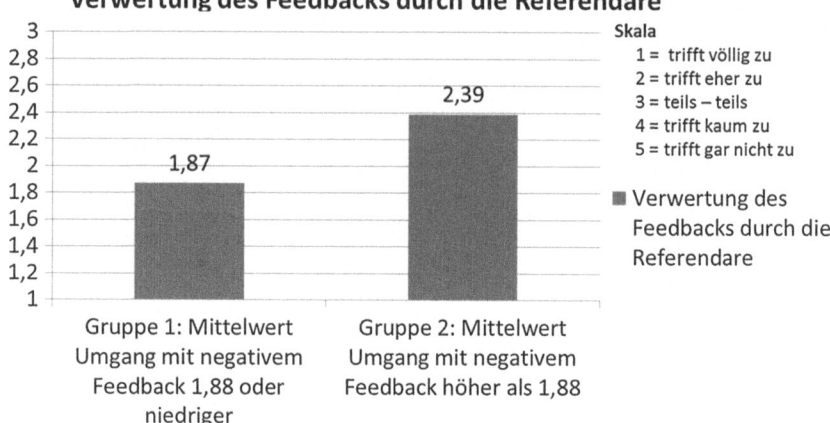

Abb. 7.14 Umgang mit negativem Feedback und Verwertung des Feedbacks durch die Referendar/-innen

Mittelwert von $M = 2,37$ ($SD = ,40$) auf der Skala zur Messung der *Selbstsicherheit*. Für Gruppe 2 (M Umgang negatives Feedback > 1,88) ergibt sich ein Mittelwert von $M = 2,79$ ($SD = ,42$). Dementsprechend liegt bei Gruppe 1, welche einen positiveren *Umgang mit negativem Feedback* angibt, eine höhere *Selbstsicherheit* vor als bei Gruppe 2.

Auch zwischen dem *Umgang* der Befragten *mit negativem Feedback* und der abhängigen Variable *Einstellung zu Feedback* wurden signifikante Effekte gefunden ($F (1, 112) = 45,92, p < .00$). Gruppe 1, welche die Referendar/-innen umfasst, die auf der Skala *Umgang mit negativem Feedback* einen Mittelwert von 1,88 oder niedriger erreichten, hat insgesamt auch eine positivere *Einstellung zu Feedback* ($M = 1,72, SD = ,42$). Gruppe 2, welche die Referendar/-innen umfasst, die auf der Skala *Umgang mit negativem Feedback* einen höheren Wert als 1,88 erreichten, hat insgesamt eine signifikant negativere *Einstellung zu Feedback* ($M = 2,24, SD = ,39$).

Hinsichtlich der *Forderungen*, welche die Referendar/-innen an die eigene Bewertung durch die Ausbilder/-innen stellen, lässt sich feststellen, dass Gruppe 1, welche einen positiveren Mittelwert auf der Skala *Umgang mit negativem Feedback* erreicht, weniger *Forderungen* an die Bewertungen und Rückmeldungen ihrer Ausbilder/-innen stellt ($M = 3,30, SD = ,88$) als Gruppe 2 ($M = 2,98, SD = ,70, F (1, 112) = 4,44, p < .04$).

7.3.4.4 Faktoren Umgang mit negativem Feedback und Geschlecht

Der letzte Bereich, zu welchem im Folgenden Analysen präsentiert werden sollen, bezieht sich auf die Analyse der Haupteffekte und der Interaktion der Faktoren *Umgang mit negativem Feedback* und *Geschlecht* und den abhängigen Variablen *Benotung* sowie den Skalen *Selbstdarstellung* und *Emotionale Stabilität*.

Die multivariate Analyse des *Umgangs mit negativem Feedback* in Zusammenhang mit dem *Geschlecht* der Befragten und der *Benotung* ergibt, dass Gruppe 1, welche sich positiver zu ihrem Umgang mit negativem Feedback positioniert als Gruppe 2, bei sowohl den männlichen als auch den weiblichen Befragten einen ähnlichen Notenschnitt vorweist (vgl. Abb. 7.15). Die männlichen Befragten der Gruppe 1 (*M* Umgang negatives Feedback <= 1,88) haben eine durchschnittliche Benotung von $M = 1,90$ ($SD = ,62$) erhalten. Die weiblichen Befragten der Gruppe 1 (*M* Umgang negatives Feedback <= 1,88) haben eine durchschnittliche Benotung von $M = 1,81$ ($SD = ,53$) erhalten. Bei Gruppe 2 (*M* Umgang negatives Feedback > 1,88) ergibt sich, dass die männlichen Befragten einen durchschnittlichen Notenwert von $M = 3,00$ ($SD = 1,08$) erhalten haben, wohingegen die weiblichen Befragten einen Notenwert von $M = 1,72$ ($SD = ,69$) erhalten haben ($F (1, 99) = 15,28, p < .00$).

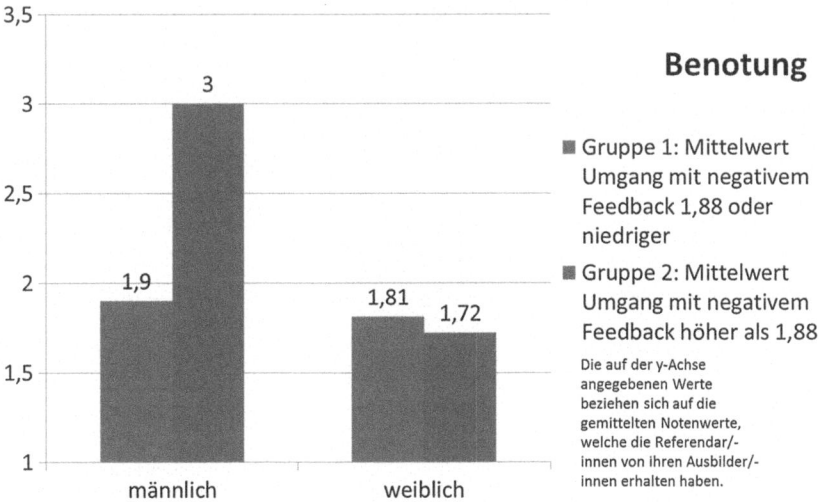

Abb. 7.15 Umgang mit negativem Feedback, Geschlecht und Benotung

Hinsichtlich der Analyse des Zusammenhangs des *Umgangs mit negativem Feedback*, dem *Geschlecht* und der *Emotionalen Stabilität* ergeben sich folgende Effekte (*F* (1, 99) = 4,01, *p* < .05). Die männlichen Befragten beider Gruppen unterscheiden sich kaum hinsichtlich der über die Skala gemessenen *emotionalen Stabilität*. So beträgt der Mittelwert der erfassten *Emotionalen Stabilität* bei Gruppe 1 (*M* Umgang negatives Feedback <= 1,88) *M* = 2,71 (*SD* = ,56) und bei Gruppe 2 (*M* Umgang negatives Feedback <= 1,88) *M* = 2,87 (*SD* = ,50). Bei den weiblichen Befragten ergibt sich ein starker Unterschied. In Gruppe 1 (*M* Umgang negatives Feedback <= 1,88) ergibt sich ein Mittelwert der erfassten *Emotionalen Stabilität* von *M* = 2,99 (*SD* = 57). In Gruppe 2 (*M* Umgang negatives Feedback <= 1,88) ergibt sich ein Mittelwert der erfassten *Emotionalen Stabilität* von *M* = 3,65 (*SD* = ,56) (vgl. Abb. 7.16). Dies bedeutet, dass die Gruppe 2 der weiblichen Befragten die deutlich geringste *Emotionale Stabilität* aufweist.

Eine weitere Analyse erfolgte hinsichtlich des Zusammenhangs von *Umgang mit negativem Feedback*, *Geschlecht* und *Selbstdarstellung*. Hier zeigte sich, dass die Mittelwerte der Skala *Selbstdarstellung* bei den männlichen Befragten der Gruppe 1 (*M* Umgang negatives Feedback <= 1,88) mit *M* = 2,63 (*SD* = ,58) deutlich niedriger sind als die Mittelwerte der männlichen Befragten, die der Gruppe 2 (*M* Umgang negatives Feedback > 1,88) zugeordnet werden konnten (*M* = 3,26, *SD* = ,78). Dementsprechend liegt bei Ersteren die höchste *Selbstdarstellung* vor. Bei den weiblichen Befragten zeigen sich kaum Unterschiede zwischen Gruppe 1 (*M* = 2,85, *SD* = ,59) und Gruppe 2 (*M* = 2,86, *SD* = ,59; *F* (1, 99) = 4,88, *p* < .03).

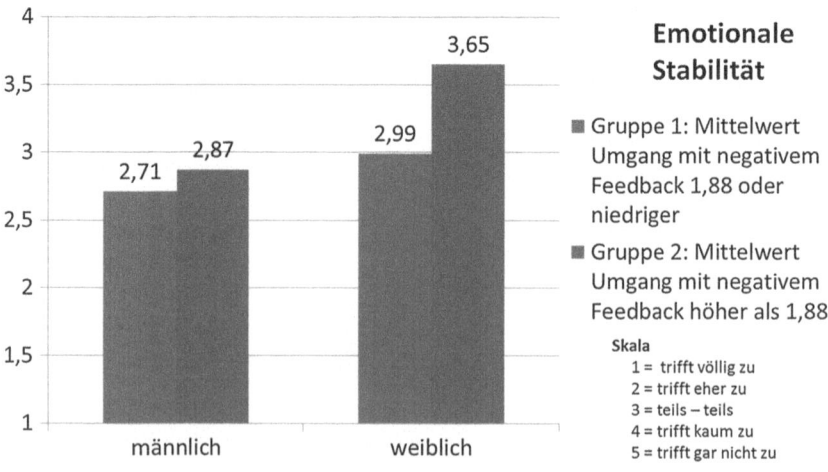

Abb. 7.16 Umgang mit negativem Feedback, Geschlecht und Emotionaler Stabilität

7.3.5 Deskription der offenen Fragen des Fragebogens

7.3.5.1 Offene Frage 1: Definieren Sie stichpunktartig, was Feedback für Sie persönlich bedeutet

In der ersten offenen Frage wurden die Referendar/-innen danach befragt, was Feedback für sie persönlich bedeute. 39 Nennungen wurden dabei in der am häufigsten thematisierten Subkategorie *Möglichkeit zur Verbesserung/Weiterentwicklung* getätigt. Dabei betonen die Referendar/-innen die Möglichkeit der Selbstreflexion, der Weiterentwicklung durch Feedback und der Verbesserung von noch fehlerhaften Bereichen.

Die nachfolgend aufgeführte Tab. 7.5 verdeutlicht zum einen die Kategorien, welche anhand der Aussagen der Referendar/-innen gebildet werden konnten. Zum anderen wird die Aussagenhäufigkeit einerseits durch die getätigte Anzahl der Aussagen und andererseits durch die ermittelten Prozentwerte angegeben. 25 (21,55 %) von 116 Referendar/-innen äußerten sich nicht zur offenen Frage 1. In der untenstehenden Tabelle wird angezeigt, dass jede nicht erfolgte Äußerung in die Kategorie *Keine Angabe* eingeordnet wurde. Bei einer insgesamt ermittelten Aussagenhäufigkeit von 192 Aussagen, ergibt dies 13,02 %. Insgesamt konnten 11 Subkategorien gebildet werden. Diese werden untenstehend nach der Häufigkeit der Nennung absteigend sortiert aufgeführt.

Tab. 7.5 Kategorien und Häufigkeiten der Aussagen: Offene Frage 1

Inhalt der Aussage *Feedback bedeutet für die Referendar/-innen...*	Aussage (f)	Aussage (%)
Möglichkeit zur Weiterentwicklung	39	20,31
Konstruktive Kritik/ Beratung	31	16,15
Rückmeldung	27	14,06
Positive und negative Kritik	20	10,42
Unterstützung/ Hilfe	11	5,73
Persönlicher Bezug/ Wertschätzung	11	5,73
Weitere Aspekte	10	5,21
Objektivität	9	4,69
Kriteriengeleitete Rückmeldung	5	2,60
Subjektivität	3	1,56
Keine Angabe	25	13,02
Gesamt	192	100

7.3.5.2 Offene Frage 2: Wie wichtig ist es für Sie, dass Ihre Schüler/-innen den Umgang mit Feedback lernen?

Nachfolgend wird aufgeführt, für wie wichtig die Referendar/-innen es halten, dass ihre Schüler/-innen den Umgang mit Feedback erlernen. Dabei tätigten 116 Referendar/-innen in dieser Kategorie 108 Aussagen, welche sich direkt auf die Relevanz des Feedbacks bezogen (vgl. Tab. 7.6). 58,3 % der Nennungen bezeichnen Feedback dabei als sehr wichtig für Schüler/-innen. Immerhin 32,4 % der Nennungen schätzen Feedback als wichtig für Schüler/-innen ein.

7.3.5.3 Offene Frage 3: Bitte nennen Sie mindestens drei Faktoren, die es Ihnen im Referendariat eher schwer gemacht haben, mit Rückmeldungen umzugehen

Die dritte offene Frage, welche den Referendar/-innen im Fragebogen gestellt wurde, bezog sich darauf, dass drei Faktoren genannt werden sollten, welche den Umgang mit Rückmeldungen im Referendariat erschwert haben (vgl. Tab. 7.7).

Nachfolgend wird in Tab. 7.8 dargestellt, welche Subkategorien sich aus den genannten erschwerenden Faktoren für den Umgang mit Feedback bilden lassen. Deutlich wird, dass sich 35,1 % der insgesamt 205 getätigten Aussagen auf die *Art des Feedbacks* beziehen. Ebenso beziehen sich weitere 35,1 % auf die *Ausbilder/-innen* als erschwerenden Faktor für den Umgang mit Feedback.

Tab. 7.6 Subkategorien und Häufigkeiten der Aussagen: Offene Frage 2

Subkategorien *Relevanz Feedback*	Aussage (f)	Aussage (%)
Sehr wichtig	63	58,3
Wichtig	35	32,4
Weniger wichtig	1	0,9
Keine Angabe	9	8,3
Gesamt	108	100

Tab. 7.7 Subkategorien und Häufigkeiten der Aussagen: Offene Frage 3

Inhalt der Aussage	Aussage (f)	Aussage (%)
Nennung schwieriger Faktoren	205	87,6
Angabe, dass es keine schwierigen Faktoren gab	6	2,6
Keine Angaben	23	9,8
Gesamtanzahl der Äußerungen	234	100

Tab. 7.8 Subkategorien erschwerender Faktoren für den Umgang mit Feedback

Subkategorien *Erschwerende Faktoren*	Aussage (f)	Aussage (%)
Art des Feedbacks	72	35,1
Ausbilder/-innen	72	35,1
Weitere Rahmenbedingungen	26	12,6
Zeitdruck	11	5,4
Druck allgemein	6	2,9
Stress	6	2,9
Bewertung	4	2,0
Eigene Ansprüche	4	2,0
Private Belastungen	4	2,0
Gesamt	205	100

Tab. 7.9 Subkategorien und Häufigkeiten der Aussagen: Offene Frage 4

Subkategorien *Bewertung der Ausbildung*	Aussagen (f)	Aussagen (%)
Negativ	27	20,6
Mittelmäßig/Neutral	50	38,2
Positiv	41	31,3
Keine Angabe	13	9,9
Gesamt	131	100

7.3.5.4 Offene Frage 4: Wie bewerten Sie die Ausbildung, die Sie im Rahmen des Vorbereitungsdienstes am ZfsL bekommen haben?

Im Folgenden werden die Antworten und Nennungen der Referendar/-innen zur vierten offenen Frage präsentiert. Hier wurde danach gefragt, wie die Befragten die Ausbildung bewerten würden, welche sie im Referendariat genossen haben (vgl. Tab. 7.9).

7.3.5.5 Offene Frage 5: Wie bewerten Sie das Feedback, das Sie am ZfsL im Rahmen Ihrer Ausbildung erlebt haben?

Im Folgenden werden die Aussagen der fünften offenen Frage dargestellt. Diese erfragte von den Referendar/-innen eine explizite Bewertung des in der Ausbildung erhaltenen Feedbacks. Insgesamt wird das Feedback, welches die Referendar/-innen am ZfsL im Rahmen ihrer Ausbildung erhalten haben 48 Mal positiv bewertet. Eine mittelmäßige beziehungsweise neutrale Bewertung erfolgt 42 Mal. Des Weiteren erfolgt 15 Mal eine negative Bewertung des erhaltenen Feedbacks. 14 Mal erfolgt keine Angabe. Die Gesamtanzahl von 119 Aussagen bei 116

Referendar/-innen ergibt sich daraus, dass teilweise sowohl positive als auch neutral oder negativ einzuordnende Aussagen getätigt wurden, welche getrennt kategorisiert wurden.

7.3.5.6 Offene Frage 6: Woran erkennen Sie eine misslungene Nachbesprechung? Nennen Sie mindestens drei Faktoren

Im Folgenden werden die von den befragten Referendar/-innen getätigten Aussagen zur offenen Frage 6 dargestellt. Hier ging es darum, die Faktoren einer misslungenen Nachbesprechung aufzuführen. Tabelle 7.11 präsentiert die Unterkategorien, in welche die Aussagen eingeteilt wurden sowie die Häufigkeiten der Aussagen zu den jeweiligen Kategorien.

Tab. 7.10 Subkategorien und Häufigkeiten der Aussagen: Offene Frage 5

Subkategorien *Bewertung des Feedbacks*	Aussagen (f)	Aussagen (%)
Positiv	48	40,3
Mittelmäßig/ neutral	42	35,3
Negativ	15	12,6
Keine Angabe	14	11,8
Gesamt	119	100

Tab. 7.11 Subkategorien und Häufigkeiten der Aussagen: Offene Frage 6

Subkategorien *Faktoren einer misslungenen Nachbesprechung*	Aussagen (f)	Aussagen (%)
Keine Wertschätzung/negative Atmosphäre	48	17,20
Weitere Aspekte	34	12,19
Keine Beratung	33	11,83
Negatives Feedback	26	9,32
Keine Kriterienorientierung/Intransparenz	25	8,96
Subjektivität	24	8,60
Personen- bzw. Persönlichkeitsorientierung	22	7,89
Kein konstruktives Feedback	15	5,38
Keine Zielvereinbarungen	14	5,02
Kein dialogischer Prozess	12	4,30
Verständnisschwierigkeiten	10	3,58
Nicht erlebt	3	1,08
Keine Angabe	13	4,66
Gesamt	279	100

Tab. 7.12 Subkategorien und Häufigkeiten der Aussagen: Offene Frage 7

Subkategorien *Faktoren einer gelungenen Nachbesprechung*	Aussage (f)	Aussage (%)
Positive und wertschätzende Atmosphäre	62	21,45
Konstruktives Feedback	36	12,46
Weitere Aspekte	28	9,69
Negatives/ positives Feedback	26	9,00
Beratung	26	9,00
Transparente Struktur/ Kriterienorientierung	26	9,00
Formulierung von Zielvereinbarungen	16	5,54
Unterstützung bei der Professionalisierung	16	5,54
Objektivität	15	5,19
Nachvollziehbare Verbesserungsvorschläge	15	5,19
Dialogischer Prozess	11	3,81
Keine Angabe	12	4,15
Gesamt	289	100

7.3.5.7 Offene Frage 7: Woran erkennen Sie eine gelungene Nachbesprechung? Nennen Sie mindestens drei Faktoren

Im Folgenden wird dargestellt, welche Faktoren die Referendar/-innen für eine gelungene Nachbesprechung benennen. Tabelle 7.12 dient hierbei als Übersicht der Unterkategorien und der Häufigkeiten der Nennung.

Frage 8 wird an dieser Stelle nicht dargestellt, da nur wenige offene Bemerkungen der Referendar/-innen getätigt wurden, welche daher keine weiteren Erkenntnisse hinsichtlich des Umgangs dieser Personengruppe mit Feedback hervorbringen.

7.3.6 Diskussion Studie I

Im Folgenden werden die hinsichtlich der Forschungsfragen gewonnenen Ergebnisse einer Diskussion unterzogen.

7.3.6.1 Umgang der befragten Referendar/-innen mit Feedback

Hinsichtlich der zentralen Fragestellung lässt sich festhalten, dass die Referendar/-innen im Durchschnitt zunächst angeben, gut mit Feedback umgehen zu können und zu diesem eine positive Einstellung zu haben. Außerdem betonen sie die Wichtigkeit des Rückmeldungsinstrumentes für ihre Schüler/-innen und deuten damit an, dass ihnen die Relevanz von Feedback für Lernprozesse mindestens auf einer theoretischen Ebene bekannt ist. Auch die Verwertung des im Referendariat erhaltenen Feedbacks geben sie als relativ hoch an. Diese Ergebnisse erstaunen zunächst nicht besonders, da bereits bei der Formulierung der Fragestellung, unter anderem unter Berufung auf den Forschungsstand, davon ausgegangen wurde, dass angehende Lehrer/-innen auf Grund ihrer Profession einen positiven (theoretischen) Zugang zu Feedback haben werden.

Interessant ist jedoch, dass die Befragten zwar im Mittel eine relativ positive Einstellung zu, einen konstruktiven Umgang mit sowie eine hohe Verwertung von Feedback angeben, jedoch bei genauerer Analyse nicht alle Referendar/-innen tatsächlich einen positiven Umgang mit Feedback aufweisen. Es existiert dementsprechend auch unter den grundsätzlich eher positiv gegenüber Feedback eingestellten Referendar/-innen eine Gruppe, welche schlechter als der Durchschnitt sowohl mit Feedback im Allgemeinen als auch insbesondere mit negativem Feedback umgehen kann. Auch geben diese eine durchschnittlich negativere Einstellung gegenüber Feedback und eine schlechtere Verwertung des erhaltenen Feedbacks an.

Die bisher dargestellten Ergebnisse sind in einer Linie mit dem Forschungsstand, welcher darstellt, dass die Akzeptanz von und der Umgang mit Feedback nicht für jedes Individuum gleich einfach ist und außerdem von verschiedensten Faktoren abhängen kann. Dabei werden sowohl auf vielerlei ungeklärte Fragen im Umgang mit und auf mögliche Risiken von Feedback hingewiesen (Bamberg 2010; Bangert-Drowns et al. 1991). Auch ist bei der ausführlichen Beschäftigung mit der aktuell vorliegenden Forschung deutlich geworden, dass negatives Feedback als ein sehr schwieriger sowie komplexer Aspekt der Kommunikation in Ausbildungs- und Berufskontexten verstanden werden kann (Semmer und Jacobshagen 2010).

Hattie und Timperley (2007) weisen darauf hin, dass der reine Input von Feedback nicht automatisch dazu führt, dass dieses auch Wirkung zeigt, was letztlich auch bei den Angaben der Referendar/-innen deutlich wird. Nicht jeder der Befragten gibt in der Selbstauskunft an, das in der Ausbildung erhaltene Feedback auf hohem Niveau zu verarbeiten. Deutlich fällt bei den Ergebnissen auf, dass eine starke Divergenz zwischen den Einstellungen der Referendar/-innen insbesondere beim Umgang mit negativem Feedback besteht. Die Beachtung dieses Faktors ist besonders relevant zur Ergründung des Umgangs mit Feedback, da aus der empirischen Forschung bekannt ist, dass negatives sowie kontrollierendes Feedback die Leistungssteigerung von Individuen sogar verhindern kann (Shute 2008).

Nicht genutztes oder sogar gänzlich abgewehrtes Feedback im Referendariat würde vor dem Hintergrund der seltenen Gelegenheiten, in der Lehrer/-innenlaufbahn überhaupt Feedback zu empfangen, bedeuten, dass relevante Lerngelegenheiten abgewehrt werden oder verschlossen bleiben. Auch deutet der Forschungsstand darauf hin, dass Rückmeldungen im Referendariat durchaus als belastend empfunden werden können (Schaefers 2002).

Ebenfalls zeigt die vorliegende Untersuchung, dass Referendar/-innen mit einem schlechteren Umgang mit negativem Feedback auch eine schlechtere

Verwertung von Feedback aufzeigen. Diese Gruppe kann dementsprechend als eine Art Risikogruppe betrachtet werden, bei der davon auszugehen ist, dass sie erhaltenem Feedback negativer gegenübersteht und dieses weniger in die eigene Weiterentwicklung und Professionalisierung als Lehrkraft einbezieht.

Grundsätzlich konnte festgestellt werden, dass der Umgang von Referendar/-innen mit Feedback im Mittel eher positiv ist. Auch die Einstellung zu Feedback kann als eher positiv bezeichnet werden, ebenso wie die Verwertung des erhaltenen Feedbacks in einem relativ hohen Maße angegeben wird. Bei genauerem Blick auf die Einstellungen und Umgangsweisen der Referendar/-innen lassen sich jedoch Gruppen ausmachen, die entweder besonders positiv oder eher negativ mit Feedback umgehen.

7.3.6.2 Faktoren, die einen positiven Umgang mit Feedback begünstigen

Auf der Grundlage der zentralen Ergebnisse der Untersuchung lässt sich schluss-folgern, dass zwar Richtlinien für das Erteilen von Feedback existieren, die Kompetenz, Feedback zu erteilen jedoch möglicherweise über diese Kriterien hin-ausgeht. Es scheint vielmehr so zu sein, dass der positive Umgang mit und die konstruktive Verwertung von Feedback hochkomplexe Angelegenheiten sind, wel-che auch individuell höchst unterschiedlich ausfallen. Doch warum existiert bei den Referendar/-innen ein derart starker Unterschied im Umgang mit und in der Akzeptanz von Feedback und wie kann dieser erklärt werden?

Ein besonders deutlicher Befund, nämlich der positive Zusammenhang zwischen dem konstruktiven Umgang der Referendar/-innen mit negativem Feedback und der Bewertung des Ausbilder/-innenfeedbacks, verweist auf den Stellenwert, welchen die Interaktionen im Referendariat im Allgemeinen und hinsichtlich des Themas Feedback im Speziellen haben. Dem Ausbilder/-innenfeedback selbst wird von den Referendar/-innen ein hoher Stellenwert beigemessen. Dieses Faktum wird auch bei der Betrachtung der offenen Fragen deutlich. Die Qualität des Ausbilder/-innenfeedbacks scheint sich dabei nicht institutionsübergreifend zu ähneln, sondern schwankt im Gegenteil stark, was ebenfalls in den offenen Fragen deutlich wird.

Auch sind die Referendar/-innen im Rahmen der offenen Fragen sehr deutlich in der Lage, Aspekte eines gelungenen Feedbackgespräches zu skizzieren. An die-ser Stelle wäre es interessant untersuchen zu können, inwiefern diese Faktoren und positiven Aspekte von den Referendar/-innen tatsächlich im Rahmen ihrer Ausbildung erlebt worden sind. Die genannten Faktoren stimmen dabei relativ ein-deutig mit vielen Punkten des Forschungsstandes hinsichtlich guten Feedbacks überein (Fengler 2010; Sedikides und Gregg 2007; Semmer und Jacobshagen 2010). Interessant ist, dass bei der Angabe der Faktoren eines gelungenen Feedbackgesprächs deutlicher als alles andere die Atmosphäre im Vordergrund steht, welche für das Empfangen von Feedback als relevant angegeben wird.

Übereinstimmend mit Forschungsergebnissen der rational-emotiven Verhaltenstherapie sind die Befunde dieser Studie, die zeigen, dass je weniger absolute Forderungen an das Feedback der Ausbilder/-innen gerichtet werden, dieses umso besser akzeptiert und verwertet wird. Ellis (2008) weist darauf hin, dass absolute Forderungen (wie beispielsweise: *„Ich muss gutes Feedback erhalten. Meine Ausbilder/-innen müssen mich gut bewerten. Alle müssen mit mir übereinstimmen, dass mein Unterricht gut gelungen ist."*) dazu führen, dass Individuen sich mit einem *„Muss"* verwirren und dementsprechend nicht mehr adäquat in der Lage sind, die Auffassungen anderer Personen gelten zu lassen. Den größten Einfluss kann das Individuum jedoch nicht auf andere Menschen oder bestimmte Umstände, sondern konsequenterweise nur auf sich selbst ausüben und dementsprechend an der Verbesserung seiner eigenen Fähigkeiten arbeiten (Ellis und Hoellen 2004; Ellis 1980, 2008). Die Ergebnisse deuten darauf hin, dass es für einen konstruktiven Umgang mit Feedback unter anderem gilt folgende Frage zu klären: Wie können Referendar/-innen motiviert werden, absolute Forderungen hinsichtlich des Feedbacks, welches sie im Referendariat erhalten, zu unterlassen, um dementsprechend positiver mit Feedback umgehen zu können? Interessanterweise gilt insbesondere für die weiblichen Referendarinnen, dass bei ihnen wenige absolute Forderungen mit einem positiven Umgang mit negativem Feedback und einer positiven Einstellung gegenüber Feedback einhergehen.

Bei der Untersuchung des Umgangs der beiden Geschlechter mit Feedback ergibt sich, dass insbesondere die Benotung einen positiven Einfluss auf den Umgang der männlichen Referendare mit Feedback hat. So hängen bei diesen viele Faktoren der Akzeptanz und des konstruktiven Umgangs mit Feedback mit der Benotung zusammen. Auch weisen sowohl männliche als auch weibliche Referendar/-innen mit einer besseren Note durchschnittlich ein höheres Kontrollerleben und eine größere Selbstsicherheit auf. Es ergeben sich bei diesen hinsichtlich fast aller feedbackbezogenen Skalen Werte, welche auf einen konstruktiveren Umgang mit und eine höhere Akzeptanz von Feedback verweisen. Letztlich erscheint es notwendig, den positiven Umgang mit Feedback und dessen Akzeptanz so gut wie möglich von einer guten oder schlechten Benotung zu entkoppeln. Insbesondere diejenigen Referendar/-innen, welche eine schlechtere Benotung erhalten, benötigen das Feedback dringend für ihre Professionalisierung im Rahmen der Ausbildung. Dementsprechend scheint es für einen konstruktiven Feedbackprozess notwendig, zu klären, wie erreicht werden kann, dass Feedback trotz einer schlechteren Benotung als fair akzeptiert, angenommen und verwertet werden kann.

Außerdem ist es für ein Verständnis der vorliegenden Thematik relevant, dass bei den Geschlechtern unterschiedliche Persönlichkeitsmerkmale den positiven

Umgang mit Feedback beeinflussen. Eine hohe Selbstdarstellung sowie eine hohe Leistungsmotivation wirken sich, basierend auf der hier erfolgten Analyse, positiv auf den männlichen Umgang mit Feedback aus. Bei den weiblichen Befragten führen hohe Werte im Bereich der Emotionalen Stabilität und der Sensitivität zu einem besseren Umgang mit und einer positiveren Einstellung gegenüber Feedback. Dementsprechend lassen sich auf der Grundlage der Forschungsergebnisse dieser Studie folgende Fragen aufwerfen: Sollten die beiden Geschlechter im Hinblick auf Feedbackinteraktionen unterschiedlich behandelt werden? Wie kann den Erkenntnissen der Zusammenhänge zwischen den Persönlichkeitsmerkmalen sowie dem Umgang mit Feedback Rechnung getragen werden? Wie könnten Ausbilder/-innen dementsprechend besser geschult werden? Und wie können männliche und weibliche Referendar/-innen gleichermaßen noch besser dazu angeregt beziehungsweise unterstützt werden, konstruktiv mit Feedback umzugehen?

7.3.6.3 Faktoren, die einen negativen Umgang mit Feedback begünstigen

Die Ergebnisse der Analysen weisen darauf hin, dass es sich bei der Gruppe derjenigen, die eine schlechtere Benotung als 2,0 erhält hinsichtlich des Umgangs mit Feedback unter Umständen um eine ‚Risikogruppe' handelt. So verfügt diese Gruppe nicht in demselben Maße über Fähigkeiten des Kontrollerlebens und über das Maß an Selbstsicherheit, welches die andere Gruppe aufweist. Möglicherweise entsteht durch bestimmte Faktoren ein Teufelskreis: Eine negativere Einstellung und ein negativerer Umgang mit Feedback geht mit einer geringeren Verwertung des Feedbacks einher, was wiederum zu schlechteren Bewertungen durch die Ausbilder/-innen sowie einem geringerem Kontrollerleben und einer geringeren Selbstsicherheit führt. An dieser Stelle wären weitere Untersuchungen wünschenswert, welche die Ergebnisse einerseits überprüfen und andererseits die kausalen Zusammenhänge weiter erhellen könnten. Grundsätzlich lässt sich jedoch festhalten, dass die Note unter Umständen einen großen Einfluss auf den Umgang mit und die Einstellung zu Feedback haben kann.

Die Persönlichkeitsmerkmale Selbstdarstellung bei den männlichen Referendaren sowie Emotionale Stabilität bei den weiblichen Referendaren scheinen für die Geschlechter besondere Risikofaktoren darzustellen.

Auffällig ist auch, dass die in den offenen Fragen 3 (*Bitte nennen Sie mindestens drei Faktoren, die es Ihnen im Referendariat eher schwer gemacht haben, mit Rückmeldungen umzugehen.*) und 6 (*Woran erkennen Sie eine misslungene Nachbesprechung?*) genannten Faktoren deutlich auf viele in der Forschung genannte Kriterien hinweisen, welche als kontraproduktiv bezeichnet werden (vgl. bspw. Fengler 2010). Interessant wäre an dieser Stelle noch, herauszufinden, inwiefern die in der offenen Frage 6 genannten Faktoren im Rahmen des Referendariats tatsächlich so erlebt wurden. Eine vergleichende Gegenüberstellung der offenen Fragen 3 und 6 lässt jedoch vermuten, dass die genannten Faktoren eines misslungenen Feedbackgesprächs zumindest Ähnlichkeiten mit den tatsächlich im Referendariat erlebten Feedbackinteraktionen aufweisen.

7.3.7 Implikationen Studie I

Im Folgenden werden die Schlussfolgerungen dargestellt, welche sich aus den Ergebnissen der ersten Studie sowie der obenstehenden Diskussion der drei Forschungsfragen ergeben.

7.3.7.1 Umgang von Referendar/-innen mit Feedback

Die Diskussion der ersten Fragestellung bezüglich des Umgangs der befragten Referendar/-innen mit Feedback verdeutlicht, dass trotz der grundsätzlich positiven Haltung der Referendar/-innen eine Risikogruppe existiert, welche einen durchschnittlich signifikant schlechteren Umgang mit negativem Feedback sowie eine deutlich geringere Verwertung des erhaltenen Feedbacks aufweist.

Aus den Ergebnissen lassen sich folgende Implikationen ableiten: Grundsätzlich verweisen die Ergebnisse darauf, dass durchgängig äußerst sensibel mit dem Erteilen von Rückmeldungen umgegangen werden sollte.

Referendar/-innen selbst könnten lernen, den Umgang mit, insbesondere negativem Feedback, zu reflektieren, indem sie zunächst fundierte theoretische Zugänge zu diesem Thema erhalten und diese mit interaktionsrelevanten sozialpsychologischen Erkenntnissen anreichern. Dementsprechend würde den Referendar/-innen ermöglicht, die beim Erteilen und Empfangen von Feedback ablaufenden Prozesse bereits im Vorhinein zu durchdringen. Dadurch könnte erreicht werden, dass sie den Umgang mit sowie die Reaktionen auf den Erhalt von Feedback bewusster wahrnehmen und reflektieren lernen.

Ausbilder/-innen der ZfsL sowie der Schulen sollten gründlich über die Chancen und Risiken von Feedback aufgeklärt werden. Des Weiteren ist insbesondere seitens der Ausbilder/-innen eine Schulung darin anzuraten, wie Feedback konstruktiv erteilt werden kann und wie man Referendar/-innen erkennt, welche tendenziell wenig konstruktiv mit negativem Feedback umgehen können, um diese adäquat zu unterstützen.

Die Beobachtung seitens der Ausbilder/-innen, dass das erteilte Feedback nicht verarbeitet, aufgenommen oder umgesetzt wird, sollte diese dazu bringen, die Gründe für die nicht erfolgende Verwertung des Feedbacks gemeinsam mit dem/r

Referendar/-in herauszuarbeiten. Liegt ein mangelndes Bewusstsein vor, welches verhindert, dass die Person erkennt, dass eine Umsetzung des Feedbacks wichtig für die eigene Professionalisierung ist? Oder ist der betroffenen Person nicht bewusst, wie sie das Feedback tatsächlich umsetzen soll? Fehlen Kompetenzen oder Ressourcen zur Umwandlung der Rückmeldungen in Unterrichtshandlungen? Oder liegen eventuell Gründe vor, die insbesondere im theoretischen Teil dieser Arbeit ausgeführt wurden, beispielsweise Reaktanz hinsichtlich des erhaltenen Feedbacks, Dissonanzprozesse oder Selbstwertschutzprozesse? Möglicherweise könnten auch absolute Forderungen oder weitere Prozesse die Umsetzung des Feedbacks verhindern (vgl. Kap. 6). Eine gründliche Diagnose, warum das erhaltene Feedback von einigen Referendar/-innen nicht akzeptiert wird und der Versuch, die Akzeptanz sowie Umsetzung des Feedbacks gemeinsam mit den Referendar/-innen zu verbessern, sollte genauso Bestandteil der Ausbildung sein, wie die Vermittlung von Unterrichtsmethoden und Stundenplanungskompetenzen.

Die Zentren für Lehrer/-innenausbildung (ZfsL) haben seit dem Beginn der neuen Ausbildungsjahrgänge dem/r Kernseminarleiter/-in eine veränderte Funktion zugewiesen. Diese/r beurteilt und benotet die Referendar/-innen nicht mehr, sondern bildet sie aus und berät sie. Dies bedeutet, dass seitens des/r Kernseminarleiters/-in eine Person im Rahmen der Ausbildung präsent ist, die diese Angelegenheiten auf einer Vertrauensbasis, ohne die Befürchtung einer direkten Bewertung, klären könnte. Viele Kernseminarleitungen erhalten mittlerweile auch eine Coachingausbildung. Die ZfsL sollten das Risiko einer wenig konstruktiven Feedbackverwertung erkennen und dementsprechend Möglichkeiten für alle Beteiligten etablieren, konstruktiv an der gegebenen Situation zu arbeiten. Gemeinsam mit allen Beteiligten besteht die Chance, daran zu arbeiten, Referendar/-innen zu den bestmöglichen Lehrer/-innen auszubilden. Das bedeutet natürlich auch, dass seitens der ZfsL und seiner Ausbilder/-innen eine Atmosphäre kreiert wird, welche es ermöglicht, um Hilfe und Unterstützung zu bitten, ohne dass dies sich negativ auf den Ausbildungs- sowie Bewertungsvorgang auswirkt.

7.3.7.2 Verbesserung des positiven Umgangs mit Feedback bei Referendar/-innen

Die zentralen Untersuchungsergebnisse sowie die Diskussion haben gezeigt, dass einige Faktoren zu einem positiven Umgang mit Feedback bei Referendar/-innen führen können. Besonders interessant für die Referendar/-innen ist die Frage, inwieweit sich positiv auswirkende Faktoren trainiert oder verstärkt werden können. Existieren Möglichkeiten, damit die Referendar/-innen an ihren persönlichen Fähigkeiten zur größeren Akzeptanz von Feedback arbeiten können?

Das Vorhandensein einer hohen Selbstsicherheit sowie eines hohen Kontrollerlebens wirken sich fast durchgängig positiv auf Feedbackprozesse aus, sind jedoch nicht nur in diesem Bereich positiv und unterstützend. Wie können die Merkmale der Selbstsicherheit und des Kontrollerlebens mit Referendar/-innen besser trainiert beziehungsweise ihnen Werkzeuge an die Hand gegeben werden, um diese Persönlichkeitsmerkmale zu stärken?

Insbesondere für weibliche Referendar/-innen scheint es außerdem förderlich zu sein, so wenige absolute Forderungen wie möglich an das Feedback ihrer Ausbilder/-innen zu richten. Eine Möglichkeit, dies zu trainieren, besteht in Übungen aus dem Bereich der rational-emotiven Verhaltenstherapie (vgl. Ellis 2008; Kap. 6). Bei den männlichen Referendar/-innen könnte es sich als sinnvoll erweisen, dass diese lernen, das erhaltene Feedback trotz einer schlechten Benotung oder Bewertung zu akzeptieren und dementsprechend damit zusammenhängende selbstwertdienliche Verzerrungen und externale Attributionen erkennen und reflektieren lernen. Beide Bereiche sind auch übergreifend für beide Geschlechter wichtige Faktoren.

Die schlechtere Bewertung des Ausbilder/-innenfeedbacks bei schlechter Benotung bei beiden Geschlechtern deutet möglicherweise ebenfalls auf Prozesse selbstwertdienlicher Verzerrungen hin (vgl. Abschn. 5.3). Hier sind Informationen und ein expliziter Wissenserwerb sinnvoll, um eine elaborierte Reflexion über diese, häufig unbewusst verlaufenden, Prozesse zu initiieren.

Letztendlich wäre es förderlich, wenn Feedback von allen Beteiligten in einer Art und Weise gegeben und verstanden werden würde, die verdeutlicht, dass dieses der Unterstützung und Verbesserung eines jeden Individuums mit seinen persönlichen Schwächen und Stärken dient. Eine weitere konstruktive Förderungsmöglichkeit besteht darin, dass sich alle an dem Ausbildungsprozess beteiligten Personen verantwortlich für den bestmöglichen Lernerfolg jedes/r einzelnen Referendars/-in fühlen und diese Tatsache auch deutlich signalisieren.

Eine gute Benotung im Referendariat hängt mit einem höheren Kontrollerleben und einer größeren Selbstsicherheit bei den Befragten zusammen. Dementsprechend sollten Wege gefunden werden, diese Persönlichkeitsmerkmale bei den Referendar/-innen stärker zu trainieren. Diese sollten nicht vorausgesetzt werden, sondern ebenso als Ausbildungsziel gelten wie die Vermittlung fachlicher oder auch didaktisch-methodischer Kompetenzen. Lehrer/-innen benötigen die genannten Kompetenzen über ihre gesamte berufliche Biographie hinweg. Und der Stand der Forschung macht deutlich, dass erforderliche soziale Anforderungen kaum jemals in der Ausbildung von Lehrer/-innen thematisiert geschweige denn erworben werden.

Insbesondere bei weiblichen Referendar/-innen könnte die Emotionale Stabilität gestärkt werden, dies gilt jedoch letztendlich auch für beide Geschlechter.

Ebenso könnte es sich lohnen, bei den männlichen Referendar/-innen einen Fokus auf die Förderung der Leistungsmotivation zu legen, wiederum gilt hier jedoch auch, dass das Merkmal der Leistungsmotivation für beide Geschlechter relevant ist und dementsprechend auch beide Gruppen in ihrer Leistungsmotivation gefördert werden sollten.

Für die Ausbilder/-innen gilt, dass es sich zur Verbesserung der Ausbildung an den ZfsL lohnen könnte, wenn diese stärker als zuvor ihre Praxis des Feedbackerteilens reflektieren würden. Interessant ist beispielsweise, dass die offene Frage nach einem gelungenen Feedbackgespräch herausstellt, dass die Referendar/-innen insbesondere eine positive und wertschätzende Atmosphäre als relevant für positive Feedbackgespräche erachten. Die positive Atmosphäre sowie die Wertschätzung hängen wiederum sehr stark mit Prozessen des Selbstwertschutzes zusammen. Es wäre daher produktiv, Fortbildungen für Ausbilder/-innen anzuregen, in denen sich intensiv mit der Frage beschäftigt wird, wie auch negatives Feedback erteilt werden kann, ohne dass der Selbstwert eines Individuums so stark verletzt wird, dass es das erhaltene Feedback oder die Ausbilder/-innen abwerten muss.

Hinsichtlich der Praxis guten Feedbacks in Nachbesprechungen von Unterrichtsbesuchen könnten kollegiale Fallberatungen genutzt werden, um die Professionalität des Handelns der Ausbilder/-innen zu erhöhen. Zudem könnten kollegiale Hospitationen dazu führen, wichtige Standards hinsichtlich des Erteilens von Feedback bei den Ausbilder/-innen aufzubauen, zu überprüfen und Probleme zu thematisieren. Auch und insbesondere Fachleitungen sollten selbst professionell mit Feedback umgehen und jederzeit für dieses offen sein, da sie letztlich eine Modellfunktion sowohl für Schüler/-innen als auch für Referendar/-innen einnehmen (Bandura 1965, 1979).

Den ZfsL sollte bekannt sein, dass die innerhalb der Ausbildung ablaufenden Prozesse hochkomplex sind, ihre Effektivität und Akzeptanz jedoch durch verschiedenste Maßnahmen unterstützt und verbessert werden können. Dementsprechend gilt es, Leitfäden und Richtlinien für das Erteilen positiven Feedbacks zu erarbeiten und verbindlich für alle Fachleitungen aufzustellen. Auch könnte eine einheitliche Vorgehensweise sowohl Ausbilder/-innen als auch Auszubildende unterstützen. Letztendlich bestünde eine konstruktive Maßnahme der ZfsL darin, dafür zu sorgen, dass Initiativen wie kollegiale Hospitationen und deren professionelle Nachbesprechung organisatorisch ermöglicht werden.

Ebenfalls liegt es in der Hand der Lehrer/-innenausbildungsstätten, eine grundsätzliche gemeinsame Haltung zur Ausbildung von Referendar/-innen zu vereinbaren und diese auch mit allen dort tätigen Ausbilder/-innen und Referendar/-innen umzusetzen. Diese Maßnahmen erfordern viel Vertrauen in die Kompetenzen der dort tätigen Mitarbeiter/-innen und Auszubildenden und die Herstellung eines positiven, unterstützenden, vertrauensvollen Klimas in der gesamten Institution. Insbesondere wäre es begrüßenswert, wenn bei allen in den ZfsL tätigen Personen ein Bewusstsein dafür geschaffen werden könnte, dass für das Ziel der Entwicklung einer Schule der Zukunft sowie für die bestmögliche Förderung der Schüler/-innen eine kooperative und positive Zusammenarbeit relevant ist.

7.3.7.3 Verhinderung eines negativen und ablehnenden Umgangs mit Feedback bei Referendar/-innen

Es könnte sich außerdem als lohnenswert herausstellen, insbesondere den Zusammenhang zwischen einer schlechten Benotung und den Schwierigkeiten der Verwertung sowie der Akzeptanz des erhaltenen Feedbacks deutlicher zu betrachten. Ausbilder/-innen und ZfsL könnten dabei gemeinsam klären, ob und wie eine individualisierte Unterstützung der Referendar/-innen zur Umsetzung des erteilten Feedbacks stattfinden kann. Eine schlechte Bewertung sowie die Feststellung, dass Referendar/-innen das erhaltene Feedback nicht verwerten, könnten als Anlässe genutzt werden, um die zu Grunde liegenden Problematiken konstruktiv aufzuklären, anzugehen oder aufzulösen.

Hinsichtlich der nicht erfolgenden Verwertung von Feedback ist es immanent wichtig zu klären, wie eine Diagnose durch die Ausbilder/-innen oder die ZfsL hinsichtlich der Frage erfolgen kann, warum das Feedback von einzelnen Individuen nicht umgesetzt wird. Wie werden diejenigen, die eine schlechte Benotung oder Leistungseinschätzung erhalten und die zusätzlich das gegebene Feedback nicht weiter verwerten, gefördert und zur Verbesserung ihrer Professionalität angehalten? Wenn Feedback nicht umgesetzt wird, erfolgt eine Diagnose, warum dies nicht geschieht?

Relevant ist es auch, an dieser Stelle darauf hinzuweisen, dass für den konstruktiven Umgang mit diesen Personengruppen bei den Ausbilder/-innen Kenntnisse beispielsweise hinsichtlich von Reaktanz- oder Dissonanzprozessen vorliegen sollten. Nicht verwertetes Feedback kann unter Umständen auch aus einer Abwehrhaltung oder aus Widerständen entspringen.

Auf der Basis der Ergebnisse der beiden offenen Fragen wäre es zur konstruktiven Verbesserung der Arbeit der ZfsL beziehungsweise der Referendar/-innenausbildung relevant, zu thematisieren, wie Feedbackinteraktionen in der Nachbesprechung von Unterricht positiver gestaltet werden könnten. Persönliche, subjektive und nicht wertschätzende Feedbackgespräche gehören dabei nicht zu einer produktiven Unterstützung der Professionsentwicklung von angehenden Lehrkräften. Die ZfsL könnten ihrerseits verdeutlichen, dass diese Verhaltensweisen seitens der Ausbilder/-innen wenig professionell sind und dementsprechend tunlichst gemieden werden sollten. Es könnte darüber hinaus über

Konsequenzen und Sanktionen als Reaktion auf ein fortlaufend unangemessenes Erteilen von Feedback nachgedacht werden. Auch wäre eine Klärung der Tatsachen angeraten, welche Unterstützung dabei zum einen die ZfsL und die dort tätigen Ausbilder/-innen zur Umsetzung einer positiven Feedbackpraxis benötigen und zum anderen, was die Referendar/-innen selbst zu positiveren Nachbesprechungen beitragen können.

Unter Umständen wäre es sinnvoll, zunächst einmal eine abschließende oder eine Zwischenevaluation der einzelnen Seminare einzurichten, welche auch einzelnen Ausbilder/-innen, zumindest von ihren Vorgesetzten, zugeordnet werden können. Bei der Planung der hier vorliegenden Untersuchung wurde deutlich, dass die Ausbilder/-innen sich nicht gerne öffentlich evaluieren lassen würden. Die vorliegende Untersuchung konnte nur durchgeführt werden, da seitens der Autorin zugesichert wurde, dass die Ergebnisse nicht auf einzelne Fachleitungen rückführbar sein würden. Dieser Umstand wiederum wurde von einigen Referendar/-innen stark bemängelt, da diese teilweise angaben, qualitativ stark voneinander abweichende Seminarleitungen und Feedbackgespräche erlebt zu haben. Die angeführte Tatsache verweist außerdem darauf, dass auch einige Fachleitungen unter Umständen Schwierigkeiten beim Umgang mit Feedback aufweisen könnten, ein Faktum, welches auf die Notwendigkeit der Ausweitung von Forschung in diesem Bereich um die Betrachtung des Umgangs von Fachleitungen mit Feedback hindeutet.

7.4 Studie II: Schulleitungen

7.4.1 Vorüberlegungen zur Durchführung der Studie

In den Jahren 2009/2010 wurde eine erste qualitative Interviewstudie mit $N = 50$ Schulleiter/-innen aus ganz Nordrhein-Westfalen (NRW) durchgeführt. Die Interviewstudie „Einstellungen der Schulleiter/-innen zur QA NRW" (Haep und Steins 2010; Bitan et al. 2014) sollte aufzeigen, welche Einstellungen bei Schulleiter/-innen gegenüber der, in NRW erst im Schuljahr 2006/2007 verbindlich eingeführten, Schulinspektion namens Qualitätsanalyse vorherrschten. Die Grundannahme, welche zur Befragung der Personengruppe der Schulleiter/-innen führte, war hier, dass Schulleiter/-innen als Führungspersönlichkeiten einer Schule einen durchaus erheblichen Einfluss darauf ausüben können, welche Informationen und Einstellungen an das Kollegium einer Schule weitergetragen werden und somit auch, in welchem Maße die Rückmeldung der QA von der gesamten Schule akzeptiert wird (Bitan et al. 2014; Brimblecombe et al. 1995, 1996).

Die Akzeptanz sowie der Umgang mit einer Feedback erteilenden Maßnahme ist insofern eine wichtige Größe, als dass mangelnde Akzeptanz die Verwertung der Ergebnisse eines Instruments einschränkt und somit verhindert wird, dass eine Organisation ihre Schlüsse aus den rückgemeldeten Ergebnissen zieht und diese als Lerngelegenheiten nutzt (Semmer und Jacobshagen 2010). Dies wiederum würde dazu führen, dass eine relativ kostenintensive und aufwendige Maßnahme wie die QA ihr Potenzial zur Unterstützung der Schulen in NRW nur teilweise realisieren könnte.

Die Ergebnisse der ersten Untersuchung zeigten, dass im Vorfeld grundsätzlich keinerlei Akzeptanzunterschiede zwischen den Schulformen bestanden. Insgesamt 42 % der Schulleiter/-innen gaben an, eine positive Einstellung bezüglich der QA zu haben und in der externen Evaluation sowie ihrem Feedback eine Möglichkeit zur Schulentwicklung zu sehen. Bei 24 % der Schulleiter/-innen konnte eine neutrale Haltung zur Qualitätsanalyse ermittelt werden und bei 34 % der Schulleiter/-innen überwogen die negativen Aussagen zur Qualitätsanalyse. Nicht nur negativ eingestellte Schulleiter/-innen äußerten dabei Kritik an der QA, jedoch insbesondere bei den negativ eingestellten Schulleiter/-innen wurde deutlich, dass diese einen hohen Anteil irrationaler Aussagen, beispielsweise bezüglich des Arbeitsaufwandes oder der Feedback erteilenden Qualitätsprüfer/-innen (QP), vorbrachten. Insbesondere die QP wurden in der ersten Befragung sehr deutlich kritisiert und es wurden insgesamt nur sehr wenige positive Aussagen bezüglich der QP getätigt (Haep und Steins 2010).

Die hier dargestellte Studie II hat das Ziel, die Schulleiter/-innen aus der ersten Untersuchung erneut zu befragen und innerhalb einer Längsschnittuntersuchung herauszufinden, ob die Einstellungen der Schulleiter/-innen nach dem Erleben einer QA und ihres Feedbacks gleich geblieben sind beziehungsweise inwiefern sie sich verändert haben. In diesem Falle steht explizit der Umgang der Schulleitungen nach Erleben des Feedbackinstrumentes QA sowie der Rückmeldung hinsichtlich der Leitungstätigkeit einer Schulleitung im Vordergrund. Außerdem soll ermittelt werden, welche Faktoren die Akzeptanz des Feedbacks durch eine QA begünstigen beziehungsweise vermindern oder sogar gänzlich verhindern. Des Weiteren wird innerhalb der Längsschnittuntersuchung ermittelt, ob ein Bezug zwischen der Einstellung der Schulleiter/-innen gegenüber dem Instrument QA und der Rückmeldung durch den Qualitätsbericht besteht.

Bezüglich externer Schulinspektionen existiert, wie im Stand der Forschung dargestellt, eine große Anzahl empirischer Studien aus Ländern, die bereits seit längerer Zeit bemüht sind, ihr Schulsystem über evidenzbasierte Verfahren und hier unter anderem über den Einsatz externer Evaluationen zu entwickeln. Vorreiterländer sind beispielsweise England und die Niederlande (Brimblecombe et al. 1996; Russell 1996; Ball 1997; Ouston et al. 1997; Chapman 2000, 2001;

Ehren und Visscher 2006; De Wolf und Janssens 2007; Plowright 2007; Janssens und Van Amelsvoort 2008; Luginbuhl et al. 2009; Willis 2010). In Deutschland bestehen in vielerlei Hinsicht noch Forschungsdesiderate in Hinblick auf Schulinspektionen und externe Evaluationen. Diese sind mittlerweile zwar in allen Bundesländern flächendeckend eingeführt worden, jedoch ist dies erst seit wenigen Jahren der Fall (Müller et al. 2008). Mehrere Forschungsprojekte, sowohl bundesweit als auch auf einzelne Bundesländer fokussiert, untersuchen derzeit den Einfluss von Schulinspektionen unter verschiedenen Gesichtspunkten und Fragestellungen (Wacker et al. 2012; Rürup und Lambrecht 2012; Lambrecht und Rürup 2012; Gärtner und Pant 2011; Dedering 2012; Dedering et al. 2012).

Die Rückmeldung einer Qualitätsanalyse kann als Rückmeldung über die Leistung einer Schule und deren Leitung einerseits und eines Kollegiums andererseits verstanden werden. Insbesondere aus der psychologischen Forschung zum Selbstwert ist bekannt, dass Individuen bei Feedback dazu neigen, selbstwertdienliche Strategien anzuwenden (Semmer und Jacobshagen 2010). Auch kann die Anordnung einer externen Evaluation und damit die Veränderung der Schullandschaft in NRW durch die Verpflichtung der Rechenschaftslegung jeder einzelnen Schule zu Widerstandsprozessen führen (Steins 2009, 2014).

Auf der anderen Seite äußerten beim ersten Messzeitpunkt der durchgeführten Längsschnittuntersuchung auch Schulleiter/-innen kritische Aspekte bezüglich der QA, die dem Feedback der Maßnahme grundsätzlich positiv gegenüberstanden, was gegebenenfalls auf einen Veränderungsbedarf beziehungsweise einen Weiterentwicklungsbedarf der bisherigen Strategien der QA hinweisen und dementsprechend zur Verbesserung des Rückmeldungsinstruments genutzt werden könnte.

Der Wert der vorliegenden Längsschnittuntersuchung liegt zum einen in der Einsicht in sozialpsychologische Faktoren, die zu einer größeren Akzeptanz des Feedbacks durch die Qualitätsanalyse sowie seiner Umsetzung beitragen können, zum anderen in der Entwicklung eines Verständnisses organisatorischer und struktureller Gegebenheiten, die zum gegenwärtigen Zeitpunkt die Akzeptanz des Feedbacks durch die QA verhindern und den Widerstand von Schulleiter/-innen gegenüber den Rückmeldungen der QA erhöhen.

Die hauptsächliche Fragestellung besteht dabei auch in Studie II darin, zu klären, wie Schulleitungen mit dem Feedback umgehen, welches sie durch die QA erhalten und welche Faktoren einen positiven und einen negativen Umgang mit Feedback begünstigen. Die seitens des Ministeriums für Schule und Weiterbildung Nordrhein-Westfalen durchgeführten Fragebogenerhebungen weisen auf relativ hohe Zufriedenheitswerte der Schulleitungen nach der QA hin (Müller 2008a, 2009; Dedering und Müller 2011). Da die Fragebögen jedoch schulbezogen und nicht anonymisiert erfasst werden, kann es bei diesem Verfahren unter Umständen zu Konformität oder dem Phänomen der sozialen Erwünschtheit kommen, in welchem Falle die Aussagen der Schulleitungen nicht mehr ihrer tatsächlichen Einstellung entsprächen.

7.4.2 Methode und Design

Im Folgenden werden zunächst das Untersuchungsdesign sowie die Methode zur Vorgehensweise der Datenermittlung und der Datenauswertung dargestellt.

7.4.2.1 Ermittlung der Einstellungen mit Hilfe des fokussierten Interviews

Im Jahr 2009 wurden zum Messzeitpunkt T1 $N = 50$ Schulleitungen aus ganz NRW bezüglich ihrer Einstellungen zur Qualitätsanalyse NRW befragt (Haep und Steins 2010). Dabei wurden alle Schulen in NRW, welche bis dato noch keine Qualitätsanalyse hatten, in einer Liste in eine Zufallsreihenfolge gebracht. Es wurde eine in etwa gleiche Anzahl von Schulen aller Schulformen randomisiert gezogen, kontaktiert und interviewt.

Da der Längsschnitt dieselben Schulleiter/-innen zu ihrer Einstellung zur Qualitätsanalyse NRW befragt, die bereits vor dem Erleben der QA befragt wurden, wird das Verfahren der Befragung grundsätzlich beibehalten, um die Validität und Reliabilität der Datengewinnung innerhalb des Längsschnitts sicherzustellen. Weiterhin existieren einige wenige quantitative Befragungen zur Bewertung der QA des Ministeriums für Schule und Weiterbildung (MSW), welche alle Schulleitungen nach erfolgter QA an ihrer Schule befragen, weshalb sich an dieser Stelle ein inhaltlich erweitertes Verfahren anbietet.

Aus den genannten Gründen und der Tatsache geschuldet, dass es auch bei einer zweiten Befragung notwendig ist, die Einstellungen der Schulleiter/-innen in einer angenehmen Atmosphäre ohne sozialen Druck und unter absoluter Gewährleistung von Anonymität zu ermitteln, wurde wiederum das fokussierte Interview, eine Methode der qualitativen Sozialforschung, als Untersuchungsmethode ausgewählt (Bortz und Döring 2006; Merton und Kendall 1979). Auch gilt in diesem Bereich erneut, dass der Forschungsgegenstand derart komplex ist und die erwarteten Zugänge sowie Thematiken durchaus vielfältig sind und dementsprechend den Schulleiter/-innen durch die Untersuchungsform des fokussierten Interviews mehr Raum für die facettenreiche Darstellung ihrer Einstellung zur QA sowie eventuell damit zusammenhängender Themen eingeräumt werden kann als durch andere Untersuchungsmethoden. Der ausgewählte qualitative Ansatz erscheint im Fall des Umgangs der Schulleitungen mit Feedback aus einer externen Evaluation insbesondere passend, da innerhalb dieses Untersuchungsfeldes noch zu wenig Forschung existiert, um hypothesengestützt zu arbeiten. Dementsprechend wird in dieser Untersuchung explorativ vorgegangen, um weiterführende Erkenntnisse innerhalb dieses Forschungsgebietes zu gewinnen.

7.4.2.2 Die Stichprobe

Die Längsschnittuntersuchung wurde mit der Kontaktierung der ersten Schulleitungen im Februar 2012 aufgenommen. Bis Mitte Juli 2013 wurden insgesamt 20 Schulleiter/-innen aus Schulen in ganz NRW befragt. Diese sind Teil der Stichprobe der Längsschnittuntersuchung der ministerial in Auftrag gegebenen Studie „Einstellungen der Schulleiter/-innen zur Qualitätsanalyse NRW – Ein Längsschnitt". Bei 26 (52 %) von 46 teilnehmenden Schulen war der Termin für eine Qualitätsanalyse bis Ende März 2013 unklar, weshalb nur $N = 20$ Schulleiter/-innen in den Längsschnitt einbezogen und beim Stand der derzeitigen Untersuchungszahlen der QA es in Übereinkunft mit dem MSW als sinnvoll erachtet wurde, eine Zäsur zu machen und den Längsschnitt ab Ende März 2013 zu beenden. 8 % der Schulen, die an T1 teilgenommen haben und eine Qualitätsanalyse hatten, nehmen nicht an T2 teil. Die Gründe dafür sind zum einen drei Wechsel in den Schulleitungen, weshalb die Schulen innerhalb des Längsschnitts von der Stichprobe auszuschließen sind. Eine Schulleitung wollte nicht noch einmal an der Befragung teilnehmen, ohne dies zu begründen. Tabelle 7.13 gibt einen schulformbezogenen Überblick über die Anzahl der Schulen, die in den Längsschnitt einbezogen werden konnten.

Die im Längsschnittdesign untersuchte Stichprobe von Schulleiter/-innen besteht beim zweiten Messzeitpunkt aus $N = 14$ männlichen Schulleitern (70 %) und $N = 6$ weiblichen Schulleiterinnen (30 %).

Während beim ersten Messzeitpunkt 50 Schulen randomisiert gezogen und kontaktiert wurden, so ergeben sich die jeweiligen Interviewpartner/-innen beim

Tab. 7.13 Stichprobe der Schulleitungen (N = 20) nach Schulformen

Schulform	Durchgeführte Interviews
Berufskolleg	5
Förderschule	3
Grundschule	1
Gesamtschule	3
Gymnasium	1
Hauptschule	3
Realschule	4
Gesamt	20

zweiten Messzeitpunkt durch ihren Termin der Qualitätsanalyse, welcher unabhängig vom durchgeführten Forschungsprojekt durch das MSW festgelegt wurde.

Da die Schulen den Dezernaten 4Q der jeweiligen Bezirksregierungen sowie dem MSW NRW im Rahmen der anonymen Untersuchung nicht bekannt waren, wurden die befragten Schulleiter/-innen samt ihrer Schulen wie jede andere Schule in das Analyseverfahren integriert. Das MSW stellte der Universität regelmäßig mindestens vierteljährlich aktuelle Listen zur Verfügung, auf denen die Termine der Qualitätsanalysen aller Schulen vermerkt waren. Diese Listen wurden von der Autorin überprüft und die befragten Schulen herausgesucht. Dementsprechend gestaltete sich die Längsschnittuntersuchung insgesamt gesehen zeitlich langwieriger und weniger planbar, da die Schulen vereinbarungsgemäß jeweils erst befragt werden konnten, wenn sie von der Qualitätsanalyse untersucht worden und anschließend weitere 6 Monate vergangen waren, um den Prozess der Berichtsrezeption sowie der Zielvereinbarungen abzuwarten und diese Aspekte im jeweiligen Interview mit erfassen zu können. Dies sollte auch ermöglichen, den tatsächlichen Umgang mit sowie die erfolgenden Reaktionen auf das erhaltene Feedback zu erfassen.

7.4.2.3 Kontaktaufnahme

Alle Kontaktaufnahmen zu den Schulleitungen wurden einheitlich gestaltet. Nachdem der Termin der QA über die Listen des MSW ermittelt werden konnte, wurde das Datum errechnet, zu welchem die Schulleitungen kontaktiert werden sollten.

Die Kontaktaufnahme verlief zunächst über ein Fax, welches aus einem Anschreiben der Projektleiterin und der Interviewerin bzw. Autorin dieses Bandes sowie einem Legitimationsschreiben des MSW bestand. In diesen Schreiben wurden die Schulleitungen darum gebeten, sich erneut an einem Interview zu beteiligen und ihre Erfahrungen nach der Untersuchung durch die QA mit den Wissenschaftlerinnen zu teilen. Diesem Fax folgte wenige Tage später ein persönlicher Anruf der Interviewerin, die sich nach der Bereitschaft der Schulleitungen zur Teilnahme erkundigte und bei positiver Resonanz einen Interviewtermin mit diesen vereinbarte.

7.4.2.4 Vorgehensweise bei der Durchführung der Interviews

Die Interviews fanden an den Schulen der befragten Schulleitungen statt und wurden mit Hilfe eines Interviewleitfadens geführt. Den Schulleitungen wurde während des Interviews Material gezeigt, welches bereits beim ersten Messzeitpunkt der Interviews vorgelegt worden war (Ablaufplan der QA, Qualitätstableau der QA, Ziele der QA). Die Dauer der Interviews schwankt zwischen dem kürzesten

Interview mit 22:12 Minuten und dem längsten Interview, welches 50:19 Minuten gedauert hat. Die Durchschnittsdauer der Interviews in T2 übersteigt die Durchschnittsdauer der Interviews in T1 um etwas mehr als vier Minuten.

7.4.2.5 Die Interviewatmosphäre

Der Empfang der Interviewerin war an allen Schulen freundlich. Alle Interviews fanden in den Büros der jeweiligen Schulleitungen statt. Ein Interview wurde von Schulleiter/-in und Stellvertreter/-in gemeinsam geführt. Die Schulleiter/-innen erkundigten sich außerdem in fast allen Fällen nach dem Forschungsprojekt und den Forscherinnen sowie nach der Biographie der Interviewerin. Das Vor- beziehungsweise Nachgespräch spielte eine wichtige Rolle in der Herstellung einer positiven, offenen und vertrauensvollen Atmosphäre.

Da alle Schulleitungen freiwillig an der Untersuchung teilnahmen und vielfach betonten, das Interview als eine Möglichkeit zu betrachten, die eigene Meinung bei Gewährleistung vollständiger Anonymität offen und ehrlich an das MSW weiterzugeben, ist zu vermuten, dass die Interviewäußerungen zu einem hohen Anteil offen und ehrlich erfolgten. Das Alter sowie die Position der Interviewerin und die Tatsache, dass diese das Zweite Staatsexamen absolviert hat, trugen des Weiteren dazu bei, dass die befragten Schulleitungen sich authentisch äußerten. Außerdem fanden die Interviews in der gewohnten Umgebung der Schulleitungen statt, weshalb sie sich sichtlich wohl und entspannt fühlten und viele Gegenstände und Dokumente in das Interview mit einbeziehen konnten. Die oben genannten Aspekte spielen bei der Erfassung der Validität einer qualitativen Untersuchung eine große Rolle (Leggewie 1988; in: Bortz und Döring 2006).

7.4.2.6 Der Interviewleitfaden

Im Folgenden wird der Interviewleitfaden beschrieben, welcher im Rahmen des fokussierten Interviews eingesetzt wurde. Der Interviewleitfaden orientiert sich dabei explizit am Ablauf einer Qualitätsanalyse, inklusive der Vorbereitungszeit der Schule, der Besuchstage sowie der Nachbereitung. Dadurch soll der Umgang der Schulleitungen sowie der gesamten Schulgemeinschaft mit dem Rückmeldeinstrument vor, während und nach dem tatsächlichen Besuch der Inspektor/-innen erfasst werden.

Die Schulleitungen werden dabei zunächst danach befragt, wie sich ihre Einstellung gegenüber der QA seit dem ersten Messzeitpunkt verändert hat. Diese Frage dient der Erfassung der aktuellen Einstellung. Außerdem kann über die Beantwortung dieser Frage festgestellt werden, ob die Schulleitungen selbst eine abweichende Erinnerung an ihre Einstellung vor der QA haben.

Die Vorinformation der QA ist innerhalb des Feedbackprozesses wichtig, da diese den Ablauf des Analyseprozesses sowie die Kriterien des Instruments für die gesamte Schulgemeinschaft verdeutlicht und der Schulleitung bereits Möglichkeiten einräumt, im Rahmen der Begehung der Schule auf Besonderheiten hinzuweisen. Die Gewissheit darüber, anhand welcher Kriterien eine Bewertung erfolgt, ermöglicht den Beteiligten im besten Falle, den Analyse- und Rückmeldungsprozess als transparent wahrzunehmen.

Die Befragung der Schulleitungen hinsichtlich ihrer Wahrnehmung der Besuchstage, an denen die Inspektor/-innen der QA vor Ort an der Schule tätig wurden, ist elementar für das Verständnis der Bewertung der QA als Feedbackinstrument. Während der Besuchstage lernen die Schulleitungen das Verfahren des Analyse- und Feedbackinstruments intensiv kennen, werden mit den Beobachtungs- und Bewertungskriterien konfrontiert und erleben die Inspektor/-innen bei ihrer Arbeit. Dementsprechend ist davon auszugehen, dass dieser Zeitraum möglicherweise einen großen Einfluss auf die Bewertung des Feedbacks durch die QA ausüben kann.

Ein weiterer wichtiger Faktor in der Untersuchung des Umgangs der Schulleitungen mit der Feedbackressource QA liegt in der Erfassung der Einschätzung der Belastung, welche die Schulleitungen dem ministeriellen Evaluationsinstrument zuschreiben.

Ebenfalls relevant für die Einschätzung des Umgangs der Schulleitungen mit der QA und ihrem Feedback ist die Erfassung der Zufriedenheit dieser mit dem Abschneiden ihrer Schule und gegebenenfalls auch mit dem eigenen Abschneiden bei der Analyse.

Bei der Untersuchung des Umgangs einer ausgewählten Personengruppe mit Feedback spielen selbstverständlich die Feedback erteilenden Instanzen eine bedeutende Rolle, weshalb die Schulleitungen auch nach ihrer Einschätzung der Wahrnehmung der QP befragt wurden.

Neben der Tatsache, dass die Wahrnehmung der Feedback erteilenden Instanzen eine wichtige Rolle für den Umgang der Feedback empfangenden Personen mit diesem spielt, ist die empfundene Fairness der erteilten Bewertung sowie des erteilten Feedbacks relevant für den Umgang mit und die Akzeptanz des Feedbacks durch die Feedback empfangende Person. Aus diesem Grunde enthält der Leitfaden eine Frage, welche sich explizit mit der Beurteilung der Fairness der Bewertung durch die QP beschäftigt. Auch die Glaubwürdigkeit des erhaltenen Feedbacks spielt eine große Rolle hinsichtlich des Umgangs mit dem selbigen.

Die Einschätzung verschiedener relevanter Faktoren der QA auf einer Skala dient der Einordnung sowie quantitativen Klassifizierung der Einstellung der Schulleitungen.

7.4.2.7 Die Dokumentation der Interviews

Zur Dokumentation der Interviews wurde ein Smartpen (Smartpen livescribe) eingesetzt, der sich bereits beim ersten Messzeitpunkt bewährt hatte. Dieser Stift, welcher gleichzeitig ein Mikrofon enthält und als Aufnahmegerät fungiert, hat den wesentlichen Vorteil, dass er dezent während des Interviews genutzt werden kann, um kurze Stichpunkte bezüglich des Gesprächs zu erfassen. So kann gewährleistet werden, dass die Aufmerksamkeit der interviewten Schulleiter/-innen nicht auf das Aufnahmegerät gelenkt und dementsprechend keine Selbstaufmerksamkeit (für einen Überblick vgl. Steins 2014) erzeugt wird, die die Aussagen ansonsten beeinflussen könnte.

Alle vorliegenden Interviews wurden vollständig transkribiert. Grundlage der Transkription ist die den Schulleiter/-innen versicherte Anonymität, weshalb jegliche Angabe von Orten, Namen und teilweise auch Wiedererkennung erleichternde weitere Aspekte mit XXX gekennzeichnet wurde. Des Weiteren wurde zu Zwecken der besseren Lesbarkeit eine Form der wörtlichen Transkription verwendet und nicht die kommentierte Transkription, weshalb auf den Einsatz weiterer Transkriptionszeichen, wie beispielsweise dem Kennzeichnen von Pausen, Betonungen und sprachlichen Besonderheiten der Sprecher/-innen, verzichtet wurde. Lautsprachliche Äußerungen oder Töne der Sprecher/-innen wurden jedoch mit aufgeführt (beispielsweise „ähm, so, also, mmhh" usw.). Auch wurden, wenn es wichtig zum Verständnis des Textes ist, in Klammern weitere Informationen zum Gespräch angegeben (bspw. lacht, seufzt, steht auf und holt etwas etc.).

7.4.2.8 Die Auswertung des Interviewmaterials

Qualitative Inhaltsanalysen *„streben (…) eine Interpretation an, die intersubjektiv nachvollziehbar und inhaltlich möglichst erschöpfend ist."* (Bortz und Döring 2006, S. 329) Des Weiteren können sie verstanden werden als

(…) ein Verfahren zur Beschreibung ausgewählter Textbedeutungen (…). Diese Beschreibung erfolgt, indem relevante Bedeutungen als Kategorien eines inhaltsanalytischen Kategoriensystems expliziert und anschließend Textstellen den Kategorien dieses Kategoriensystems zugeordnet werden. (Schreier 2012, S. 2)

Das Ziel dieser Längsschnittuntersuchung ist es, dezidierten Aufschluss über die Einstellung und Einstellungsveränderung der Schulleiter/-innen zum Feedback durch die Qualitätsanalyse zu erhalten, nachdem diese bereits eine Qualitätsanalyse an der eigenen Schule erlebt haben. Außerdem sollen der Umgang der Schulleitungen mit sowie die Akzeptanz des Feedbacks durch die QA erfasst werden. Wie bereits anhand des Interviewleitfadens ersichtlich wird, richten sich die

Fragen sowohl am Ablauf der Qualitätsanalyse einerseits als auch an der explorativen Fragestellung andererseits aus. Um einen Überblick über die Bewertungen und Bewertungsveränderungen der Schulleitungen bezüglich der QA und somit der externen Feedbackquelle des Ministeriums zu erhalten, wurden die Schulleitungen zunächst anhand des Interviewleitfadens mit verschiedenen Thematiken und Fragen bezüglich der Vorbereitung des Besuchs der QA, der tatsächlichen Durchführung an den Besuchstagen der Qualitätsanalyse sowie der Nachbearbeitung der Ergebnisse der Qualitätsanalyse konfrontiert.

Die Kodierung des transkribierten Datenmaterials orientierte sich dabei hinsichtlich der Oberkategorien hauptsächlich am Ablauf der QA auf der Grundlage der im Interviewleitfaden angesprochenen Themen, welche die Kategorienbildung deduktiv mit beeinflusste.

Für die induktive Vorgehensweise der Kodierung und Auswertung der Unterkategorien des Interviewmaterials wurden insbesondere die theoretischen Ansätze der *Grounded Theory* (Glaser und Strauss 1967) herangezogen. Die Kernkategorie der Inhaltsanalyse ist dabei der Umgang mit sowie die Einstellung von Schulleitungen zum Feedbackinstrument Qualitätsanalyse. Dabei lassen sich laut Schreier (2012) besonders die zu Beginn vorgenommenen Vorgehensweisen des Ansatzes der *Grounded Theory* fruchtbar für die induktive Entwicklung von Unterkategorien am vorliegenden Datenmaterial nutzen.

> Generating a theory from data means that most hypotheses and concepts not only come from the data, but are systematically worked out in relation to the data during the course of the research. (Glaser und Strauss 1967, S. 5–6; zitiert nach: Patton 2002, S. 125)

Dementsprechend wurden insbesondere die jeweiligen Subkategorien induktiv durch die Bearbeitung des vorliegenden Materials gewonnen.

> The strategy of inductive designs is to allow the important analysis dimensions to emerge from patterns found in the cases under study without presupposing in advance what the important dimensions will be. (Patton 2002, S. 56)

Dieses Verfahren ist laut Bortz und Döring (2006) in der wissenschaftlichen Praxis durchaus üblich: *„In der Praxis sind Mischformen gängig, bei denen ein a priori aufgestelltes grobes Kategorienraster bei der Durchsicht ergänzt und verfeinert wird."* (S. 330) Des Weiteren wurden Elemente der evaluativen qualitativen Inhaltsanalyse in die Kodierung des Datenmaterials integriert (Schreier 2012), was beispielsweise durch die verschiedenen Unterkategorien auf dem Niveau einer

Nominalskala deutlich wird. Außerdem wurde das gesamte Interviewmaterial in die Analyse mit einbezogen, da insbesondere die Nebeninformationen der Schulleitungen wichtige Hinweise zur präzisen Beantwortung der Fragestellung und wertvolle ergänzende Informationen liefern können (Schreier 2012).

Die Interviews wurden unter Zuhilfenahme der Software für qualitative Datenanalyse, MAXQDA, kodiert. Dabei kodierten zunächst zwei Expertinnen die ersten transkribierten Interviews. Alle weiteren Interviews wurden von der Interviewerin kodiert und einer weiteren Person gegenkodiert, um eine valide Kodierung der Interviews zu erreichen (Bortz und Döring 2006). Diese Gegenkodierung erfolgte, um dem Kriterium der Validität zu entsprechen.

Das wichtigste Kriterium ist jedoch die interpersonale Konsensbildung (konsensuelle Validierung). Können sich mehrere Personen auf die Glaubwürdigkeit und den Bedeutungsgehalt des Materials einigen, gilt dies als Indiz für seine Validität. (Bortz und Döring 2006, S. 328)

Dabei wurde die Validierung in diesem Falle über eine argumentative Validierung mit einer außenstehenden Person sowie über einen Konsens mit der Projektleiterin erzielt (Bortz und Döring 2006). Es existiert in dieser Untersuchung keine Restkategorie, was bedeutet, dass alle Aussagen kodiert werden konnten. Wenn eine Aussage mehrere inhaltliche Aspekte enthielt, wurde diese Aussage auch mehrfach kodiert und den jeweiligen Kategorien zugeordnet.

7.4.3 Qualitative Ergebnisse

In den nachfolgenden Unterkapiteln werden die Ergebnisse der Längsschnittuntersuchung dargestellt. Dabei werden die präsentierten Themenbereiche mit Zitaten aus den Interviews mit den Schulleitungen beispielhaft angereichert.

7.4.3.1 Einstellungsveränderung gegenüber dem Feedbackinstrument QA

Die untenstehende Abb. 7.17 verdeutlicht, dass 50 % der Schulleitungen angeben, der QA nach erfolgtem Besuch weiterhin positiv gegenüberzustehen. 25 % geben an, ihre Einstellung sei positiver geworden. 15 % der Schulleitungen positionieren sich als neutral geblieben und 10 % der Schulleitungen geben an, dass ihre Einstellung negativer geworden sei.

Einstellungsveränderung (%)

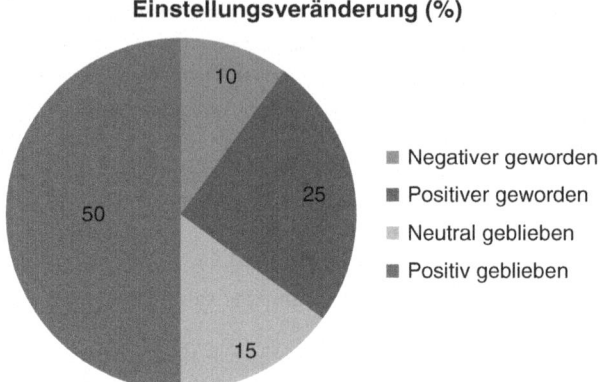

Negativer geworden

Positiver geworden

Neutral geblieben

Positiv geblieben

Abb.7.17 Einstellungsveränderung der Schulleitungen gegenüber dem Feedbackinstrument QA nach eigener Angabe (in %) bei T2 (**Eigene Angabe der SL = Einstiegsfrage zu T2**)

7.4.3.2 Gründe für die Beibehaltung einer positiven Einstellung gegenüber der QA

6 Schulleitungen nennen in insgesamt 9 Aussagen, dass sie das von außen erhaltene **Feedback** als Grund sehen, um eine positive Einstellung gegenüber der QA beizubehalten.

Dabei werden Aspekte genannt, wie derjenige, dass es positiv ist, Feedback von außen zu erhalten, jedoch auch, dass das Feedback angemessen und nicht überraschend war, dass die QA eine gute Möglichkeit ist sich *„mal darzustellen und (…) extern evaluieren zu lassen"* und letztendlich, dass auch das Kollegium das externe Feedback akzeptiert hat. Hier wird auch explizit angesprochen, dass eine kriteriengeleitete Außensicht im Arbeitsfeld der Schule sehr selten vorzufinden ist.

> „Und auch dass jede Schule mal ein, ein Spiegelbild, eine Fremdeinschätzung bekommt, die ja sehr selten eigentlich ja in Schule ist, außer von Schülern und Eltern, da gibt es ja natürlich immer so etwas, man, man spricht immer vom „Ruf der Schule". Und dass der einfach mal ein bisschen spezifischer genommen wird, das finde ich eigentlich sehr gut."

In 5 Aussagen thematisieren 4 Schulleitungen, dass das **Erzielen eines positiven Ergebnisses**, ein Grund für das Beibehalten einer positiven Einstellung gegenüber der QA ist. Die Bestätigung guter Ergebnisse führt bei den Beteiligten unter anderem dazu, dass sie *„stolz und zufrieden"* sowie motiviert für weitere Veränderungen sind.

2 Schulleitungen tätigen insgesamt 4 Aussagen, die sich darauf beziehen, dass sie bereits vor der QA **gut über diese informiert** waren. Dabei wurden die Informationen in beiden Fällen insbesondere durch den Austausch mit Kolleg/-innen erlangt. Eine Schulleitung verweist außerdem auf den Austausch zwischen Schulleiter/-innen und beschreibt diesen als *„intensiv"*.

> „(…) Wir waren vorher schon gut informiert durch allgemeine Informationen, durch Kollegen, die die QA hatten und es konkretisierte sich dadurch immer deutlicher, was auf einen zukommt, oder auch, was auf uns zukommt. Von daher gab es eigentlich keine Überraschungsmomente mehr und keine Unwägbarkeiten, auf die man sich nicht einlassen konnte oder die man sich nicht so vorstellen konnte. Also, von daher hatten wir uns schon so informiert, dass wir über den Ablauf und das Verfahren Bescheid wussten."

Bereits im ersten Bericht zu den *Einstellungen der Schulleiter/-innen zur QA NRW* wurde festgestellt, dass viele Schulleitungen ihr Wissen durch das Hörensagen und über informelle Informationswege beziehen (Haep und Steins 2010).

2 Schulleiter/-innen bemerken in 3 Aussagen, dass die **gute Arbeit der Qualitätsprüfer/-innen** dazu geführt hat, dass sie der QA auch nach dem Analyseprozess positiv gegenüber stehen. Dabei bezieht sich eine Aussage auf atmosphärische Aspekte (*„nette Atmosphäre"*, die QP seien *„im Kollegium sehr positiv aufgetreten"*) und die Tatsache, dass durch Hörensagen auch gegenteilige Gerüchte über die Arbeit der QP sowie ihr Feedback bekannt waren, die jedoch in diesem Falle nicht eintraten. Außerdem wird die Genauigkeit der QP bei der Beobachtung, Bewertung und Rückmeldung der Ergebnisse an die Schule betont.

> „Und das war eben der Punkt, der uns sehr überrascht hat, oder eben auch der uns aufgefallen war, dass die sehr genau hinschauen und wirklich, ja, auch wirklich jedes, viele Details, nicht jedes, aber viele Details entdecken."

In 2 Aussagen begründen 2 Schulleitungen ihre nach wie vor positive Einstellung mit der Tatsache, dass die QA ihnen durch ihr Feedback **Hilfestellung bei der Schulentwicklung** gegeben habe.

> „Also, es sind sicherlich interessante Hinweise gekommen, an denen wir teilweise auch jetzt noch arbeiten, in Hinblick auf Weiterentwicklung von Schulen."

Eine Schulleitung führt in insgesamt 2 Aussagen an, dass durch das Feedback der QA eine **Anerkennung der geleisteten Arbeit** erfolgt ist. Hier wird insbesondere darauf verwiesen, dass diese Anerkennung nicht bei allen Beteiligten vorhanden gewesen ist und die positiven Impulse der Schulleitung durch die QA aufgezeigt werden konnten.

1 Schulleitung bezieht sich in 2 Aussagen auf die Tatsache, dass die QA und insbesondere auch die Unterrichtsbesuche als **präzises Rückmelde- und Evaluationsinstrument** wahrgenommen wurden. Dabei wird explizit auf die stellenweise laut gewordene Kritik an den 20minütigen Unterrichtsbeobachtungen rekurriert und diese wird für falsch erklärt.

> „Uns hat alle sehr beeindruckt, wie präzise das Instrument ist. Das fand ich also absolut hochwertig, dass die nach diesen drei Tagen Unterrichtsbesuchen und Interviews wirklich so dezidierte Aussagen über Schule treffen können, also, es ist wirklich ungewöhnlich. Also, und insofern ist also an dem, ja, sicherlich weit verbreiteten Vorurteil: „Was können die denn überhaupt sagen, wenn sie bei einem Kollegen 20 Minuten Unterricht und dann bei einer Schule 30 bis 40 Unterrichtsbesuche machen? Was soll man denn da über die Unterrichtskultur an der Schule aussagen?" Das ist schlicht falsch. Also, da kommt eine ganze Menge bei raus."

Die nachfolgend aufgeführten Gründe werden von jeweils einer Schulleitung in 1 Aussage angeführt. So führt 1 Schulleitung an, die QA sei ein *„guter Impuls"* gewesen, zum einen, um bestimmte Teilbereiche der schulischen Arbeit zu reflektieren und zum anderen, um sich bezüglich der Qualität der eigenen Arbeit zu vergewissern.

Für 1 Schulleitung ist ein weiterer Grund für die Beibehaltung einer positiven Einstellung gegenüber der QA die **hohe Zufriedenheit aller Beteiligten** mit den Interviews.

1 Schulleitung begründet die positive Einstellung gegenüber der QA mit der Tatsache, dass diese **bewältigt** wurde und nun bezüglich dieses Themenfeldes eine entspannte Einstellung vorherrsche.

In 1 Aussage wird dargelegt, dass die **QA bereits aus der Position des/der Stellvertreters/-in bekannt** war und dementsprechend ein positives Gefühl bereits bei der Vorbereitung der QA vorherrschte, *„weil ich wusste worauf es ankommt".* Die QA wird von 1 Schulleitung positiv beurteilt, da die **Überprüfung von Schulen anhand von Standards** als wichtig eingeschätzt wird. Die Funktion der QA, über die Rückmeldung eine **Vergewisserung der eigenen Leistung** und der allgemeinen Schulqualität zu ermöglichen, wird ebenfalls positiv bewertet. 1 Schulleitung führt außerdem an, dass das Feedback der QA sie in der Rolle **als Schulleitung unterstützt** habe.

> „Ja, das hat sich, also das hat sich zum einen hat sich also verändert, dass die Leute gemerkt haben, das was ich von ihnen wollte, war nicht irgendwie, weil das meine persönliche Sache ist, sondern weil das offensichtlich zum allgemeinen Standard für gute Qualität gehört. Das war gut."

1 Schulleitung führt an, dass die im Vorfeld **antizipierten negativen Gefühle** sich bei der Durchführung der QA **verflüchtigt** hätten.

7.4.3.3 Gründe für die Beibehaltung einer neutralen Einstellung gegenüber der QA

5 Schulleitungen machen in insgesamt 5 Aussagen zum Thema Qualitätsanalyse deutlich, dass sich ihre Einstellung zur Qualitätsanalyse nicht verändert hat. Ein Grund für die Beibehaltung der neutralen Haltung zur QA, der von 2 Schulleiter/-innen insgesamt thematisiert wird, sind die **Unterrichtsbeobachtungen.** Dabei bezieht sich ein Themenfeld auf die angezweifelte Genauigkeit der Messung, Beobachtung und Bewertung des Unterrichts, der andere genannte Aspekte hinterfragt die Fokussierung auf Unterrichtsmethoden im Vergleich zu korrekten Inhalten.

1 Schulleitung nennt als Grund für die Beibehaltung einer neutralen Haltung gegenüber der QA die Tatsache, dass **keine neuen Aspekte durch die QA hinzugekommen** seien und die Schule nach der Rückmeldung durch die QA *„nicht wesentlich schlauer geworden"* sei.

Ein weiterer Grund für die Beibehaltung einer neutralen Haltung sind Kritikpunkte an der QA und der **Messung der Schulergebnisse**, die nach dem

Erleben der Analyse deutlicher benannt werden können. 1 Schulleitung nennt als weiteren Grund für das Einnehmen einer neutralen Haltung zur QA nach der erlebten Analyse, dass die **außerunterrichtlichen Prozesse** einer Schule durch die QA gut bewertet werden könnten, da durch die einzureichenden Dokumente ein guter Überblick gegeben werden könne. Ebenfalls wird die **Transparenz des Verfahrens** der Qualitätsanalyse von 1 Schulleitung als Grund angeführt, weiterhin eine neutrale Haltung zu dieser einzunehmen.

7.4.3.4 Gründe für die Entwicklung einer negativen Einstellung gegenüber der QA

2 Schulleitungen geben in 2 Aussagen insgesamt an, dass sich ihre Einstellung zur QA und die Bewertung der QA nach dem Durchlaufen des Analyseprozesses zum Negativen verändert haben.

Ein wichtiger Grund für die Einstellungsveränderung zum Negativen ist hier die Tatsache, dass die **Messinstrumente der QA**, welche Grundlage für das Feedback sind, als **fragwürdig** eingeschätzt werden. Beide Schulleitungen mit Einstellungsveränderung zum Negativen tätigen hier jeweils 1 Aussage. Aber auch 2 weitere Schulleitungen geben dies als Kritikpunkt an der QA in jeweils 1 Aussage an.

„Ich finde, dass die Qualitätsanalyse vorgibt, mehr an Qualität zu erheben als sie wirklich kann. Das liegt aus meiner Sicht daran, weil das so ein standardisiertes Verfahren ist, was eben computergestützt ausgewertet wird, da fällt vieles durchs Raster."

Beide Schulleitungen mit negativer Einstellungsänderung äußern sich mit jeweils 1 Aussage zum **Auftreten und der Haltung der Feedback erteilenden QP** und geben dies als einen Grund für die Einstellungsveränderung an. So wird von einer Schulleitung geäußert, dass der *„Umgang der Prüfer mit der Schule bedenkenswert"* sei, ohne dies genauer zu erläutern. Wohingegen eine weitere Schulleitung die Wahrnehmung äußert, dass die QP von vornehrein eine Haltung gehabt hätten, die der Schule schaden beziehungsweise sie in ein negatives Licht rücken sollte.

1 Schulleitung nennt als weiteren Grund für die Veränderung der Einstellung zum Negativen in 2 Aussagen die **Belastung**, die sie als *„unverhältnismäßig"* bezeichnet. Dabei bezieht sie sich zum einen auf die Besuche im Unterricht der Kollegen, die sie in ihrem kleinen System als zu häufig erachtet und zum anderen auf die Belastung der Schulleitung im Allgemeinen.

1 Schulleitung gibt an, dass die **Berichterstattung über das Schüler/-inneninterview** ihre Einstellung zur Qualitätsanalyse negativ geprägt habe. Ihrer Aussage nach berichteten die Schüler/-innen ihren Klassenlehrer/-innen, dass sie *„negativ zielführend"* befragt wurden und dass *„sie sich nicht richtig verstanden fühlten oder dass sie etwas nicht gerade rücken durften"*.

Eine Schulleitung nennt in 5 Aussagen 5 weitere Gründe für die Veränderung der Einstellung zum Negativen. Als Gründe werden dabei die **engen Zeiträume** bei der Vorbereitung der QA und die **mangelnde Unterstützung** im Vorbereitungsprozess genannt. Auch äußert sich die Schulleitung zu **Möglichkeiten der Schulentwicklung** und Qualitätsverbesserung durch die QA und gibt hier zum einen an, dass die Qualität ihrer Schule sich aus ihrer Sicht durch den Besuch und die Rückmeldung der QA nicht verbessert habe und zum anderen insbesondere für kleinere Schulen *„Kosten und Nutzen"* nicht im Verhältnis zueinander stünden. Ein weiterer Grund für die negative Einstellung ist der *„unmöglich(e)"* **Zeitaufwand**, der von der Schulleitung für die Erstellung des Portfolios angegeben wird (*„Vier Wochen mal 24 Stunden mal 7 Tage"*).

7.4.3.5 Gründe für die Entwicklung einer positiveren Einstellung gegenüber der QA

5 Schulleitungen geben in 6 Aussagen an, dass sich ihre Einstellung zur QA nach dem Erleben des gesamten Prozesses zum Positiven verändert habe. In diesem Zuge geben die Schulleiter/-innen unter anderem an, dass sie *„damals Bedenken hatten"*, *„skeptisch"* oder *„kritischer"* waren.

3 Schulleitungen beziehen sich darauf, dass ein wichtiger Grund für ihre Einstellungsveränderung zum Positiven die positive Rückmeldung und somit das **gute Ergebnis** sei, welches sie bei der QA erreicht haben. 2 von 3 Schulleitungen geben dabei auch an, dass die Einstellung zur QA bei einer negativeren Rückmeldung wahrscheinlich auch negativer ausfallen würde (*„Dadurch, (...), dass ergebnisabhängig ist, wie man dann auch nachher das beurteilt."*).

2 Schulleiter/-innen begründen die Veränderung ihrer Einstellung hin zum Positiven mit der **guten Arbeit der Qualitätsprüfer/-innen**. Es wird angegeben, dass die QP ein insgesamt *„beeindruckendes"* Wissen über die Schule gezeigt hätten und die zahlreichen eingereichten Unterlagen gut kannten.

Ein weiterer Grund für die Einnahme einer positiveren Einstellung gegenüber der QA wird von 2 Schulleitungen genannt. Hier beziehen sich die Schulleitungen auf das **Kollegium** und geben zum einen an, dass zunächst Befürchtungen da waren, dass das Kollegium den Prozess der Analyse nicht mittragen würde, die Unterstützung jedoch erfolgt ist. Zum anderen hat die QA im Kollegium zu einem *„Gemeinschaftsgefühl"* und zu *„Teambuilding"* geführt, was ebenfalls positiv bewertet wird. Insgesamt stellt die QA laut Aussage beider Schulleiter/-innen eine Herausforderung dar, die von allen Beteiligten gemeinsam angegangen worden ist.

Für 2 weitere Schulleiter/-innen stellt die QA und deren Rückmeldung eine **Legitimation** dar, was sie als Grund für die positivere Bewertung der QA nach dem Analyseprozess anführen.

Des Weiteren nennt 1 Schulleitung als Grund für die Veränderung zum Positiven, dass die **Gerüchte**, die *„der QA vorausging(en)"* nicht bestätigt wurden.

1 Schulleitung nennt als Grund für die positivere Einstellung zur QA die Tatsache, dass sich die **QA sehr positiv und motivierend** auf alle an der Schule tätigen Personen ausgewirkt hat. So habe die Rückmeldung der QA *„gestärkt"*, *„selbstbewusster gemacht"* und die *„psychosoziale Grundstimmung"* verbessert.

7.4.3.6 Die Bewertung der Vorinformation und der Besuchstage

Die Schulleitungen wurden nach ihren Erfahrungen mit und qualitativen Einschätzungen der Vorinformation zur QA befragt. Abbildung 7.18 zeigt, dass 10 % der Schulleitungen die Vorinformation negativ bewerten. 35 % der Schulleitungen nehmen eine neutrale Haltung zur Vorinformation ein und 50 % der Schulleitungen bewerten die Vorinformation positiv. 5 % der Schulleitungen machen keine Angabe.

Die Schulleitungen wurden ebenfalls danach befragt, wie sie die Besuchstage der Qualitätsanalyse erlebt haben und welche Gründe für ihre Bewertung der Besuchstage existieren. Abbildung 7.19 zeigt die Bewertung der Besuchstage durch die Schulleitungen in %. Dabei bewerten 10 % der Schulleitungen die Besuchstage negativ, 30 % nehmen eine neutrale Haltung ein und 40 % bewerten die Besuchstage positiv. 20 % der Schulleitungen tätigen hierzu keine Angabe.

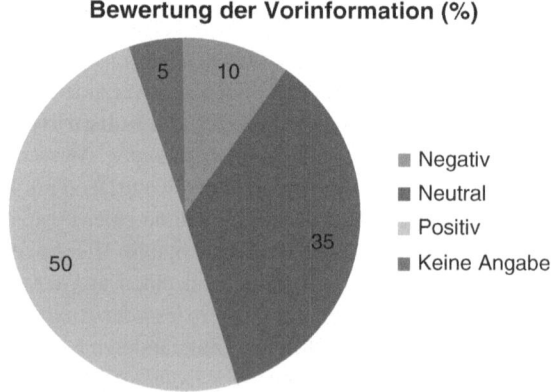

Bewertung der Vorinformation (%)

- Negativ
- Neutral
- Positiv
- Keine Angabe

Abb. 7.18 Bewertung der Vorinformation durch die Schulleitungen

Bewertung der Besuchstage (%)

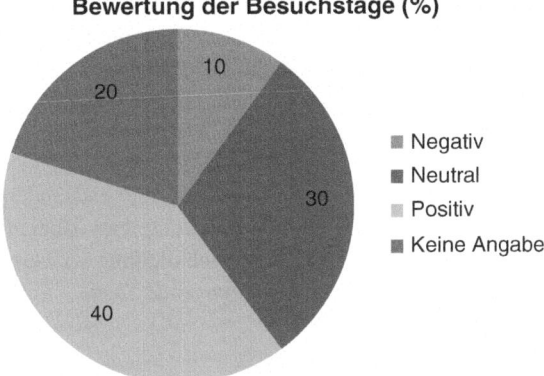

Abb. 7.19 Bewertung der Besuchstage durch die Schulleitungen (in %)

Exemplarisch dienen die nachfolgend aufgeführten Aussagen als Beispiele für die unterschiedlichen Positionen hinsichtlich der Besuchstage der QA.

Negativ	„Obwohl durch dieses Portfolio, habe ich dann auch gedacht „Pff, mir auch egal." Äh, ja. Die kommen und gehen, man hat ja gar keinen Kontakt zu den Menschen, ne. Also, die sind kleine Maschinen, die mit ihren Maschinchen hier durch die Gegend rennen und man weiß gar nicht, was sie da tun. Man weiß auch nicht, wie sie was bewerten, auch das ist nicht transparent und auch im Nachhinein teilweise gar nicht nachvollziehbar, was die da angekreuzt haben. Und auch, was sie nicht beobachtet haben wollen, ist für uns nicht zu verstehen. Ich verstehe das nicht. Das widerspricht sich auch inhaltlich."
Neutral	„Ich hatte da nichts mit zu tun. Also, ich hab die morgens begrüßt und das war's auch. Wir haben für die irgendwo einen Raum bereitgestellt, da war dieses Gebäude ja noch nicht fertig und die waren wirklich für mich im laufenden Schulalltag überhaupt nicht zu bemerken. Die hatten ihren Plan und sind nach ihrem Plan in die einzelnen Klassen gegangen; Gespräche mit Eltern, mit Kollegen, mit Lehrerrat, ich weiß gar nicht mehr, ob die mit mir auch gesprochen, geführt. Das waren dann so Termine, die dazwischen gesetzt wurden, aber das war, also ich habe das nicht als belastend empfunden, wirklich nicht."
Positiv	„Aber insgesamt war so die Stimmung in der Schule unendlich positiv. (…) und man hielt zueinander und die Team-Strukturen waren viel besser sichtbar und all solche Dinge, also, das ist ja nicht nur so, dass vielleicht eben es für viele Lehrer Stress bedeutete, es ist auch so, dass es etwas Positives da gab, so, sich schon einmal von einer anderen Warte aus kennenzulernen, dann, im gleichen Lehrerteam. Und das finde ich auch okay, das kann auch noch mal ruhig mal so sein, würde ich mich nie gegen wehren. Das hatte was. Und das hat auch eine ganze Weile noch nachgeklungen, also, ne, so dieser Zusammenhalt, joa, so ein paar Monate eigentlich sogar, ne, dann ist aber langsam wieder „business as usual" und so."

7.4.3.7 Die Einschätzung der Belastung durch die QA

Bei der Ermittlung der Einschätzung der Belastung durch die QA wurde den Schulleiter/-innen freigestellt, ob sie sich auf Belastungen vor, während oder nach dem Analyseprozess beziehen. 95 % der Schulleitungen tätigten in diesem Bereich mindestens eine Aussage. Insgesamt wurden 100 Aussagen in dieser Kategorie getätigt.

5 Schulleiter/-innen schätzen in 7 Aussagen die entstandene **allgemeine Belastung durch die QA** als hoch ein. Die Belastung wird dabei als *„ungeheuerlich"* und *„schon enorm"* bezeichnet. Eine Schulleitung ist bereits im Vorfeld davon ausgegangen, dass die QA *„eine anstrengende Sache"* wird, die *„viel Zeit und Arbeit und Mühe"* kostet.

> „Es war also eine Menge Vorbereitung und da hatte ich auch der Frau XXX dann gesagt, das haben wir also schon sehr kritisch gesehen und für uns stellt sich die Frage, ob das wirklich so sein musste. Denn wir kannten ja unsere Stärken, wir kannten auch unsere Schwächen und das ist letztes Endes dann auch in der Analyse so bestätigt worden."

7 Schulleiter/-innen positionieren sich in insgesamt 11 Aussagen neutral zur Einschätzung der Belastung durch die QA. Hier wird die Belastung unter anderem als *„angemessen"* bezeichnet. Auch sagen 2 Schulleitungen aus, sie hätten die Prozesse als *„nicht belastend"* empfunden.

> „Die war schon sehr umfassend. Wobei ich das ganz nüchtern betrachtet habe. Also, ich habe mich nicht im Vorfeld verrückt machen lassen und gesagt: „Mann, du musst das Portfolio schreiben, du musst das schon vorbereiten und das schon richten." Sondern, ich hab gesagt: „Wenn es denn kommt, wird es viel Arbeit werden und die stemmen wir dann auch und dann ist gut." Ich habe mich also nicht lange verrückt gemacht im Vorfeld, sondern habe gesagt: „Wenn der Termin steht, haben wir eine gewisse Zeit zur Verfügung, die wir nutzen werden, um das zu richten.""

2 Schulleiter/-innen äußern sich insgesamt zu ihrer Einschätzung der Belastung durch die QA im Nachhinein und beschreiben diese als gut aushaltbar beziehungsweise stufen diese als niedrig ein.

> „Na ja, ich bin ja jetzt Schulleiter, nie war es so ruhig wie dort. Also, meine Vormittage waren natürlich absolut easy-going, ne. Meine Kollegen waren fleißig, pünktlich und in den Sozialformen abwechslungsreich (lacht). Alles ging Hand in Hand und es wuselte wie die Eichhörnchen."

35 Aussagen werden durch 15 Schulleitungen bezüglich einer **hohen Belastung durch das einzureichende Portfolio** getätigt. Die Belastung sowie der Arbeitsaufwand werden dabei von den Schulleitungen unter anderem als *„enorm"*, *„elendig viel Arbeit"* und *„nicht richtig"*, *„extrem viel Arbeit"*, *„irrsinnig"*, *„unangemessen aufwendig"* und *„sehr, sehr belastend"* bezeichnet. 1 Schulleitung schätzt außerdem ein: *„Ja, also ich glaube, da könnte man deutlich abspecken und würde inhaltlich genau das Gleiche erhalten."*

2 Schulleitungen bezeichnen in 3 Aussagen die Belastung durch das Erstellen des Portfolios als mittlere Belastung. 3 Schulleitungen bezeichnen die Vorbereitung des Portfolios in 5 Aussagen als niedrige bis keine Belastung.

Während für die Schulleitungen die höchste Belastung das Erstellen des Portfolios darstellt, werden die **Unterrichtsbesuche als zweithöchste Belastung** eingestuft.

5 Schulleitungen geben in 7 Aussagen insgesamt eine hohe Belastung durch die erfolgten **Unterrichtsbesuche** an. Unter anderem wird als Grund für die hohe Belastung die noch vorherrschende Kultur an deutschen Schulen genannt, die Klassenzimmertüren geschlossen zu halten und den stattfindenden Unterricht nicht offen zu zeigen.

> „Und dass ein Unterrichtsbesuch, dass sie quasi ihre Klassenzimmertüren öffnen müssen, das ist, denke ich, bei vielen Kollegen die schon lange im Dienst sind, eher ungewöhnlich. Und damit eben ja auch, egal wer es ist und wie gut sie informiert sind, mit gewissen, ja, Erwartungen und Ängsten auch verbunden."

7 Schulleitungen äußern in 8 Aussagen, dass die Unterrichtsbesuche im Rahmen des Analyseprozesses durch die QA eine neutrale beziehungsweise mittlere Belastung darstellten.

4 Schulleiter/-innen benennen in 7 Aussagen das **Interview** als eine hohe Belastung. Dabei beziehen sich 3 Schulleitungen auf das Schulleitungsinterview, während 1 Schulleitung auf das Lehrer/-inneninterview fokussiert. Nachfolgend werden 3 Aussagen dargestellt, die sich auf das Schulleitungsinterview beziehen.

„Ich persönlich fand das Schulleiterinterview hochgradig anstrengend, also das war kein Spaziergang und ich glaube, ehrlich gesagt, dass die sich bei den Kollegen und den Schülern und den Eltern freundlicher geben, während das bei Schulleitern schon wirklich so ein Abarbeiten des Kataloges ist: „Was macht ein guter Schulleiter? Können Sie das, haben Sie das? Glauben Sie, dass Ihre Kollegen wissen, welches Leitbild Sie im Kopf haben, ne, also schaffen Sie Transparenz?" Das ist schon nicht ohne. Aber, es war natürlich trotzdem fair, oder so. Aber es war schon anstrengend. Ja, er hat im Grunde einmal den ganzen Katalog abgearbeitet, den man natürlich sich vorher angucken kann, ne, welche Aufgaben hat ein Schulleiter. Wenn man sich darauf vorbereitet, das habe ich auch getan, auch auf Rat einer nahen Kollegin, die schon das Interview hatte. Es hilft immer, sich zu fragen, so: „Was heißt das für diese Schule oder was heißt das jetzt für mich, ne?" Das hilft natürlich, das schon einmal durchdacht zu haben. Aber ich hatte auch die Wahrnehmung, der fragt das richtig einmal ab, ne. Und ich war froh, dass ich mir da vorher Gedanken drüber gemacht hatte. Ja, ich hatte ein Einzelinterview und nachmittags hat dann die ganze Schulleitung das gemacht und da wurde dann deutlich, dass es auch darum ging, zu klären, ob meine Schulleitungsmitglieder das bestätigen, was ich morgens gesagt hatte."

„Das war mein Fehler, dass ich mich darauf nicht vorbereitet habe, denn ich habe nicht rumtelefoniert: „Was machen sie mit Schulleitungen?" Da war ich ein bisschen blauäugig. Ja, also bei dem Schulleiterinterview war es zum Beispiel auch so, ich hatte das Gefühl, ich bin in einer Prüfung."

„Das Interview mit der Schulleitung fand ich extrem hart. (…) und ich wirklich anderthalb Stunden da gemangelt wurde, ins Kreuzverhör genommen. Also, dagegen ist jede Revision ein Kinderspiel. Das heißt aber nicht, dass die angesprochenen Fragen irgendwie unfair waren oder aus der Luft gegriffen. Ja, erst mal bis dahin."

1 Schulleitung tätigt des Weiteren 1 Aussage, die das Interview als neutrale Belastung klassifiziert und eine weitere Schulleitung schätzt das Interview in 1 Aussage als nicht belastend ein.

Die folgenden drei Bereiche, Belastungen durch Zielvereinbarungen, durch die Rückmeldung und durch hohen Zeitdruck, wurden jeweils nur im Bereich der hohen Belastung thematisiert.

3 Schulleitungen bezeichnen dabei den **Prozess der Zielvereinbarungen** mit insgesamt 7 Aussagen als hohe Belastung.

> „Ja, und wir tun uns trotzdem jetzt ziemlich schwer zum Beispiel Zielvereinbarungen zu formulieren."

2 Schulleitungen bezeichnen die **Rückmeldung** als eine Quelle hoher Belastungen. 1 Schulleitung sagt aus, dass die nicht bestehende Möglichkeit einer Stellungnahme insbesondere für das Kollegium als *„gewöhnungsbedürftig"* empfunden wurde. 1 weitere Schulleitung gibt eine hohe psychische Belastung durch die und nach der Rückmeldung an, ein *„sehr schlechtes Gefühl"*.

> „Es war für die Kollegen gewöhnungsbedürftig, dass einfach erst mal so zu schlucken, was da kam. Denn da gibt es ja keine Möglichkeit, irgendwas zu zu sagen, man kann vielleicht Rückfragen stellen. Das müsste vielleicht noch einmal anders eingebettet werden."

1 Schulleitung gibt an, dass ein großer **Zeitdruck** innerhalb der Vorbereitung durch eine personelle Umstrukturierung entstanden sei.

7.4.3.8 Die Zufriedenheit mit dem erzielten Ergebnis

Abbildung 7.20 verdeutlicht, wie hoch der Prozentsatz der Schulleiter/-innen ist, die mit dem Abschneiden ihrer Schule unzufrieden, mittelmäßig zufrieden oder zufrieden sind. Wie hier deutlich ersichtlich wird, sind 90 % der Schulleitungen mit dem Abschneiden ihrer Schule bei der QA zufrieden. Nur 5 % der Schulleitungen geben eine mittelmäßige Zufriedenheit an und keine einzige Schulleitung sagt aus, dass sie mit dem Ergebnis unzufrieden sei. 1 Schulleitung (5 %) äußert sich nicht explizit zu diesem Themenbereich.

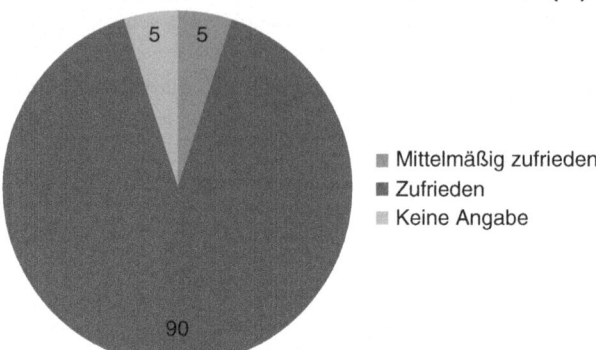

Zufriedenheit über das Abschneiden bei der QA (%)

■ Mittelmäßig zufrieden
■ Zufrieden
■ Keine Angabe

Abb. 7.20 Zufriedenheit über das Abschneiden bei der QA

Es werden insgesamt 7 Gründe für eine **mittelmäßige Zufriedenheit** über das Abschneiden bei der QA angegeben.

> „Ich sag mal normal. Also wir sind nicht hundertprozentig zufrieden, kann man nie sein, wir sind aber auch nicht unzufrieden. Wir haben, wie nahezu jedes Berufskolleg, eher defizitäre Bereiche in (Pause, stockt) unterrichtlicher Hinsicht, ich muss gerade mal überlegen, wie ich dies am besten sage. Also, oder nein, nicht defizitär, sondern eher durchschnittlich sind wir in Unterrichtsmethoden, da sind Grundschulen wesentlich besser. Und gut sind wir in, oder sehr gut sind wir in Kooperationen mit außerschulischen Partnern, was am Berufskolleg auch vollkommen normal ist. Also, wie gesagt, ich habe zwei Qualitätsanalysen erlebt, die Ergebnisse sind nahezu deckungsgleich und die Frau XXX hatte auch gesagt, das ist ein normales Berufsschulergebnis, also fürs Berufskolleg.“

Insgesamt 50 Aussagen werden dahingehend getätigt, dass die Schulleitungen mit dem **Abschneiden ihrer Schule bei der QA zufrieden** sind. Viele Schulleitungen berufen sich dabei explizit auf die tabellarisch aufgeführten Qualitätsbereiche, die mit den Stufen 1 bis 4 bewertet werden und teilen ihre Bewertungsergebnisse mit. 1 Schulleitung bezeichnet das Abschneiden bei der QA als *„sehr gut“*, was ihr auch von der vorgesetzten Dienststelle bestätigt wurde.

In einem Interview wird die sehr positive Schulleitungsbewertung als *„unheimlich hilfreich"* bezeichnet. Und eine weitere Aussage lautet: *„Also, insgesamt können wir damit gut leben, finde ich. Sehr positive, erfreuliche Ergebnisse"*. Häufiger wird auch angemerkt, dass die Ergebnisse keine Überraschung für die Schulleitungen dargestellt hätten. Ein weiterer interessanter Aspekt wird in der folgenden Aussage thematisiert:

> „Super. Deswegen war es ja auch so gut. Ich denke mal, wäre das anders ausgegangen… Dass Schulen, die negativ beurteilt werden natürlich es ein Stück schwerer haben, damit umzugehen, das liegt auf der Hand. Vor allen Dingen dann auch, wenn sie sich vielleicht ungerecht behandelt fühlen. Wir haben also so abgeschnitten, es gibt ja kein Ranking, aber wir haben das immer wieder zitiert, dass der XXX, der Leiter der, der ehemalige Leiter, der ist jetzt in Pension, gesagt hat: Die guten Schulen veröffentlichen ihre Ergebnisse. Gucken Sie mal ins Internet verschiedener Schulen und da werden Sie keine bessere finden. Das war auf jeden Fall ein fettes Kompliment und von daher war es auch einfacher damit umzugehen."

7.4.3.9 Die Bewertung der Arbeit der Feedbacksender QP

Die Schulleitungen wurden in diesem Bereich nach ihrer Bewertung der Einschätzung ihrer Schule durch die QP befragt und sollten angeben, ob sie diese als realistisch oder als unrealistisch empfunden haben. 30 % der Schulleitungen bewerten dabei die Wahrnehmung der QP als unrealistisch. 5 % der Schulleitungen bewerten die Wahrnehmung der QP als neutral und die Hälfte der befragten Schulleitungen bewertet die Wahrnehmung der QP als realistisch. 15 % der Schulleitungen äußern sich nicht in dieser Kategorie (vgl. Abb. 7.21).

Zur **Bewertung der Wahrnehmung der QP** äußern 2 Schulleitungen jeweils 1 allgemeine Aussage, die sich nicht in die Kategorie realistisch oder unrealistisch einordnen lässt. Es wird einerseits positiv bemerkt, es sei der Eindruck entstanden, *„dass auch die (QP) dazu gelernt haben, weil man hört ja immer so Gerüchte"*. Auch wird die Tatsache kommentiert, dass die Zusammensetzung eines Teams aus Qualitätsprüfer/-innen darüber entscheidet, ob eine Schule besser oder schlechter abschneidet.

6 Schulleitungen äußern in insgesamt 8 Aussagen, dass sie die Wahrnehmung ihrer Schule durch die QP als **unrealistisch** empfunden haben. 2 Schulleitungen äußern sich kritisch zur Wahrnehmung der QP in den Unterrichtsbesuchen. 1 Schulleitung berichtet

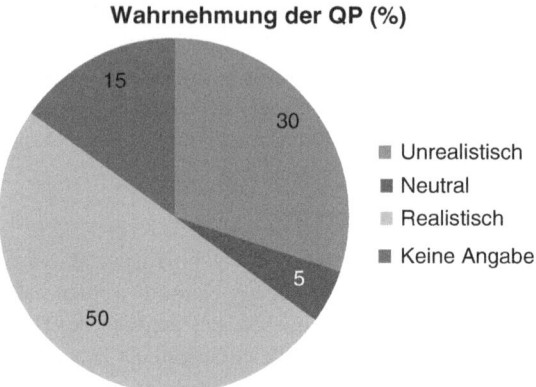

Wahrnehmung der QP (%)

Abb. 7.21 Bewertung der Wahrnehmung der QP

von einer Meinungsverschiedenheit mit den QP. Und 1 weitere Schulleitung empfindet die Schulleitungsbewertung als unfair. Es wird in einer weiteren Aussage darauf hingewiesen, dass die Sichtweise der QP möglicherweise auch dadurch verfälscht werden könnte, dass sich die Schule an den Tagen der QA besonders positiv darstellt und unter Umständen bestimmte Schwächen nicht so deutlich wie im Alltag hervortreten.

> „Ich muss mal ganz ehrlich sagen, einige Dinge, wo Schulleitung vielleicht auch schon einmal kritisch drauf sieht, die werden an so einem Tag oder an solchen Tagen nicht so, ja, jeder will gut abschneiden."
>
> „Es war also aus dem Kollegium rückgemeldet worden, dass es schon erheblich ist, zu welchen Phasen die Qualitätsprüfer in den Unterricht kommen. Das war so etwas, was vielleicht negativ angemerkt worden ist."

9 Schulleiter/-innen bewerten die Wahrnehmung der QP in insgesamt 14 Aussagen als **realistisch**. Unter anderem wird angeführt, die Schule sei *„sehr gut abgebildet"* worden und auch die Wahrnehmung der QP wird als *„weitgehend realistisch"*, während in 1 Interview angegeben wird, dass die Wahrnehmung *„sehr, sehr stimmig"* gewesen sei. Weitere Aussagen beziehen sich auf eine *„sehr genaue"* Ablichtung und berichten von Bestätigung der eigenen Sicht der Schule.

„Ich fand unsere Schule sehr gut abgebildet."

„Also, die Ablichtung war schon sehr genau. Ja, ne. Das war jetzt eher keine Überraschung, eher Überraschung im positiven Sinne."

„Also, unser didaktischer Leiter, war der, fühlte sich bestätigt in vielem wie er die Schule sieht oder die Schwachpunkte aus seiner Sicht, was Unterricht und Richtlinien anbelangt. Und wir hatten in der Schulleitung schon die Wahrnehmung, dass die Schule insgesamt richtig beschrieben worden ist und ich bin auch sicher, dass das Kollegium diese Wahrnehmung hat."

Eine weitere Fragestellung an die Schulleiter/-innen lautete, inwiefern sie die Bewertung durch die QA als fair, neutral oder unfair erlebt haben. 15 % der Schulleitungen schätzen die Bewertung durch die Qualitätsanalyse als unfair ein. 25 % der Schulleitungen stehen der Bewertung durch die Qualitätsanalyse neutral gegenüber beziehungsweise würden dieser eine mittelmäßige Fairness attestieren. Die Hälfte der Schulleitungen (50 %) bezeichnet die Bewertung durch die Qualitätsanalyse als fair. 10 % der Schulleitungen tätigen keine Aussage (vgl. Abb. 7.22).

3 Schulleitungen geben mit insgesamt 16 Aussagen an, dass sie die **Fairness bei der QA als nicht gegeben** empfunden haben. 1 Schulleitung ist sehr unzufrieden mit der Beobachtung und Beurteilung von unterrichtsbezogenen Aspekten, während 1 weitere Schulleitung sich auf Grund eines Schüler/-innenstatements im

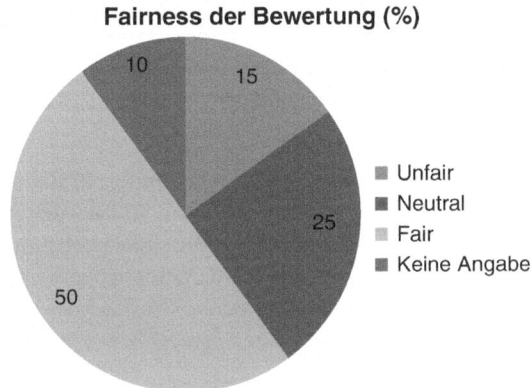

Fairness der Bewertung (%)

Abb. 7.22 Die Beurteilung der Fairness der Bewertung durch die Schulleitungen (%)

Interview falsch und unfair beurteilt fühlt. Auch in einem anderen Interview wird eine unfaire Bewertung kritisiert, die auf Grund von Statements in Eltern- und Schülerinterviews zustande gekommen sein soll.

> „Also, ich hatte das Gefühl, das ist nicht fair. Zwischenmenschliche Sachen finde ich, da kann ich nicht gut mit leben, ne. Da war dann eben dieses Schülerstatement, was da in den Mittelpunkt gestellt worden ist. Das ist schwierig. (…) Und die werden mir auch nicht nachher gezeigt. Also, da ist gesagt worden von einem Schüler: „Das und das läuft nicht vernünftig oder ähnliches…". Da kann ich nicht wirklich Stellung zu beziehen. Das ist unfair. Das ist aus meiner Sicht unfair. Und das ist ein Systemfehler. Also, meine Schulleiterbewertung finde ich nicht akzeptabel. Denn das bin ich nicht, ich finde, das bin ich nicht."

7 Schulleitungen äußern eine **neutrale Haltung**, wenn es um die Fairness der Bewertung durch die QA geht. Insgesamt werden in diesem Bereich 10 Aussagen getätigt. In den meisten Interviews ergibt sich diese Einschätzung daraus, dass eine grundsätzliche Zufriedenheit mit der Bewertung gegeben ist, jedoch mit einigen Punkten keine hundertprozentige Übereinstimmung erzielt werden konnte.

11 Schulleitungen äußern in 20 Aussagen insgesamt, dass sie die **Bewertung durch die QA als fair** empfunden hätten. In 1 Interview wird eine beeindruckende Kenntnis der Schule durch die QP beschrieben, welche auf dieser Basis fair beurteilen konnten. Auch wird das gute Ergebnis bei der QA als Grund für die Einschätzung einer fairen Bewertung genannt. Die Tatsache, dass die Bewertungen „nachvollziehbar" und als „fair" und „richtig" empfunden wurden, tragen ebenfalls zur Anerkennung der Bewertung der Qualitätsanalyse bei. Eine weitere Schulleitung stellt das Ergebnis als „gerecht", „würdigend" und sogar „euphorisierend" für das Kollegium dar.

> „Wenn das aber insgesamt sehr würdigend stattfindet, und das war an dieser Schule so, also mein Kollegium ist aus dieser Rückmelde-, aus diesem Rückmeldungsnachmittag völlig euphorisch rausgegangen, nach dem Motto: „Ist das meine Schule, die da beschrieben wird?" Und dann kann man die Kritikpunkte auch akzeptieren. (Vorlage des Qualitätstableaus) Wir fühlen uns schon in allen Punkten gerecht beurteilt."

„Ich denke letztendlich, unsere Schule ist fair und richtig bewertet worden.
Die Stärken sind erkannt worden auch, die Schwächen..."

7.4.4   Quantitative Ergebnisse

7.4.4.1   Einstellungsermittlung der Stichprobe zum Feedbackinstrument QA

Einer der zentralen Untersuchungsschwerpunkte der zweiten Studie beschäftigt
sich mit der Frage, wie sich die Schulleitungen nach dem erlebten Feedback durch
die Qualitätsanalyse zu dieser Form des ministeriellen Evaluations- und
Rückmeldeinstruments positionieren. Im Folgenden werden diese Zusammenhänge
sowohl tabellarisch als auch über Abbildungen dargestellt und näher erläutert.

Die nachfolgend aufgeführte Abb. 7.23 zeigt deutlich, dass beim ersten
Messzeitpunkt 25 % der Schulleitungen der Längsschnittuntersuchung eine negative Einstellung gegenüber der QA einnahmen. Weitere 40 % hatten zum Zeitpunkt
des ersten Interviews (vor der QA) eine neutrale Einstellung und 35 % der
Schulleitungen beschrieben ihre Einstellung zur QA als positiv.

Interessant ist der Vergleich der Einstellungen der im Längsschnitt erneut
befragten $N = 20$ Schulleiter/-innen im Vergleich der gesamten Stichprobe $N = 50$
zum ersten Messzeitpunkt. Hier wird deutlich, in welchem Maße sich die
Schulleitungen, welche im Längsschnitt wiederholt befragt werden konnten, von
der Einstellung der Gesamtstichprobe unterscheiden (vgl. Abb. 7.24). Die
Präsentation der Einstellung der Gesamtstichprobe zeigt, dass beim ersten
Messzeitpunkt 34 % der Schulleitungen eine negative Einstellung gegenüber der
QA einnahmen, 24 % der Schulleitungen äußerten sich neutral zur QA und 42 %
der Schulleitungen nahmen eine positive Einstellung gegenüber der QA ein und
akzeptierten diese. Verglichen zur Gesamtstichprobe zeigen die für den Längsschnitt
in Frage kommenden Schulleitungen proportional leichte Abweichungen zu der
Einstellung der Gesamtstichprobe. So haben mit 25 % weniger Schulleitungen eine
negative Einstellung (gesamt: 34 %) und mit 40 % äußern deutlich mehr
Schulleitungen eine neutrale Einstellung (gesamt: 24 %). Auch hatten bei der hier
präsentierten Stichprobe die Schulleitungen proportional gesehen mit 35 % etwas
seltener eine positive Einstellung zur QA (gesamt: 42 %) (Haep und Steins 2010).

In der untenstehenden Abb. 7.25 wird die errechnete Einstellungsverteilung der
Schulleiter/-innen nach der Qualitätsanalyse (T2) präsentiert.

Abbildung 7.25 zeigt hier, dass 15 % der befragten Schulleitungen nach dem
Erleben der QA eine negative Einstellung dieser gegenüber äußern. Des Weiteren

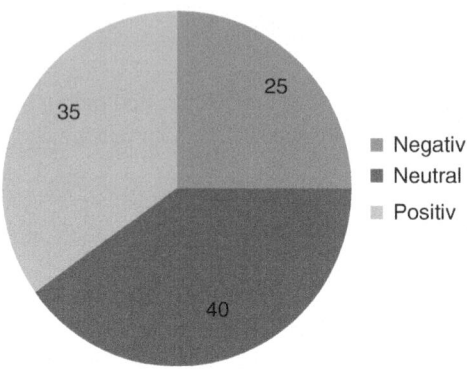

Abb. 7.23 Einstellungen der Schulleitungen (N = 20) zum Rückmeldeinstrument QA bei T1 (%)

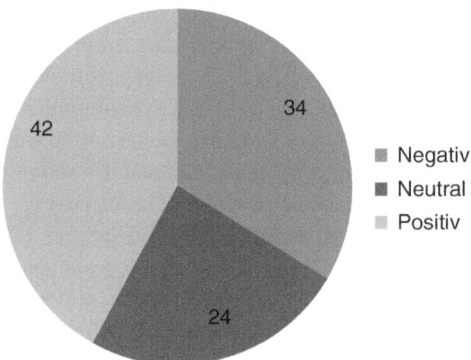

Abb. 7.24 Einstellungen der Schulleitungen (N = 50) zum Rückmeldeinstrument QA bei T1 (%)

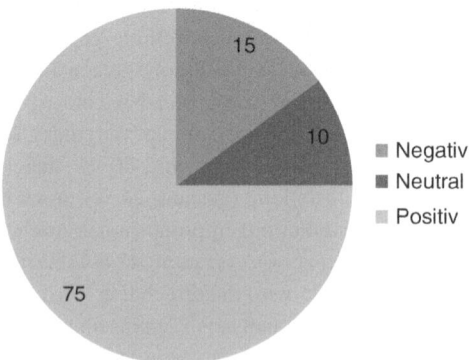

Abb. 7.25 Ermittelte Einstellungen der Schulleitungen (N = 20) zum Rückmelde-instrument QA bei T2 (%) (**Berechnung der Einstellung: Allgemeine Einstellung zur QA N negative Aussagen-N positive Aussagen zu T2**)

ließ sich bei 10 % der Schulleitungen eine neutrale Einstellung ermitteln. 75 % der befragten Schulleitungen gaben eine positive Einstellung an. Dieses Ergebnis bedeutet, dass sich insgesamt der Anteil der negativ eingestellten Schulleitungen um 10 % verringert und der Anteil der neutral eingestellten Schulleitungen um 30 % verringert hat. Die Anzahl der Schulleitungen mit einer positiven Einstellung gegenüber dem Rückmeldeinstrument QA hat sich dementsprechend um 40 % erhöht.

7.4.4.2 Einstellungsveränderungen der Schulleitungen im Längsschnitt

Im Folgenden wird die Veränderung der Einstellung der Schulleitungen gegenüber dem Feedbackinstrument QA näher untersucht. Um die Einstellungsveränderungen zu ermitteln, wurden die Differenz von T1 und die Differenz von T2 miteinander in Beziehung gesetzt. Hier ergibt sich, dass 60 % der Schulleiter/-innen nach erfolgtem Feedback eine positivere Einstellung zur QA gewonnen haben. 20 % der Schulleiter/-innen sind positiv geblieben und bei weiteren 20 % der Schulleiter/-innen hat sich die Einstellung gegenüber der QA nach erfolgtem Feedback negativ verändert (vgl. Tab. 7.14).

Um noch einen differenzierteren Einblick in die Einstellungsveränderung der Schulleitungen zu gewähren, bildet die nachfolgende Abb. 7.26 die Einstellungsveränderung der Schulleitungen für jeden einzelnen Fall ab.

Abschließend wird an dieser Stelle vergleichend zu den Berechnungen der Einstellungen der Schulleitungen untenstehend noch einmal die bereits zu Beginn dargestellte Abbildung präsentiert, welche die eigenen Angaben der Schulleitungen zu ihrer Einstellungsveränderung enthält. Einige Abweichungen zu den errechneten Einstellungen sind erkennbar.

Es wird dementsprechend eine Tabelle dargestellt, die noch einmal alle Werte aufgreift und miteinander vergleicht (vgl. Tab. 7.15).

Die vorliegenden Ergebnisse werden in Abschn. 7.4.5 einer eingehenden Diskussion unterzogen.

Tab. 7.14 Einstellungsveränderung der Schulleitungen (N = 20) gegenüber der QA (T2)

Einstellung	Häufigkeit (f)	Prozent (%)
Negativer geworden	4	20,0
Positiv geblieben	4	20,0
Positiver geworden	12	60,0
Gesamt	20	100,0

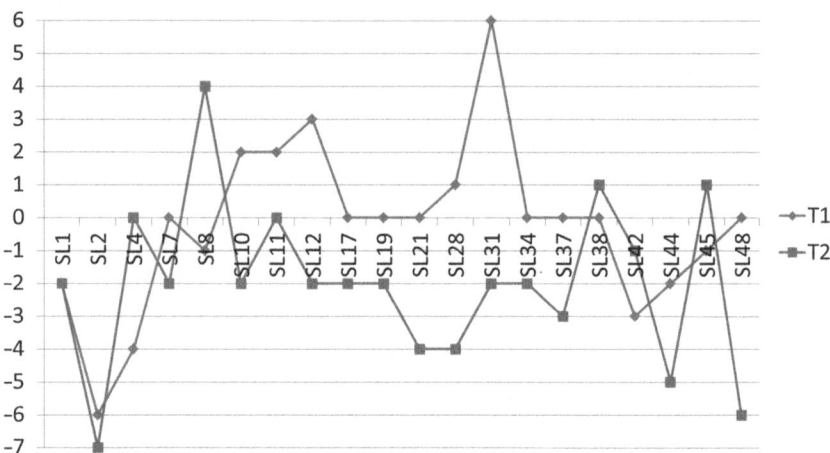

Abb. 7.26 Verlauf der Einstellungsveränderung der Schulleitungen gegenüber dem Rückmeldeinstrument QA im Längsschnitt (SL = Schulleitung; die Nummer bezeichnet die jeweilige Interviewnummer. Negative Werte bezeichnen eine positive Einstellung)

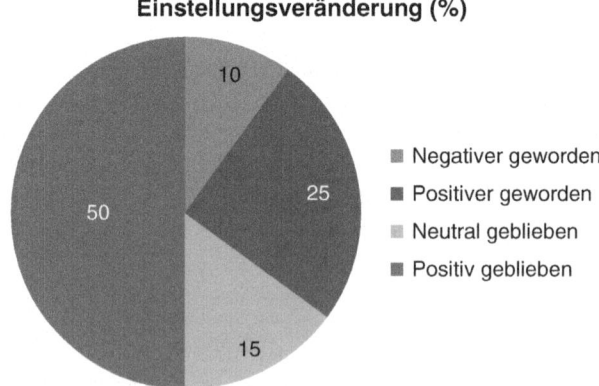

Abb. 7.27 Einstellungsveränderung der Schulleitungen gegenüber dem Feedbackinstrument QA nach eigener Angabe (in %) bei T2 (**Eigene Angabe der SL = Einstiegsfrage zu T2**)

Tab. 7.15 Vergleich der vorliegenden Angaben zur Einstellung und Einstellungsveränderung der Schulleitungen in %

Einstellungs-veränderung (EV)	Berechnung der EV (%)	Eigene Angabe der SL (%)	Einstellung SL	Ermittelte Einstellung (%)
Negativer geworden	20	10	Negativ	15
Positiver geworden	60	25	Neutral	10
Neutral geblieben	0	15	Positiv	75
Positiv geblieben	20	50		

EV = Einstellungsveränderung, SL = Schulleitung
Berechnung der EV: Differenz T1-Differenz T2 (Code Allgemeine Einstellung zur QA);
Eigene Angabe der SL = Einstiegsfrage T2
Ermittelte Einstellung: Code Allgemeine Einstellung zur QA N negative Aussagen-N positive Aussagen zu T2

7.4.4.3 Faktoren für den positiven bzw. negativen Umgang mit dem Feedback der QA

1. **Zusammenhang von Einstellungsveränderung und Belastungserleben**
   Eine Fragestellung beschäftigt sich damit, welche Faktoren für eine positive bzw. negative Einstellung gegenüber Feedback verantwortlich sind. Daher werden an dieser Stelle Ergebnisse präsentiert, die zeigen, ob das Belastungserleben der Schulleiter/-innen mit der Akzeptanz sowie dem Umgang mit dem Feedbackinstrument Qualitätsanalyse in Verbindung gebracht werden kann. Dementsprechend zeigt Tab. 7.16 die Mittelwerte der Häufigkeiten der Äußerungen bezüglich der erlebten Belastung durch die QA auf. Schulleiter/-innen, welche eine Einstellungsveränderung zum Negativen vollzogen haben, erreichen dabei einen höheren Mittelwert ($M = 5,25$, $SD = 4,57$) als Schulleiter/-innen, die positiver geworden ($M = 4,58$, $SD = 2,54$) oder positiv geblieben ($M = 3,75$, $SD = ,96$) sind.

2. **Zusammenhang von Einstellungsveränderung und Wahrnehmung der QP**
   Eine weitere Fragestellung bezieht sich auf die Relevanz der Qualitätsprüfer/-innen für den Umgang mit dem Feedback der QA. Die Schulleiter/-innen wurden nach dem Erleben der Qualitätsanalyse in der Untersuchung T2 danach gefragt, für wie realistisch sie die Wahrnehmung der Qualitätsprüfer/-innen hielten und weiterhin, wie fair sie die Bewertung durch die Qualitätsprüfer/-innen einschätzen würden. Dieser Aspekt ist insbesondere interessant, da in T1 noch einige Schulleiter/-innen deutliche Vorbehalte gegenüber den QP äußerten. Auch ist es durchaus möglich, dass die Feedback erteilenden Instanzen und

Tab. 7.16 Zusammenhang der Einstellungsveränderung mit dem Belastungserleben

	N	M	SD
Negativer geworden	4	5,25	4,57
Positiv geblieben	4	3,75	,96
Positiver geworden	12	4,58	2,54
Gesamt	20	4,55	2,72

M = Mittelwert, SD = Standardabweichung
M bezieht sich auf die Häufigkeiten der Äußerungen bezüglich der erlebten Belastung durch die QA

ihr Verhalten während der Inspektion einen hohen Einfluss auf das gesamte Feedbackinstrument ausüben.

Die Ergebnisse zeigen, dass die Schulleiter/-innen, die nach dem Besuch der QA eine negative Einstellungsveränderung gegenüber dem Feedbackinstrument vollzogen haben, bei der Aussagenhäufigkeit höhere Mittelwerte bei der negativen Einschätzung der Wahrnehmung sowie der Fairness der QP erzielen. So tätigen die negativ gewordenen Schulleiter/-innen durchschnittlich mehr Aussagen in der Unterkategorie *Wahrnehmung der QP – unrealistisch* (M = 2,75, SD = 3,10) als die positiv gebliebenen Schulleiter/-innen (M = 1,50, SD = 1,73) und die positiv gewordenen Schulleiter/-innen (M = 0,33, SD = ,65).

Auch bei der Unterkategorie *Fairness der Bewertung* werden Zusammenhänge zwischen der Bewertung der Fairness und der Einstellungsveränderung sichtbar. So ist der Mittelwert der Aussagen bei den negativ gewordenen Schulleitungen M = 4,00 (SD = 2,71). Bei den Mittelwerten der Aussagenhäufigkeit in der Unterkategorie *Fairness der Bewertung – fair* hingegen, erzielen die negativ gewordenen Schulleiter/-innen die kleinsten Werte (M = 0,50, SD = 1,00) verglichen mit den positiv gebliebenen Schulleiter/-innen (M = 0,75, SD = ,96) und den positiv gewordenen Schulleiter/-innen (M = 1,25, SD = 1,42).

Wichtig ist es, an dieser Stelle darauf hinzuweisen, dass diese Unterschiede aus verschiedenen Gründen nicht überbewertet werden sollten, da die vorliegende Stichprobe auf Grund ihrer Größe nicht besonders gut für eine quantitative und statistische Analyse geeignet ist. Trotzdem können die vorliegenden Daten als Hinweise auf Tendenzen in der Einstellung und der Akzeptanz der Schulleitungen betrachtet werden und in Kombination mit den qualitativen Daten die Einsicht in das Forschungsfeld validieren und abrunden.

3. Einstellungsveränderung und die Bewertung der QA auf einer Skala

Die Stichprobe wurde gebeten, einige ausgewählte Aspekte der QA auf einer Skala von 1 bis 10 zu bewerten. Dabei bedeutet 1 *sehr schlecht*, wohingegen 10 *sehr gut* bedeutet. Die Schulleitungen wurden gebeten, die Aspekte Arbeit der QP, Fairness der QA, Transparenz der QA und Wirksamkeit der QA auf der angegebenen Skala zu bewerten.

Die Arbeit der QP wird dabei insgesamt mit einem hohen, positiven Wert beurteilt (*M* Gesamt = 8,61, *SD* = 1,68). Diejenigen Schulleitungen, die positiver geworden sind, erzielen die höchsten Werte in ihrer Einschätzung der Arbeit der QP (*M* Positiver geworden = 9,18, *SD* = ,96). Auch die positiv gebliebenen Schulleitungen beurteilen die Arbeit der QP positiv mit einem *M* von 8,88 (*SD* = ,63). Die Schulleitungen, die negativer geworden sind, bewerten die QP insgesamt mit einem *M* von 6,75 (*SD* = 2,75). (vgl. Abb. 7.28).

In Abb. 7.29 ist die Bewertung der Fairness der QA auf einer Skala von 1 bis 10 dargestellt. 19 Schulleiter/-innen bewerten die Fairness der QA hier insgesamt mit einem Mittelwert von 7,76 (*SD* = 2,41). Die positiver gewordenen Schulleitungen erzielen einen Mittelwert von 8,41 (*SD* = 1,70) und die positiv gebliebenen Schulleitungen bewerten die Fairness der QA mit einem Mittelwert von 8,50 (*SD* = ,58). Die negativer gewordenen Schulleitungen erzielen den niedrigsten Mittelwert mit 5,25 (*SD* = 3,77).

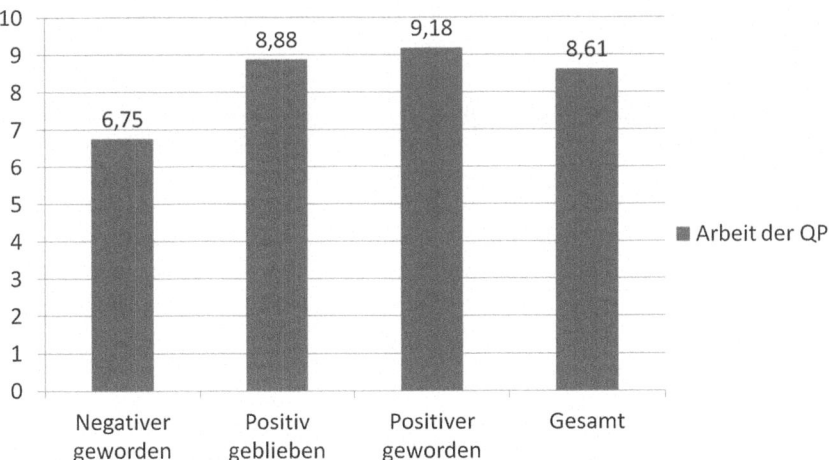

Abb. 7.28 Bewertung der Arbeit der Qualitätsprüfer/-innen auf einer Skala von 1–10 (1 = besonders schlecht, 10 = besonders gut)

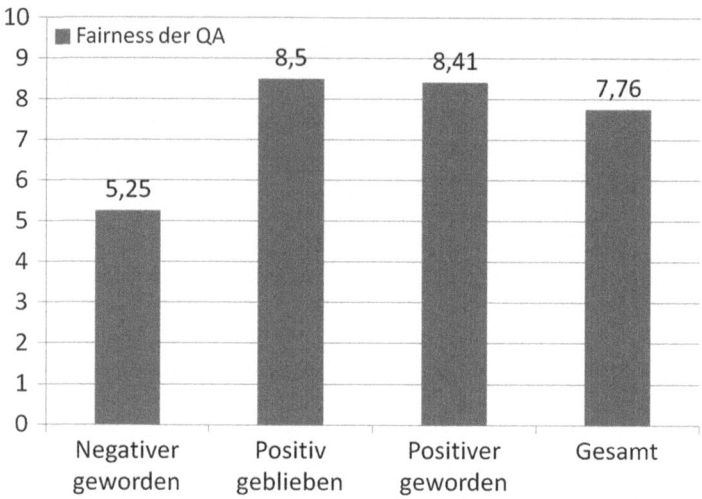

Abb. 7.29 Bewertung der Fairness der QA auf einer Skala von 1–10 (1 = besonders schlecht, 10 = besonders gut)

Abbildung 7.30 zeigt die von den Schulleiter/-innen vorgenommene Bewertung der Transparenz der QA auf einer Skala von 1 bis 10. Auch hier fällt wiederum auf, dass die Gruppe der zufriedenen Schulleiter/-innen deutlich höhere Werte vergeben. So beurteilen die positiver gewordenen Schulleitungen die Transparenz der QA mit einem Mittelwert von 8,46 (SD = 1,97). Die positiv gebliebenen Schulleitungen beurteilen die Transparenz der QA mit einem Mittelwert von 9,38 (SD = ,48). Die negativer gewordenen Schulleitungen erzielen einen deutlich niedrigeren Mittelwert in der Beurteilung der Transparenz der QA (M = 5,75, SD = 4,03). Der Gesamtmittelwert liegt bei M = 8,10 (SD = 2,54).

Die letzte Abbildung dieses Teilkapitels zeigt die Bewertungen der Schulleitungen auf einer Skala von 1 bis 10 zu dem Aspekt der Wirksamkeit der QA. Hier beträgt der Mittelwert aller Schulleitungsbewertungen M = 6,68 (SD = 1,99). Die positiv gebliebenen Schulleitungen erzielen auch hier den höchsten Wert, sie bewerten die Wirksamkeit der QA im Mittel mit M = 7,50 (SD = ,41).

Auch die positiver gewordenen Schulleitungen verteilen ähnlich hohe Werte, wie die positiv gebliebenen (M = 7,05, SD = 1,57). Die geringsten Werte werden von der Gruppe der negativer gewordenen Schulleitungen verteilt, hier ergibt sich ein Mittelwert von 4,88 (SD = 3,12) (vgl. Abb. 7.31).

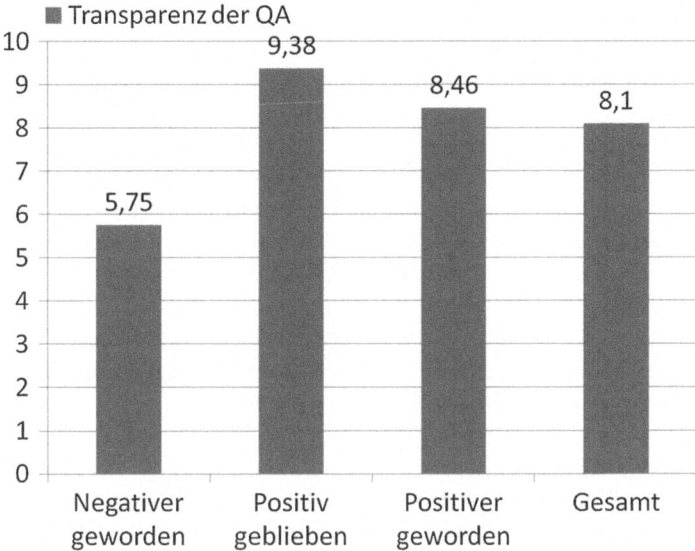

Abb. 7.30 Bewertung der Transparenz der QA auf einer Skala von 1–10 (1 = besonders schlecht, 10 = besonders gut)

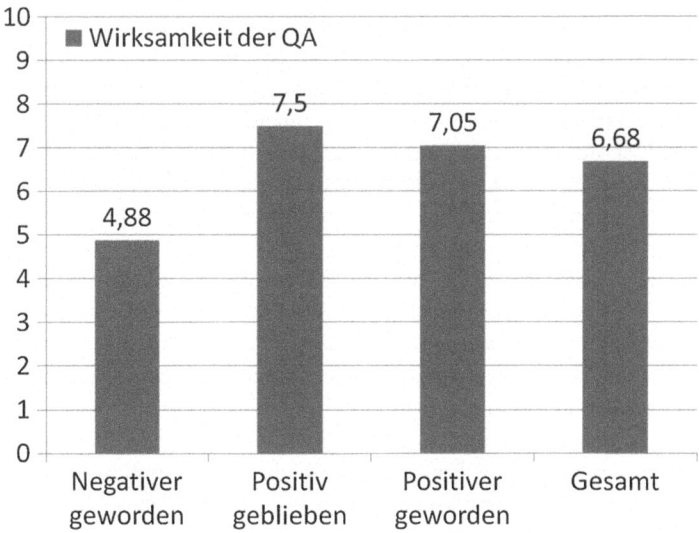

Abb. 7.31 Bewertung der Wirksamkeit der QA auf einer Skala von 1–10 (1 = besonders schlecht, 10 = besonders gut)

7.4.5 Diskussion Studie II

Im Folgenden werden die zentralen Ergebnisse einer eingehenden Diskussion unterzogen.

Dabei wird in der Diskussion explizit auf die zentrale Fragestellung: *Wie ist der Umgang von Schulleitungen mit Feedback?* eingegangen. Außerdem werden die beiden sich daraus ergebenden Fragestellungen (*Welche Faktoren begünstigen einen positiven Umgang mit Feedback bei den befragten Schulleitungen? Welche Faktoren begünstigen einen negativen, ablehnenden Umgang mit Feedback bei den befragten Schulleitungen?*) behandelt.

Dabei orientiert sich die Diskussion, ebenso wie bereits der Interviewleitfaden und die Deskription der Ergebnisse, in etwa am Ablauf der QA und weicht dementsprechend von der Diskussionsstruktur der ersten Studie ab.

7.4.5.1 Die Vorphase der QA

Bezüglich der Vorinformation beziehungsweise der Vorphase des QA-Besuchs im Allgemeinen lässt sich festhalten, dass auch vor der offiziellen Vorinformationsveranstaltung der QP insgesamt genügend Informationen über die QA, ihren Ablauf und ihre Ziele zur Verfügung stehen. In der Befragung äußerten sich etwas mehr als die Hälfte (55 %) aller Schulleiter/-innen positiv in Hinblick auf die Vorinformation der Schulen. Dabei ist die Vorinformation der Schulgemeinschaft trotz der ausreichend zur Verfügung stehenden Informationen psychologisch betrachtet von einer hohen Relevanz. Es geht hier weniger um weitere Informationen, sondern um ein erstes Kennenlernen der QP und das Abklären letzter Befürchtungen seitens der Lehrer/-innen, Eltern und Schüler/-innen. Wichtig ist hier, dass der erste Eindruck bereits richtungsweisend für den Verlauf der Akzeptanz des Feedbacks der QA sowie der Personen der QP und der gesamten Atmosphäre im Analyseverfahren sein kann (Asch 1940, 1946, 1955; Forsyth 2010; Steins 2014).

Auch das signalisierte Interesse der QP an der Einzelschule inklusive ihrer Besonderheiten und an den eventuellen Besorgnissen einzelner Beteiligter, sowohl bei der Begehung der Schule als auch bei der Vorinformation, ist von hoher Relevanz für die Akzeptanz des gesamten Verfahrens samt seines abschließenden Feedbacks an die Schulen. Innerhalb der im Rahmen dieser Studie geführten Interviews betonten dies die Schulleitungen explizit. Die Wichtigkeit der Beachtung der Situation der Einzelschule für die Zugewandtheit, Öffnung und Mitarbeit der Schulleitungen wurde auch bei der Durchführung der Interviews selbst deutlich.

7.4.5.2 Die Besuchstage

Die Besuchstage werden von vielen Schulleitungen als angenehm beschrieben, trotz der Tatsache, dass sie von einer gewissen Aufgeregtheit und Anspannung geprägt sind. Häufig betonten die Schulleitungen, dass ihre Hauptaufgabe die Vorbereitung gewesen sei. Einige Schulleitungen äußerten hier ein Unverständnis, warum sie nicht in die Unterrichtsbeobachtung einbezogen wurden; dies gilt jedoch nicht für alle Schulleitungen. Insbesondere für das Kollegium einer Schule werden die Besuchstage als anstrengend, stressig und teilweise auch belastend geschildert. Die weiterführende Frage, die sich hier stellt, ist, wie man derartig belastenden Gefühlen sinnvoll entgegenwirken kann.

7.4.5.3 Die Belastungseinschätzung der Schulleitungen

Bezüglich der Belastungseinschätzung der Schulleitungen ergab sich aus den Interviews, dass die Belastung durch die QA ein grundsätzlich bedeutsames Thema darstellt. Insgesamt wurden von 20 Schulleitungen 100 Aussagen zu dieser Kategorie getätigt. Die höchste Belastung wird dabei beim Portfolio und bei den Unterrichtsbesuchen gesehen. Das Portfolio wird, laut Aussagen der befragten Schulleitungen, dabei eher im Kreise der Schulleitung vorbereitet und erstellt, während die Belastung durch die Unterrichtsbesuche hauptsächlich auf Seiten der Lehrkräfte zu finden ist.

7.4.5.4 Das Abschneiden bei der QA und die Bewertungen der QP

Bezüglich des Abschneidens bei der QA und der Wahrnehmung der QP herrscht insgesamt eine hohe Zufriedenheit bei den befragten Schulleitungen vor. Interessant ist es, bei der Betrachtung der Qualitätsberichte festzustellen, dass die Bewertungen der Schulen lediglich eine geringe Trennschärfe aufweisen. Einige Schulleitungen geben an, dass die QA ihnen innerhalb ihrer Rückmeldung keine neuen oder über-raschenden Fakten über ihre Schule geliefert habe.

Bezüglich der Fairness der Bewertung positioniert sich ebenfalls ein großer Teil der Schulleitungen als zufrieden. Natürlich kann möglicherweise in diesem Falle die Tatsache verfälschen, dass ein gutes Ergebnis eher als besonders fair empfunden wird; dieses Faktum deuten einige Schulleitungen explizit an und verweisen auch darauf, dass bei schlechterem Ergebnis eine geringere Akzeptanz gegenüber der Rückmeldung vorliegen würde.

Die zufriedenen Schulleitungen nennen an dieser Stelle viele Kriterien einer guten Rückmeldung und beschreiben die QP als gute Feedbackgeber/-innen.

7.4.5.5 Die Bewertung der QA

Bezüglich der Bewertung der QA ergibt sich, dass zwar nach der Analyse 75 % der Schulleitungen eine positive Einstellung gegenüber dem externen Feedbackinstrument angeben, jedoch die meisten Schulleitungen trotzdem dezidierte Kritikpunkte äußern. Besonders häufig und einhellig werden der hohe Arbeitsaufwand, die Messmethoden (insbesondere hinsichtlich der Unterrichtsbeobachtungen) und die Kosten-Nutzen-Relation der QA kritisiert.

Die Bewertung der QA auf einer Skala sowie weitere Äußerungen in den Interviews liefern einen Hinweis darauf, dass die Akzeptanz der QA bei Schulleitungen deutlich höher ist als im Kollegium einer Schule. Es wird von den Schulleitungen außerdem hervorgehoben, dass die QP einen sehr hohen Stellenwert für die Akzeptanz des Verfahrens haben. Dieses Ergebnis deutet wiederum auf die Notwendigkeit der guten Schulung und Vorbereitung der QP hin.

Bezüglich der Wirksamkeit der QA äußern sich viele Schulleitungen noch zögerlich, weil sie unsicher bezüglich des Potenzials und der Zukunft der QA sind.

7.4.6   Implikationen Studie II

Im Folgenden werden die Implikationen geschildert, die sich aus den dargestellten Ergebnissen sowie aus der Diskussion dieser ableiten lassen.

7.4.6.1 Die Vorphase der QA

Zur Sicherung der Akzeptanz der Rückmeldungen der QA sowie des gesamten QA-Verfahrens ist es entsprechend der hier vorliegenden Forschungsergebnisse förderlich, dass die QP einen positiven ersten Eindruck bei der Schulgemeinschaft hinterlassen. Einerseits sollten eine gute Vorbereitung und eine hohe Kompetenz signalisiert werden, andererseits ist eine sachlich-konsequente, jedoch gleichzeitig freundliche und zugewandte Haltung von großer Bedeutung. Diese Haltung kann dazu beitragen, die Ängste und Vorbehalte aller Beteiligten zu verringern. Außerdem liegt zwischen Vorinformation und Verfahren genügend Zeit, um im Falle einer negativen Wahrnehmung der QA beziehungsweise der QP eine negative Einstellung gegenüber dem Feedback der externen Evaluation bei Schulleitung und Kollegium durch Gruppen- und Reaktanzprozesse noch weiter zu verstärken, was dringend vermieden werden sollte (Brehm und Brehm 1981; Festinger 1957).

Trotz eines hohen Arbeitsaufkommens und einer unabdingbaren Routine im anspruchsvollen Tätigkeitsfeld eines/r QP ist die Wahrnehmung jeder Schule als Einzelfall von hoher Relevanz. Ehrliches Interesse vergrößert die Akzeptanz einerseits und das ehrliche Einlassen der Schule auf die Analyse andererseits. Dieses sollte sowohl der Schulleitung als auch dem Kollegium deutlich signalisiert werden, beispielsweise durch die volle Aufmerksamkeit bei der Schulbegehung oder die Kenntnis auch kleiner Details oder Probleme der Schule. Im Idealfall wächst in der Schulgemeinschaft das Bild eines Expert/-innenteams, welches die Schule vor Ort begleitet und analysiert, um durch die Weitergabe von qualifiziertem Feedback gemeinsam an der Entwicklung der Schule zu arbeiten.

7.4.6.2 Die Besuchstage

Wichtig ist auch an dieser Stelle die Schaffung einer positiven Wahrnehmung der Kompetenz und der Zugewandtheit der QP, wie bereits in der Diskussion beschrieben.

Ein weiterer wichtiger Aspekt ist die Modellfunktion, die eine Schulleitung einnimmt; dies gilt insbesondere für die Antizipation und den tatsächlichen Umgang mit Feedback. Die Gelassenheit und die Zuversicht, die eine Schulleitung bezüglich der QA ausstrahlt und die sie formuliert, wirkt sich in den meisten Fällen positiv auf die psychosoziale Stimmung der Schulgemeinschaft aus. Dies zeigen sowohl Forschungsergebnisse aus der Gruppen- und Führungsforschung (Forsyth 2010) als auch Sequenzen aus den hier geführten Interviews. Wichtig ist, dass den Schulleitungen ihre tragende Rolle bewusst ist. Dementsprechend sollte ihnen beispielsweise in Schulleiter/-innendienstbesprechungen, in Vorbereitungsbesprechungen mit der Schulaufsicht oder in Fortbildungen deutlich gemacht werden, welchen Stellenwert sie für die Akzeptanz des Feedbacks der QA sowie der gesamten Maßnahme haben und wie sie ihr Kollegium positiv und stressfrei durch die Analyse und die Rückmeldung begleiten können.

7.4.6.3 Die Belastungseinschätzung der Schulleitungen

Auch hier ist es denkbar, dass Schulen und Schulleitungen, die noch keine QA hatten, unterstützt werden könnten, indem ihnen beispielsweise Techniken der Datenstrukturierung und –sicherung in Fortbildungen vermittelt werden. Eine kontinuierliche Vorbereitung trägt möglicherweise zu einer deutlichen Reduktion des Belastungsempfindens zum Zeitpunkt der Ankündigung der QA bei. Dies wiederum schwächt mögliche Widerstände gegenüber der QA und erhöht damit auch die Wahrscheinlichkeit eines positiveren Umgangs mit dem erhaltenen Feedback.

Des Weiteren könnte das Stressempfinden der Unterrichtsbesuche durch eine Veränderung der allgemeinen Schulkultur NRWs reduziert werden. Sowohl die Vorgaben des MSW und der QA als auch die Ergebnisse der Forschung deuten darauf hin, dass die ‚Zeit der geschlossenen Türen', hinter denen Einzelkämpfer/-innen ihren Unterricht gestalten, vorbei ist beziehungsweise sein sollte. Dementsprechend könnte eine Förderung von Lehrarrangements wie Team-Teaching oder das

Einräumen von Ressourcen zur Realisierung von kollegialen Hospitationen die Haltung zu Unterrichtsbeobachtungen grundlegend reformieren.

Eine offene Einstellung zur Beobachtung und Reflexion von Lehr-Lern-Arrangements durch mehrere Expert/-innen beziehungsweise auch durch die Lehrkräfte selbst ist allein hinsichtlich der Thematik Inklusion von großer Bedeutung und es könnten sowohl Fortbildungen in diesem Bereich angeboten als auch eine Implementierung dieses öffnenden Gedankens bereits in die Lehrer/-innenausbildung integriert werden.

Es wäre dementsprechend förderlich, wenn Schulleitungen einen Fokus auf die Initiierung und Etablierung einer offenen Schulkultur legen und somit dazu beitragen würden, dass Lehrer/-innenkollegien einen konstruktiven Umgang mit Feedback erlernen. Es ist dabei relevant, dass alle an Schule beteiligten Personen eine konstruktive Haltung zu Feedback im Sinne der Möglichkeit einer Weiterentwicklung, Stärkung sowie Verbesserung persönlicher und institutioneller Fähigkeiten und Stärken entwickeln.

7.4.6.4 Das Abschneiden bei der QA und die Bewertungen der QP

Wie kann den Schulen die Ergebnisrückmeldung und somit ein dringender oder weniger dringender Handlungsbedarf deutlich gemacht werden? Es wäre an dieser Stelle wichtig, die Trennschärfe der Bewertung der Schulen sowie des erteilten Feedbacks zu stärken. Wenn alle Schulen eine positive Rückmeldung erhalten, werden die Wirksamkeit sowie die Glaubwürdigkeit des Instrumentes deutlich abgewertet. Auch können an dieser Stelle Prozesse des Selbstwertschutzes beziehungsweise der Selbstwerterhöhung eine Rolle spielen (vgl. Abschn. 5.3), welche unter Umständen dazu beitragen, wenig trennscharfe Ergebnisse und Rückmeldungen positiver umzudeuten, als sie es tatsächlich sind.

Welche Strategien können entwickelt werden, damit die QA den Schulen nicht nur vorhersehbare Ergebnisse zurückmeldet? Hier könnten Bedürfnisse und Unterstützungsbedarfe stärker von den Schulen bestimmt beziehungsweise im Vorfeld mit beispielsweise der erweiterten Schulleitung abgeklärt werden. Das schlechte Abschneiden einer Schule auf einem bestimmten Gebiet muss nicht immer zur Grundlage haben, dass dieses Aufgabengebiet von den Schulleitungen oder der Schulgemeinschaft nicht erkannt wird. Häufig fehlt das Wissen darüber, wie ein bestimmter Prozess initiiert werden kann oder einige Personengruppen blockieren eine erfolgreiche Entwicklung. In diesen Fällen könnte das Feedback der QA einen wichtigen Motor für Veränderungen darstellen.

Eine relevante Frage ergibt sich außerdem im Kontext des Ergebnisses: Wie hängt das Empfinden der Schulleitungen, gut abgeschnitten und ein positives

Feedback erhalten zu haben mit der stark gestiegenen positiven Einstellung zur QA zusammen? Die Bejahung einer Maßnahme bei der Investition eines hohen Arbeitspensums und einem gleichzeitig guten Ergebnis ist aus dissonanztheoretischer (vgl. Abschn. 5.2) und aus einer selbstwerttheoretischen Perspektive (vgl. Abschn. 5.3) einleuchtend. Letztendlich kann die Akzeptanz für die Rückmeldungen der QA jedoch besser über einen langen Zeitraum aufrechterhalten werden, wenn alle Schulen ein realistisches und faires Ergebnis erhalten. Die mangelnde Trennschärfe wertet insbesondere diejenigen Schulen ab, die besonders gute Arbeit leisten. Die Beurteilung in 4 Stufen und die relativ positive und wenig trennscharfe Benennung dieser Stufen führte beispielsweise in dieser Stichprobe dazu, dass fast alle Schulleitungen ihr Ergebnis als positiv werten, auch wenn einige Schulen einen sehr viel deutlicheren Entwicklungsbedarf aufweisen als andere.

Rückmeldungen sollten zutreffend und fair sein. Die Rückmeldung sollte immer in einer Atmosphäre der Wertschätzung gegeben werden. Die Nennung positiver Aspekte öffnet die Wahrnehmung des Empfängers für das Feedback des Senders. Die würdigende Thematisierung von Schwächen sowie eine nachvollziehbare Erklärung, insbesondere von negativem Feedback, sind unabdingbar. Auch wird Feedback von Expert/-innen, die professionell handeln und die Schule wirklich gut kennen, eher akzeptiert. Falsche und unfaire Bewertungen hingegen, auch wenn sie nur als solche empfunden werden, sorgen für Missmut und eine Abwertung der Ergebnisse, der Maßnahme oder der feedbackgebenden Personen (vgl. den Stand der Forschung, Kap. 2 und 3).

Diese Arbeit hat im Rahmen ihrer theoretischen Ausführungen beleuchtet, dass Feedback, obwohl in aller Munde, ein differenziert zu betrachtendes, komplexes Konstrukt darstellt. Dies bedeutet jedoch auch, dass von Individuen nicht erwartet werden kann, dass diese automatisch professionelles Feedback erteilen können. Dementsprechend sind insbesondere die QP gründlich und fortlaufend zu schulen, um die Akzeptanz des Feedbacks der QA aufrechtzuerhalten beziehungsweise zu erweitern.

7.4.6.5 Die Bewertung der QA

Die Gestaltung des einzureichenden Portfolios könnte auf einen sinnvollen Umfang reduziert werden. Auch hier könnten Best-Practice-Beispiele die Schulleitungen über gelungene Portfolios informieren und ihnen Anhaltspunkte bieten, welche Kriterien im Rahmen der QA gelten.

Messmethoden sollten offen und unter Partizipation aller Beteiligten diskutiert werden.

Des Weiteren wäre es wichtig, auf kritische Fragen der beteiligten Schulen und Schulleiter/-innen zu reagieren: Wie misst man die Beziehung zwischen Lehrer/-innen und Schüler/-innen und kann diese überhaupt abgebildet werden? Wo wird innerhalb der QA die Dimension der Lehrer/-innenpersönlichkeit erfasst? Ist sie überhaupt relevant? Dominiert in der QA die Methode vor der Fachlichkeit? Inwiefern sind 20 Minuten Unterrichtsbeobachtung ausreichend, um ein komplettes Bild einer Unterrichtsstunde zu erhalten und dementsprechend ein differenziertes Feedback zu erteilen? Solange diese Aspekte nicht dialogisch zwischen dem MSW und den Schulen diskutiert werden, werden vermutlich weiterhin Gerüchte bezüglich dieser Themen die Runde machen. Ergebnisse, die mit Hilfe einer abgelehnten Messmethode zustande kommen, werden höchstwahrscheinlich weniger ernst genommen, weshalb das Feedback hinsichtlich des Unterrichts unter Umständen in einigen Fällen nicht ausreichend viel bewirken kann.

Ebenfalls ist der Aspekt der Kosten-Nutzen-Relation interessant. Wie kann die Umsetzung des erteilten Feedbacks stärker unterstützt werden? Wie kann den Verantwortlichen der QA verständlich gemacht werden, dass ein mit hohem Aufwand erteiltes Feedback seine Glaubwürdigkeit verliert, wenn keine Möglichkeiten aufgezeigt werden oder existieren, um dieses umzusetzen?

Positiv merken die Schulleitungen an, dass die QA als wirksames Schulentwicklungsinstrument bezeichnet und als Unterstützung für Schulleitungen genutzt werden könne. Doch eine Maßnahme samt ihres Feedbacks, welche lediglich von der Leitungsebene unterstützt wird, wird sich vermutlich kaum dauerhaft und wirkungsvoll etablieren lassen. Dementsprechend lautet eine weiterführende Forschungsfrage: Wie kann die Akzeptanz der QA durch die Lehrkräfte gesteigert werden? An dieser Stelle ist mehr Forschung notwendig, um die Ursachen des Widerstandes und der Ablehnung der Lehrer/-innen gegenüber dem externen Evaluationsinstrument klar benennen und grundsätzlich die Rolle klären zu können, welche Lehrkräfte aktuell hinsichtlich der Entwicklung von Schulen einnehmen. Die Frage ist hier, woran die Akzeptanz des Feedbacks der QA im Kollegium scheitert und welche Faktoren dazu führen könnten, diese zu erhöhen. Solange innerhalb der Kollegien kaum Akzeptanz hinsichtlich des Feedbacks der QA besteht und dementsprechend auch keinerlei Einsicht, dass die Umsetzung des Feedbacks positive Effekte auf die jeweilige Schule haben könnte, wird es schwierig sein, Schulen konsequent und mit allen Kräften gemeinsam zu entwickeln. Die Ablehnung des Feedbacks sowie seiner Umsetzung können wiederum zu Prozessen der Reaktanz, der Dissonanz oder zu Selbstwertprozessen führen (vgl. Kap. 5).

Die Ausbildung und ständige Weiterbildung der QP ist ein Gebiet höchster Priorität. Die QP benötigen dezidiertes psychologisches Wissen hinsichtlich ihres hochkomplexen Tätigkeitsfeldes und ein Bewusstsein bezüglich der Relevanz ihrer Position für die Akzeptanz des Feedbacks der QA.

Es wäre unter Umständen sinnvoll, die Langzeiteffekte der QA so auszubauen, dass die Schulleitungen sich in der Nachbereitung der QA und ihrer Ergebnisse besser beraten und unterstützt fühlen. Über Entwicklungsprozesse innerhalb der QA sollte offen gesprochen werden. Eventuell böte auch hier ein dialogischer Einbezug von Schulleitungen eine gute Möglichkeit der Weiterentwicklung der QA. Dies zeigen auch die Anregungen, die Kritik und weitere Aussagen, welche die Schulleitungen im Rahmen der Interviews bezüglich der QA äußern. Experten/-innen aus dem praktischen Tätigkeitsfeld sind gute Berater/-innen hinsichtlich verborgener Handlungsfelder, so könnten Schulleitungen, beruhend auf eigenen Erfahrungen, beispielsweise auf Schwächen der QA hinweisen und damit bei der Weiterentwicklung des Feedbackinstruments mitwirken. Die QA und ihr Feedback sollten nach dem Analyseprozess nicht als abgeschlossen gelten und wahrgenommen werden, sondern das Feedback der QA sollte idealerweise als Start- und Ausgangspunkt für eine produktive Schulentwicklung begriffen werden.

Einige Schulleitungen weisen explizit auf die Wichtigkeit des guten Ergebnisses einer Schule für die Akzeptanz der QA hin. An dieser Stelle lässt sich die Frage stellen, wie bewirkt werden kann, dass die Zufriedenheit mit der QA nicht (nur) ergebnisabhängig ist.

Implikationen aus sozialpsychologischer Sicht

8

8.1 Studienübergreifende Ergebnisse

Im Folgenden werden die zentralen gemeinsamen Ergebnisse beider Studien zunächst zusammenfassend präsentiert. Dabei wird an dieser Stelle explizit nur auf diejenigen Ergebnisse eingegangen, welche in den Studien ähnlich und vergleichbar erzielt wurden. Anschließend erfolgt eine Diskussion dieser Ergebnisse, und es werden daraus ableitbare Schlussfolgerungen formuliert.

Die Untersuchung des Umgangs von Referendar/-innen mit Feedback im Rahmen ihrer Ausbildung sowie Schulleitungen im Rahmen der externen Schulevaluation lässt es zu, im Folgenden einige studienübergreifende zentrale Ergebnisse zu formulieren. So lassen sich unter anderem die Bewertung, die feedbackerteilende Person, das Persönlichkeitsmerkmal Kontrollerleben sowie die Verwertbarkeit und geltende Feedbackkriterien als für beide untersuchten Personengruppen wichtige Einflussfaktoren auf den Umgang mit Feedback ausmachen.

8.1.1 Die Bewertung

Bei beiden Personengruppen fällt auf, dass der konstruktive Umgang mit Feedback deutlich von der erhaltenen Bewertung beziehungsweise Benotung abhängt. So ergeben sich Zusammenhänge bei den Referendar/-innen, welche darauf hinweisen, dass bei schlechterer Benotung durch die Ausbilder/-innen der Umgang mit Feedback negativer ist.

© Springer Fachmedien Wiesbaden 2016
K. Behnke, *Umgang mit Feedback im Kontext Schule*,
DOI 10.1007/978-3-658-10223-4_8

Bei den Schulleitungen ist keine derart konkrete Messung der Zusammenhänge wie in der Korrelationsanalyse möglich, jedoch weisen ihre Aussagen ebenfalls auf die Relevanz der Bewertung hin. Zum einen wird das Ergebnis häufig als Grund für die Bewertungsveränderung zum Positiven angegeben. Zum anderen werden Aussagen getätigt, die darauf hinweisen, dass der Umgang mit dem Feedback der QA sowie die Akzeptanz der QA nicht in dem Maße gegeben wären, wenn das Ergebnis negativ ausgefallen wäre. Auch zeigen die Analysen der Bewertungen aus dem Qualitätsbericht, dass die Schulleitungen, die in ihrer Bewertung der QA negativ geworden sind, in 11 von 25 Qualitätsbereichen eine schlechtere Bewertung erhalten haben, als die Schulleitungen, die positiver geworden oder positiv geblieben sind.

8.1.2 Die feedbackerteilende Person

Die Personen, welche Feedback erteilen, spielen eine hervorgehobene Rolle hinsichtlich des Umgangs mit und der Akzeptanz von Rückmeldungen.

So weisen die Korrelationsanalysen bei den Referendar/-innen darauf hin, dass die Bewertung des Ausbilder/-innenfeedbacks bei beiden Geschlechtern positiv mit einer besseren Benotung, einem konstruktiveren Umgang mit Feedback im Allgemeinen und mit negativem Feedback, einer positiveren Einstellung zu Feedback sowie einer besseren Verwertung des erhaltenen Feedbacks zusammenhängen.

Auch bei den Schulleitungen zeigen die Ergebnisse, dass die Feedback erteilenden Personen einen großen Einfluss darauf ausüben, wie mit dem erhaltenen Feedback umgegangen wird. Positiv eingestellte Schulleitungen beurteilen die Arbeit der QP dabei deutlich positiver, als die Schulleitungen, welche eine negative Einstellung zur QA haben. Das zeigen einerseits die Aussagen der Schulleitungen, andererseits weisen auch die ermittelten Zusammenhänge zwischen der Einstellungsveränderung und der Bewertung der Arbeit der QP darauf hin. Die negativ gewordenen Schulleitungen beurteilen die Arbeit der QP eindeutig am schlechtesten, die positiv gewordenen Schulleitungen hingegen am besten. Auch tätigen die negativer gewordenen Schulleitungen durchschnittlich mehr Aussagen in den Kategorien Wahrnehmung der QP: unrealistisch, Fairness der Bewertung: unfair und Fairness der Bewertung: neutral. Die positiv geblieben oder gewordenen Schulleitungen wiederum tätigen mehr Aussagen in den Subkategorien Wahrnehmung der QP: realistisch und Fairness der Bewertung: fair.

8.1.3   Das Kontrollerleben

Für beide Personengruppen deutet sich an, dass das Merkmal des Kontrollerlebens eine herausgehobene Stellung für die Akzeptanz und den Umgang mit Feedback spielt. Bei den Referendar/-innen hängt ein hohes Kontrollerleben positiv mit einem konstruktiven Umgang mit Feedback im Allgemeinen und mit negativem Feedback zusammen. Außerdem geben die Referendar/-innen mit höherem Kontrollerleben auch eine positivere Einstellung zu Feedback und eine positivere Bewertung des Ausbilder/-innenfeedbacks an. Bei den weiblichen Referendarinnen hängt ein hohes Kontrollerleben außerdem mit einer besseren Verwertung des erhaltenen Feedbacks zusammen.

Auch bei den Schulleitungen deutet sich an, dass ein hohes Kontrollerleben zu einem positiveren und konstruktiveren Umgang mit Rückmeldungen aus der QA führt. So äußern sich die positiv gewordenen oder gebliebenen Schulleitungen deutlich überzeugter von der Fairness des Feedbackinstrumentes sowie seiner Transparenz. Die Wahrnehmung eines Feedbackinstrumentes als fair und transparent kann dabei als Hinweis gewertet werden, dass Kontrolle hinsichtlich der anstehenden beziehungsweise ablaufenden Qualitätsanalyse empfunden wurde. Beispielsweise deutet die Bewertung eines Verfahrens als transparent darauf hin, dass alle Abläufe klar waren und keine überraschenden Schritte mehr hinzugekommen sind, was die Möglichkeit der mentalen wie organisatorischen Vorbereitung des Individuums auf das Ereignis und dementsprechend sein Gefühl von Kontrolle erhöht. Auch zeigen die beiden negativen Prototypen, dass die dort dargestellten, negativ gewordenen Schulleitungen sich dem QA-Verfahren sowie insbesondere der anschließend stattfindenden Rückmeldung eher ausgeliefert sowie sich von den QP unfair behandelt fühlen. Des Weiteren betont einer der negativen Prototypen, häufig nicht zu wissen, wie mit den Ergebnissen der QA weitergearbeitet werden soll und verdeutlicht dabei, dass ein deutlich reduziertes Kontrollerleben vorhanden ist, da die Nachbearbeitung und Umsetzung des Feedbacks der QA als nicht steuerbar erlebt wird.

8.1.4   Die Verwertbarkeit

Es ist außerdem für beide Personengruppen hinsichtlich der Akzeptanz sowie des Umgangs mit den erhaltenen Rückmeldungen relevant, dass das Feedback verwertbar sein sollte. Dies gilt zum einen hinsichtlich der getroffenen Aussagen, welche klar und deutlich verständlich sein sollten. Auch sollte das Feedback fair, hilfreich und der Realität angemessen sein, damit dieses auch akzeptiert werden kann, das heißt, dass ein dialogischer Prozess hinsichtlich der Ergebnisrückmeldung stattfinden sollte. Des Weiteren ist bei der Verwertbarkeit der Ergebnisse zu beachten, inwieweit diese institutionell bedingt eventuell gar nicht bis kaum umsetzbar sind.

Die Verwertbarkeit des Feedbacks hängt bei beiden Geschlechtern der befragten Referendar/-innen sowohl positiv mit dem Umgang mit allgemeinem und negativem Feedback als auch der Einstellung zu Feedback sowie der Bewertung des Ausbilder/-innenfeedbacks zusammen. Bei den männlichen Referendaren ergeben sich außerdem positive Zusammenhänge zwischen der Benotung und der Verwertung des Feedbacks. Bei den weiblichen Referendar/-innen ergibt sich ein negativer Zusammenhang zwischen den Forderungen an das Feedback der Ausbilder/-innen sowie der Verwertung des Feedbacks. Des Weiteren liegt bei den weiblichen Referendar/-innen eine positive Korrelation zwischen dem Persönlichkeitsmerkmal Kontrollerleben und der Verwertung des Feedbacks vor.

Bei der untersuchten Personengruppe der Schulleitungen ist die Frage nach der Verwertbarkeit des neu eingesetzten Feedbackinstrumentes QA ein Hauptgrund dafür, warum auch grundsätzlich positiv eingestellte Schulleitungen Kritik an diesem üben. Dies wird zum einen in der Bewertung der QA auf einer Skala hinsichtlich ihrer Wirksamkeit ersichtlich. In dieser Kategorie ergibt sich durchschnittlich und auch bei den positiven Schulleitungen ein deutlich niedrigerer Wert als bei den anderen Kategorien. Die Erklärungen der Bewertungen weisen zusätzlich auf den Faktor der Verwertbarkeit hin. Auch in verschiedenen Kategorien und Subkategorien verweisen die Aussagen der Schulleiter/-innen immer wieder dezidiert darauf, dass abschließende Aussagen über die Bewertung der QA noch kaum getätigt werden können, da nicht eingeschätzt werden kann, welche Auswirkungen sich aus den Rückmeldungen der QA ergeben und inwiefern der Analyseprozess sowie dementsprechend das Feedbackinstrument QA für die Entwicklung der Schule verwendet werden kann.

8.1.5   Die Feedbackkriterien

Besonders deutlich wird auch, dass sowohl die Referendar/-innen als auch die Schulleitungen sich nicht als bloß passiv-empfangende Personen im Feedbackprozess betrachten, sondern deutliche Erwartungen an die Kriterien, welchen das ihnen zukommende Feedback genügen sollte und an die Erfüllung dieser Kriterien haben.

Einerseits wird diese Tatsache bei der Skala deutlich, welche die Bewertung des empfangenen Feedbacks durch die Ausbilder/-innen beleuchtet. Die Mittelwerte zeigen deutlich an, dass bei der Gesamtheit der Referendar/-innen keine besonders hohe Zufriedenheit mit dem Feedback der Ausbilder/-innen vorliegt. Die Referendar/-innen formulieren diese Erwartungen außerdem besonders deutlich in den offenen Fragen. Dabei zeigen sie auf, dass sie deutliche Vorstellungen von und Anforderungen an das empfangene Feedback haben.

Auch in den Aussagen der Schulleitungen wird deutlich, dass diese der Einhaltung gängiger Feedbackkriterien eine große Bedeutung bei der Bewertung des Feedbackprozesses zukommen lassen. Diese Tatsache manifestiert sich durch die von den Schulleitungen getroffenen Aussagen hinsichtlich der Qualität der erhaltenen Rückmeldung auf vielerlei Ebenen, welche sich durch die gesamten Interviews, von der Begehung und der Vorinformation über die Besuchstage sowie die Rückmeldung der Ergebnisse, ziehen.

8.2 Diskussion der Ergebnisse

Im Folgenden werden die zentralen und gemeinsamen Ergebnisse beider Studien einer Diskussion unterzogen.

8.2.1 Zur Bewertung

Wie bereits bei der Auswertung der einzelnen Studien gezeigt werden konnte, scheint der Bewertung beziehungsweise Benotung beim Umgang und der Akzeptanz von Individuen mit Feedback eine große Bedeutung zuzukommen.

Interessant ist dabei, dass personenbezogene Faktoren, wie etwa Status oder Position, keinerlei Auswirkungen auf den Zusammenhang zwischen der Akzeptanz des Feedbacks und der Bewertung auszuüben scheinen. Auch sind die in Studie II befragten Schulleitungen deutlich älter als die Referendar/-innen, was jedoch ebenfalls keine Veränderung der Auswirkungen der Bewertung auf die Akzeptanz oder den Umgang mit Feedback hervorzubringen scheint. Eine bedeutend längere berufliche Biographie und eine dementsprechend höhere Berufserfahrung scheinen in dieser Hinsicht ebenfalls wenig Einfluss zu haben.

Interessant ist auch, dass auf der Grundlage der Tatsache, dass beide Personengruppen in der Schule arbeiten und einen Qualifikationsweg zur Ausübung dieser Profession durchlaufen haben, davon ausgegangen werden könnte, dass dementsprechend die Zusammenhänge zwischen Feedback und Benotung bereits reflektiert und durchdrungen worden sind. Sowohl Referendar/-innen als auch Schulleitungen erteilen Schüler/-innen (und weiteren Personen) häufig

Bewertungen, weshalb zu vermuten gewesen wäre, dass die Zusammenhänge zwischen Feedback und Bewertung auf eine reflektierte Weise von ihnen behandelt würden. Verschiedenste Faktoren wie die Position, das Alter, der Status oder die Erfahrung mit Rückmeldungen und Bewertungen im alltäglichen professionellen Umgang scheinen kaum Einflüsse darauf zu haben, dass Individuen eine Rückmeldung positiver beurteilen, wenn sie ein besseres Ergebnis erhalten haben, als wenn sie ein schlechtes Ergebnis erhalten haben. Der positive und konstruktive Umgang mit Feedback ist insbesondere für die untersuchten Personengruppen jedoch auch dann relevant, wenn sie negatives Feedback erhalten. Einerseits stellen besonders die untersuchten Gruppen relevante Modelle für ihre Schüler/-innen dar (Bandura 1965), andererseits sollten sie die Zusammenhänge professionell beleuchtet und reflektiert haben, um im unmittelbaren Arbeitsumfeld auch mit negativem Feedback, sprich Kritik, konstruktiv umgehen zu können sowie Schüler/-innen zu einem konstruktiven Umgang anleiten und mögliche Problematiken antizipieren zu können.

8.2.1.1 Der Einfluss sozialpsychologischer Prozesse

Da vielerlei weitere beeinflussende Faktoren, insbesondere im Vergleich beider Gruppen, ausgeschlossen werden konnten, wird an dieser Stelle die Vermutung aufgestellt, dass die Ergebnisse im Bereich des Zusammenhangs von Feedback und Bewertung auf sowohl implizit als auch explizit ablaufende sozialpsychologische Prozesse verweisen.

Dissonanzprozesse. So lässt sich vermuten, dass eine, beispielsweise unerwartet schlechte, Bewertung dazu führt, dass dissonante Kognitionen entstehen (Beispiel: *„Ich halte mich für gut in meinem Arbeitsbereich."* und *„Ich erhalte eine schlechte Bewertung in diesem Bereich."*). Diese Tatsache führt mit hoher Wahrscheinlichkeit wiederum zum Ausgleich der kognitiven Dissonanz durch das Individuum. Eine für das Individuum positivere Variante könnte beispielsweise darin bestehen, die dissonanten Kognitionen durch Abwertung des erhaltenen Feedbacks auszugleichen (Beispiel: *„Ich halte mich für gut in meinem Arbeitsbereich."* und *„Das schlechte Feedback, das ich bekommen habe, ist völlig unqualifiziert."*) (Brehm 1956; Festinger 1957; Festinger und Carlsmith 1959; Losch und Cacioppo 1990; Matz und Wood 2005; Pittmann 1975; Stone und Cooper 2001; vgl. Abschn. 5.2).

Reaktanzprozesse. Ebenfalls können reaktanztheoretische Phänomene im Zusammenhang mit einer guten Note und der positiven Bewertung von Feedback sowie einer schlechten Benotung oder Bewertung und der Ablehnung des erhaltenen Feedbacks als Erklärungsansatz herangezogen werden. Reaktanztheoretisch betrachtet hat ein Individuum eher die Möglichkeit, das erhaltene Feedback abzuwerten und abzulehnen sowie daraus keine Handlungskonsequenzen folgen zu lassen und dementsprechend die eigene Freiheit direkt oder indirekt wiederherzustellen, als die Benotung oder Bewertung zu missachten, sie zu verdrängen oder völlig zu vergessen. Auf der Basis der Reaktanztheorie ließe sich dementsprechend ebenfalls ein Erklärungsansatz dafür finden, warum Individuen Feedback besser bewerten, wenn sie eine gute Bewertung erhalten und dieses schlechter bewerten, wenn sie eine schlechte Bewertung erhalten (Bensley und Wu 1991; Brehm und Brehm 1981; Erceg-Hurn und Steed 2011; Pavey und Sparks 2009; Quick und Stephenson 2007; vgl. Abschn. 5.1).

Selbstwertprozesse. Auch selbstwerttheoretische Vermutungen lassen sich aus dem negativeren Umgang beider Personengruppen mit Feedback in Zusammenhang mit einer schlechten Bewertung beziehungsweise Benotung ableiten. Als besonders kritischer Bereich gilt Feedback, welches negativ und gleichzeitig auf die feedbackempfangende Person ausgerichtet ist, da Individuen bestrebt sind, ihren Selbstwert unter anderem dadurch zu erhalten, dass sie ein möglichst positives Bild von sich selbst kreieren (Dauenheimer et al. 2002; Dufner et al. 2012; Festinger 1954; Kruger und Dunning 1999; Sedikides und Gregg 2007; Tesser und Campbell 1982; Tesser 2000; vgl. Abschn. 5.3).

Attributionsprozesse. Aus sozialpsychologischer Perspektive lässt sich die Vermutung aufstellen, dass der Schutz des Selbstwertes sowie externale Attributionen zur Aufrechterhaltung desselbigen als Reaktionen auf eine schlechte Bewertung und Benotung auftreten (Alden 1986; Dauenheimer et al. 2002; Frieze und Weiner 1971). Externale Attributionen könnten sich in diesem Falle auf das zu den Bewertungen hinleitende Feedback richten und dazu führen, dass dieses als inkompetent, unglaubwürdig, unfair oder ähnliches abgelehnt wird. Ein Individuum wird ein in dieser Form bewertetes Feedback mit hoher Wahrscheinlichkeit nicht akzeptieren und nicht ernst nehmen. Es kann daher vermutet werden, dass externale Attributionen bei der Abwertung eines Feedbacks in Kombination mit einer schlechten Bewertung eher zum Schutze des Selbstwertes eingesetzt werden, wohingegen es zum Erlangen einer objektiven und realistischen Perspektive auch notwendig wäre, internale Attributionen heranzuziehen. Häufig wird jedoch von Individuen zum Schutze des Selbstwertes lediglich auf externale Attributionen zurückgegriffen (Dauenheimer et al. 2002; Frieze und Weiner 1971; Kruger und Dunning 1999; Sedikides und Gregg 2007, 2008, vgl. Abschn. 5.3).

Emotionstheoretische Prozesse. Es ist darüber hinaus außerdem möglich, die erzielten Ergebnisse beider Studien unter Bezugnahme auf theoretische Aspekte der rational-emotiven Verhaltenstherapie zu begründen. Dementsprechend könnte die Unzufriedenheit mit einer Bewertung oder Benotung unter anderem daher rühren, dass man davon ausgeht, dass diese sowie das erhaltene und damit in Verbindung stehende Feedback global bewertende Aussagen über die gesamte Person treffen (Dryden 2009; Ellis und Hoellen 2004; Ellis 2008; vgl. Kap. 6). Des Weiteren könnte der ablehnende Umgang mit Feedback, welches in Zusammenhang mit einer negativen Bewertung steht, dazu führen, dass absolute Forderungen an die Leistungen der eigenen Person, die Feedback- und Bewertungspraxis der anderen Personen sowie der gesamten Umstände nicht erfüllt werden und dementsprechend eine Herabsetzung der Bewertung des erhaltenen Feedbacks erfolgt (Ellis 2008).

Interessant ist auch, dass die REVT in der Lage ist, alle hier herangezogenen Erklärungsansätze für den negativeren Umgang mit Feedback nach einer schlechten Bewertung innerhalb ihres theoretischen Modells zu integrieren. Die geschilderten Gefühle und Verhaltensweisen, welche in den Beispielen der Reaktanz- sowie Dissonanztheorie ebenso wie in den Ansätzen zum Selbstwert herangezogen wurden, lassen sich in der Terminologie der REVT als nicht hilfreich oder dysfunktional bezeichnen (Quick und Stephenson 2007). Ziel eines/r Referendars/-in ist es wahrscheinlich, eine gute Lehrkraft zu werden und Ziel einer Schulleitung entsprechend, gute Arbeit bei der Leitung einer Schule zu leisten und diese weiterzuentwickeln. Die Ablehnung von hilfreichem und realitätsangemessenem Feedback, welches Hattie und Timperley (2007) nicht umsonst als *„one of the most powerful influences on learning and achievement"* (S. 81) bezeichnen, aus den verschiedensten Gründen, sei es zum Ausgleich von dissonanten Kognitionen, zur Wiederherstellung von Freiheit oder zum Schutze des Selbstwertes, würde dementsprechend im Sinne Ellis (2008) als dysfunktionale Überzeugung bezeichnet werden können. Über die anderen Theorien hinausgehend, welche eine unersetzliche und genaue Beschreibung der Prozesse in verschiedenen dysfunktionalen Situationen darstellen, ermöglicht es die REVT, diese Prozesse zu durchdringen, Ursache und Wirkung zu verstehen und die daraus resultierenden Konsequenzen, das eigene Verhalten sowie die eigenen Emotionen beeinflussen zu lernen und dementsprechend auch das eigene Wohlbefinden regulieren und wiederherstellen zu können.

Zusammenfassend lässt sich festhalten, dass die Ergebnisse beider Untersuchungen die Vermutung nahe legen, dass eine gute Bewertung oder Benotung positive Selbstprozesse in Gang setzen, was dazu führt, dass auch das mit der Bewertung einhergehende Feedback positiv bewertet wird. Abgeleitet aus den Ergebnissen der vorliegenden Studien kann vermutet werden, dass sozialpsychologische Prozesse in der Bewertung der Feedbackinteraktion eine bedeutende Rolle spielen.

8.2.2 Zur feedbackerteilenden Person

In beiden Studien zeigen die Ergebnisse deutlich, dass die Feedback erteilende Person einen hohen Stellenwert für den Umgang mit und die Akzeptanz von Feedback hat. Eine konstruktive Zusammenarbeit im Sinne der bestmöglichen Ausbildung angehender Lehrer/-innen sowie einer gelingenden Schulentwicklung erfordert von allen Seiten das Bewusstsein, dass Feedback erteilende Individuen eine hohe Verantwortung für die Akzeptanz, den Umgang mit und die Verwertung von Feedback haben (Semmer und Jacobshagen 2010). Auf der Basis der Ergebnisse kann davon ausgegangen werden, dass es wesentlich ist, dass Lehrkräfte ihre Rolle als Feedback erteilende Instanz ernst nehmen und gewissenhaft sowie reflektiert und basierend auf Fachwissen ausfüllen.

Forschungsergebnisse zeigen, dass das Erteilen von Feedback oft auch für die Sender eine hochkomplexe Angelegenheit darstellt (Rohde et al. 2011; Semmer und Jacobshagen 2010). Einerseits erteilen viele unterschiedliche Personen in verschiedenen Positionen Feedback, andererseits wurden die wenigsten von ihnen professionell darin ausgebildet (Speck 2006; Speck et al. 2007; Ulich 1996; Strietholt und Terhart 2009). Das bedeutet, dass auch sie teilweise unvorbereitet mit Situationen konfrontiert sind, welche sie nicht ohne weiteres professionell bewältigen können.

Einige der untenstehend aufgeführten Fragen verdeutlichen, dass das Erteilen von Feedback die Positionierung zu einer Reihe wichtiger Haltungen und Kompetenzen beinhaltet: Wie gehen die Sender von Feedback damit um, wenn wiederholt das von ihnen erteilte Feedback nicht verwendet wird und der Leistungsstand des Empfängers sich nicht verändert? Welchen Umgang legen die Sender von Feedback mit sehr negativen Leistungen und deren Artikulation an den Tag? Welche Strategie verfolgen die Sender von Feedback bei Individuen, welche eine stark von der Fremdeinschätzung abweichende, divergierende Haltung aufweisen und diese verteidigen? Wie und auf welchem Wege erwerben professionelle Sender von Feedback die dafür nötige Sozialkompetenz, Fähigkeit zur Perspektivenübernahme, Selbstregulations- sowie Empathiefähigkeit? Wie können falsche Zuschreibungen seitens des Senders bezüglich Erfolg und Misserfolg vermieden werden?

8.2.2.1 Der Einfluss sozialpsychologischer Prozesse

Als Sender von Feedback einen theoretischen Hintergrund heranziehen zu können, mit welchem einige durch Feedback initiierte Prozesse theoriegeleitet zu erklären sind, bietet die Chance, das zu erteilende Feedback entsprechend zu modifizieren und dadurch unter Umständen seine Akzeptanz zu erhöhen. Darunter fällt unter anderem das Wissen über folgende Fragen: Warum reagieren Individuen mit einer Abwertung von negativem Feedback? Warum fällt es Personen schwer, eine schlechte Bewertung zu akzeptieren? Weshalb kann selbst positives Feedback von Menschen als unangenehm empfunden werden?

Reaktanzprozesse. Die Reaktanztheorie deutet an, dass Feedback, welches dem Empfänger den Eindruck gewährt, Handlungsalternativen entzogen zu bekommen, dazu führt, dass dieses eher abgelehnt wird (Brehm und Brehm 1981).

Dissonanzprozesse. Die Dissonanztheorie verweist darauf, wann und wodurch Einstellungsveränderungen zustande kommen und deutet darauf hin, dass es für die Feedback erteilende Person von hoher Relevanz sein könnte, die Vorstellung des Empfängers hinsichtlich seiner eigenen Leistungen zu kennen (Festinger 1957).

Selbstwertprozesse. Letztlich wird durch Erkenntnisse der Selbstwerttheorien verdeutlicht, dass Individuen es präferieren ein positives Bild von sich selbst zu erhalten und ihren Selbstwert, beispielsweise bei kritischem Feedback, mit hoher Wahrscheinlichkeit schützen werden (Sedikides und Gregg 2007).

Emotionstheoretische Prozesse. Die REVT letztlich verweist auf Phänomene wie das der globalen Selbstbewertung, die absoluten Forderungen und deren Derivate sowie auf die Tatsache, dass Menschen grundsätzlich zu dysfunktionalen Bewertungen und Überzeugungen tendieren (Ellis und Hoellen 2004; Ellis 2008).

Besonders interessant ist die in beiden Studien thematisierte Personenzentrierung der Feedback erteilenden Personen. Die Ergebnisse zeigen deutlich, dass ein zu persönliches Feedback deutlich als grenzüberschreitend und verletzend wahrgenommen wird und dementsprechend eine hohe Chance der Ablehnung desselbigen besteht (Hattie und Timperley 2007).

Feedback zu erteilen, bedeutet augenscheinlich deutlich mehr als einem Individuum die eigenen Beobachtungen strukturiert zurück zu melden. Es erfordert entsprechend dem Forschungsstand und der erzielten Ergebnisse beider Studien eine hohe Professionalität und eine hohe Kriterienorientierung sowie Sachlichkeit. Dies gilt auch für den Umgang mit und die Akzeptanz von Feedback durch Personen, welche selbst im Rahmen ihres professionellen beruflichen Handelns häufig Feedback erteilen. Die Ergebnisse zeigen auch, dass eine Tätigkeit in derselben Institution und ein hohes Vorwissen hinsichtlich der in Frage stehenden Profession nicht dazu führen, dass Feedback partnerschaftlich besprochen wird, sondern deuten auf ein grundsätzliches Machtgefälle zwischen Sender und Empfänger von Feedback hin.

Weitere kritische Komponenten scheinen hier noch die Empathiefähigkeit, das Sozialverhalten sowie die Sozial- und Interaktionskompetenz beim Umgang des Senders mit dem Empfänger zu sein. Einige Forscher/-innen weisen bereits auf die Relevanz der Kenntnis von pädagogisch-psychologischen Aspekten zur Sicherung der Akzeptanz von Feedback hin (Butler und Winne 1995; Hattie und Timperley 2007; Rohde et al. 2011; Thompson 1997).

Auch die Ergebnisse beider Studien dieses Bandes verweisen darauf, dass die Ausbildung zur und Ausübung der Position der Fachleitung oder zum/r Qualitätsprüfer/-in gegebenenfalls nicht ausreichend sind, um alle Personen in dem Maße zu schulen, das nötig ist, um zu garantieren, dass alle im schulischen Bereich tätigen Personen konstruktives Feedback erteilen. Dementsprechend scheint es für die Etablierung einer verbesserten Feedbackkultur angeraten, neben der fachlichen Entwicklung und Weiterbildung die Förderung der Sozial- sowie Interaktionskompetenz und die Empathiefähigkeit anzuregen.

8.2.3 Zum Kontrollerleben

Bei beiden untersuchten Personengruppen deutet sich an, dass die Variable des Kontrollerlebens einen hohen Einfluss auf einen positiven und konstruktiven Umgang mit Feedback ausüben kann. Dementsprechend ist an dieser Stelle unter anderem die Frage zu diskutieren, welche Faktoren das Gefühl des Kontrollerlebens begünstigen und welche es verhindern. Des Weiteren ist es unter Umständen sinnvoll, in Bezug auf das Thema Feedback zu reflektieren und Überlegungen anzustellen, wie Feedback erteilt werden kann, welches das Kontrollerleben von Individuen verstärkt oder zumindest nicht vermindert. Außerdem ist es im Hinblick auf die Variable Kontrollerleben sinnvoll, sich damit zu beschäftigen, wie dieses bei beiden Personengruppen erfolgreich verbessert und erhöht werden kann.

Bei den befragten Referendar/-innen ergeben sich bei beiden Geschlechtern Zusammenhänge zwischen dem Kontrollerleben und den Merkmalen Emotionale Stabilität, Sensitivität und Selbstsicherheit. Bei den männlichen Befragten besteht ebenfalls ein Zusammenhang zwischen dem Merkmal Kontrollerleben und dem Merkmal Selbstdarstellung sowie der erhaltenen Benotung am Ende des Referendariats. Hinsichtlich des Zusammenhangs der Akzeptanz und Verarbeitung von Feedback in Abhängigkeit von Persönlichkeitsmerkmalen existieren in der Forschung derzeit divergierende Ergebnisse (Atwater und Brett 2005; Kluger und DeNisi 1996), weshalb die vorliegenden Ergebnisse eine spannende Erweiterung darstellen.

Es ist auf der Basis dieser Ergebnisse davon auszugehen, dass es sinnvoll ist, eine Reihe an Kompetenzen im sozialen sowie im Bereich der Interaktions- sowie Selbstregulationsfähigkeit bei angehenden Lehrer/-innen zu stärken und zu verbessern. Außerdem zeigt sich, dass das Kontrollerleben bei den Referendar/-innen mit der Einstellung zu, dem Umgang mit sowie der Bewertung des Feedbacks einhergeht. Bei den weiblichen Befragten besteht darüber hinaus ein Zusammenhang mit der Verwertung des Feedbacks und dem Kontrollerleben.

Bei den befragten Schulleitungen wird deutlich, dass ein wenig transparentes Verfahren oder Verhalten der QP unter anderem dazu beitragen kann, das Kontrollerleben von Individuen abzuschwächen. Eine der negativ zur QA eingestellten Schulleitungen fühlt sich beispielsweise ungerecht behandelt sowie überfordert und nimmt zudem eine hilflose Position ein, in welcher sie äußert, keine Unterstützung zu erhalten, mit der Umsetzung des Feedbacks überfordert zu sein und auf keinerlei verlässliche Unterstützungsquellen zurückgreifen zu können. Die zweite negativ eingestellte Schulleitung verweist auf eine unfaire Behandlung und gibt an, sich im Interview wie in der Revision gefühlt zu haben. Dazu beigetragen hätten fehlende dialogische Möglichkeiten der Einflussnahme, ein „oberlehrerhaftes" Verhalten der QP sowie das Gefühl, die QP suchten Fehler, wollten die Schule beziehungsweise ihre Leitung hereinlegen, seien nicht wohlwollend und würden bestimmten Aussagen einen übermäßig hohen Stellenwert zuordnen. Eine der besonders positiven Schulleitungen hingegen schätzt Schwächen und Stärken der eigenen Schule realistisch ein und lässt es auch zu, dass Schwächen an der eigenen Schule diagnostiziert werden. Diese Haltung erinnert stark an die im Rahmen der REVT postulierte Selbstakzeptanz (Ellis und Hoellen 2004; Ellis 2008). Die Position der positiven Schulleitung ist durch Gelassenheit und dadurch gekennzeichnet, dass die Schulleitung sich vom Feedback der QA nicht unter Druck setzen lässt und auch bei der Umsetzung desselbigen Prioritäten setzt.

Auch bei der Betrachtung der Reaktionen der Schulleitungen wird dementsprechend deutlich, dass die Stärkung des Kontrollerlebens damit einhergehen könnte, dass Individuen eine ganze Bandbreite an sozialen Kompetenzen sowie Instrumenten zum Umgang mit persönlich herausfordernden Situationen erlernen. Es wird ebenfalls deutlich, dass auch bei den befragten Schulleitungen die Verarbeitungsmerkmale von Feedbackempfängern, wie etwa die mit dem Kontrollerleben zusammenhängende Verwertung des Feedbacks, die Einstellung zu und der Umgang mit Feedback sowie die Bewertung des Feedbacks, eine Rolle spielen. Dies wird einerseits durch Äußerungen verschiedener Schulleitungen in der gesamten Befragung, andererseits durch Angaben der Schulleitungen zur Transparenz der QA und Fairness der QP deutlich.

Ein interessantes Ergebnis beider Studien zum Umgang mit Feedback ist, dass das Empfinden von Kontrollerleben möglicherweise nichts mit dem aktuellen Status, beispielsweise als angehende Lehrkraft oder Schulleitung, zu tun hat, sondern eher mit der Situation, in der man sich befindet. Insbesondere die Feedbacksituation scheint für fast alle Individuen kritisch zu sein. Diesbezüglich lässt sich vermuten, dass ein erhöhtes Kontrollerleben auch dazu beiträgt, dass mit Feedback, auch kritischen Gehaltes, produktiver umgegangen werden kann. Da sich das bloße Empfangen von Feedback bei einer Reihe von Individuen jedoch bereits deutlich negativ auf das Kontrollerleben auszuwirken scheint, wäre es möglicherweise ratsam, vermeidbare strukturelle Ungenauigkeiten und Fehler, wie beispielsweise die mangelnde Transparenz eines Verfahrens oder das Kreieren einer wenig wertschätzenden Atmosphäre sowie ein mangelndes Unterstützungsangebot, im besten Falle zu vermeiden.

8.2.3.1 Der Einfluss sozialpsychologischer Prozesse

Sozialpsychologische Prozesse wie die der Reaktanz, Dissonanz und des Selbstwertschutzes können sich auch auf das Kontrollerleben von Individuen auswirken. So führt der Entzug von Freiheiten, beispielsweise durch stark einschränkende Botschaften, dazu, dass das Kontrollerleben sowie die Selbstregulationskompetenzen von Individuen gemindert werden (Brehm und Brehm 1981). Dasselbe gilt für den Zustand kognitiver Dissonanz, welcher dazu führt, dass versucht wird, dissonante Kognitionen möglichst auszugleichen, vielfach ohne eine explizite Möglichkeit der Steuerung, Einflussnahme oder Reflexion des Individuums (Festinger 1957). Auch bei Prozessen, die der Erhöhung oder dem Schutz des eigenen Selbstwertes dienen, ist es der Fall, dass die Selbstregulationskompetenz und das Kontrollerleben durch implizite und nicht reflektierte Prozesse außer Kraft gesetzt werden (Sedikides und Gregg 2007).

Emotionstheoretische Prozesse. Die rational-emotive Verhaltenstherapie führt die Möglichkeit des Erhalts von Kontrollerleben und die Erhöhung der Regulation von Emotionen unter anderem auf das Wissen und die Fähigkeit zurück, die eigenen dysfunktionalen Bewertungen und Überzeugungen in hilfreichere Bewertungen und Überzeugungen umzuwandeln (vgl. Kap. 6). Dabei wird innerhalb der rational-emotiven Verhaltenstherapie davon ausgegangen, dass jedes Individuum Tendenzen zu dysfunktionalen Überzeugungen aufweist und diese im Laufe der Sozialisation noch durch die Gesellschaft verstärkt werden. Andererseits geht die REVT ebenfalls davon aus, dass Individuen auch in der Lage sind, funktionale Bewertungen und Überzeugungen durch kontinuierliches Training und die Anwendung von Übungen herzustellen (Dryden 2009; Ellis und Hoellen 2004; Ellis 2008). Über die Veränderung der eigenen dysfunktionalen Bewertungen und Überzeugungen ist es Individuen möglich, ein hohes Maß an Selbstregulationskompetenz zu erlangen. Diese Kompetenz wiederum wird von einer Vielzahl von Forscher/-innen als höchst bedeutsame Kernkompetenz sowie als notwendiges Instrument dargestellt, welches dazu beiträgt, dass Lernprozesse überhaupt erst stattfinden können (Ellis 2008; Vohs und Baumeister 2011; Zimmermann 2000, 2002).

8.2.4   Zur Verwertbarkeit

Für beide untersuchten Personengruppen stellt es sich als Herausforderung dar, das erhaltene Feedback umzusetzen und produktiv zu verwerten. Feedback dient natürlich einerseits der Kommunikation eines Ist- und Analyse-Standes. Doch es wirkt nicht allein dadurch, dass es erteilt wird (Hattie und Timperley 2007). Dementsprechend ist es immanent relevant, bei der Reflexion von Feedbackprozessen immer auch die Umsetzung der selbigen zu bedenken und zu berücksichtigen.

Hinsichtlich der Verwertbarkeit von Rückmeldungen ist anzuführen, dass Feedback erteilende Individuen deutlich prüfen sollten, inwiefern sich Feedback umsetzen lässt beziehungsweise falls keine Umsetzungsideen bestehen, dieses auch deutlich zu artikulieren und gegebenenfalls zur gemeinsamen, dialogischen Aufgabe zu erklären. Dies ergibt sich vor dem Hintergrund, dass Feedback, welches nur unter großen Schwierigkeiten oder eventuell überhaupt nicht umsetzbar ist, unglaubwürdig erscheint.

Beispiele dafür sind unter anderem das Feedback an Referendar/-innen, komplizierte Methoden in einer Klasse einzusetzen, mit welcher noch auf einem viel basaleren Level gearbeitet werden sollte. Auf Schulentwicklungsebene könnte dies bedeuten, einer Schule Arbeitsfelder als dringlich zurückzumelden, welche auf Grund aktueller Thematiken eher im Hintergrund stehen sollten oder Verbesserungen anzuregen, für die noch keine Lösungsmöglichkeiten auf der Schulebene gefunden werden konnten, wie beispielsweise der systematische Einsatz von interner Evaluation.

Unglaubwürdiges Feedback wiederum schmälert die Wahrscheinlichkeit, dass dieses ernst genommen wird und Versuche unternommen werden, die eigenen Handlungen auf dessen Grundlage zu modifizieren. Dies impliziert auch, dass innerhalb einer Institution (beispielsweise eines ZfsL) fächerübergreifende Kriterien, welche von allen Fachleitungen vermittelt und eingefordert werden, festgelegt und angewendet werden sollten. Das Vertreten stark unterschiedlicher Standards oder gar Inhalte führt eher zu Widerständen und einer bloß gezwungenen Umsetzung von Sachverhalten, was jedoch vermutlich kaum zu Lerneffekten führen, sondern diese eher verhindern wird.

8.2.4.1 Der Einfluss sozialpsychologischer Prozesse

Deutlich wird, dass Feedback erst dann produktiv umgesetzt beziehungsweise überhaupt erst über seine Umsetzung nachgedacht wird, wenn die Einstellung gegenüber Feedback positiv ist (Alden 1986; Semmer und Jacobshagen 2010). Das bedeutet, dass der Sinn und Zweck des Feedbacks klar sowie die Art und Weise des Feedbackerteilens deutlich positiv ausgerichtet sein sollte. Warum erteilen wir Feedback und welchem Zweck dient seine Verwertung? Diese Frage sollten Institutionen wie die Schule, die ZfsL oder ministeriell eingesetzte externe Evaluationen zunächst intern klären, um diese dann deutlich und transparent nach außen zu transportieren.

Bei einer negativen Einstellung zu Feedback können unter anderem Reaktanz- sowie Dissonanzprozesse und Selbstwertproblematiken dazu führen, dass Feedback zwar vom Empfänger registriert, jedoch im Anschluss nicht weiter verwertet wird. Diese können unter Umständen auch auftreten, wenn sich der Empfänger durch das Feedback in seinen Handlungsalternativen eingeschränkt oder gänzlich in eine bestimmte Richtung dirigiert fühlt.

Attributionsprozesse. Bei einer negativen Haltung gegenüber dem empfangenen Feedback kann es außerdem zu externalen Attributionen kommen, welche dazu führen könnten beispielsweise den äußeren Umständen (einer lauten Klasse, einer Schule in einem schlechten Einzugsgebiet, fehlende Zeit, mangelnde Unterstützung, kaum Erfahrung) und den Feedbacksendern (Inkompetenz, mangelnde Wahrnehmungsfähigkeit, persönliche Aversion des Senders gegenüber dem Empfänger) die Schuld für ein kritisches Feedback zu geben.

Selbstwert- und Dissonanzprozesse. Selbstwertdienliche Verzerrungen könnten sich außerdem mit Dissonanzprozessen dahingehend überschneiden, dass über unbewusst ablaufende selbstwertdienliche Prozesse unrealistischerweise eine sehr gute eigene Leistung im Referendariat oder bei der Schulentwicklung angenommen werden könnte, was bei kritischem Feedback zu diesen Bereichen zu zwei widerstreitenden Kognitionen führen würde. Diese wiederum könnten beispielsweise über die Abwertung der Feedback erteilenden Person oder des Instruments (Referendariat, Qualitätsanalyse) zu konsonanten Kognitionen und somit dem Ausgleich des Dissonanzprozesses führen.

Prozesse der Selbstwirksamkeit. Außerdem ergibt sich auch bei der Verwertbarkeit von Feedback ein Zusammenhang mit dem Persönlichkeitsmerkmal des Kontrollerlebens. Es ist nachvollziehbar, dass Individuen eher gewillt sind, ihre Handlungspraxis zu verändern oder neue Handlungen in ihre altbewährten Schemata zu integrieren, wenn sie ein höheres Gefühl der Selbstwirksamkeit und der Kontrolle über die Gestaltung dieser Neuerungen erleben (Bandura 1982; Phillips und Gully 1997). Dementsprechend ist es relevant, als Sender innerhalb des Feedbackdiskurses immer auch sicherzustellen, ob dem Empfänger das Feedback einleuchtet, mit Hilfe welcher Strategien er gedenkt, dieses umzusetzen und ob ausreichend Teilkompetenzen zur tatsächlichen Ausführung des Verhaltens vorhanden sind. Es gehört auch zu einer Praktik guten Feedbacks dazu, Zielvereinbarungen zu treffen und gegebenenfalls Strategien zu entwerfen, die zur Umsetzung des Feedbacks von Nöten sind.

8.2.5 Zu den Feedbackkriterien

Betrachtet man die hohe Anzahl an wissenschaftlichen Publikationen (vgl. Kap. 2 und 3) und Ratgebern zum Thema Feedback und Rückmeldungen so wirkt es zunächst einmal erstaunlich, dass es Individuen in verschiedensten Positionen und mit unterschiedlichster Expertise teilweise derart schwer zu fallen scheint, die bereits existierenden Feedbackkriterien anzulegen und entsprechend der Kriterien ein qualitativ hochwertiges Feedback zu erteilen. Auch scheinen viele der Kriterien, welche auf einer psychologischen und einer lerntheoretischen Ebene an konstruktives und wirksames Feedback gestellt werden, gut verständlich, einfach zu erlernen und umsetzbar. Wie Bamberg (2010) jedoch bereits treffend herausstellte, bedürfen die mit Feedback verknüpften und assoziierten Prozesse durchaus noch der Erforschung, da sie komplexe Gebilde darstellen. Die Schwierigkeit eines konstruktiven Umgangs mit Feedback liegt dementsprechend nicht nur beim Empfänger von Feedback, sondern auch beim Sender. Daher stellt sich hier die Frage, wie gewährleistet werden kann, dass innerhalb des Feedbackprozesses die Kriterien guten Feedbacks auch tatsächlich angewendet werden. Um einen besseren Überblick über die Kriterien für gelungenes Feedback zu geben, werden diese nachfolgend tabellarisch, nach den Bereichen Psychologie und Lernen getrennt, dargestellt (vgl. Tab. 8.1 und 8.2).

Entsprechend der dargestellten Kriterien und der diesbezüglichen Vorüberlegungen, ist eine abschließend zu diskutierende Fragestellung, auf welche die Ergebnisse beider Studien dieser Arbeit verweisen: Was hält Individuen

Tab. 8.1 Kriterien für gelungenes Feedback: Bereich Psychologie

Kriterien für gelungenes Feedback: Bereich Psychologie
1. Feedback sollte eine Kombination aus internaler und externaler Attribution darstellen.
2. Negatives Feedback sollte lediglich so ausführlich erklärt werden, bis der Empfangende in der Lage ist, dieses zu verstehen.
3. Über das in der Kritik stehende Thema hinaus sollten die Stärken der betroffenen Person gewürdigt werden.
4. Bei ersten Eindrücken, die noch nicht an Fakten festgemacht werden können, sollten Ich-Botschaften verwendet werden.
5. Eine Mischung aus Feedback mit positiven und negativen Aspekten ist angeraten (Kriterien 1-5: vgl. Semmer & Jacobshagen, 2010).
6. Feedback sollte „gute, aber nicht übertrieben ausführliche Begründungen, ein Minimum an internaler Attribution und die Einbettung in Positives (...)" enthalten (Semmer & Jacobshagen, 2010, S. 45).
7. Hilfreich ist, die Erwartungen des Feedbackempfängers zu antizipieren beziehungsweise diese gemeinsam herauszuarbeiten (Alden, 1986).
8. Das Wissen über Attributionen im Lern-und Leistungskontext ist für Lehrer/-innen relevant, bspw. um Ursachenzuschreibungen der eigenen Rückmeldungen zu erkennen, ungünstige Attributionsmuster bei Schüler/-innen aufzudecken etc. (Thompson, 1997).

davon ab, die existierenden Feedbackkriterien anzuwenden? Da auf der Basis der obenstehenden Tabelle verdeutlicht wird, dass viele Kriterien für gelungenes Feedback umsetzbar und erlernbar erscheinen, deuten sich auf der Grundlage der Ergebnisse beider Studien, welche Feedback als komplexes Feld für die Sender wie die Empfänger gleichermaßen charakterisieren, unterschiedliche Lösungsansätze an.

Einerseits liegt die Vermutung nahe, dass selbst in den Professionen, in denen das Erteilen von Feedback zu den fast schon alltäglich wiederkehrenden Aufgaben gehört, diese Tätigkeit nicht unbedingt professionell erlernt wird (Speck et al. 2007; Ulich 1996; Strietholt und Terhart 2009). Dies bedeutet wahrscheinlich, dass weder Kriterien verdeutlicht noch institutionsübergreifende Leitlinien festgelegt oder die Wirkmechanismen von Feedback in Abhängigkeit von der Art und Weise des Erteilens desselbigen thematisiert werden.

Auch ist anzunehmen, dass das Erteilen von Feedback kaum supervidiert geübt werden dürfte. Des Weiteren ist davon auszugehen, dass das Erteilen von Feedback sowie die Tatsache, ob ein/e Ausbilder/-in oder ein/e Qualitätsprüfer/-in gutes oder schlechtes Feedback erteilt, nicht nur vom Grad der Ausbildung hinsichtlich des Wissens über die Kriterien von Feedback und dem Erfahrungsstand abhängt (Christophel 2014).

Tab. 8.2 Kriterien für gelungenes Feedback: Bereich Lernen

Kriterien für gelungenes Feedback: Bereich Lernen
1. Gelungenes Feedback zeigt Wege und Strategien auf, wie etwas verändert und verbessert werden kann.   ➤ Es ist genau, spezifisch und konkret.
2. Es empfiehlt sich, beim Erteilen von Feedback keine bloße Einteilung in richtig oder falsch vorzunehmen.
3. Anforderungen an Lernende sollten immer so hoch wie möglich sein, ohne diese zu überfordern.
4. Orientierung von Feedback an unterschiedlichen Bezugsnormen (Kriterien 1-4 vgl. Shute, 2008).   ➤ Bei schlechter abschneidenden Lernenden eher auf der individuellen Bezugsnorm unter Berücksichtigung des persönlichen Fortschritts als auf der sozialen oder kriterialen Bezugsnorm.
5. Das Erteilen von Feedback sollte integrativ auf verschiedenen Ebenen gedacht werden (Butler & Winne, 1995).   ➤ Unterscheidung: Fachliche Ebene, Ebene des Selbst und der Selbstregulation.
6. Bei Erteilung gegenseitigen Lernerfeedbacks Vorlegung neutraler Kriterien und Items, anhand derer Feedback durch die Lernenden erteilt werden soll (Nilson 2003).   ➤ Lerner können so sorgfältig auf die Fähigkeit, Feedback zu geben vorbereitet und die kritischen Punkte dieses Prozesses können vermieden werden.
7. Lehrer/-innen können vom Feedback ihrer Schüler lernen und es wird angeraten, dieses aktiv zu suchen (Hattie & Timperley, 2007).

8. Weitere Prinzipien, die zu Feedback führen, welches effektiv die Kompetenzentwicklung von Lernenden befördert (DeVilliers, 2013):
   ➤ Feedback sollte situational, vom Umfang her begrenzt, spezifisch und für die Lernenden bedeutungsvoll sein.
   ➤ Der Zeitpunkt des Erhalts des Feedbacks sollte bekannt sein, das Feedback sollte in konkretem Bezug zur Lernaufgabe stehen und dahingehend relevant sein und es sollte verlässlich erfolgen.

9. Es empfiehlt sich, den Umgang mit Feedback sehr bewusst zu gestalten und zu reflektieren. (Thompson, 1997).

8.2.5.1 Der Einfluss sozialpsychologischer Prozesse

Es ist anzunehmen, dass auch die Sender von Feedback mit einer Vielzahl von Prozessen konfrontiert sind, die im Rahmen der Feedbackinteraktion produktiv verarbeitet werden müssen, um die Voraussetzung für das Erteilen konstruktiven Feedbacks auf personaler und sozialer Ebene zu realisieren (Rohde et al. 2011; Semmer und Jacobshagen 2010). Dementsprechend ist nicht nur der Grad der Ausbildung, der Erfahrung sowie der Professionalisierung hinsichtlich der Kriterien guten Feedbacks relevant für eine gelingende Feedbackinteraktion, sondern auch die Frage zu klären, welche sozialpsychologischen Prozesse sich möglicherweise in diesem Bereich auf das Erteilen gelungenen Feedbacks auswirken.

Auch auf der Seite der Feedbacksender können die in diesem Band thematisierten Problematiken der Reaktanz, Dissonanz sowie der selbstwertdienlichen Verzerrungen und mit Selbstwertprozessen einhergehenden Attributionsvorgänge eine Rolle spielen (Brehm und Brehm 1981; Festinger 1957; Sedikides und Gregg 2007). Doch auch weitere, nicht ausführlich in diesem Band thematisierte sozialpsychologische Prozesse, wie beispielsweise die Motivation des Senders, die Wahrnehmung von Personen, implizite Persönlichkeitstheorien und Stereotype, Wirkungen von Sympathie und Antipathie, Machtprozesse und Hilfeverhalten sowie die Einstellung und das Wissen über Lernprozesse und weitere Faktoren können sich sowohl förderlich als auch hinderlich auf gelungene Interaktions- und Feedbackprozesse auswirken (vgl. für einen Überblick Steins 2014; Steins et al. 2015).

Emotionstheoretische Prozesse. Wiederum wird als Möglichkeit einer Reflexion, jedoch auch einer praktischen Lösung vieler dieser sich auf die Feedbackinteraktion zwischen Individuen auswirkenden Prozesse, die Anwendung von und Arbeit mit Elementen der Theorie der rational-emotiven Verhaltenstherapie (Ellis und Hoellen 2004; Ellis 2008) angeführt. Die Verwendung der REVT zur Reflexion der Feedbackinteraktion seitens des Senders und zur Bearbeitung von dysfunktionalen spezifischen Problematiken auf Seiten der Feedback erteilenden Person lohnt sich sowohl auf einer theoretischen wie auch auf einer praktischen Ebene.

Es sei darauf verwiesen, dass auch für die Sender von Feedback das wiederholte Training und die Anwendung der Prinzipien und Grundlagen der REVT hochgradig wertvoll sein können, um ein bestimmtes Level an Selbstregulationskompetenz und die Möglichkeit zu erreichen, die eigenen Kognitionen zu reflektieren und funktional zu Gunsten einer konstruktiven Feedbackinteraktion zu modifizieren.

8.3 Implikationen

Im Folgenden werden Implikationen präsentiert, welche sich aus den studienübergreifenden Ergebnissen sowie aus der Diskussion der selbigen ergeben. Die aus den Forschungsergebnissen gewonnenen Implikationen können möglicherweise einen produktiven Beitrag dazu leisten, dass in Zukunft in beiden untersuchten (sowie weiteren) Bereichen des schulischen Bildungswesens sowie bezüglich beider Personengruppen ein konstruktiverer Umgang mit Feedback ermöglicht werden kann.

8.3.1 Zur Bewertung

Die Ergebnisse beider Studien zeigen, dass der Zusammenhang zwischen einem positiven Umgang mit Feedback sowie der Bewertung scheinbar relativ unabhängig vom Status, vom Alter, der Position, der Erfahrung oder der Tätigkeit einer Person zu sein scheint.

Dementsprechend kann auf der Basis der Ergebnisse geschlussfolgert werden, dass es ein nahezu universelles Problem darstellt, bei einer schlechten Bewertung der eigenen Leistung positiv mit dem erhaltenen Feedback umzugehen. Insbesondere für Lehrer/-innen beziehungsweise im Schulbereich tätige Personen ist es jedoch relevant, innerhalb ihrer Profession einen konstruktiven Umgang mit Feedback pflegen zu können, ungeachtet dessen, ob die Bewertung positiv oder negativ ausfällt.

Diese Tatsache wiederum deutet auf den Bedarf hin, die personalen Ressourcen der in der Schule tätigen Individuen zu stärken. Ein konstruktiver Umgang mit Feedback oder der Antizipation desselbigen kann auch einen Schutz gegenüber Überlastung und Burn-out sowie Stress bieten. Individuen, welche wiederholt mit Stress, Angst, Widerstand und Ablehnung auf die Möglichkeit reagieren, dass ihre Handlungen durch die Perspektive der Fremdwahrnehmung gespiegelt werden, werden sich insbesondere bei der zukünftig immer stärker im Fokus stehenden Öffnung von Schule häufig gestresst fühlen. Auch ist es möglich, dass sich eine, selbst lediglich implizit verinnerlichte, Ablehnung von und Abneigung gegenüber Feedback auf die Schüler/-innen und die Schulkultur auswirkt und somit an folgende Generationen weitergegeben und multipliziert wird.

Implikationen aus der Sozialpsychologie. Lösungsansätze sind hier unter anderem aus den im Theorieteil angeführten Theorien zu extrahieren. Die Reaktanztheorie deutet darauf hin, dass Individuen bei Entstehen des Gefühls des Freiheitsentzuges Widerstände empfinden, woraufhin sie versuchen, diese Freiheit wiederherzustellen (Brehm und Brehm 1981). Das Wissen über diese Theorie ermöglicht es den feedbackempfangenden Personen, eine Meta-Ebene hinsichtlich ihres Empfindens von Widerstand gegenüber Feedback herzustellen. Die Einnahme einer reflektierenden Position könnte unter Umständen dazu beitragen, dass Individuen akzeptieren, dass sie nicht jede Freiheit haben können und selbst unangenehme Rückmeldungen und Bewertungen zum Leben gehören und dabei unterstützen können, die eigenen Fähigkeiten weiterzuentwickeln. Die Reflexion der Ergebnisse der Dissonanztheorie kann Individuen helfen, konstruktiv mit Feedback umzugehen, wenn es zu widerstreitenden Kognitionen kommt (Festinger 1957). Und hinsichtlich der dargestellten Theorien der Selbstbewertungen helfen das

Wissen und die Reflexion der Tatsache, dass das Schützen des Selbstwertes und selbstwertdienliche Verzerrungen zunächst einmal Reaktionen sind, welche universell auftreten. Auch das Wissen über Attributionsmuster kann hilfreich sein, um das eigene Verhalten zu reflektieren und kritisch zu hinterfragen (Sedikides und Gregg 2007, 2008; Semmer und Jacobshagen 2010).

Lernen und Verhalten. Problematisch bei der obenstehend geschilderten Möglichkeit der Reflexion der eigenen Reaktionen auf Feedback, beispielsweise anhand der drei ausgewählten oder weiterer geeigneter sozialpsychologischer Theorien, ist die Tatsache, dass die kritische Reflexion eigener Verhaltensweisen zwar unter Umständen einen Lerneffekt auslöst und konstruktivere Verhaltensweisen begünstigt. Jedoch erfolgt letztlich der sicherste und größte Lerneffekt immer über das Verhalten, das ein Individuum auch tatsächlich ausführt (Bandura et al. 1969).

Implikationen aus der REVT. Die Theorie der rational-emotiven Verhaltenstherapie vereint die drei obenstehenden sozialpsychologischen Theorieansätze insoweit, als dass sie einerseits Erklärungsansätze für die grundlegenden Mechanismen jeder der drei in dieser Arbeit thematisierten Theorien bereitstellt. Andererseits liegt ihr großer Vorteil darin begründet, dass sie Individuen darin unterstützen kann, über die Veränderung von Überzeugungen den Umgang mit nicht zufriedenstellenden Bewertungen, Reaktanz-, Dissonanz- oder Selbstwertproblematiken zu verändern und dadurch psychische Spannungen abzubauen. Jedoch gilt für die Umwandlung von Bewertungen und Überzeugungen, dass zunächst einmal explizites Wissen über den Umgang von Individuen mit Feedback sowie die in der Interaktion des Feedbacksenders und Feedbackempfängers auftretenden dysfunktionalen psychischen Spannungszustände und Abwehrmechanismen vorhanden sein sollte, damit Individuen in der Lage sind, einen Zustand als veränderungswürdig zu erkennen, diese Veränderung als möglich einzuschätzen und sie anschließend mit Hilfe von Methoden der REVT umzusetzen. Ohne dieses Wissen könnten Individuen es unter Umständen als unausweichlich ansehen, dass sie sich angesichts von Feedback angstbeladen, wütend oder ausgeliefert fühlen. Die angeführten Techniken der REVT können dementsprechend auf einer individuellen Ebene jedes Individuum dabei unterstützen, den produktiven Umgang mit Feedback zu trainieren und zu regulieren, selbst wenn dieses sehr viel Kritik enthält beziehungsweise zu negativen Bewertungen oder Benotungen führt.

Strukturelle und institutionelle Implikationen. Auf institutioneller Ebene könnte es für den gesamten Bildungssektor eine Bereicherung darstellen, wenn

Ministerien auf Landes- und Bundesebene Stellung zur Sinnhaftigkeit von
Benotung und Feedback nähmen. Eine gesellschaftlich einhellig vertretene
Einstellung zu Feedback als Unterstützung und Hilfe zur Weiterentwicklung sowie
Verbesserung der eigenen Fähigkeiten könnte zu einem Wandel der Feedbackkultur
in Deutschland nicht nur im Bildungsbereich führen. Bewertungen dienen dem
Zweck, einem Individuum den Ist-Stand seiner Leistung in einem bestimmten
Teilgebiet zurückzumelden. Auf Grund der im Forschungsstand und im Theorieteil
beschriebenen Prozesse sind Individuen nur sehr selten in der Lage, sich selbst und
ihre Leistungen korrekt einzuschätzen und benötigen dementsprechend unter
Umständen korrigierende Rückmeldungen aus einer Fremdeinschätzung beziehungsweise einer Außenperspektive. Auch scheint es einleuchtend, dass Individuen
Feedback, sowohl positives als auch kritisches, benötigen, um sich weiterzuentwickeln. Ein Individuum, welches beispielsweise immer nur positives Feedback
erhält, wird sicherlich einen hohen Selbstwert entwickelt haben, jedoch andererseits kaum Vorgehensweisen, wie durch Anstrengung und Einsatz Strategien modifiziert und Ziele erreicht werden können (Dweck 1999).

Eng verknüpft sind die obenstehend aufgeführten Bereiche mit dem Feld der
Anstrengungsbereitschaft. Feedback ist in der Lage, Individuen eine Rückmeldung
zu ihrer bisher gezeigten Anstrengungsbereitschaft zu geben und aufzuzeigen, wie
viel Mühe und Anstrengung sie noch investieren sollten, um bestimmte Ziele zu
erreichen. Die REVT verweist auch darauf, dass bereits Kinder sehr früh die
Prinzipien des hedonistischen Kalküls erlernen können (Ellis und Hoellen 2004;
Ellis 2008; Steins 2014; Steins et al. 2015), welches die Fähigkeit bezeichnet,
angenehme Dinge kurzfristig aufzuschieben, um einen längerfristigen Vorteil zu
erzielen, wie es beispielsweise beim Vorbereiten eines Unterrichtsbesuches oder
beim Erstellen von Dokumenten für die QA der Fall ist.

Wichtig wäre auch, dass in der Öffentlichkeit stehende Personen, wie beispielsweise Lehrer/-innen, Erzieher/-innen oder Politiker/-innen, einen konstruktiven
Umgang mit Feedback modellhaft vorleben. Kinder könnten bereits ab dem
Kindergarten sowie daran anknüpfend in der Schule durch Erzieher/-innen und
Lehrkräfte angeleitet werden, konstruktiv mit Feedback zu arbeiten sowie dieses
zu empfangen und auch zu erteilen.[1] Erwachsene wiederum könnten sich bewusst
darüber werden, dass sie für nachkommende Generationen die Modelle einer
gelingenden Feedbackpraxis verkörpern und dieses Bewusstsein in Verhalten
umsetzen.

---

[1] Vgl. hierzu als positives Beispiel: Austin's Butterfly: Building Excellence in Student
Work – Models, Critique, and Descriptive Feedback. Expeditionary Learning.

Von hoher Relevanz ist andererseits auch, dass der Feedbackgeber auf der Grundlage dieser Ergebnisse insbesondere die Zusammenarbeit mit denjenigen Individuen in den Blick nimmt, welche schlechte Ergebnisse erzielen. Hier könnte kritisch überprüft werden: Ist das Feedback für die Person hilfreich, um ihre Leistungen zu verbessern? Welche Prozesse stören oder verhindern Veränderungen und somit einen Lernerfolg? Wie könnte die Interaktion positiv verändert werden, um langfristig einerseits die Ergebnisse und andererseits auch den damit in Verbindung stehenden Umgang mit Feedback zu beeinflussen?

Jedem im Bildungsbereich tätigen Menschen sollte bewusst sein, dass Feedback ein starkes Instrument ist, welches sowohl positive als auch negative Auswirkungen haben kann. Feedback kann dazu dienen, dass jedes Individuum es schafft, mit der Unterstützung aller Beteiligten, das für ihn oder sie höchste Level an Leistung und Selbstwirksamkeitserfahrung in einem bestimmten Bereich zu erzielen. Dies bedeutet nicht, dass Druck aufgebaut oder jedes Individuum einem genormten Standard entsprechen muss, im Gegenteil: Jedes Individuum könnte mit Hilfe einer gelungenen Feedbackpraxis optimal entsprechend der eigenen Fähigkeiten und Begabungen gefordert und gefördert werden.

8.3.2 Zur feedbackerteilenden Person

Die Ergebnisse zeigen, dass insbesondere hinsichtlich der Personen, welche Feedback erteilen, deutliche strukturelle Veränderungen erforderlich sind. Für das gesamte Bildungssystem liegen Forschungsresultate vor, welche verdeutlichen, dass das Erteilen von Feedback höchst deutliche Auswirkungen auf die Individuen hat, welche das Feedback empfangen.

Daraus ergeben sich unter anderem Implikationen für Lehrer/-innen, Fachleitungen sowie Schulleiter/-innen und Qualitätsprüfer/-innen, um nur einen kleinen Ausschnitt der im Bildungsbereich tätigen Personengruppen zu nennen.

Lehrkräfte. Lehrer/-innen, von denen aus der Forschung bekannt ist, dass auch diese nicht ohne weitere Expertise Feedback erteilen können, bedürfen eines vertieften Wissens und einer wiederholten Schulung in der Erteilung von Feedback, selbst wenn sie bereits über eine reiche Erfahrung als Lehrkraft verfügen. Forschungsergebnisse zeigen auch, dass das in der gängigen Unterrichtspraxis erteilte Feedback häufig wenig gewinnbringend für Schüler/-innen eingesetzt wird (Christophel 2014).

Referendar/-innen. Das Referendariat scheint auf eine besondere Weise dazu beizutragen, dass die befragten Referendar/-innen die Thematik Feedback reflektieren. Durch die teilweise stark negativ geprägten Erfahrungen, jedoch auch durch die positiven Feedbacksituationen, welche intensiv in der eigenen Ausbildung erlebt werden, geraten die Referendar/-innen automatisch in die Situation, positive und negative Feedbackpraktiken zu hinterfragen. Dementsprechend findet durch das intensive Erleben von Feedbackprozessen Lernen am Modell statt (Bandura 1965). Fest steht jedoch auch, dass die bloße Reflexion von Feedbackpraktiken nicht automatisch dazu führt, dass diese in einer derart komplexen Situation wie der des Unterrichtens direkt um- und eingesetzt werden können (Bandura et al. 1969). Dementsprechend wäre es sinnvoll, Referendar/-innen im Erteilen von Feedback sowie in der Reflexion des eigenen Feedbacks zu schulen.

Ausbilder/-innen. Jedoch gilt dann auch, dass die universitären Ausbilder/-innen sowie diejenigen an den ZfsL eine deutlich konstruktivere Feedbackpraxis einsetzen sollten, als sie den Ausbilder/-innen der in Studie I befragten Referendar/-innen bescheinigt wird. Diese Tatsache ist wiederum dem Lernen am Modell (Bandura 1965) sowie der Tatsache geschuldet, dass auch Lehrveranstaltungen in der Erwachsenenbildung in der Umsetzung das halten sollten, was sie inhaltlich wie theoretisch propagieren, um glaubwürdig zu bleiben. Dementsprechend werden Fachleitungen, welche beispielsweise eine zugewandte und konstruktive Lehrer/-innen-Schüler/-innen-Interaktion beim Erteilen von Feedback propagieren, nicht ernst genommen werden, wenn sie diese selber nicht an den Tag legen.

Hinsichtlich der Fachleiter/-innen gilt für diese außerdem, dass sie eine als durchwachsen zu beschreibende Rückmeldung hinsichtlich ihres Feedbacks erhalten haben. Auch Fachleiter/-innen haben vor Aufnahme ihrer Tätigkeit die allgemeine Lehrer/-innenausbildung durchlaufen, was bedeutet, dass auch sie höchstwahrscheinlich für ihre Zeit als Lehrkraft nicht explizit im Erteilen von Feedback oder in dessen Reflexion geschult wurden, eine Tatsache, die scheinbar in der Position von Lehrer/-innenausbildenden weitergeführt wird. Daraus ergibt sich, dass Ausbildung, Weiterqualifizierung sowie Auswahl der Fachleiter/-innen überdacht und sorgfältig weiterentwickelt werden müssten. Eine Anregung hinsichtlich dieser Weiterentwicklung wäre, dass auch die Ausbilder/-innen ein Training und einen Erwerb von Kenntnissen in ausgewählten Erkenntnisfeldern der Sozialpsychologie erhalten könnten. Erst wenn die Ausbilder/-innen auf theoretischer Grundlage durchdringen, welche Relevanz konstruktive Interaktionsmuster beim Erteilen von Feedback haben und wie sich ihre Handlungen psychologisch auf die Empfänger von Feedback auswirken können, werden sie zumindest auf einer theoretischen, kognitiven Ebene die Notwendigkeit erkennen können, warum sie ihre Feedbackpraxis verändern und stetig verbessern sollten.

Qualitätsprüfer/-innen. Diese Tatsache gilt ebenso für die Qualitätsprüfer/-innen, welche laut Aussage einiger Schulleitungen bereits einen deutlichen Imagewandel seit Beginn der Maßnahme QA vollzogen haben und von der in dieser Arbeit untersuchten Stichprobe überwiegend positiv wahrgenommen wurden. Nichtsdestotrotz ergeben sich auch bei mindestens zwei Schulleitungen stark negative Haltungen gegenüber der QA, welche unter anderem auf dem Auftreten sowie der Rückmeldung der QP basieren. Bei einem derart wichtigen Instrument wie der QA, welche sehr hoch qualifizierte Kräfte zur Analyse von Schulen in einem aufwendigen Prozess einsetzt, ist es relevant, dass diese ein empathisches Auftreten an den Tag legen und professionelle Interaktionen initiieren.

Strukturelle und institutionelle Implikationen. Auch ist es für die Akzeptanz des Feedbacks, welches Fachleiter/-innen erteilen, notwendig, dass die vorhandenen Machtstrukturen im ZfsL aufgebrochen und verändert werden. Das bedeutet beispielsweise, dass die Rolle der Referendar/-innen überdacht und gestärkt werden könnte. Andererseits wäre es sinnvoll, innerhalb des ZfsL eine Lern- und Ausbildungskultur zu etablieren, welche darauf bedacht ist, angehende Lehrer/-innen für ihre zukünftige Profession bestmöglich auszubilden und nicht in einer Kultur der Angst und des nicht stattfindenden Dialogs zum gewünschten Lehrer/-innentypus zu sozialisieren, wie vielfach in der Literatur beschrieben. Des Weiteren erscheint die Erwägung interessant, auf der Basis der erzielten Ergebnisse die Rolle der Ausbilder/-innen als bewertende sowie beratende Instanz zu überdenken. Die Vereinbarung dieser Funktionen wird auch in der bereits existierenden Forschung relativ kritisch betrachtet (Meyerhöfer und Rienits 2006; Terhart 2007; Schubarth et al. 2006). Ein erster Schritt wurde in der neuen Ausbildungsordnung in NRW bereits durch die veränderte Rolle der Kernseminarleitung geleistet, da diese nunmehr keine Noten mehr verteilt, sondern den Referendar/-innen primär beratend zur Seite steht.

Selbige Problematik gilt auch für die Qualitätsprüfer/-innen im Rahmen des Feedbackinstrumentes QA. Einerseits bieten sich stärkere dialogische Strukturen zur weiteren Förderung und Verbesserung der Akzeptanz sowie der Qualität des Feedbackverfahrens an. Andererseits ist auch hier die Frage noch ungelöst, welche Rolle die QP nach der Ergebnisrückmeldung an die Schulen spielen könnten. Die seit 2014 erprobte Neuausrichtung der QA deutet auf eine Ausweitung der Rolle der QP hin, welche eine fakultative Beratung der Schulen nach erfolgtem Feedback einschließt. Dies ist einerseits begrüßenswert, da die QP die Einzelschulen sowie ihren Entwicklungsbedarf im Rahmen ihrer Tätigkeit grundlegend kennenlernen. Andererseits birgt diese Überschneidung zwischen Bewertung und Beratung potentielle Risiken hinsichtlich der Akzeptanz der Beratung nach erfolgter Bewertung. Eine nicht in die Erteilung von Feedback sowie in die Bewertung eingebundene Person mit derselben Expertise wie die QP und einem hohen Kenntnisstand des QA-Verfahrens, ähnlich der Position einer Kernseminarleitung bei den Referendar/-innen, könnte eine mögliche Lösung darstellen. Hinsichtlich dieses Veränderungsvorschlages ist jedoch kritisch auf die Ressourcen der für die Analyse zuständigen Dezernate zu verweisen und anzumerken, dass diese Lösung die Bereitstellung von Ressourcen erfordern würde, die mit hoher Wahrscheinlichkeit nicht durchgängig realisierbar sind.

Letztlich ist es von Relevanz, dass auch Ausbilder/-innen und Qualitätsprüfer/-innen erkennen, wie anspruchsvoll ihre Tätigkeit ist und dementsprechend die Notwendigkeit, sich in ihrer professionellen Handlung selbst zu reflektieren, anerkennen. Zum Zwecke dieser Selbstreflexion benötigen die Ausbilder/-innen und QP sowohl Instrumente auf der individuellen als auch auf der strukturellen Ebene. Zu den Instrumenten auf der strukturellen Ebene gehören einerseits zeitliche Strukturen, die es ermöglichen, dass ZfsL (Zeit-)Räume für kollegiale Fallberatung sowie kollegiale Hospitationen und Supervision schaffen. Auch könnten Richt- und Leitlinien, dann jeweils gültig für das gesamte ZfsL, zum Thema Feedback erstellt sowie Fortbildungen zu diesem Thema verpflichtend durchgeführt werden. Ähnliches gilt für die verantwortlichen QP, welche durch ihr Auftreten und ihr Feedback wesentlich dazu beitragen können, die Entwicklung von Schulen anzustoßen beziehungsweise abzubremsen. Auch diese Personengruppe wird mit hohen Anforderungen bezüglich ihres professionellen Auftretens hinsichtlich der Erteilung von Rückmeldungen konfrontiert und trifft auf häufig wechselnde und hochkomplexe Situationen vor Ort, weshalb sich sowohl verbindliche Richtlinien zum Auftreten und Verteilen von Feedback sowie die Möglichkeiten von kollegialer Hospitation und Fallberatung sowie von Supervision als eine Chance und als Unterstützung zur Erhöhung der Akzeptanz des von ihnen erteilten Feedbacks darstellen könnten.

Implikationen aus der Sozialpsychologie. Schlussfolgern lässt sich aus den Ergebnissen auch, dass hinsichtlich der Feedbackpraxis in der Lehrer/-innenausbildung sowie der Schulentwicklung eine Notwendigkeit dafür besteht, dass die Ausbilder/-innen und Qualitätsprüfer/-innen ihre personalen Kompetenzen trainieren und erweitern. Dazu gehören auch Fortbildungen, welche vermitteln, wie konstruktiv mit beruflich herausfordernden Situationen umgegangen werden kann. Aus Sicht der Autorin bieten sich dabei insbesondere Kenntnisse aus den Theoriebereichen der Selbstwertforschung sowie der rational-emotiven Verhaltenstherapie an. Des Weiteren sind Grundlagenkenntnisse in den Bereichen der Machttheorien, der Personenwahrnehmung, der Reaktanz sowie der kognitiven Dissonanz und der Attributionen von Individuen relevant, um umfassend vorbereitet und reflektiert mit den vielfältigen Herausforderungen, die sich im Rahmen der Tätigkeit einer Fachleitung beziehungsweise eines/r Qualitätsprüfer/-in ergeben, umgehen zu können.

Insbesondere die rational-emotive Verhaltenstherapie bietet, wie bereits obenstehend angeführt, in diesem Kontext sinnvolle Möglichkeiten, um Fachleitungen und QP hinreichend auf diese Tätigkeiten vorbereiten zu können, da es durch die Methode der REVT möglich wird, den konstruktiven, rationalen Umgang mit Sachverhalten nicht nur theoretisch zu durchdringen, sondern auch zu üben und in Handlungen umzusetzen. Des Weiteren ist mitnichten eine ständige Fortbildung oder Betreuung durch Supervisor/-innen notwendig, um die Techniken der REVT zielführend einsetzen zu können, da diese explizit auf den eigenständigen Einsatz durch das einzelne Individuum ausgerichtet sind (Ellis und Hoellen 2004; Ellis 2008).

8.3.3 Zum Kontrollerleben

Die Ergebnisse beider Studien dieser Arbeit haben hinsichtlich des Kontrollerlebens gezeigt, dass es sinnvoll sein kann, dieses zu steigern, indem Abläufe und Feedbackprozesse gut organisiert sowie von den beteiligten Individuen, insbesondere den Empfängern, klar und ausdrücklich verstanden wurden. Transparente Abläufe steigern das Kontrollerleben und das Gefühl, jederzeit im Verlaufe eines Prozesses zu wissen, wie dieser sich weiterentwickeln, wann er beendet sein wird sowie wie und in welcher Form darauf Einfluss genommen werden kann. Situationen, die nicht klar strukturiert sind und in denen Individuen sich einer mächtigen anderen Person gegenüber finden (in diesem Falle dem Sender von Feedback), tragen möglicherweise nicht immer dazu bei, das Kontrollerleben des Individuums zu erhalten. Es lässt sich dementsprechend schlussfolgern, dass davon ausgegangen werden kann, dass Feedback an sich sowie die Feedbacksituation inhärent vermindernde Auswirkungen auf das Kontrollerleben einer Vielzahl von Individuen haben. Dementsprechend gilt es, diese Tatsache nicht durch weitere ungünstige Faktoren zu verstärken. Es könnte daher produktiv sein, Sender von Feedback genau über diese wichtige Verknüpfung zu informieren und über den Aufbau kognitiver Reflexionsmöglichkeiten bei diesen zu einer Berücksichtigung des Erhalts von Kontrollerleben zu streben.

Implikationen aus der Sozialpsychologie. Neben den bereits angeführten Implikationen hinsichtlich der zu beachtenden Faktoren auf struktureller Ebene sowie auf der Ebene des Feedbacksenders, ist außerdem wiederum die vermutlich am deutlichsten gewinnversprechende Ebene des Individuums selbst in den Blick zu nehmen. Über die jedem Individuum mögliche Veränderung von Bewertungen und Überzeugungen, welche nicht hilfreiche, dysfunktionale verhaltensbezogene und emotionale Konsequenzen zur Folge haben, wird diesem ermöglicht, das eigene Kontrollerleben sowie die Selbstregulationskompetenz basierend auf der Bearbeitung eigener dysfunktionaler Bewertungen individuell zu steigern. Die eigenen Emotionen, welche bei besonders starken Ängsten, Widerständen oder bei Wut sowie bei sozialpsychologischen Prozessen wie Reaktanz, Dissonanz oder Selbstwertproblematiken destruktiv auf das Individuum einwirken und dieses blockieren oder in seinem Handlungsspektrum einschränken können, können mit Hilfe der REVT entsprechend reguliert und hilfreich verändert werden (Bitan et al. 2013a; Bermejo-Toro und Prieto-Ursua 2006; Nucci 2002; Steins et al. 2015; Terjesen und Kurasaki 2009).

Jedes Individuum, welches in derart komplexen Situationen arbeitet, wie beispielsweise Lehrer/-innen und Schulleitungen, sollte entsprechend das Wissen erwerben, dass es für Personen schädlich sein kann, starke Ansprüche an sich selbst, die Mitmenschen und die Gesellschaft zu richten. Wirksamer ist es in zahlreichen Situationen, seine eigenen Emotionen zu regulieren und die eigenen Ansprüche an sich selbst, die Mitmenschen und die Welt kritisch zu hinterfragen, zu disputieren sowie sich in Gelassenheit mit Situationen, Personen und Phänomenen zu üben, welche besonders starke und dysfunktionale Gefühle sowie verhaltensbezogene Konsequenzen hervorrufen (Ellis und Hoellen 2004). Dementsprechend wurde bereits in der Diskussion kurz angeführt, dass als hauptsächliche Implikation auf der Ebene des Individuums hier angeraten wird, Techniken und theoretische Ansätze der REVT zur Erhöhung des Kontrollerlebens von Individuen bereits grundlegend in die Lehrer/-innenausbildung zu integrieren und im Verlauf einer beruflichen Laufbahn in der Schule immer weiter zu entwickeln.

8.3.4 Zur Verwertbarkeit

Aus den erzielten Ergebnissen ergeben sich Implikationen für eine gelungene Feedbackpraxis, welche auch die Sicherstellung der anschließenden Verwendung des Feedbacks beinhaltet. Diese Implikationen können wiederum für verschiedene Ebenen und Personengruppen aufgeführt werden.

Implikationen aus der Sozialpsychologie. Einerseits existiert die individuelle Ebene, welche sowohl bei den Referendar/-innen als auch bei den Schulleitungen einer größeren Beachtung und Fokussierung bedarf. Beide in diesem Band untersuchten Feedbacksituationen stellen sich als hochkomplex und herausfordernd für das einzelne Individuum dar. Dementsprechend kann es beispielsweise zu Motivations- sowie Prokrastinationsproblemen einerseits, jedoch auch dazu kommen, dass überhöhte Ansprüche an die eigene Person die Verwertung des erhaltenen Feedbacks blockieren. Hilfreich zur Bewältigung der individuellen Problematiken kann wiederum die REVT als Strategie der Selbst- und Emotionsregulation verwendet werden, um diese Prozesse zu reflektieren, Situationen und Überzeugungen neu zu bewerten und Konsequenzen auf der emotionalen sowie verhaltensbezogenen Ebene abzumildern oder soweit zu verändern, dass ein größerer Handlungsspielraum gewonnen wird.

Verschiedene sozialpsychologisch interpretierbare Prozesse können außerdem die Interaktion zwischen Sender und Empfänger erschweren und dazu beitragen, dass Feedback abgewertet und dementsprechend Hinweise zur Verbesserung eigener Strategien und zur Professionalisierung nicht umgesetzt werden. Auch bei Widerstands- und Ärgerprozessen, ausgelöst durch dysfunktionale Bewertungen von Feedbackinteraktionen zwischen Sender und Empfänger, bietet es sich an, die REVT als Methode einzusetzen, welche nicht nur auf kognitiver Ebene zu hilfreichen Veränderungen führen kann, sondern sich ebenfalls positiv auf die Emotionen und das Handeln eines Individuums auswirkt.

Strukturelle und institutionelle Implikationen. Institutionell gesehen ist es relevant, dass die Ergebnisse zeigen, dass wenn Feedback nicht verwertbar erscheint beziehungsweise nicht kontinuierlich an der Verbesserung der Leistung gearbeitet wird, dieses Feedback Gefahr läuft nicht genutzt zu werden. Außerdem existieren für die Verwertbarkeit von Feedback mehr oder weniger gute Voraussetzungen, welche bereits obenstehend angeführt und diskutiert worden sind. Instrumente, die eingesetzt werden, sollten beispielsweise nicht direkt nach dem Feedback abbrechen, sondern derart gestaltet sein, dass allen Beteiligten deutlich wird, dass der Prozess der Weiterentwicklung ab Erteilung des Feedbacks gerade erst ansetzt.

Referendar/-innen. Hinsichtlich der Referendar/-innen und ihrer Professionalisierung könnten dementsprechend ein Konsens darüber sowie Leitlinien von Ausbildungszentren gelten, die dazu beitragen, dass Ausbilder/-innen gemeinsam mit ihren Referendar/-innen engmaschig überprüfen, ob Zielvereinbarungen realistisch sind und inwieweit diese erfüllt werden. Daraus könnte sich ein spiralförmiger Kompetenzaufbau ergeben, welcher nicht überfordert und realistische Ansprüche an die Entwicklung von Referendar/-innen stellt.

Des Weiteren ist zur Unterstützung der Verwertbarkeit des Feedbacks bei Referendar/-innen die Reflexion der anzulegenden Bezugsnorm relevant. Dazu wiederum gehört eine eingehende Diagnose der zu Beginn der Ausbildung bereits vorhandenen Fähigkeiten beispielsweise auf personaler, sozialer, fachlicher sowie didaktisch-methodischer Ebene. Je nach Voraussetzungen wäre es motivierend, wenn alle zuständigen Fachleitungen gemeinsam mit dem/r jeweils zuständigen Referendar/-in Entwicklungsziele und -stufen für alle Ebenen diskutieren und immer wieder neu festlegen würden. So könnte engmaschig und individuell über- prüft werden, ob eine Verwertung von Feedback stattfindet und in welchem Bereich diese Verwertung gegebenenfalls stagniert, woraufhin Gespräche und Coaching zur Ermittlung der hinderlichen Faktoren und des Unterstützungsbedarfes stattfin- den könnten.

Diesbezüglich könnten positive und konstruktive Leitlinien von Ausbildungszentren der Motivation der Referendar/-innen und der positiven Ausrichtung aller Beteiligten auf ein gemeinsames Ziel hin dienen (Green und Green 2010). Eine gemeinsame Ausrichtung darauf, die bestmöglichen Lehrer/- innen auszubilden und mit gemeinsamen Kräften aller Beteiligten an der Realisierung dieses Ziels zu arbeiten, wirkt motivierend, stärkend und führt mit größerer Wahrscheinlichkeit dazu, dass Feedback verwertet wird, als wenn ledig- lich negative Sanktionen durch kritisches Feedback sowie eine schlechte Bewertung bei Stagnation der Entwicklung drohen.

Schulleitungen. Hinsichtlich der Schulleitungen gelten einerseits ähnliche Implikationen wie für die Referendar/-innen, beispielsweise wenn es um Aspekte der Motivation geht. Auch beim Erteilen des Feedbacks an Schulleitungen kann es förderlich sein, die individuelle Bezugsnorm heranzuziehen, selbstverständlich ohne dabei die kriteriale Bezugsnorm aus dem Blick zu verlieren. Faktoren wie die Dauer der Beschäftigung der Schulleitung an der jeweiligen Schule, die Ausgangsvoraussetzungen bei Beginn der Leitungsfunktion, die Unterstützungsmöglichkeiten durch Dritte, das Einzugsgebiet sowie die Motivation des Lehrer/-innenkollegiums und die aktuellen schulformspezifischen Herausforderungen könnten unter anderem eine Rolle spielen und zur passgenaue- ren Möglichkeit des Erteilens von Feedback sowie des Festlegens der Entwicklungsziele dienen.

Feedbackinstrument Qualitätsanalyse. Wichtig ist hinsichtlich der QA seitens der zuständigen Stellen dafür zu sorgen, dass der besonders häufig an dem externen Feedbackinstrument kritisierte Faktor der Kosten-Nutzen-Dimension nicht aus dem Blickfeld gerät. Die QA besteht auch in der ab 2014 geplanten Neuausrichtung immer noch aus einem langwierigen Prozess, welcher insbesondere die Vorbereitung sowie die aktuelle Analyse vor Ort, inklusive einer sich direkt anschließenden mündlichen Rückmeldung und einem schriftlichen Feedbackbericht fokussiert. Neu dazugekommen ist ein im Anschluss fakultativ stattfindendes Beratungsgespräch mit den Qualitätsprüfer/-innen. Ratsam wären weitere engmaschige Kontaktmöglichkeiten sowie fortlaufende Zielvereinbarungsgespräche mit Expert/-innen, um kontinuierlich an der Entwicklung der Schulen zu arbeiten. Ein einmaliges Beratungs- beziehungsweise Zielvereinbarungsgespräch scheint zwar bereits einen Schritt in die richtige Richtung darzustellen. Da Schulentwicklungsprozesse sich jedoch sehr langsam gestalten, sind möglicherweise viele weitere professionelle Gespräche von Nöten, wofür die zuständigen Stellen, wie beispielsweise die Schulaufsicht, deutlich erweiterte Kapazitäten benötigen, um die Verwertbarkeit des Feedbacks langfristig zu steigern.

Auch ist zur Verwertung des Feedbacks sowie zur dafür notwendigen Akzeptanz darauf zu achten, die Schulen, die dort tätigen Lehrkräfte sowie die Schulleitungen nicht zu überfordern. Wenn hochkomplexe Schulentwicklungsprozesse nebenbei ablaufen sollen, ohne Ressourcen dafür bereit zu stellen, ist davon auszugehen, dass diese weniger langfristig etabliert werden können, weniger wirksam und professionell gestaltet werden und wesentlich länger dauern, als wenn dauerhaft zuständige sowie qualifizierte Positionen dafür geschaffen werden.

8.3.5 Zu den Feedbackkriterien

Die zentralen Ergebnisse sowie die Diskussion zeigen auf, dass es für Individuen scheinbar herausfordernd ist, sich an bestimmte, auch eher simpel anmutende, Feedbackkriterien zu halten. Hier ist weitere Forschung notwendig, welche das Phänomen des Feedbacks differenzierter und ergänzend aus der Perspektive der Feedbacksender untersucht und die Frage stellt, welche Prozesse es für Individuen erschweren, sich zu Gunsten einer positiven Feedbackinteraktion an Feedbackkriterien zu halten.

Auch an dieser Stelle soll versucht werden, aufzuzeigen, welche Implikationen sich aus den vorliegenden Ergebnissen ergeben und wie Individuen bestmöglich geschult werden könnten, um sich an Feedbackkriterien zu orientieren und damit die Qualität ihres Feedbacks zu steigern. Die untenstehende Tab. 8.3 führt einige weitere Kriterien für gelungenes Feedback auf. Aus diesen ergibt sich auch, welche sozialen Kompetenzen und sozialpsychologischen Kenntnisse und Fertigkeiten bei Personen vorhanden sein sollten, die Feedback erteilen. Ergänzend zu den im Forschungsstand herausgearbeiteten Kriterien (vgl. für eine ausführliche

Tab. 8.3 Kriterien für gelungenes Feedback auf der Basis der vorliegenden Ergebnisse

Kriterien für gelungenes Feedback (nach Bitan 2014)

Die Beachtung der folgenden Einflussfaktoren ist relevant für gelungenes Feedback:
 	
• Eine negative Benotung bzw. Bewertung kann zu einer Abwertung bzw. negativeren Bewertung des erhaltenen Feedbacks führen.
 	
   ○ Relevant ist hier die Beachtung sozialpsychologischer Prozesse, denn das Feedback, welches eine negative Bewertung begleitet, kann durch Reaktanz-, Dissonanz-, oder Selbstwertprozesse abgewertet und abgelehnt werden.
 	
• Ausbilder/-innen und Qualitätsprüfer/-innen bzw. feedbackerteilende Personen
 	
   ○ Feedbackprozesse müssen Ansprüchen auf verschiedenen Ebenen standhalten: Sachebene, fachliche Ebene, soziale Ebene, personale Ebene.
 	
   ○ Es ergeben sich hohe Ansprüche an die Interaktions-und Selbstregulationsprozesse von Feedbacksendern.
 	
• Die Rolle des Kontrollerlebens bzw. von Persönlichkeitsmerkmalen
 	
   ○ Das Kontrollerleben scheint sich universell auf das Senden und Empfangen von Feedback auszuwirken.
 	
   ○ Die Relevanz der Diagnose von Persönlichkeitsmerkmalen sowie der Förderung von Kompetenzen auf diesem Gebiet kann hervorgehoben werden.
 	
• Ermöglichung der Verwertbarkeit
 	
   ○ Zum Zwecke der Verwertbarkeit sind realistische, einzuhaltende, individuelle, regelmäßig zu überprüfende Zielvereinbarungen zu treffen.
 	
   ○ Bei Nichtverwertung Diagnose und Unterstützungsprozesse zwecks Erreichung des übergeordneten Ziels der Professionalisierung und Weiterentwicklung des Individuums/ der Institution einleiten.
 	
• Einhaltung von Feedbackkriterien
 	
   ○ Einhaltung von Feedbackkriterien nur auf der Grundlage einer sorgfältigen Ausbildung personaler, sozialer, sach-sowie fachbezogener Bereiche möglich; regelmäßige Supervision und Nachschulung sowie Weiterbildung erforderlich.
 	
   ○ Die Komplexität von Feedbackinteraktionen sollte ernst genommen werden, Notwendigkeit des Bereitstellens von Instrumenten der Selbstregulation, bspw. REVT.

Darstellung Kap. 2 und 3 sowie Tab. 8.1 und 8.2) werden in Tab. 8.3 diejenigen Kriterien aufgeführt, die sich aus den Forschungsergebnissen dieser Arbeit ergeben.

Die sich aus der dritten Kriterienliste ergebenden Implikationen zeigen eindeutig auf, dass das Erteilen von Feedback eine Fertigkeit darstellt, welche nicht nur ein bestimmtes Wissen über Feedbackkriterien und bei Feedback ablaufenden Prozessen seitens des Senders und Empfängers voraussetzt. Auch sollten Individuen, die Feedback erteilen, explizit in der professionellen Ausführung und Beachtung der Feedbackkriterien geschult werden. Dementsprechend ist auch immer wieder zu überprüfen und zu evaluieren, inwieweit das Feedbackverhalten von Individuen noch einer positiven Feedbackpraxis entspricht, da Erfahrung allein nicht zwangsläufig dazu beiträgt, dass Feedbackinteraktionen positiv gestaltet werden (Christophel 2014). Da davon auszugehen ist, dass Referendar/-innen das Erteilen von Feedback auch am Modell lernen (Bandura 1965), ist es von besonderer Relevanz, dass Fachleitungen kompetent Feedback erteilen. Auch eine Schulung in sozialpsychologischem Grundlagenwissen, in Kenntnissen hinsichtlich gelingender Interaktionen und wertvoller Selbstregulationskompetenzen, beispielsweise durch die Implikation von Prinzipien der REVT in die Ausbildung von Lehrkräften, Fachleiter/-innen sowie Schulleitungen und Qualitätsprüfer/-innen, bildet die Grundlage für eine gelingende Feedbackpraxis.

Grenzen der Studien 9

Wie bei jeder empirischen Untersuchung weisen auch die vorliegenden Studien Grenzen auf, welche nachfolgend in Kürze aufgeführt werden.

9.1 Zur Studie über den Umgang von Referendar/-innen mit Feedback

In Studie I wurden insgesamt $N = 116$ Referendar/-innen innerhalb eines korrelativen quantitativen Forschungsansatzes zu ihrem Umgang mit Feedback an einem ZfsL in NRW im Rahmen ihrer 1,5 Jahre dauernden zweiten Ausbildungsphase befragt.

Positiv ist an dieser Stelle hervorzuheben, dass innerhalb der Studie sehr deutlich die Themen hervorgetreten sind, welche die Referendar/-innen im Verlauf ihrer Ausbildung beschäftigt haben. So kann davon ausgegangen werden, dass trotz des Zeitpunktes (die meisten der befragten Referendar/-innen hatten die unterrichtspraktische Prüfung und damit de facto ihr zweites Staatsexamen bereits bestanden) ein ehrlicher und konstruktiv-kritischer Blick auf die zweite Lehrer/-innenausbildungsphase geworfen wurde. Des Weiteren sind einige der Ergebnisse dem aufgeführten Forschungsstand sehr ähnlich, weshalb trotz der vergleichsweise kleinen Stichprobe von einer validen Untersuchung ausgegangen werden kann.

Ein einschränkender Aspekt hinsichtlich der durchgeführten Untersuchung ist, dass korrelative Untersuchungsdesigns bestimmte Limitationen aufweisen, welche dementsprechend auch für die vorliegende Studie gelten. So verdeutlichen diese zwar, dass Zusammenhänge zwischen den Variablen bestehen, jedoch nicht,

© Springer Fachmedien Wiesbaden 2016
K. Behnke, *Umgang mit Feedback im Kontext Schule*,
DOI 10.1007/978-3-658-10223-4_9

welche Variable die jeweils andere Variable beeinflusst. Dies bedeutet, dass Vermutungen bezüglich der Zusammenhänge aufgestellt werden können, dass jedoch hinsichtlich der tieferen Ergründung der Ergebnisse in Bezug auf einen Ursache-Wirkungs-Zusammenhang weitere Studien erforderlich sind. Das gilt natürlich auch grundsätzlich für die neu gewonnenen Einsichten dieser Studie, welche in weiteren empirischen Untersuchungen validiert und überprüft werden sollten.

Des Weiteren wurden mit $N = 116$ Referendar/-innen etwas mehr als 50 % der Referendar/-innen eines Ausbildungsjahrgangs an einem ZfsL in NRW im Bereich Gymnasium/Gesamtschule befragt, die das Referendariat erfolgreich absolviert haben. Die Anzahl der ausgefüllten Fragebögen ist zwar ausreichend, um Schlüsse aus den Ergebnissen ziehen zu können, jedoch sollte bei der Betrachtung der Ergebnisse beachtet werden, dass ein Teil der Referendar/-innen nicht an der Untersuchung teilgenommen hat.

Außerdem handelt es sich beim untersuchten ZfsL lediglich um eine von vielen Ausbildungsstätten für Lehrämter zur Vorbereitung auf das zweite Staatsexamen, weshalb es ratsam wäre, die Ergebnisse bei der Befragung weiterer ZfsL zu überprüfen, um sie noch aussagekräftiger zu machen.

9.2 Zur Studie über den Umgang von Schulleitungen mit Feedback

Mit 50 von etwa 6300 Schulen zum ersten Messzeitpunkt und 20 von etwa 6300 Schulen und Schulleitungen im Längsschnittdesign wurde in diesem Forschungsprojekt eine Stichprobe untersucht, die sich als relativ klein bezeichnen lässt.

Der positive Aspekt dieser Untersuchung besteht darin, dass auch hier wieder deutlich erkennbar ist, welche Themen fast alle Schulleiter/-innen, unabhängig von der Schulform, beschäftigen. Dies betrifft sowohl die negativen als auch die positiven Aspekte. Auch zeigen einige der Ergebnisse eine deutliche Nähe zu bereits veröffentlichten qualitativen Studien. Dementsprechend ist davon auszugehen, dass auch eine Untersuchung aller Schulleitungen nicht mehr viele weitere neue Themen in Bezug auf den Umgang mit dem Feedbackinstrument QA hervorbringen würde.

Während qualitative Forschung von ihrem Facettenreichtum lebt und diesbezüglich als besonders wertvoll klassifiziert werden kann, hat sie doch den Nachteil der mangelnden Trennschärfe. Dementsprechend wurden einerseits die Themen des Interviewleitfadens stark an die einzelnen Phasen der Qualitätsanalyse gekoppelt und andererseits wurde sehr sorgfältig kodiert.

Auch lässt sich natürlich keine Aussage zur Repräsentativität der Stichprobe machen, da diese lediglich aus 20 Schulleitungen besteht und damit zu klein ist, um den Ansprüchen der Repräsentativität zu genügen.

Ein weiterer Hinweis sollte bezüglich der Einschätzung der Einstellungsveränderung der Schulleiter/-innen erfolgen. Diese wird teilweise von den Schulleiter/-innen anders dargestellt als rechnerisch ermittelt. Dieser Effekt kommt möglicherweise zustande, da sich die Schulleiter/-innen nicht immer an ihre Einstellung vor der QA erinnerten. Möglicherweise tragen dementsprechend beispielsweise dissonanzverringernde Mechanismen (vgl. Abschn. 5.2) dazu bei, die Einschätzung der eigenen Einstellung zu korrigieren, obwohl diese in der Form so nicht vorgelegen hat.

Fazit: Umgang mit Feedback im Kontext Schule 10

Die Ergebnisse beider Studien zeigen auf, dass Feedback einerseits als gut erforschtes Phänomen verstanden werden kann. Andererseits ist Feedback auch ein sehr komplexes, und ohne explizites Wissen kaum durchdringbares und in Gänze reflektierbares Konstrukt.

10.1 Erkenntnisse der Studien dieses Bandes

Die vorliegende Forschungsarbeit hat neue Erkenntnisse in den Bereichen der Relevanz der Beachtung der Benotung und Bewertung in Feedbackprozessen, der Persönlichkeitsmerkmale, des Geschlechts, der Feedbackkriterien und der Verwertbarkeit hervorgebracht. Des Weiteren kann als eine zentrale Erkenntnis gelten, dass viele Hinweise darauf entstanden sind, dass die aktuelle Feedbackpraxis im schulischen Bildungsbereich nicht annähernd ausreichend ausgeprägt ist. Ebenfalls ist als ein Ergebnis interessant, dass die momentan gegebenen Ressourcen der Ausbildung im Senden und Empfangen von Feedback nicht ausreichen und dementsprechend dort stärkerer Fort- und Weiterbildungsbedarf besteht.

Bildungswissenschaftlich interessant sind ebenfalls die gewonnenen Hinweise zum Veränderungsbedarf der Lehrer/-innenausbildung sowie die Ergebnisse zur Akzeptanz und zum Umgang mit der externen Schulevaluation QA NRW und dem durch sie erteilten Feedback. Die Ergebnisse sowie die daraus ableitbaren Implikationen weisen auf vielfältige Möglichkeiten der Umstrukturierung und Verbesserung der Lehrer/-innenausbildung an den ZfsL sowie der externen Evaluation QA NRW hin.

© Springer Fachmedien Wiesbaden 2016
K. Behnke, *Umgang mit Feedback im Kontext Schule*,
DOI 10.1007/978-3-658-10223-4_10

10.2 Reflexion der Grundlagen einer positiven Lehrqualität

Die Erkenntnisse aus beiden Bereichen führen letztlich ebenfalls zu der Frage, wie Menschen in NRW, Deutschland sowie im internationalen Kontext im 21. Jahrhundert lehren wollen und wie die Lehre weiterentwickelt werden soll. Eng daran gekoppelt sind auch die Fragestellungen, auf welchem personalen sowie fachwissenschaftlichen Stand Lehrer/-innen, Fachleitungen und Schulleitungen ausgebildet sein sollen. Ein besonders relevantes Ergebnis der vorliegenden Studien ist die Tatsache, dass der Umgang mit Feedback und dessen Akzeptanz eng an die personalen, außerfachlichen und -didaktischen Kompetenzen einer Person gebunden sind. Es ergibt sich aus den Ergebnissen vor allem, dass die Komponenten Sozialkompetenz, Selbstregulationskompetenz, Perspektivenübernahme sowie Empathiefähigkeit und explizites Wissen über Interaktionen sowie sozialpsychologische Kenntnisse nicht nur für das Empfangen, sondern auch für das Senden von Feedback hilfreich und äußerst relevant sind.

Was für den Umgang mit Feedback gilt, bleibt jedoch nicht nur auf diesen beschränkt, sondern lässt sich natürlich auch beispielhaft auf viele weitere Bereiche erweitern. Personale Kompetenzen, Sozial- und Selbstkompetenzen werden beispielsweise ebenfalls für die wichtigen Bereiche der Lehrer/-innen-Schüler/-innen-Interaktion sowie für die Beobachtung, Reflexion und Steuerung von Gruppenprozessen in einer Klasse benötigt. Schulleitungen bedürfen außerdem ausreichender Kenntnisse in der Personalführung und -motivation. Dementsprechend ist die Stärkung personaler Kompetenzen der im Schulsektor tätigen Personen (hier werden nur diejenigen genannt, die explizit oder implizit in Zusammenhang mit dieser Studie stehen), beispielsweise Studierende des Lehramts, Referendar/-innen, Fachleitungen, Lehrkräfte, Schulleitungen, Qualitätsprüfer/-innen, dringend erforderlich.

10.3 Die Relevanz einer sozialpsychologischen Perspektive

Schlüsselelemente bieten, ableitbar aus den durchgeführten Studien, ausgewählte Komponenten und Themenbereiche sozialpsychologischer Theorien, beispielsweise die in dieser Arbeit explizit herausgegriffene Reaktanztheorie, die Theorie der kognitiven Dissonanz sowie verschiedene Ansätze der Selbstwert- und Attributionstheorien. Wie im vorangehenden Theorieteil gezeigt wurde, kann dabei die REVT als eine Metatheorie verwendet werden, da sie alle oben genannten Theorieansätze aufgreifen und innerhalb ihrer Theorie integrieren kann sowie konstruktive Veränderungen der psychologischen Zustände der Dissonanz, der Reaktanz sowie von Selbstwertproblematiken durch das Individuum selbst ermöglicht. Es stellt sich daher die Frage, wie Elemente der REVT in die Ausbildung von Lehrkräften beziehungsweise in die Leitungsfunktion von Schulleitungen integriert werden können.

Integration der Erkenntnisse in die Ausbildung von Lehrkräften. Hinsichtlich der angehenden Lehrkräfte wäre hier einerseits eine Integration von Seminaren im Fachbereich der Sozialpsychologie denkbar, in welchen Kenntnisse und Grundlagen über das Selbst sowie über Reaktionen von Individuen in bestimmten Kontexten, wie beispielsweise Attributionen, Reaktanz und Dissonanz erlernt und beispielhaft angewendet werden. Denkbar wäre diese Anwendung in Beobachtungsaufgaben und reflektierenden Aufgaben, beispielsweise über das Anfertigen von Lerntagebüchern einerseits, jedoch auch über den Einsatz von Rollenspielen in den Seminaren. Studierende des Lehramtes, welche bereits mit Grundzügen von sozialpsychologischen Erkenntnissen vertraut gemacht wurden und diese aktiv reflektiert haben, werden es vermutlich leichter haben, ihre Kenntnisse auf die Interaktion mit ihren Schüler/-innen sowie ihre eigenen Erfahrungen im Rahmen der Interaktionen im Schulalltag anzuwenden. Neben der Kenntnis einer Reihe von sozialpsychologischen Theorien bietet es sich des Weiteren an, bereits Lehramtsstudierenden einen Zugang zu Kenntnissen in der Regulation ihrer Emotionen, beispielsweise auf Basis der REVT, zu ermöglichen. Aus der grundlegenden Einführung in theoretische Zugänge zur Regulation und Steuerung der eigenen Emotion könnte eine Weiterführung der Ausbildung personaler Kenntnisse mit Schwerpunkt auf der REVT in der zweiten Phase erwachsen. Dies könnte unter anderem insbesondere das Kontrollerleben fördern, welches auf der Grundlage der hier erzielten Ergebnisse als besonders bedeutsam für die Akzeptanz von Feedback gelten kann. Auch bietet sich das Referendariat als Phase besonders zum Einüben von positiven Interaktionsmustern und zum Erwerb von Regulations- und Sozialkompetenzen an. Die begleitende Seminarstruktur sowie das häufig erteilte Feedback liefern außerdem Gelegenheiten, insbesondere die stattfindenden Interaktionen zu reflektieren, unter Umständen neu zu bewerten und positiv sowie konstruktiv zu verändern.

Auch wenn das Referendariat eine beeindruckende Fülle an Untersuchungen sowie Ratgeberliteratur hervorgebracht hat, so mangelt es doch an Selbstlernprogrammen beziehungsweise an Materialien zum reflektierenden Einsatz in den Seminaren für die Weiterentwicklung personaler Kompetenzen in der Lehrer/-innenausbildung. Diese werden jedoch dringend benötigt, wie der skizzierte Forschungsstand sowie die in dieser Arbeit durchgeführte empirische Untersuchung gezeigt haben.

Integration der Erkenntnisse in die Aus- und Weiterbildung von Schulleitungen. Hinsichtlich der zweiten in den Untersuchungen betrachteten Gruppe der Schulleitungen ergibt sich ebenfalls die Empfehlung einer Erweiterung des Aus- und Weiterbildungsprogrammes. Das Einstellungs- und Eignungsverfahren für Schulleitungen wurde zwar erst vor Kurzem ausgeweitet und erneuert, jedoch liegen auch die Schwerpunkte der aktualisierten Version klar auf den organisatorischen Leitungstätigkeiten, nicht so sehr auf der Schulung und Weiterentwicklung der personalen und sozialen Kompetenzen. Insbesondere als Schulleitung sind jedoch hohe soziale Kompetenzen untrennbar von der Position zu denken, in der dort agiert wird. Fertigkeiten, wie beispielsweise die Personalführung oder die Motivation der gesamten Gruppe des Kollegiums, sind häufig zu komplex, um durch bloßes Ausprobieren oder auf der Grundlage alltagspsychologischer Theorien zu positiven Resultaten zu gelangen.

10.4   Gesellschaftliche Sichtweise auf den Prozess des Lernens

Fasst man die Thematik des Feedbacks abschließend etwas weiter, als sie in diesen beiden Untersuchungen präsentiert wurde, so deuten die vorliegenden Forschungsergebnisse und Überlegungen darauf hin, wie wir in unserer Gesellschaft mit Fehlern umgehen und wie wir den Prozess des Lernens betrachten und definieren. Auch lassen die Resultate darauf schließen, wie wir Individuen, welche Fehler begehen oder nicht so schnell lernen, bewerten und auf dieser Grundlage oft auch behandeln.

Wichtig wäre auf der Grundlage der Ergebnisse auch unter dieser Betrachtungsweise eine grundsätzliche Orientierung von Bildungseinrichtungen an Maßstäben der rational-emotiven Erziehung, welche herausstellt, dass insbesondere angemessen hohe Ansprüche bei liebevoll-konsequenter Umgangsweise zu Lernerfolg und sozialer Reife eines Individuums führen können. Auch ist die grundlegende Einsicht für alle in der Schule tätigen Personen relevant, dass eine globale Bewertung einer Person unangemessen ist und für das Erteilen von Feedback sowie für die Wahrnehmung einer Person als gänzlich inadäquat abgelehnt werden kann. Diese Tatsache sollten Lehrer/-innen sowie Schulleitungen deutlich in die eigene Schulkultur integrieren und Schüler/-innen ebenfalls dazu anleiten, sich selbst, ihre Mitschüler/-innen sowie jegliche andere Menschen auf diesem differenzierten Wege zu betrachten.

10.5   Relevanz der Entwicklung und Förderung sozialer und personaler Kompetenzen

Diese Arbeit zeigt deutlich, dass nicht nur Schüler/-innen Kenntnisse und Fertigkeiten in sozialen und personalen Bereichen benötigen, auch Referendar/-innen und Schulleitungen sowie Ausbilder/-innen und Qualitätsprüfer/-innen weisen expliziten Bedarf hinsichtlich des Erwerbs dieser Kenntnisse auf. Der Stand der Forschung zeigt, dass diese Fähigkeiten häufig zu wenig ausgebildet sind. Doch welche Kenntnisse sind hier hilfreich und sinnvoll?

Die sich wandelnde Schullandschaft legt einen starken Fokus auf die Rechenschaftslegung über verschiedene Datensätze sowie auf fachliche und didaktisch-methodische Ansätze, um Schulen im 21. Jahrhundert an ihre vielfältigen (neuen) Herausforderungen anzupassen. Vernachlässigt wird dabei weiterhin der dringend notwendige Erziehungsauftrag sowie das Erlernen von sozialen und personalen Kompetenzen – und zwar auf allen Ebenen.

Soziales Lernen jedoch ist für schulische Bildungseinrichtungen und jegliche darin beschäftigte Person wichtiger als je zuvor (Steins und Haep 2014; Steins et al. 2015). Alle in der Schule Verantwortlichen benötigen erhebliche Ressourcen und personale Kompetenzen, was bedeutet, dass sich die Ausbildung zur Lehrkraft oder Schulleitung nicht mehr nur noch um die Vermittlung von Fach- oder Vermittlungswissen drehen kann. Momentan jedoch sieht der Status Quo des grundlegenden Qualifikationsweges einer Lehrkraft (und damit auch der Startpunkt aller Ausbilder/-innen, Schulleitungen und Qualitätsprüfer/-innen) immer noch so aus, dass im ersten Teil der universitären Ausbildung primär theoretisches Fachwissen gelehrt und im zweiten Teil der Ausbildung an den ZfsL der Fokus auf die praktische Erfahrung in Kombination mit dem Erwerb von Kompetenzen in Didaktik und Methodik gelegt wird.

10.6   Die REVT als Instrument der Unterstützung und als Metatheorie

Eine Erweiterung der Kenntnisse über die zweifellos äußerst relevanten Gebiete der fachlichen sowie didaktisch-methodischen Kompetenzen hinaus ist über einen Einsatz von Prinzipien der REVT möglich. Gründe dafür sind die Möglichkeit der Integration vieler weiterer Interaktionskenntnisse und -theorien aus der Sozialpsychologie und somit die Chance, Prinzipien eines theoretischen Ansatzes als Metatheorie heranzuziehen, mit Hilfe dessen sich die eigenen Reaktionen sowie die anderer Menschen leichter antizipieren, über Empathie und Prozesse der Perspektivenübernahme aufdecken sowie regulieren und steuern lassen. Der Einsatz von Prinzipien der rational-emotiven Verhaltenstherapie unterstützt Individuen nicht nur darin, selbst einen kompetenteren Umgang als Sender wie auch als Empfänger von Feedback an den Tag zu legen, sondern eröffnet ihnen ebenfalls die grundlegende Möglichkeit, Interaktionen positiver zu gestalten und negative Interaktionen selbst konstruktiv zu verändern.

Im Folgenden wird daher abschließend ein Arbeitsmodell des Einsatzes der REVT als Metatheorie basierend auf den Ergebnissen dieser Arbeit vorgeschlagen.

Abbildung 10.1 präsentiert das Arbeitsmodell mit Fokus auf den Empfänger von Feedback. Dabei wird deutlich, dass der Erhalt von Feedback beim Empfänger feedbackbezogene Verarbeitungsprozesse in Gang setzt. Diese wiederum setzen entweder positive oder negative auf Feedback einwirkende sozialpsychologische Prozesse in Gang, wie im Stand der Forschung, in den Theorieteilen sowie in der Diskussion der einzelnen Studien und studienübergreifend gezeigt werden konnte. Das Modell fokussiert in der dargestellten Version nun insbesondere die sozialpsychologischen Prozesse, welche sich negativ auf das erhaltene Feedback sowie dessen Verarbeitung auswirken.

Es kann jedoch selbstverständlich auch fruchtbar dafür genutzt werden, die Verknüpfung zu verdeutlichen, dass auch positive Prozesse selbstregulativ nutzbar gemacht werden können, beispielsweise indem sie Individuen ermöglichen, an erlernte Sachverhalte anzuknüpfen, ihre Strategien adaptiv zu verändern und ihre Selbstwirksamkeit zu steigern. Aus Gründen der Komplexitätsreduktion wurden die positiven Prozesse zunächst jedoch ausgeklammert.

In dieser Arbeit wurden mit den Selbst- und Attributionstheorien sowie der Reaktanz- und Dissonanztheorie ausgewählte sozialpsychologische Theorien und Erklärungsmodelle zur Erklärung ablaufender Prozesse der Beeinflussung von Verarbeitung, Umgang mit und Akzeptanz von Feedback bei Individuen herangezogen. Es sollte jedoch an dieser Stelle nicht unerwähnt bleiben, dass eine Vielzahl weiterer sozialpsychologischer Theorien existiert, welche sich ebenso auf Feedbackprozesse auswirken. Diese wurden jedoch ebenfalls aus Gründen der Komplexitätsreduktion nicht mit in die theoretische Darstellung übernommen, es besteht jedoch die Vermutung, dass einige weitere der existierenden Theorien ebenfalls in das Modell integriert werden können.

Das Modell zeigt weiterhin die Möglichkeit des Einsatzes der REVT als Meta-Erklärungsansatz des Umgangs von Individuen mit Feedback sowie gleichzeitig als Verfahren der Steigerung des Kontrollerlebens von Individuen sowie der Erhöhung der Selbstregulationsstrategien dieser, was sich wiederum, so die auf

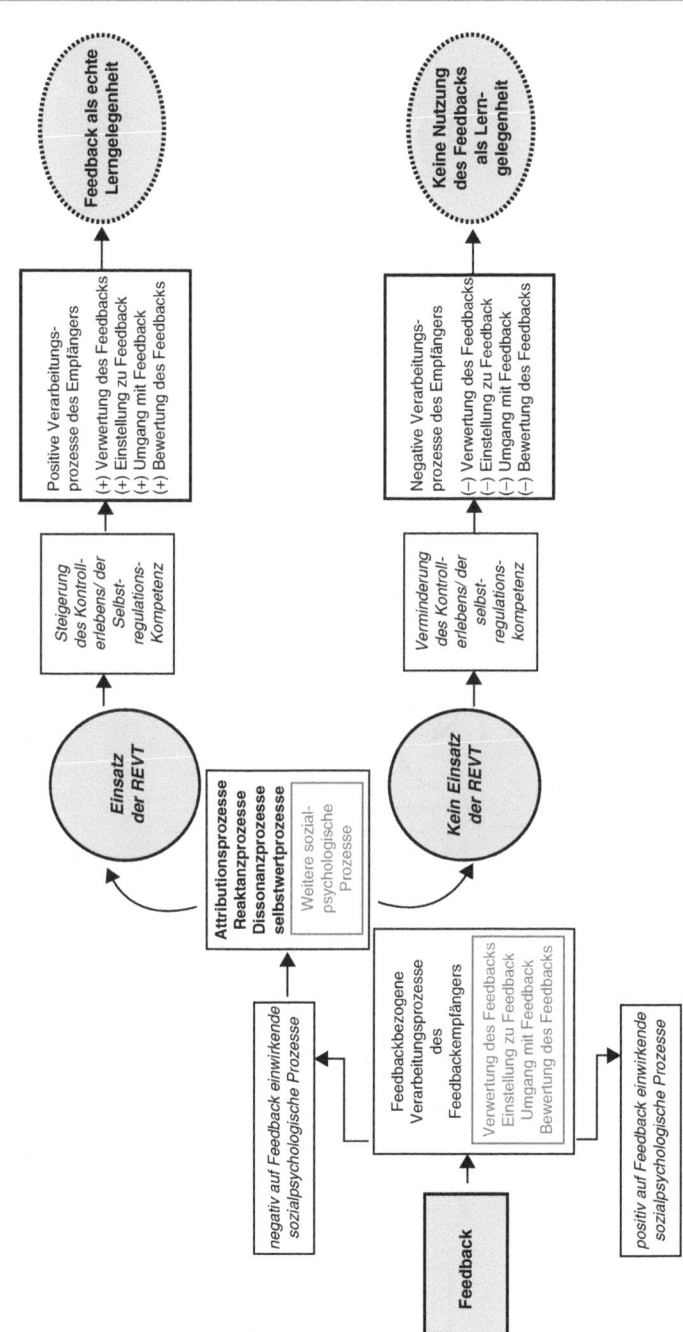

Abb. 10.1 Arbeitsmodell aus den Ergebnissen der vorliegenden Arbeit: Fokus Empfänger

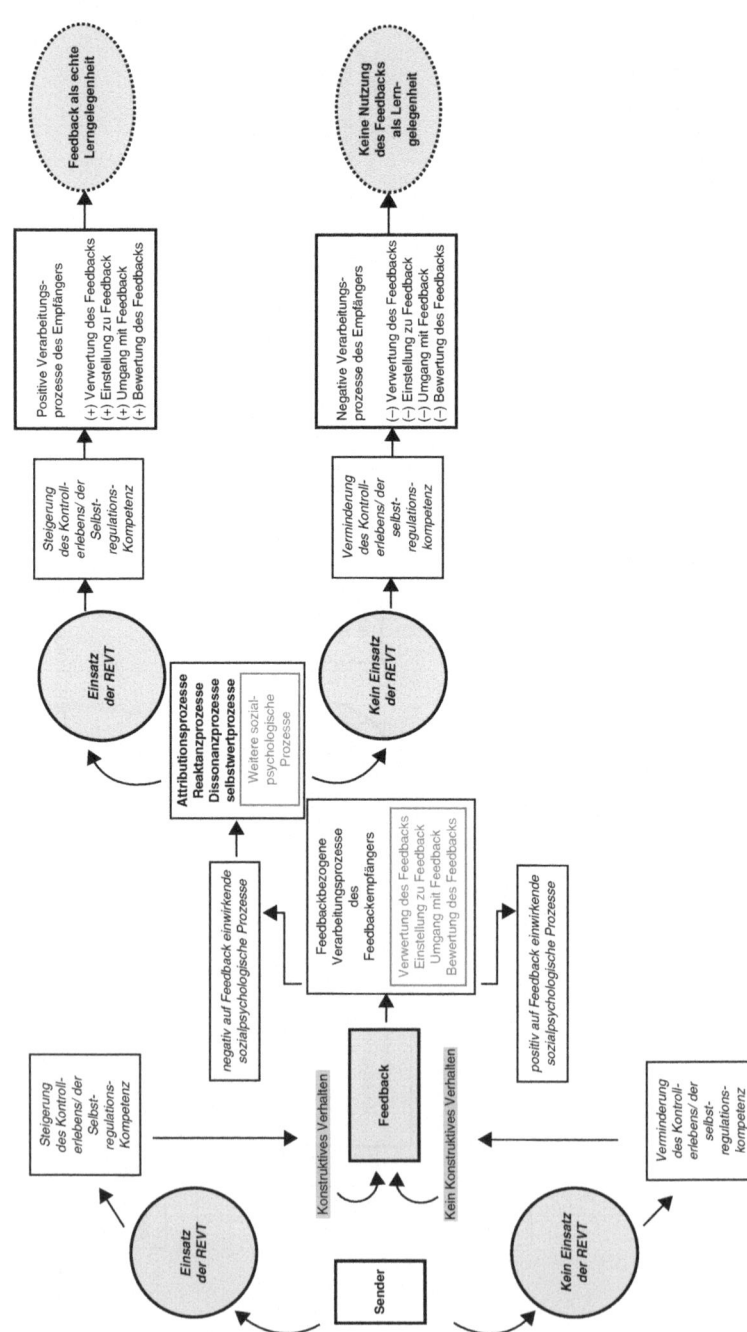

Abb. 10.2 Arbeitsmodell aus den Ergebnissen der vorliegenden Arbeit: Erweiterung Sender

den Ergebnissen beider Studien basierende Annahme, positiv auf die Feedbackverarbeitungsprozesse des Empfängers auswirkt.

So wird auf der Basis beider Studien angenommen, dass die Steigerung des Kontrollerlebens sowie der Selbstregulationskompetenz zu einer besseren Verwertung von Feedback, zu einer positiveren Einstellung und einem konstruktiveren Umgang mit (kritischen) Feedbackprozessen sowie einer positiveren Bewertung des erhaltenen Feedbacks führt. Diese positiven Verarbeitungsprozesse wiederum könnten dazu führen, dass das erhaltene Feedback als echte Lerngelegenheit angesehen, verwendet und genutzt wird und dementsprechend zur Verbesserung der Fähigkeiten, Leistungen und Kompetenzen eines Individuums oder einer Organisation auf vielfältigen Ebenen beiträgt (vgl. Abb. 10.1).

Abbildung 10.2 präsentiert das Arbeitsmodell mit einer Erweiterung um die Perspektive des Senders von Feedback. Über den Einsatz der REVT wird es auch dem Sender von Feedback ermöglicht, sein Kontrollerleben beziehungsweise seine Selbstregulationskompetenz zu steigern, was sich wiederum konstruktiv auf das Feedbackverhalten und eine positive Interaktion mit dem Empfänger im Rahmen des Feedbackprozesses auswirken könnte.

Andersherum birgt die Tatsache, dass kein Einsatz der REVT erfolgt, häufig das Risiko, dass eine Verminderung des Kontrollerlebens sowie der Selbstregulationskompetenz des Individuums auftritt, was sich wiederum negativ auf eine gelingende Feedbackinteraktion mit dem Empfänger auswirken könnte (vgl. Abb. 10.2).

Ausblick

11

Erweiternd zu den präsentierten Studien, ihren Befunden und dem daraus resultierenden Arbeitsmodell der rational-emotiven Verhaltenstherapie als Metatheorie bieten sich verschiedene, interessante und weiterführende Untersuchungen an.

Dementsprechend könnte einerseits weitere Forschung hinsichtlich des Umgangs und der Kompetenzen von bereits tätigen Lehrer/-innen sowohl beim Erteilen von als auch im Umgang mit Feedback betrieben werden.

Denkbar wäre auch der Forschungsansatz, die Ausbilder/-innen der zweiten Lehrer/-innenausbildungsphase näher in den Blick zu nehmen und eine weitere Perspektive hinsichtlich des Erteilens von Feedback in der Lehrer/-innenausbildung zu erfassen.

Hinsichtlich der Schulleitungen und des gesamten Forschungskontextes der Qualitätsanalyse als Feedback ergeben sich wiederum eine Reihe spannender Forschungsfragen: Wie kann die Verwertbarkeit des Feedbacks im Kontext Schule gewährleistet werden? Wie kann eine höhere Akzeptanz des Feedbacks nicht nur bei Schulleitungen sondern auch bei Lehrkräften sichergestellt werden? Wie wirkt sich die geplante und momentan in der Pilotphase befindliche Neuausrichtung der QA aus? Wie hat sich die Rolle der Schulleitung verändert und welche Kernkompetenzen werden verlangt? Welche werden bislang geschult? Welche nicht und warum nicht?

Hinsichtlich der gesamten Bildungslandschaft erscheint es dringend notwendig, auch auf der Grundlage der hier erzielten Forschungsergebnisse, im Sinne aller Beteiligten die Frage nach der Möglichkeit der Erweiterung des Professionswissens und –verständnisses in die Richtung der stärkeren Fokussierung des Erwerbs

© Springer Fachmedien Wiesbaden 2016   267
K. Behnke, *Umgang mit Feedback im Kontext Schule*,
DOI 10.1007/978-3-658-10223-4_11

personaler und sozialer Kompetenzen unter Einfluss sozialpsychologischen Grundlagenwissens zu stellen.

Hier könnten beispielsweise Möglichkeiten erprobt und es könnte erforscht werden, auf welchem Wege es möglich ist, soziale und personale Ressourcen der Akteur/-innen zu stärken und diese besser in den beruflichen Alltag dieser zu integrieren.

Zu diesem Zwecke bietet sich beispielsweise die Erforschung und Erprobung des vorgelegten Arbeitsmodells an (vgl. Abb. 10.1 und 10.2). Dabei wäre es beispielsweise interessant, innerhalb von Untersuchungen zu testen, inwieweit Personengruppen konstruktiver mit, auf Feedback einwirkende, sozialpsychologischen Prozessen umgehen können und dementsprechend auch einen konstruktiveren Umgang sowie eine bessere Verwertung des Feedbacks an den Tag legen, wenn sie mit Hilfe eines, Elemente der Theorie der REVT enthaltenden, Programmes darin geschult worden sind, ihr Kontrollerleben sowie ihre Selbstregulationskompetenzen zu stärken.

Des Weiteren bietet sich, bei positiven Erfolgen des Einsatzes der REVT zur Steigerung des Kontrollerlebens sowie der Selbstregulationskompetenz, die Entwicklung und Erprobung von Selbst-, Einzel-, sowie Gruppencoachingprogrammen für Referendar/-innen und Schulleitungen an. Diese könnten einerseits zum Einsatz in Studienseminaren sowie für Fortbildungen von Lehrer/-innen genutzt werden und andererseits in Form eines Selbststudienprogramms angeboten werden, damit möglichst viele Individuen die Möglichkeit erhalten, sich wichtige und notwendige Schlüsselkompetenzen im schulischen Interaktionsfeld anzueignen und diese zu trainieren.

Schlussendlich weisen die Ergebnisse beider Studien darauf hin, dass soziale sowie personale Kompetenzen, wie beispielsweise die Gestaltung und Beeinflussung konstruktiver Interaktionen im Umgang mit Heranwachsenden, die Fähigkeit zu Empathie und Perspektivenübernahme sowie das Kontrollerleben und die Selbst- sowie Emotionsregulationskompetenzen im Bereich jeglicher Ebene der Schule immer noch marginalisiert werden.

Dies wird auch auf einer anderen Ebene deutlich: Zwar ist beispielsweise der Erziehungsauftrag gleichwertig neben dem Bildungsauftrag im Schulgesetz verankert, jedoch findet in der Praxis nur selten eine gelungene Umsetzung dieser relevanten Vorgabe statt. Die Einbringung sozialer sowie sozialpsychologischer Komponenten wird in der Schule immer noch zu stark als selbstverständlich von jeder Lehrkraft durchführbarer Prozess oder als Beiwerk betrachtet.

Nicht nur die Ergebnisse der beiden hier präsentierten Studien weisen jedoch darauf hin, dass ein gesamtgesellschaftliches Umdenken hinsichtlich dieses Sachverhaltes erforderlich ist. Tatsächlich ist zum Zwecke einer produktiven

Gestaltung des komplexen schulischen Miteinanders auf allen Ebenen ein professionell angeleiteter sowie real gelebter und nicht bloß auf dem Papier verankerter Paradigmenwechsel erforderlich, welcher es ermöglicht, dass der Erziehungsauftrag sowie weitere relevante soziale und personale Ressourcen und Lehr- und Lernmöglichkeiten als Grundlage eines gelingenden schulischen Miteinanders in alle Ebenen der Institution Schule integriert werden.

Literatur

Abraham, J. D., Morrison, J. D., Jr., & Burnett, D. D. (2006). Feedback seeking among developmental assessment center participants. *Journal of Business and Psychology, 20,* 383–394.

Aguinis, H., Gottfredson, R. K., & Joo, H. (2012). Delivering effective performance feedback: The strengths-based approach. *Business Horizons, 55,* 105–111.

Alden, L. (1986). Self-efficacy and causal attributions for social feedback. *Journal of Research in Personality, 20,* 460–473.

Allport, G. W. (1954). *The nature of prejudice.* Cambridge: Addison-Wesley.

Arnold, M. B. (1960). *Emotion and personality.* New York: Columbia University Press.

Asch, S. E. (1940). Studies in the principles of judgments and attitudes: II. Determination of judgments by group and by ego standards. *Journal of Social Psychology, 12,* 433–465.

Asch, S. E. (1946). Forming impressions of personality. *Journal of Abnormal and Social Psychology, 41,* 258–290.

Asch, S. E. (1955). Opinions and social pressure. *Scientific American, 193,* 31–35.

Ashford, S. J., & Cummings, L. L. (1983). Feedback as an individual resource: Personal strategies of creating information. *Organizational Behavior and Human Performance, 32,* 370–398.

Aspinwall, L. G., & Taylor, S. E. (1993). The effects of social comparison direction, threat, and self-esteem on affect, self-evaluation, and expected success. *Journal of Personality and Social Psychology, 64,* 708–722.

Atwater, L. E., & Brett, J. F. (2005). Antecedents and consequences of reactions to developmental 360° feedback. *Journal of Vocational Behavior, 66,* 532–548.

Austin's butterfly: building excellence in student work – models, critique, and descriptive feedback. expeditionary learning. http://elschools.org/node/36970. Zugegriffen am 29.01.2015.

Ball, S. J. (1997). Good school/bad school: Paradox and fabrication. *British Journal of Sociology of Education, 18,* 317–336.

© Springer Fachmedien Wiesbaden 2016
K. Behnke, *Umgang mit Feedback im Kontext Schule,*
DOI 10.1007/978-3-658-10223-4

Bamberg, E. (2010). Feedback – eine Klärung. *Gruppendynamik & Organisationsberatung, 41*, 1–3.

Bandura, A. (1965). Influence of models' reinforcement contingencies on the acquisition of imitative responses. *Journal of Personality and Social Psychology, 6*, 589–595.

Bandura, A. (1979). *Sozial-kognitive Lerntheorie*. Stuttgart: Klett-Cotta.

Bandura, A. (1982). Self-efficacy mechanism in human agency. *American Psychologist, 37*, 122–147.

Bandura, A., Blanchard, E. B., & Ritter, B. (1969). The relative efficacy of desensitization and modelling approaches for inducing behavioural, affective, and attitudinal changes. *Journal of Personality and Social Psychology, 13*, 173–199.

Bangert-Drowns, R. L., Kulik, C.-L. C., Kulik, J. A., & Morgan, M. (1991). The instructional effect of feedback in test-like events. *Review of Educational Research, 61*, 213–238.

Banks, T., & Zionts, P. (2009a). REBT used with children and adolescents who have emotional and behavioral disorders in educational settings: A review of the literature. *Journal of Rational-Emotive & Cognitive-Behavior Therapy, 27*, 51–65.

Banks, T., & Zionts, P. (2009b). Teaching a cognitive behavioral strategy to manage emotions. Rational emotive behavior therapy in an educational setting. *Intervention in School and Clinic, 44*, 307–313.

Bartz, A., Boettcher, W., & König, E. (2007). Schulleitung und Kommunikation: Gespräche mit Zielvereinbarungen. Für Ziele zu sorgen ist eine der zentralen Führungsaufgaben. *Schulverwaltung NRW, 5*, 1–3.

Beck, A. T. (1976). *Cognitive therapy and the emotional disorders*. New York: Inter-national Universities Press.

Bensley, L. S., & Wu, R. (1991). The role of psychological reactance in drinking following alcohol prevention messages. *Journal of Applied Social Psychology, 21*, 1111–1124.

Berkowitz, L., & Holmes, D. S. (1959). The generalization of hostility to disliked objects. *Journal of Personality, 27*, 565–577.

Bermejo-Toro, L., & Prieto-Ursua, M. (2006). Teachers' irrational beliefs and their relationship to distress in the profession. *Psychology in Spain, 10*, 88–96.

Bernard, M. E. (2004). *The REBT therapist's pocket companion for working with children and adolescents*. NY: Albert Ellis Institute.

Beutler, L. E., Harwood, T. M., Michelson, A., Song, X., & Holman, J. (2011). Resistance and reactance level. *Journal of Clinical Psychology: In Session, 67*, 133–142.

Bierhoff, H.-W., & Frey, D. Hrsg. (2011). *Sozialpsychologie – Individuum und soziale Welt*. Göttingen u. a: Hogrefe Verlag.

Bitan, K. (2014). Umgang mit Feedback am Beispiel Referendariat und Schulentwicklung – eine sozialpsychologische Analyse. Dissertation zur Erlangung des Doktorgrades Doktor/-in der Philosophie (Dr. phil.) eingereicht an der Fakultät für Bildungswissenschaften der Universität Duisburg-Essen. DuePublico.

Bitan, K., Haep, A., & Steins, G. (2013a). Psychology of emotion and its application in educational settings. In C. Mohiyeddini, M. Eysenck, & S. Bauer (Hrsg.), *Psychology of emotion* (S. 101–114). New York: Nova Publisher.

Bitan, K., Haep, A., & Steins, G. (2013b). Externe Schulevaluationen aus Sicht von Schulleitungen. Die Qualitätsanalyse NRW. *SchulVerwaltung: Zeitschrift für Schulentwicklung und Schulmanagement, 18*, 203–205.

Bitan, K., Haep, A., & Steins, G. (2014). School inspections still in dispute – An exploratory study of school principals' perceptions of school inspections. *International Journal of Leadership in Education: Theory and Practice.* doi:10.1080/13603124.2014.958199.

Bonsen, M. (2010a). Einführung: Schule leiten. In T. Bohl, W. Helsper, H. G. Holtappels, & C. Schelle (Hrsg.), *Handbuch Schulentwicklung. Theorie – Forschungsbefunde – Entwicklungsprozesse – Methodenrepertoire* (S. 189–196). Bad Heilbrunn: Julius Klinkhardt Verlag.

Bonsen, M. (2010b). Schulleitungshandeln. In H. Altrichter & K. Maag Merki (Hrsg.), *Handbuch Neue Steuerung im Schulsystem* (S. 277–294). Wiesbaden: VS Verlag für Sozialwissenschaften.

Bortz, J., & Döring, N. (2006). *Forschungsmethoden und Evaluation für Human- und Sozialwissenschaftler.* Heidelberg: Springer.

Brehm, J. W. (1956). Postdecision changes in the desirability of alternatives. *Journal of Abnormal and Social Psychology, 52,* 384–389.

Brehm, J. W. (1972). *Responses to loss of freedom. A theory of psychological reactance.* Morristown: General Learning Press.

Brehm, S. S., & Brehm, J. W. (1981). *Psychological reactance. A theory of freedom and control.* New York: Academic Press.

Brimblecombe, N., Ormston, M., & Shaw, M. (1995). Teachers' perceptions of school inspection: A stressful experience. *Cambridge Journal of Education, 25,* 53–61.

Brimblecombe, N., Shaw, M., & Ormston, M. (1996). Teachers' intention to change practice as a result of Ofsted School inspections. *Educational Management Administration & Leadership, 24,* 339–354.

Brock, T. C. (1962). Cognitive restructuring and attitude change. *Journal of Abnormal and Social Psychology, 64,* 264–271.

Butler, D. L., & Winne, P. H. (1995). Feedback and self-regulated learning: A theoretical synthesis. *Review of Educational Research, 65,* 245–281.

Chapman, C. (2000). Improvement, inspection and self-review. *Improving Schools, 3,* 57–63.

Chapman, C. (2001). Unlocking the potential: Inspection as a mechanism for school improvement. *Improving Schools, 4,* 41–50.

Christophel, E. (2014). *Lehrerfeedback im individualisierten Unterricht. Spannungsfeld zwischen Instruktion und Autonomie.* Berlin: Springer Verlag.

Colvin, C. R., Block, J., & Funder, D. C. (1995). Overly positive self-evaluations and personality: Negative implications for mental health. *Journal of Personality and Social Psychology, 68,* 1152–1162.

Criddle, W. D. (1993). Teaching RET in the financial and investment industry. *Journal of Rational-Emotive & Cognitive-Behavior Therapy, 11,* 19–32.

Criddle, W. D. (2007). Adapting REBT to the world of business. *Journal of Rational-Emotive & Cognitive-Behavior Therapy, 25,* 87–106.

Crocker, J. (1993). Memory for information about others: Effects of self-esteem and performance feedback. *Journal of Research in Personality, 27,* 35–48.

Dauenheimer, D., Stahlberg, D., Frey, D., & Petersen, L. (2002). Die Theorie des Selbstwertschutzes und der Selbstwerterhöhung. In M. Irle & D. Frey (Hrsg.), *Theorien der Sozialpsychologie, Band III. Motivations-, Selbst- und Informationsverarbeitungstheorien* (2. vollständig überarbeitete und erweiterte Aufl., S. 159–190). Bern: Verlag Hans Huber.

De Villiers, R. (2013). 7 principles of highly effective managerial feedback: Theory and practice in managerial development interventions. *The International Journal of Management Education, 11*, 66–74.

De Wolf, I. F., & Janssens, F. J. G. (2007). Effects and side effects of inspections and accountability in education: An overview of empirical studies. *Oxford Review of Education, 33*, 379–396.

Dedering, K. (2012). Schulinspektion als wirksamer Weg der Systemsteuerung? *Zeitschrift für Pädagogik, 58*, 69–88.

Dedering, K., & Müller, S. (2011). School improvement through inspections? First empirical insights from Germany. *Journal of Educational Change, 12*, 301–322.

Dedering, K., Fritsch, N., & Weyer, C. (2012). Die Ankündigung von Schulinspektionen und deren innerschulische Effekte – hektisches Treiben oder genügsame Gelassenheit? In S. Hornberg & M. Parreira do Amaral (Hrsg.), *Deregulierung im Bildungswesen* (S. 205–222). Münster: Waxmann Verlag.

Dickenberger, D., Gniech, G., & Grabitz, H.-J. (2001). Die Theorie der psychologischen Reaktanz. In M. Irle & D. Frey (Hrsg.), *Theorien der Sozialpsychologie. Band I. Kognitive Theorien* (2. Vollständig überarbeitete und erweiterte Aufl., S. 243–275). Bern: Verlag Hans Huber.

Dickhäuser, O., Butler, R., & Tönjes, B. (2007). Das zeigt doch nur, dass ich's nicht kann. Zielorientierung und Einstellung gegenüber Hilfe bei Lehramtsanwärtern. *Zeitschrift für Entwicklungspsychologie und Pädagogische Psychologie, 39*, 120–126.

Dryden, W. (2009). *Rational emotive behaviour therapy. Distinctive features.* London/ NewYork: Routledge.

Dufner, M., Denissen, J. J. A., Van Zalk, M., Matthes, B., Meeus, W. H. J., Van Aken, M. A. G., & Sedikides, C. (2012). Positive intelligence illusions: On the relation between intellectual self-enhancement and psychological adjustment. *Journal of Personality, 80*, 538–571.

Duval, T. S., & Silvia, P. J. (2002). Self-awareness, probability of improvement, and the self-serving bias. *Journal of Personality and Social Psychology, 82*, 49–61.

Dweck, C. S. (1999). *Self-theories: Their role in motivation, personality and development.* Philadelphia: Psychology Press.

Egan, L. C., Santos, L. R., & Bloom, P. (2007). The origins of cognitive dissonance: Evidence from children and monkeys. *Psychological Science, 18*, 978–983.

Ehren, M. C. M., & Visscher, A. J. (2006). Towards a theory on the impact of school inspections. *British Journal of Educational Studies, 54*, 51–72.

Ellis, A. (1980). Rational-emotive therapy and cognitive behavior therapy: Similarities and differences. *Cognitive Therapy and Research, 4*, 325–340.

Ellis, A. (2008). *Grundlagen und Methoden der rational-emotiven Verhaltenstherapie* (2. Aufl.). Stuttgart: Klett-Cotta.

Ellis, A., & Hoellen, B. (2004). *Die rational-emotive Verhaltenstherapie – Reflexionen und Neubestimmungen* (2. Aufl). Stuttgart: Klett-Cotta.

Epiktet. (2008). *Handbüchlein der Moral.* Aus dem Griechischen übersetzt von Kurt Steinmann. Stuttgart: Reclam.

Erceg-Hurn, D. M., & Steed, L. G. (2011). Does exposure to cigarette health warnings elicit psychological reactance in smokers? *Journal of Applied Social Psychology, 41*, 219–237.

Espasa, A., & Meneses, J. (2010). Analysing feedback processes in an online teaching and learning environment: An exploratory study. *Higher Education, 59*, 277–292.

Evans, C. (2013). Making sense of assessment feedback in higher education. *Review of Educational Research, 83*, 70–120.

Fengler, J. (2010). Feedback als Interventions-Methode. *Gruppendynamik und Organisationsberatung, 41*, 5–20.

Festinger, L. (1954). A theory of social comparison processes. *Human Relations, 7*, 117–140.

Festinger, L. (1957). *A theory of cognitive dissonance*. Stanford: University Press.

Festinger, L., & Carlsmith, J. M. (1959). Cognitive consequences of forced compliance. *Journal of Abnormal and Social Psychology, 58*, 203–210.

Fischler, H. (2010). Lehrerausbildung und Lehrerfortbildung – nach „Bologna" und PISA. In E. Kircher, R. Girwidz, & P. Häußler (Hrsg.), *Physikdidaktik* (S. 709–734). Berlin: Springer Verlag.

Flanagan, R., Allen, K., & Henry, D. J. (2010). The impact of anger management treatment and rational emotive behavior therapy in a public school setting on social skills, anger management, and depression. *Journal of Rational-Emotive & Cognitive Behavior Therapy, 28*, 87–99.

Forsyth, D. R. (2010) Group dynamics (5. Aufl.). Belmont [u. a.]: Wadsworth.

Frey, D., & Gaska, A. (2001). Die Theorie der kognitiven Dissonanz. In M. Irle & D. Frey (Hrsg.), *Theorien der Sozialpsychologie, Band I. Kognitive Theorien*. (2. Vollständig überarbeitete und erweiterte Aufl., S. 275–326). Bern: Verlag Hans Huber.

Frieze, I., & Weiner, B. (1971). Cue utilization and attributional judgments for success and failure. *Journal of Personality, 39*, 591–605.

Gärtner, H., & Pant, H. A. (2011). How valid are school inspections? Problems and strategies for validating processes and results. *Studies in Educational Evaluation, 37*, 85–93.

Gärtner, H., Hüsemann, D., & Pant, H. A. (2009). Wirkungen von Schulinspektion aus Sicht betroffener Schulleitungen. Die Brandenburger Schulleiterbefragung. *Empirische Pädagogik, 23*, 1–18.

Glaser, B. G., & Strauss, A. L. (1967). *The discovery of grounded theory: Strategies for qualitative research*. New York: De Gruyter.

Gonzalez, J. E., Nelson, J. R., Gutkin, T. B., Saunders, A., Galloway, A., & Shwery, C. S. (2004). Rational emotive therapy with children and adolescents: A meta-analysis. *Journal of Emotional and Behavioral Disorders, 12*, 222–235.

Gräsel, C., Fussangel, K., & Parchmann, I. (2006). Lerngemeinschaften in der Lehrerfortbildung. Kooperationserfahrungen und -überzeugungen von Lehrkräften. *Zeitschrift für Erziehungswissenschaft, 9*, 545–561.

Green, N., & Green, K. (2010). *Kooperatives Lernen im Klassenraum und im Kollegium. Das Trainingsbuch*. Seelze: Klett Verlag.

Grieger, R., & Fralick, F. (2007). The use of REBT principles and practices in leadership training and development. *Journal of Rational-Emotive & Cognitive-Behavior Therapy, 25*, 143–154.

Grogan, S. (2008). *Body image. Understanding body dissatisfaction in men, women, and children* (2. Aufl). London/New York: Routledge.

Grüne, P. (2007). Rationales Effektivitaetstraining als Coaching-Methode für Führungskräfte. Rational Effectiveness Training as Coaching Method for Managers. *OSC Organisationsberatung Supervision Coaching, 14*, 41–48.

Grünke, M. (2000). Rational-emotive Erziehung bei Schülern mit Lernbehinderung. *Psychologie in Erziehung und Unterricht, 47*, 296–306.

Gudjons, D., & Kömm, B. (2005). „Wir beraten uns gegenseitig". Peer Coaching unter Referendar(inn)en. *Pädagogik, 6*, 32–34.

Haep, A., & Steins, G. (2010). Einstellungen der Schulleiter/-innen zur QA NRW. Unveröffentlichter Bericht zur Vorlage beim Ministerium für Schule und Weiterbildung des Landes Nordrhein-Westfalen.

Haep, A., & Steins, G. (2011). Rational-emotive Erziehung als Sozialerziehung im schulischen Kontext: Effekte und Implementierung. *Zeitschrift für Rational-Emotive & Kognitive Verhaltenstherapie, 22*, 18–37.

Haep, A., Steins, G., & Wilde, J. (2012). *Soziales Lernen in der Sekundarstufe I.* Das Trainingsprogramm mit Unterrichtsmaterialien, Verhaltensübungen und praktischen Tipps (1. Aufl.). Donauwörth: Auer Verlag.

Hajzler, D. J., & Bernard, M. E. (1991). A review of rational-emotive education outcome studies. *School Psychology Quarterly, 6*, 27–49.

Hattie, J. A. C. (2009). *Visible learning: A synthesis of over 800 meta-analyses relating to achievement.* London/New York: Routledge.

Hattie, J., & Timperley, H. (2007). The power of feedback. *Review of Educational Research, 77*, 81–112.

Heider, F. (1958). *The psychology of interpersonal relations.* New York: Wiley.

Higgins, E. T. (1987). Self-discrepancy: A theory relating self and affect. *Psychological Review, 94*, 319–340.

Hossiep, R., & Paschen, M. (2003). *BIP. Das Bochumer Inventar zur berufsbezogenen Persönlichkeitsbeschreibung. Manual.* (2. vollständig überarbeitete Aufl., S. 195–209). Hogrefe Verlag, Göttingen.

Hoyt, C. L., & Blascovich, J. (2007). Leadership efficacy and women leaders' responses to stereotype activation. *Group Processes & Intergroup Relations, 10*, 595–616.

Huber, S. G. (2006). Kooperative Führung in der Schule: Entlastung oder Entmachtung von Schulleitung? In A. Bart, J. Fabian, S. G. Huber, C. Kloft, H. Rosenbusch, & H. Sassenscheidt (Hrsg.), *PraxisWissen Schulleitung (10.42)* (S. 1–8). München: Wolters Kluwer.

Huber, S. G. (2013). Multiple learning approaches in the professional development of school leaders – Theoretical perspectives and empirical findings on self-assessment and feedback. *Educational Management Administration & Leadership, 41*, 527–540.

Janssens, F. J. G., & van Amelsvoort, G. H. W. C. H. (2008). School self-evaluations and school inspections in Europe: An exploratory study. *Studies in Educational Evaluation, 34*, 15–23.

Kanning, U. P., Herrmann, C., & Böttcher, W. (2011). *FIBEL. Feedback-Inventar zur berufsbezogenen Erstorientierung für Lehramtsstudierende* (S. 4–7). Göttingen: Hogrefe Verlag.

Keltner, D., & Gross, J. J. (1999). *Functional accounts of emotions. Cognition and emotion, 13*, 467–480.

Kernis, M. H., & Sun, C.-R. (1994). Narcissim and reactions to interpersonal feedback. *Journal of Research in Personality, 28*, 4–13.

Keßler, B. H., & Hoellen, B. (1982). *Rational-emotive Therapie in der klinischen Praxis. Eine Einführung.* Weinheim [u.a.]: Beltz.

Keupp, H. (1994). Für eine Reflexive Sozialpsychologie. In H. Keupp (Hrsg.), *Zugänge zum Subjekt. Perspektiven einer reflexiven Sozialpsychologie* (S. 7–20). Frankfurt: Suhrkamp Verlag.

Kluger, A. N., & DeNisi, A. (1996). The effects of feedback interventions on performance: A historical review, a meta-analysis, and a preliminary feedback intervention theory. *Psychological Bulletin, 119*, 254–284.

Knaus, W. J. (1977). Rational-emotive education. *Theory into Practice*, 4, 251–255.

Kruger, J., & Dunning, D. (1999). Unskilled and unaware of it: How difficulties in recognizing one's own incompetence lead to inflated self-assessments. *Journal of Personality and Social Psychology, 77*, 1121–1134.

Lambrecht, M., & Rürup, M. (2012). Bildungsforschung im Rahmen einer evidence based policy. Das Beispiel „Schulinspektion". In A. Wacker, U. Maier & J. Wissinger (Hrsg.), *Schul- und Unterrichtsreform durch ergebnisorientierte Steuerung. Empirische Befunde und forschungsmethodische Implikationen.* Reihe „Educational Governance" (Bd. 9, S. 57–77). Wiesbaden: VS Verlag für Sozialwissenschaften.

Landes, M., & Steiner, E. (2013). *Psychologie der Wirtschaft.* Wiesbaden: Springer VS Verlag.

Lange, A., & Grieger, R. (1993). Integrating RET into management consulting and training. *Journal of Rational-Emotive & Cognitive Behavior Therapy, 11*, 51–57.

Lazarus, R. S. (1966). *Psychological stress and the coping process.* New York: McGraw-Hill.

Lazarus, R. S. (1991). *Emotion and adaptation.* New York: Oxford University Press.

Leventhal, H. & Scherer, K. (1987). *The Relationship of Emotion to Cognition: A Functional Approach to a Semantic Controversy. In: Cognition and Emotion*, I, 3–28.

Levine, J. M., & Green, S. M. (1984). Acquisition of relative performance information: The roles of intrapersonal and interpersonal comparison. *Personality and Social Psychology Bulletin, 10*, 385–393.

Losch, M. E., & Cacioppo, J. T. (1990). Cognitive dissonance may enhance sympathetic tonus, but attitudes are changed to reduce negative affect rather than arousal. *Journal of Experimental Social Psychology, 26*, 289–304.

Luginbuhl, R., Webbink, D., & de Wolf, I. F. (2009). Do inspections improve primary school performance? *Educational Evaluation and Policy Analysis, 31*, 221–237.

Maag, J. W. (2008). Rational-emotive therapy to help teachers control their emotions and behavior when dealing with disagreeable students. *Intervention in School and Clinic, 44*, 52–57.

Maslow, A. H. (1968). *Toward a psychology of being.* New York: D. Van Nostrand Company.

Matz, D. C., & Wood, W. (2005). Cognitive dissonance in groups: The consequences of disagreement. *Journal of Personality and Social Psychology, 88*, 22–37.

Mcleod, P. L., & Kettner-Polley, R. B. (2004). Contributions of psychodynamic theories to understanding small groups. *Small Group Research, 35*, 333–361.

Meinong, A. (1894). Psychologisch-ethische Untersuchungen zur Werth-Theorie : Festschrift der K.K. Karl-Franzens-Universität zur Jahresfeier am 15. November 1894. 1. Auflage 2006. Saarbrücken: VDM, Müller.

Merton, R. K., & Kendall, P. L. (1979). Das fokussierte Interview. In C. Hopf & E. Weingarten (Hrsg.), *Qualitative Sozialforschung* (S. 171–203). Stuttgart: Klett.

Meyer, W. -U., & Försterling, F. (2001). Die Attributionstheorie. In M. Irle & D. Frey (Hrsg.), *Theorien der Sozialpsychologie*. Band I. Kognitive Theorien (2. Vollständig überarbeitete und erweiterte Aufl., S. 175–216). Bern: Verlag Hans Huber.

Meyer, W.-U., Reisenzein R., & Schützwohl, A. (2001). *Einführung in die Emotionspsychologie. Die Emotionstheorien von Watson, James und Schachter.* (2., überarbeitete Aufl.). Bern [u.a.]: Hans Huber Verlag.

Meyerhöfer, W., & Rienits, C. (2006). Evaluation des Referendariats im Land Brandenburg, Fachseminare Mathematik. In W. Schubarth & P. Pohlenz (Hrsg.), *Qualitätsentwicklung und Evaluation in der Lehrerbildung. Die zweite Phase: Das Referendariat* (S. 209–231). Potsdamer Beiträge zur Lehrevaluation 2, Potsdam: Universitätsverlag.

Mikulincer, M. (1988). The relationship of probability of success and performance following unsolvable problems: reactance and helplessness effects. *Motivation and Emotion, 12*, 139–153.

Miller, D. T., & Ross, M. (1975). Self-serving biases in the attribution of causality: Fact or fiction? *Psychological Bulletin, 82*, 213–225.

Miller, A. R., & Yeager, R. J. (1993). Managing change: A corporative application of rational-emotive therapy. *Journal of Rational-Emotive & Cognitive Behavior Therapy, 11*, 65–76.

Ministerium für Schule und Weiterbildung des Landes Nordrhein-Westfalens. Handreichung zum institutionellen Zielvereinbarungsprozess zwischen Schulen und Schulaufsicht in NRW. http://www.schulministerium.nrw.de/docs/Schulentwicklung/Qualitaetsanalyse/ FAQ-Liste-Stichworte/Zielvereinbarung_-Handreichung/2_Zielvereinbarung.pdf (Stand: 24.03.2014).

Müller, S. (2008a). Einschätzungen von Schulen zur Qualitätsanalyse. Erste Ergebnisse der Schulrückmeldungen an die Qualitätsteams. *Schulverwaltung NRW, 5*, 134–136.

Müller, S. (2008b). Zielvereinbarungen als Steuerungsinstrument für Entwicklungsprozesse nach der Schulinspektion. In der Schule beginnt die Arbeit nach Erhalt des Inspektionsberichts. *Schulverwaltung NRW, 9*, 235–237.

Müller, S. (2009). Was halten Schulen von der Qualitätsanalyse? Ein Feedback. *Schule NRW, 4*, 172–174.

Müller, S., Dedering, K., & Bos, W. (2008). *Schulische Qualitätsanalyse in Nordrhein-Westfalen*. Köln: Kluwer.

Niedenthal, P. M., Krauth-Gruber, S., & Ric, F. (2006). *Psychology of emotion. Interpersonal, experiential, and cognitive approaches*. New York: Psychology Press/Taylor & Francis Group.

Nilson, L. B. (2003). Improving student peer feedback. *College Teaching, 51*, 34–38.

Norris-Watts, C., & Levy, P. E. (2004). The mediating role of affective commitment in the relation of the feedback environment to work outcomes. *Journal of Vocational Behavior, 65*, 351–365.

Nucci, C. (2002). The rational teacher: Rational emotive behavior therapy in teacher education. *Journal of Rational-Emotive & Cognitive-Behavior Therapy, 20*, 15–32.

Nussbaum, M. C. (1994). *The therapy of desire*. Theory and practice in Hellenistic ethics. Princeton: Princeton University Press.

Ouston, J., Fidler, B., & Earley, P. (1997). What do schools do after OFSTED school inspections - or before? *School Leadership & Management: Formerly School Organisation, 17*, 95–104.

Palmer, S., & Gyllensten, K. (2008). How cognitive behavioural, rational emotive behavioural or multimodal coaching could prevent mental health problems, enhance performance and reduce work related stress. *Journal of Rational-Emotive & Cognitive-Behavior Therapy, 26*, 38–52.

Patton, M. Q. (2002). *Qualitative research and evaluation methods* (3. Aufl.). Thousand Oaks: Sage.

Pavey, L., & Sparks, P. (2009). Reactance, autonomy and paths to persuasion: Examining perceptions of threats to freedom and informational value. *Motivation and Emotion, 33*, 277–290.

Peus, C., Frey, D., & Braun, S. (2011). Konsistenztheorien. In H.-W. Bierhoff & D. Frey (Hrsg.), *Sozialpsychologie – Individuum und soziale Welt* (S. 61–83). Göttingen u.a: Hogrefe Verlag.

Phillips, J. M., & Gully, S. M. (1997). Role of goal orientation, ability, need for achievement, and locus of control in the self-efficacy and goal-setting process. *Journal of Applied Psychology, 82*, 792–802.

Pietsch, M. (2011). *Nutzung und Nützlichkeit der Schulinspektion Hamburg. Ergebnisse der Hamburger Schulleitungsbefragung* (S. 1–22). Schulinspektion: Behörde für Schule und Berufsbildung, Institut für Bildungsmonitoring.

Pittmann, T. S. (1975). Attribution of arousal as a mediator in dissonance reduction. *Journal of Experimental Social Psychology, 11*, 53–63.

Plowright, D. (2007). Self-evaluation and Ofsted inspection. Developing an integrative model of school improvement. *Educational Management Administration & Leadership, 35*, 373–393.

Quick, B. L., & Kim, D. K. (2009). Examining reactance and reactance restoration with South Korean adolescents: A test of psychological reactance within a collectivist culture. *Communication Research, 36*, 765–782.

Quick, B. L., & Stephenson, M. T. (2007). Further evidence that psychological reactance can be modeled as combination of anger and negative conditions. *Communication Research, 34*, 255–276.

Ramage, M., & Shipp, K. (2006). On boundaries and disciplines: Constructing a set of key systems thinkers. *Systemist, 28*, 225–234.

Reisenzein, R., Meyer, W. -U., & Schützwohl, A. (2003). *Einführung in die Emotionspsychologie*. Band III. Kognitive Emotionstheorien. Bern [u.a.]: Hans Huber Verlag.

Reynolds, D. (2006). To what extent does performance-related feedback affect managers' self-efficacy? *Hospitality Management, 25*, 54–68.

Richman, D. R. (1993). Cognitive career counseling: A rational-emotive approach to career development. *Journal of Rational-Emotive & Cognitive Behavior Therapy, 11*, 91–108.

Richter, D., Kunter, M., Lüdtke, O., Klusmann, U., & Baumert, J. (2011). Soziale Unterstützung beim Berufseinstieg ins Lehramt. Eine empirische Untersuchung zur Bedeutung von Mentoren und Mitreferendaren. *Zeitschrift für Erziehungswissenschaft, 14*, 35–59.

Rohde, J., Vincent, S., & Janneck, M. (2011). Fordern und fördern. Wie Führungskräfte die berufliche Kompetenz- und Karriereentwicklung ihrer Mitarbeiter unterstützen können. *Gruppendynamik & Organisationsberatung, 42*, 351–375.

Rosen, S., & Tesser, A. (1972). Fear of negative evaluation and the reluctance to transmit bad news. *The Journal of Communication, 22*, 124–141.

Roubroeks, M., Ham, J., & Midden, C. (2011). When artificial social agents try to persuade people: The role of social agency on the occurrence of psychological reactance. *International Journal of Social Robotics, 3*, 155–165.

Rürup, M., & Lambrecht, M. (2012). Deregulierung durch Schulinspektion? Zur Berechtigung einer Fragestellung. In S. Hornberg & M. Parreira do Amaral (Hrsg.), *Deregulierung im Bildungswesen* (S. 165–186). Münster: Waxmann Verlag.

Russell, S. (1996). The role of school managers in monitoring and evaluating the work of a school: Inspectors' judgements and schools' responses. *School Organisation: Formerly School Organisation, 16*, 325–340.

Schachter, S., & Singer, J. (1962). Cognitive, social and physiological determinants of emotional state. *Psychological Review, 69*, 379–399.

Schachter, S. (1964). The interaction of cognitive and physiological determinants of emotional state. In Berkowitz, L. (Ed.), *Advances in experimental social psychology*. Vol. 1. New York: Academic Press.

Schaefers, C. (2002). Forschung zur Lehrerausbildung in Deutschland – eine bilanzierende Übersicht der neueren empirischen Studien. *Schweizerische Zeitschrift für Bildungswissenschaften, 24*, 65–90.

Schrader, F.-W., & Helmke, A. (2003). Evaluation – und was danach? Ergebnisse der Schulleiterbefragung im Rahmen der Rezeptionsstudie WALZER. *Revue Suisse des Sciences de l'Education, 25*, 79–110.

Schratz, M. (2003). From administering to leading a school: Challenges in German-speaking countries. *Cambridge Journal of Education, 33*, 395–416.

Schreier, M. (2012). *Qualitative content analysis in practice*. London: Sage.

Schubarth, W., & Pohlenz, P. (Hrsg.). (2006). *Qualitätsentwicklung und Evaluation in der Lehrerbildung. Die zweite Phase: Das Referendariat*. Potsdamer Beiträge zur Lehrevaluation 2, Potsdam: Universitätsverlag.

Schubarth, W., Speck, K., Große, U., Seidel, A., & Gemsa, C. (2006). Die zweite Phase der Lehrerausbildung aus Sicht der Brandenburger Lehramtskandidatinnen und Lehramtskandidaten. Die Potsdamer LAK-Studie 2004/05. In W. Schubarth & P. Pohlenz (Hrsg.), *Qualitätsentwicklung und Evaluation in der Lehrerbildung* (S. 13–176). Die zweite Phase: Das Referendariat. Potsdamer Beiträge zur Lehrevaluation 2. Potsdam: Universitätsverlag.

Sedikides, C., & Gregg, A. P. (2007). Cooper, J. In M. A. Hogg (Hrsg.), *The SAGE handbook of social psychology. Concise student edition* (S. 110–138). London: Sage.

Sedikides, C., & Gregg, A. P. (2008). Self-enhancement. Food for thought. *Perspectives on Psychological Science, 3*, 102–116.

Seifert, C. F., & Yukl, G. (2010). Effects of repeated multi-source feedback on the influence behavior and effectiveness of managers: A field experiment. *The Leadership Quarterly, 21*, 856–866.

Seitz, S. (2010). Qualifikationsprofil für Schulleitungen. Anforderungen des 21. Jahrhunderts. *www.schulmanagement-online.de, 3*, 23–25.

Seligman, M. E. P. (1975). *Helplessness. On depression, development and death*. San Francisco: Freeman and Company.

Semmer, N. K., & Jacobshagen, N. (2010). Feedback im Arbeitsleben – eine Selbstwert-Perspektive. *Gruppendynamik & Organisationsberatung, 41*, 39–55.

Shen, L. (2010). Mitigating psychological reactance: The role of message-induced empathy in persuasion. *Human Communication Research, 36*, 397–422.

Shute, V. J. (2008). Focus on formative feedback. *Review of Educational Research, 78*, 153–189.

Sieland, B. (2008). Lehrkräfte als Experten für die eigene Lern- und Emotionsarbeit. In M. K. W. Schweer (Hrsg.), *Lehrer-Schüler-Interaktion. Inhaltsfelder, Forschungsperspektiven und methodische Zugänge* (S. 101–126). Wiesbaden: VS Verlag für Sozialwissenschaften.

Smith, A. F. R., & Fortunato, V. J. (2008). Factors influencing employee intentions to provide honest upward feedback ratings. *Journal of Business and Psychology, 22*, 191–207.

Sorabji, R. (2000). *Emotion and peace of mind. From stoic agitation to Christian temptation.* The Gifford Lectures. Oxford: University Press.

Speck, K. (2006). Stand und Perspektiven der Evaluations- und Qualitätsdebatte in der zweiten Phase der Lehrerbildung (Referendariat). In W. Schubarth & P. Pohlenz (Hrsg.), *Qualitätsentwicklung und Evaluation in der Lehrerbildung. Die zweite Phase: Das Referendariat* (S. 321–337). Potsdamer Beiträge zur Lehrevaluation 2, Potsdam: Universitätsverlag.

Speck, K., Schubarth, W., & Seidel, A. (2007). Theorie-Praxis-Verhältnis in der zweiten Phase der Lehrerbildung. Empirische Befunde und theoretische Implikationen. In H. Giest & Zentrum für Lehrerbildung der Universität Potsdam (Hrsg.), *Lehrerbildung. Lern- und Lehr-Forschung* (S. 5–26). LLF-Berichte 22. Potsdam: Universitätsverlag.

Stahlberg, D., & Frey, D. (1997). Konsistenztheorien. In D. Frey & S. Greif (Hrsg.), *Sozialpsychologie. Ein Handbuch in Schlüsselbegriffen* (4. Aufl, S. 214–218). Weinheim: Beltz Psychologie Verlags Union.

Steins, G. (2009). Widerstand von Lehrern gegen Evaluationen aus psychologischer Sicht. In T. Bohl & H. Kiper (Hrsg.), *Lernen aus Evaluationsergebnissen: Verbesserungen planen und implementieren* (S. 185–195). Bad Heilbrunn: Julius Klinkhardt.

Steins, G. (2014). *Sozialpsychologie des Schulalltags. Band 1: Grundlagen und Anwendungen* (2. substanziell überarbeitete Auflage). Lengerich: Pabst Science Publishers.

Steins, G., & Haep, A. (2014). Soziales Lernen in der Schule. Angewandte Sozialpsychologie auf allen Ebenen der Bildung und Erziehung. *Zeitschrift für Gruppendynamik und Organisationsberatung, 45*, 5–23.

Steins, G., Behnke, K., & Haep, A. (2015). *Sozialpsychologie des Schulalltags. Im Klassenzimmer* (Bd. 2). 2., überarbeitete Auflage. Lengerich: Pabst Science Publishers.

Stone, J., & Cooper, J. (2001). A self-standards model of cognitive dissonance. *Journal of Experimental Social Psychology, 37*, 228–243.

Strietholt, R., & Terhart, E. (2009). Referendare beurteilen. Eine explorative Analyse von Beurteilungsinstrumenten in der Zweiten Phase der Lehrerausbildung. *Zeitschrift für Pädagogik, 55*, 622–645.

Taylor, S. E., & Brown, J. D. (1994). Positive illusions and well-being revisited: Separating fact from fiction. *Psychological Bulletin, 116*, 21–27.

Terhart, E. (2007). Strukturprobleme der Lehrerausbildung in Deutschland. In A. Ohidy, E. Terhart, & J. Zsolnai (Hrsg.), *Lehrerbild und Lehrerbildung. Praxis und Perspektiven der Lehrerausbildung in Deutschland und Ungarn* (S. 45–65). Wiesbaden: VS Verlag für Sozialwissenschaften.

Terhart, E. (2010). Personalauswahl, Personaleinsatz und Personalentwicklung an Schulen. In H. Altrichter & K. Maag Merki (Hrsg.), *Handbuch Neue Steuerung im Schulsystem* (S. 255–275). Wiesbaden: VS Verlag für Sozialwissenschaften.

Terjesen, M. D., & Kurasaki, R. (2009). Rational emotive behavior therapy: Applications for working with parents and teachers. *Estudos de Psicologia, 26*, 3–14.

Tesser, A. (2000). On the confluence of self-esteem maintenance mechanisms. *Personality and Social Psychology Review, 4*, 290–299.

Tesser, A., & Campbell, J. (1982). Self-evaluation maintenance and the perception of friends and strangers. *Journal of Personality, 50*, 261–279.

Tesser, A., Rosen, S., & Batchelor, T. R. (1972). On the reluctance to communicate bad news (The mum effect): A role play extension. *Journal of Personality, 40*, 88–103.

Thompson, T. (1997). Do we need to train teachers how to administer praise? Self-worth theory says we do. *Learning and Instruction, 7*, 49–63.

Traut-Mattausch, E., Jonas, E., Förg, M., Frey, D., & Heinemann, F. (2008). How should politicians justify reforms to avoid psychological reactance, negative attitudes, and financial dishonesty? *Zeitschrift für Psychologie/Journal of Psychology, 216*, 218–225.

Ulich, K. (1996). Lehrer/innen-Ausbildung im Urteil der Betroffenen. Ergebnisse und Folgerungen. *Die Deutsche Schule, 88*, 81–97.

Uysal, A., & Knee, C. R. (2012). Low trait self-control predicts self-handicapping. *Journal of Personality, 80*, 59–79.

Vernon, A. (2002). *What Works When With Children and Adolescents. A Handbook of Individual Counselling Techniques.* Champaign: Research Press.

Vogel, S. (1996). *Emotionspsychologie. Grundriss einer exakten Wissenschaft der Gefühle.* Opladen: Westdeutscher Verlag.

Vohs, K. D., & Baumeister, R. F. (Hrsg.). (2011). *Handbook of self-regulation. Research, theory and applications* (2. Aufl.). New York: The Guilford Press.

Vollmeyer, R., & Rheinberg, F. (2005). A surprising effect of feedback on learning. *Learning and Instruction, 15*, 589–602.

Völschow, Y. (2012). Kollegiales Coaching' in der Führungskräfteentwicklung des Landesdienstes. *Gruppendynamik & Organisationsberatung, 43*, 5–23.

Wacker, A., Maier, U., & Wissinger, J. (Hrsg.). (2012): *Schul- und Unterrichtsreform durch ergebnisorientierte Steuerung – Empirische Befunde und forschungsmethodische Implikationen.* Reihe „Educational Governance" (Bd. 9). Wiesbaden: VS Verlag für Sozialwissenschaften.

Warren, J. M. (2010). School counselor system support using mental health interventions to increase teacher performance. *New York State School Counseling Journal, 7*, 30–39.

Warwas, J. (2009). Berufliches Selbstverständnis und Beanspruchung in der Schulleitung. *Zeitschrift für Erziehungswissenschaft, 12*, 475–498.

Warwas, J., Seifried, J., & Meier, M. (2008). Change Management von Schulen – Erfolgsfaktoren und Handlungsstrategien aus Sicht der Schulleitung an beruflichen Schulen. In R. Voss (Hrsg.), *Innovatives Schulmanagement* (S. 102–124). Gernsbach: Deutscher Betriebswirte-Verlag.

Watter, D. N. (1988). Rational-emotive education: A review of the literature. *Journal of Rational-Emotive and Cognitive-Behavior Therapy, 6*, 139–145.

Wayment, H. A., & Taylor, S. E. (1995). Self-evaluation processes: Motives, information use, and self-esteem. *Journal of Personality, 63*, 730–757.

Weber, A., Weltle, D., & Lederer, P. (2005). Ill health and early retirement among school principals in Bavaria. *International Archives of Occupational and Environmental Health, 78*, 325–331.

Wertheimer, M. (1923). Untersuchungen zur Lehre von der Gestalt. II. *Psychologische Forschung, 4*, 301–350.

White, K. J. (2000). Effects of teacher feedback on the reputations and peer perceptions of children with behavior problems. *Journal of Experimental Child Psychology, 76,* 302–326.

Wicklund, R. A., Cooper, J., & Linder, D. E. (1967). Effects of expected effort on attitude change prior to exposure. *Journal of Experimental Social Psychology, 3,* 416–428.

Wiium, N., Aaro, L. E., & Hetland, J. (2009). Psychological reactance and adolescents' attitudes toward tobacco-control measures. *Journal of Applied Social Psychology, 39,* 1718–1738.

Willis, L. (2010). Is the process of special measures an effective tool for bringing about authentic school improvement? *Management in Education, 24,* 142–148.

Winkelmann, C. (2011). Ressourcenstärkendes Training für angehende und berufstätige Lehrkräfte an berufsbildenden Schulen. Entwicklung, Erprobung und Evaluation. *Präventive Gesundheitsförderung, 6,* 48–57.

Yeow, J., & Martin, R. (2013). The role of self-regulation in developing leaders: A longitudinal field experiment. *The Leadership Quarterly, 24,* 625–637.

Zajonc, R. B. (1980). *Feeling and thinking: Preferences need no inferences.* American Psychologist, 35, 151–175.

Zhang, W., & Brundrett, M. (2010). School leaders' perspectives on leadership learning: The case for informal and experiential learning. *Management in Education, 24,* 154–158.

Zillmann, D. (1971). Excitation transfer in communication-mediated aggressive behavior. *Journal of Experimental Social Psychology, 7,* 419–434.

Zimmermann, B. J. (2000). Attaining self-regulation. A social cognitive perspective. In M. Boekaerts, P. R. Pintrich, & M. Zeidner (Hrsg.), *Handbook of self-regulation* (S. 13–39). San Diego: Academic Press.

Zimmermann, B. J. (2002). Becoming a self-regulated learner: An overview. Theory into Practice, 41, 64–70.

The manufacturer's authorised representative in the EU is Springer
Nature Customer Service Centre GmbH, Europaplatz 3, 69115 Heidelberg,
Germany. If you have any concerns regarding our products, please
contact ProductSafety@springernature.com

Printed and bound by CPI Group (UK) Ltd, Croydon, CR0 4YY

27/04/2026

02097619-0002